퍼팅바이블

Dave Pelz's
Putting Bible

퍼 / 팅 / 바 / 이 / 블

데이브 펠츠

제임스 A. 프랭크 지음

한정은 옮김

사랑하는 조안에게 ****************************

아름다운 나의 아내 조안,
당신은 내 삶의 진정한 빛이오.

회사 운영과 스케줄 관리를 담당해 준 당신으로 인해,
모든 것이 한치의 오차도 없이 정확하게 돌아가고 있소.
당신이 없다면 나는 어찌할 바를 모를 거요.

우리의 하루하루를 늘 기쁨으로 채워주는 당신이
내 곁에 있기에 모든 것이 그 소중한 의미를 가진다오.

동료로서, 동반자로서, 정신적 지주로서 그리고 친구로서,
의지할 수 있는 당신이 곁에 있음이 내게는 행운이오.

그러므로 이 책을 당신의 아름다움과 눈부심에,
내가 알고 있는 한 가장 놀라운 당신의 배려와 재능에 바치고 싶소.

내 시야에 비치는 모든 존재 가운데 가장 아름다운 존재,
결코 동요되지 않는 아름다운 불빛.

이 세상 어딘가에 존재할 놀라운 능력에 깊이 감사하오,
사랑하는 여인과 삶을 함께 할 수 있도록 해 주신데 대해.

– 사랑을 전하며 –

퍼팅개론

Chapter 1 퍼팅이란 무엇인가?

Chapter 2 그린에서 나타나는 문제점

이 론 편

퍼팅을 구성하는 15개 블럭

Chapter 4 **스트로크의 과학적 기술을 구성하는 7개 블럭**

Chapter 5 신체 외적인 5개 블럭

실 기 편

어떻게 퍼팅을 개선시킬 것인가

Chapter 12 **기술적인 감각개발**

Chapter 13 **자신만의 문제 직시하기**

Chapter 14 전체 내용 요약

나의 퍼팅 바이블

우선 간단한 설명으로 이 책을 시작하려고 합니다. 이 책의 제목을 〈데이브 펠츠의 퍼팅 바이블〉이라고 붙인 데에는 나름의 이유가 있습니다. 이 책은 퍼팅에 관한 '나의' 진정한 바이블이라는 의미를 담고 있기 때문입니다. 여러 가지 퍼팅기술과 과학적인 연습방법에 대한 연구, 조사, 테스트 결과, 지도철학 그리고 나 자신의 신념이 모두 담겨 있습니다. 퍼팅을 이해함에 있어 일종의 도구적 역할을 했던 테스트 결과, 관찰, 이론적인 작업들에 관한 생각과 해석, 이 모든 것을 설명해 놓은 나의 바이블, 혹은 나의 데이터베이스라고 해도 좋을 것입니다. 데이브 펠츠 골프학교에서 나름대로 퍼팅지도 철학을 도출할 수 있었던 것도 바로 이러한 작업을 통해서였습니다.

'나의 퍼팅 바이블'은 현재진행형 작업입니다. 왜냐하면, 나는 지금도 계속해서 퍼팅 연구를 하고 있고, 거의 매일을 이 작업에 매달려 있으며, 앞으로 더욱 몰두하게 될 것이라는 점을 확신하기 때문입니다. 여기에 수록된 모든 정보들은 내가 지금까지 체득해온 모든 것을 포함하고 있습니다. 직접 게임을 하고, 이에 대해 생각하고 연구하면서 모든 과정을 시작했음을 말씀드리고 싶습니다.

나는 여섯 살 때 골프를 시작했습니다. 어린 시절 내내 골프를 했고, 고등학교에 다닐 때에는 학교 골프팀 내에서 가장 잘 치는 선수로 인정받았습니다. 그리고 다수의 지역 토너먼트 경기에 출전해서 어느 정도의 성공도 거두었습니다. 그후 골프 특기생으로 4년제 장학금을 받고 인디애나 대학에 진학했고, 이때 물리학도 함께 전공했습니다. 대학 졸업 후, 1960년대 초기에 PGA 투어에 참가할 만한 기량을 가진 선수가 되려고 노력했지만 결국 성공하지 못했습니다. 그래서, NASA에서 일을 시작했고, 인공위성 지구궤도 진입 연구와 태양이 우리 환경에 미치는 영향 연구에 15년 동안 종사하게 되었습니다.

나의 관심의 초점이 우주 공간에서 작고 하얀 공으로 바뀌게 된 것은 그 무렵이었습니다. 그때부터 지금까지, 언제 어디서든 내가 만나는 모든 프로와 아마추어들, 기량이 각기 다른 골퍼들을 대상으로 연구를 해오고 있습니다. 또한 수천 개의 퍼팅그린, 공, 그린 위에서의 공의 움직임, 수많은 퍼팅 장비, 다양한 퍼팅기술을 연구했습니다.

지난 25년이라는 세월을 퍼팅과 숏게임 지도, 학습방법을 연구하고 개선하는 일에 쏟았다고 해도 과언이 아닐 것입니다. 그리고, 전세계에 걸쳐 초보에서 투어프로에 이르기까지, 그들의 퍼팅 기량을 성공적으로 향상시켜 왔다고 자부합니다. 오늘 이 글에서 쓰고 있듯이, 나는 선수들이 어떻게 퍼팅을 배우고 더 나은 퍼팅을 할 수 있도록 도와줄 수 있을 것인가, 이러한 목표 아래 연구 프로젝트에 몰두하고 있습니다.

다시 한 번 말하건대, 이 책은 나의 연구이자 '나의 퍼팅 바이블'입니다. 이제 독자 여러분이 퍼팅을 더 잘 할 수 있도록 도움을 주고자 출판이라는 형태로 내놓게 되었습니다.

나는 연구하는 사람입니다.

몇 해전, 펠츠 골프학교를 설립했습니다. '좋은 경기에 관한 연구'가 설립목

적이었습니다. 이는 내가 하고자 하는 일, 즉 각기 다른 핸디캡과 기량을 가진 골
퍼들이 더 나은 경기를 펼치고 이를 통한 기쁨을 맛볼 뿐만 아니라, 더 나아가 골
프 자체를 즐기고 누릴 수 있도록 도와주고자 하는 일에 아주 부합되는 목적이
었습니다. 이것은 이제 나의 평생의 일이 되었고, 아마도 이보다 더 나은 다른 일
을 발견할 수는 없을 것입니다. 하지만, 지금 우리는 이 목적에서 한발 더 나아
가, 모든 사람들이 경기를 쉽게 이해하고 실행에 옮길 수 있으며, 기록 향상의 즐
거움을 느낄 수 있도록 하고 싶다는 바람을 가지고 있습니다. 경기를 가르치고
배우는 일이 보다 간결하고 용이해지기 위해서는 앞으로 더 깊이 있는 연구가
진행되어야 한다는 점을 잘 알고 있습니다. 다행스러운 것은 이 일은 내가 몹시
좋아하는 일이라는 점입니다.

나의 이전의 경험들—학창시절 여러 해 동안 골프를 했던 일, NASA 고다드
우주비행센터에서 우주 연구에 종사한 일(이곳에서 나는 인디애나 대학에서 책
을 통해 배웠던 것을 대담하고 과학적인 연구라는 현실적인 지식으로 바꾸었습
니다), 자신의 골프경기를 면밀히 연구했던 일, 펠츠 골프학교에서 한 가장 최근
의 작업들—이 모든 것들은 내가 지금 하고 있는 일의 단순한 준비과정에 불과
한 것이었습니다. 여섯 살 때 처음 클럽을 잡은 이후, 어떻게 하면 골프를 더 잘
이해하고 즐기면서 기량을 향상시켜 나갈 것인가, 어떻게 하면 퍼팅을 좀 더 정
확하게 할 수 있을 것인가를 설명하고 또 체계적으로 보여 줄 수 있게 되기까지
54년이 걸렸습니다.

곧 알게 되겠지만, 보다 나은 기록을 내는 한 가지 열쇠는 바로 보다 정확한

퍼팅을 하는 것입니다. 퍼팅을 잘 하게 되면 될수록 경기의 나머지 다른 부분을 더욱 재미있게 즐길 수 있다는 사실을 알게 될 것입니다.

왜 이 책이어야 하는가?

그것은 아주 간단합니다. 퍼팅이 너무나 중요하기 때문에 나는 이 책을 써야만 했습니다. 그리고 나는 골프 연구자이자 동시에 골프를 지도하는 사람이기 때문입니다.

먼저 이전에 내놓은 〈프로처럼 퍼팅을〉에서 썼던 퍼팅에 관한 개념들을 바꿔놓기 위해 〈퍼팅 바이블〉을 쓴 것이 아니라는 점을 말하고 싶습니다. 사실, 내용면에 있어 달라진 점은 많지 않습니다. 하지만 10여 년 전 그 책을 쓴 이후 많은 사실을 새로이 알게 되었습니다. 둥근 공을 쳐서 그것을 4.25인치 홀에 굴려 넣기 위해 우리는 여전히 플랫 페이스 스틱을 사용하고 있습니다. 그러나, 나는 그 10년 동안 스트로크 기술, 그린, 바람의 영향, 그린 읽기, 그리고 연습방법 등에 관해 상당히 많은 것을 알게 되었습니다. 또한 골퍼들의 퍼팅기술을 눈에 띄게 향상시킬 수 있는 테크닉을 보고 배우고 가르치려고 노력해 왔습니다. 퍼팅에 관한 지식과 이해를 돕고, 다음 단계로 기량을 끌어올리기 위한 가르침을 담고자 하는 것이 바로 이 책의 목적입니다.

그렇다면 이 책이 바로 당신을 위해 쓰여졌다고 감히 말할 수 있는 이유는 어디에 있을까요? 너무나 많은 골퍼들이 퍼터의 모양만 보고 퍼터를 골라 집어들고 있습니다. 당신도 그렇습니까? 만약 그렇다면, 당신은 이미 퍼팅을 잘하고 있는 것이며 그것으로 족합니다. 만약 공이 굴러가는 모양을 즐겁게 지켜보는 것이 당신이 원하는 전부라면 그것으로도 충분하다는 말입니다.

그런데, 만약 골프에 대해 느끼는 매력이 좋은 기록을 내고, 정확하게 퍼팅을 하고, 공이 홀에 굴러들어가는 것을 보는데 있다면 ― 그리고 기존에 갖고 있던 '일반적인' 스트로크로는 퍼팅이 잘 되지 않는다면 ― 당신은 바로 퍼팅을 제대로 하고 있다고 말할 수 있습니다. 나의 퍼팅 바이블은 당신으로 하여금 퍼팅의 과학적인 기법을 잘 이해하고, 퍼팅 실력을 개선시킬 수 있는 방법을 설명하고, 깨끗하고 간단한 퍼팅을 구사할 수 있으며, 마침내 당신이 실제 그린 위에서 퍼팅을 정확하게 할 수 있도록 도와주는 데 그 의미가 있습니다.

이것은 당신이 이미 많이 보아 온 '어떻게 할 것인가'를 가르쳐 주는 평이한 책이 아닙니다. 나의 퍼팅 바이블은 그 이상의 '무엇을, 왜, 어떻게'를 가르쳐 주는 지침서입니다. 다시 말해서, 스트로크를 개선시키기 위한 방법을 가르쳐 줄 뿐 아니라, 더 나아가 독자 스스로 퍼팅 스트로크 기술을 이해하고, 실제 그린에서 어떻게 나타나는가를 볼 수 있도록 해줄 것입니다. 어떻게 하면 퍼팅 실력을 향상시킬 수 있는가(실기편)를 말해 주기에 앞서, 당신에게 가르쳐야 할 것과 당신이 왜 그것을 배워야 하는가(이론편)를 가장 먼저 설명하는 형식을 취한 것도 바로 이러한 이유에서입니다.

부디 이 책의 이론편을 건너뛰어 곧바로 실기편으로 넘어가지 않기를 바랍니다. 왜냐하면, 결국 손해보는 것은 당신일 테니까 말입니다. 여러 해에 걸쳐, 배워야 할 내용과 방법을 훨씬 더 쉽게 체득할 수 있도록 지도해 오면서 나 자신도 많은 것을 이해하고 깨닫게 되었습니다. 그리고, 투어 프로와 아마추어에 이르기까지, 해결책을 찾지 못해 힘들어하고 있는 문제점들의 이론적인 면과 실제적인 면을 모두 이해하고 해결할 수 있도록 지도해 왔습니다. 이 책의 목표 중 한가지는 독자 자신이 바로 자신의 선생님이 될 수 있을 만큼 충분한 지식을 쌓을 수 있게 하는 데 있습니다. 이를 위해서는 우선 기존에 가지고 있던 잘못된 지식을 말끔히 지워 없애야 합니다.

이 책의 매우 중요한 목표가 퍼팅은 쉽고 간단하며, 퍼팅을 잘 하게 되면 될수록 퍼팅은 더욱 쉬워진다는 사실을 입증해 보이는 것이라는 점을 다시 한 번 말하고 싶습니다. 내 친구 윌리의 말 한마디가 이 것을 정확하게 지적해 주었습니다. "올바른 라인으로 공을 쳐서 그것에 적절한 스피드를 가하면 돼. 자네, 이게 무슨 뜻인지 이해할 수 있지?"

만약 지속적으로 정확하게 퍼팅을 구사하고, 훨씬 자주 공을 홀인시키고, 그리고 영구적으로 스코어 기량을 향상시키고자 한다면, 꼭 이 책을 꾸준히 읽어 나가기 바랍니다.

데이브 펠츠

퍼·팅·개·론

Chapter 1

퍼팅이란 무엇인가?

퍼팅은 별개의 이야기다

퍼팅은 간단합니다. 조그마한 공을 그보다 큰 구멍 안으로 굴려 넣는 것이 퍼팅입니다. 생각해 보면 별로 어려울 것도 없습니다. 홀인은 골프가 성공적으로 끝났다는 것을 뜻합니다(비록 성공하는 데 걸리는 시간이 매번 다르긴 하지만 말입니다).

하지만 어떤 골퍼들에게는 퍼팅이 그렇게 간단한 문제가 아닙니다. 위대한 골퍼 벤 호건이 언젠가 '퍼팅은 다른 종류의 게임이다'라는 말을 한 적이 있습니다. 이 말은 퍼팅을 정확하게 간파한 말입니다. 퍼팅 결과에 따라 전체 스코어가 달라질 수밖에 없다는 점을 아주 간단하게 설명해 주고 있습니다. 멋드러진 풀 스윙으로 공을 때리고 정규타수만의 그린을 적중시킨다 해도, 결과적으로 공을 핀에 가장 가까이 가져갈 수 있는 골퍼가 게임의 승자가 된다는 사실을 벤 호건은 잘 알고 있었던 것입니다.

퍼팅에서는 실수를 범했을 때 이를 만회할 수 있는 기회가 없습니다. 숏퍼트(짧은 퍼팅)를 놓치면 다시 한 번 더 퍼팅을 해야 합니다(크게 잘못 처리한 경우가 아니라면 대개의 경우 두 번 퍼팅을 하거나 혹은 칩퍼팅을 시도해야 합니다). 2피트 거리의 퍼팅은 300야드 드라이브에 맞먹는 중요성을 지닙니다. 퍼팅은 여러 가지 형태의 스윙 가운데 하나일 뿐이지만, 모든 스윙의 절반 가량을 차지하며 ─ 약 43% 정도 ─ 골프를 하면서 겪는 좌절감의 80%가 퍼팅과 관련한 것입니다.

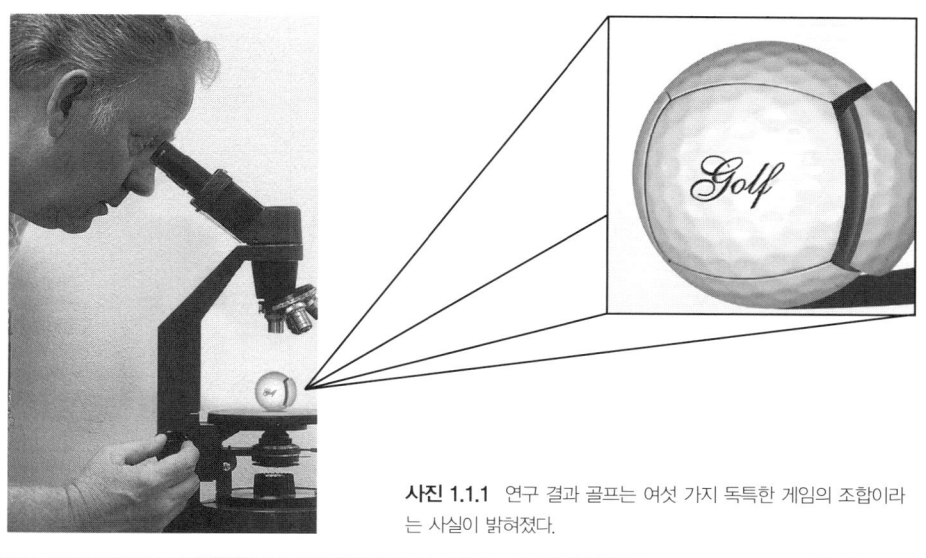

사진 1.1.1 연구 결과 골프는 여섯 가지 독특한 게임의 조합이라는 사실이 밝혀졌다.

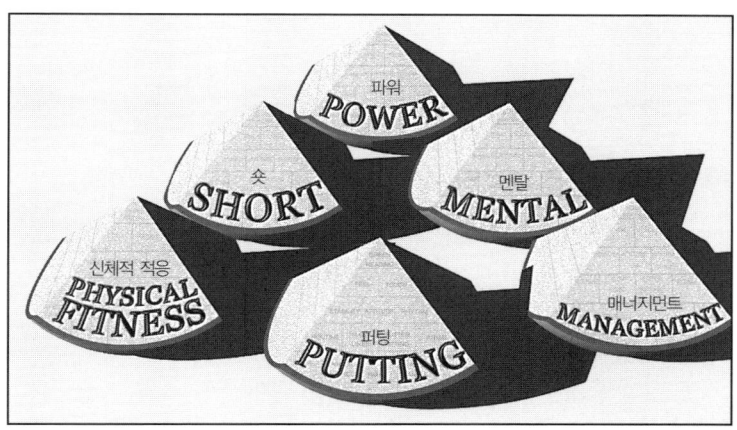

사진 1.1.2 골프의 여섯 가지 게임.(파워, 숏, 멘탈, 퍼팅, 매너지먼트, 신체적 적응)

따라서 퍼팅은 골프에 있어 지극히 중요한 부분입니다. 사진 1.1.1에서처럼 골프공을 면밀히 분석하다 보면, 골퍼가 가장 자주 구사하는 샷이 퍼팅이라는 점을 알게 됩니다. 연구에 따르면, 퍼팅은 그 자체로 하나의 게임입니다(사진 1.1.2).

세계에서 가장 뛰어난 파워골퍼 & 퍼터	
세계에서 가장 뛰어난 파워골퍼	세계에서 가장 뛰어난 퍼터
모우 노먼 벤 호건 리 트레비노 탐 와이스코프 탐 퍼저 조니 밀러 타이거 우즈	조지 아처 벤 크렌쇼 데이브 스탁튼 로렌 로버츠 밥 챨스 브레드 팩슨 그렉 노먼

사진 1.1.3 가장 뛰어난 파워 골퍼와 가장 뛰어난 퍼터.

   퍼팅은 내가 '스코어링 게임'이라고 부르는 게임의 일종이며, 다른 한 가지 종류로는 그린 가장자리로부터 100야드 떨어진 거리에서 플레이하는 숏게임이 있습니다. 티잉 그라운드에서 공을 드라이브한 후 다시 샷해서 공을 그린 쪽으로 가져가는 것이 골프라는 점을 대부분의 골퍼들은 잘 알고 있습니다. 하지만 홀을 마감하기 직전에 퍼팅을 잘못 처리하면 다시 두세 번 더 퍼팅을 해야 하는 문제를 제대로 이해하지 못하고 있습니다. 골프의 역사를 돌아보면, 가장 멋진 드라이브 샷을 구사하는 골퍼가 가장 뛰어난 퍼터였던 경우는 없었습니다. 또한 최고의 퍼터가 최고의 숏게임 실력을 갖춘 경우도 없었습니다. 사진 1.1.3은 세계에서 가장 뛰어난 파워골퍼와 가장 뛰어난 퍼터들의 명단을 목록으로 만들어 본 것입니다. 목록에서 보듯 이들 중 누구도 양쪽에 다 속하는 예는 없습니다. 이는 퍼팅이 골프를 구성하고 있는 다른 부분들과 상당히 다른 별개의 내용이라는 나의 의견을 잘 뒷받침해 주는 것입니다.

   한 사람의 골퍼를 훌륭한 퍼팅 대가로 만드는 일은 풀스윙을 훌륭하게 구사하는 방법을 가르치는 것과는 다릅니다. 마찬가지로, 파워스윙의 속도와 힘을 줄인다고 해서 그것이 퍼팅 스트로크가 되는 것은 아닙니다. 이 양자는 별개의 것으로 서로 공통되는 부분이 없습니다. 퍼팅을 잘 하기 위해서는 다음 두 가지 사항을 꼭 기억해야 합니다. 공이 진행하는 라인과 스피드를 정확하게 파악하고, 이 둘이 적절하게 조화를 이루어 공이 홀을 향해 부드럽게 커브를 그리며 굴러 가도록 만드는 것입니다. 퍼팅에서 거리와 파워는 상대적으로 덜 중요합니다. 하지만 드라이브 샷이나 2-아이언 스윙에서는 적당히 정확성을 기하면서 공을 가능한 한 멀리 날려보내야 합니다. 보낼 수 있는 한 멀리 공을 날려보낸다는 뜻 입니다. 풀스윙에서는 공이 타깃으로부터 0.5인치 정도 벗어났다고 해서 절망할 필요는 없습니다.

따라서 나는 퍼팅이 그 자체로 하나의 게임이라고 말한 벤 호건과 어얼링 야콥슨의 의견에 전적으로 동의합니다. 퍼팅은 골프에서 절대적으로 중요한 부분이자 극복해야 할 가장 큰 도전입니다.

퍼팅은 누구나 잘 할 수 있다

퍼팅에서 필요로 하는 과학적인 기법, 신체동작과 정신력은 골프의 다른 모든 스윙에서 요구되는 그것과는 상당히 다릅니다. 그리고 퍼팅은 다른 스포츠와 구별되는 독특한 면을 가지고 있습니다. 체격, 체력, 스피드, 성별 혹은 교육수준 등의 차이에 관계없이 누구나 세계적인 프로들과 겨루어 볼 수 있는 기량입니다. 전체 스포츠를 통틀어 볼 때 이런 특징을 가진 스포츠는 거의 없습니다.

골퍼라면 누구나 세계적인 정상급 퍼터들과 겨루어 볼 수 있다는 사실은 제 1회 월드 퍼팅 챔피언쉽(WPC)을 통해서 잘 드러납니다. 이 시합에서 우승을 차지한 프로 골퍼 렌 마티스와 라파엘 알레콘의 경우가 바로 그것입니다. 12만 7천명이 참가했던 이 시합 결승전에서, 이들 두 골퍼가 경쟁해야 했던 상대들의 면면을 보면 다음과 같습니다(사진 1.2.1).

● 95세의 전 올림픽 원반 던지기 선수 에드 에롭스

사진 1.2.1 300명의 최고의 기량을 가진 퍼터들의 모습이다(월드 퍼팅 챔피언쉽 결승전에 진출한 선수들).

- 12세의 켄터키주 퍼팅 챔피언 데릭 펜맨
- 4명의 U.S. 오픈 챔피언 앤디 노스, 탐 카이트, 페인 스튜어트 그리고 리 젠슨
- 10명의 PGA와 LPGA 투어 출신 퍼터들
- 27세의 빌 로크웰. 그는 맨발로 그린 위에 선 채 발가락으로 퍼터를 잡고 퍼팅을 했습니다.

퍼팅은 과학과 기술의 조합이다

퍼팅의 과학적인 측면은 상대적으로 덜 알려져 있어서 이에 대한 연습이 거의 이루어지지 않고 있습니다. 그리고 아마추어와 프로 골퍼, 골프 교사와 초보자들 거의 대부분이 잘못 이해하고 있는 부분이기도 합니다. 반면에 퍼팅의 기술적인 측면은 보편적으로 잘 알려져 있어서 널리 연습이 되고 있긴 하지만 제대로 결과를 얻지 못하고 있는 것이 현실입니다. 〈퍼팅 바이블〉을 출판하게 된 이유 가운데 하나가 바로 골퍼들로 하여금 퍼팅이 무엇인지 정확하게 알도록 하는 데 있습니다.

퍼팅의 과학적인 면 : 중력, 그린의 경사도 그리고 발자국 등 다양한 요소들이 작용하는 가운데, 표면이 편평한 스틱을 이용하여 동그란 공을 홀 안으로 밀어 넣는 일련의 간단한 신체 동작.

퍼팅의 기술적인 면 : 완만하게 기복을 이루고 있는 그린 표면, 공이 커브를 그리며 진행하는 궤적, 스윙리듬과 공이 진행하는 양상을 마음 속에 그리는 것.

퍼팅은 과학과 기술 두 가지 원칙의 독특한 조합입니다. 퍼팅을 완벽하게 구사하기 위해서는(적어도 이에 근접하기 위해서는) 이 두 원칙을 이해하고 충분히 습득해야 합니다. 어느 한쪽이 더 중요하다거나 덜 중요한 것이 아니며, 하나를 제대로 하지 못하면 다른 하나도 제대로 해낼 수 없는 관계에 있습니다.

퍼팅을 이해할 수 없는 신비한 그 무엇으로 여기지 않기 바랍니다. 퍼팅은 가

르쳐서 될 수 있는 것이 아니라든가, 혹은 골프에서 가장 납득하기 어려운 부분이라는 인식이 일반화되어 있는 것 같습니다. 그리고 공이 어떻게 진행할 것인지를 미리 예상하는 것을 직관적인 능력에 속하는 것으로 알고 있는 골퍼들도 상당수 있습니다. 심지어는 세계적인 골퍼들 중에서도 퍼팅에 문제가 있어서 결국 골프를 포기하는 경우도 있습니다. 하지만 이 모두가 자신들이 제대로 이해하지 못하고 있다는 사실을 두려워하기 때문에 빚어진 결과입니다. 이들이 퍼팅을 어떻게 하는지 방법을 배우지 못해서가 아닙니다. 당신을 포함해서 골퍼라면 누구나 퍼팅하는 법을 배울 수 있습니다.

퍼팅을 하는데 어려움이 있고, 이를 개선하기 위해 노력했지만 좋은 결과를 얻지 못하고 있다면, 아마도 "퍼팅에선 어쩔 수가 없어. 아무리 해도 안돼. 난 퍼팅을 잘 하는 것과는 거리가 멀어."라고 결론 내리기 쉬울 것입니다. 하지만, 단언하건대 결코 그렇지 않습니다.

퍼팅 결과는 언제나 미지수이다

대개의 골퍼들이 인과관계를 의식하는 경향이 있습니다. 어떤 일이 왜 일어났는지 그 이유를 알고 싶어하는 것은 아마도 인간의 본성일 것입니다. 잘 하려고 애를 쓰지만 퍼팅을 번번이 놓치고 마는 경우라면 특히 더 그럴 것입니다. 인생의 다른 여러 경우와 마찬가지로 골프에서도 '길은 가까운 곳에 있다' 라는 격언이 그대로 적용됩니다. 더 나아지기 위해서는 돈을 많이 들여야 한다고 생각하는 골퍼들이 의외로 많습니다. 참고서적을 읽고 연습하며 배우는 일은 뒷전으로 한 채 말입니다. 하지만 퍼팅은 바람만으로, 혹은 돈을 많이 들인다고 해서 되는 것이 아닙니다. 오히려 알려지지 않은 많은 요인들의 영향을 더 많이 받습니다.

퍼팅 실력을 수치상으로 비교해 볼 수 있는 것이 퍼팅이 가진 매력 중 하나입니다. 사진 1.4.1을 보면 퍼팅을 잘하는 PGA 투어 프로들도 6피트 거리에서 겨

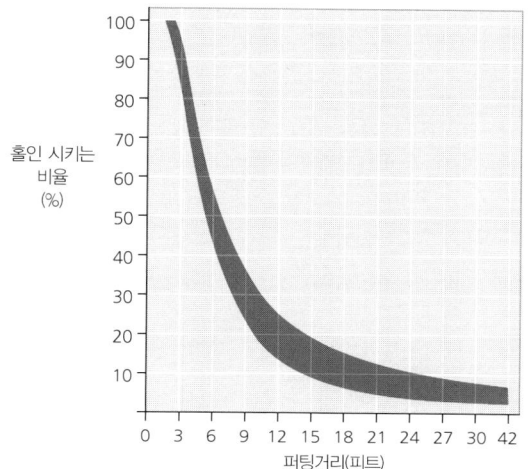

사진 1.4.1 퍼팅 거리에 따라 PGA 투어 프로들이 첫 번째 퍼팅에서 홀인시키는 비율.

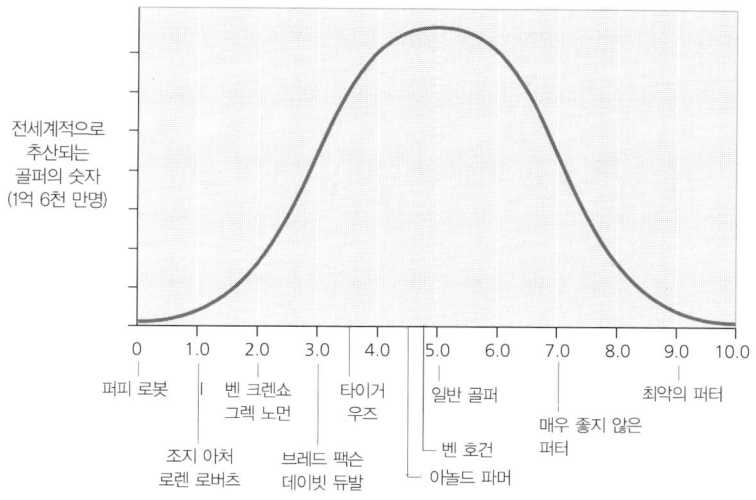

사진 1.4.2 퍼팅 스트로크가 복잡해질수록 퍼팅의 효율이 저하된다.

우 절반 정도의 퍼팅을 성공시킬 뿐입니다. 하지만 이들이 익숙한 그린에서 퍼팅을 하게 되면 6피트 거리의 퍼팅 약 90%를 홀인시킬 수 있을 것입니다. 이 책

뒷부분에서 나오겠지만, 퍼팅의 결과를 확신할 수 없는 데에는 그만한 이유가 있습니다. 일단 그 이유를 알게 되면 퍼팅을 훨씬 잘 이해할 수 있게 될 것입니다. 하지만, 이전에도 그랬듯이 퍼팅의 진정한 법칙을 이해하지 못하는 골퍼들에게 퍼팅은 여전히 납득하기 어려운 부분으로 남게 될 것입니다.

퍼팅 결과가 매번 다른 이유를 스윙 방법이 복잡한 데서 찾을 수 있습니다. 퍼팅 스트로크의 양상을 1에서 10까지 구분해 본 적이 있습니다(사진 1.4.2). 골퍼들의 이름이나 랭킹에는 너무 신경쓰지 말기 바랍니다. 이는 단지 그들이 퍼팅을 하는 동작에서 나타나는 복잡한 측면을 개인적으로 구분해 본 것입니다. 하지만 나의 이런 평가를 대수롭지 않게 여겨서는 안됩니다. 경험을 통해 확신하게 된 한 가지 사실은 스트로크 양상이 다양할수록 지속적인 반복이 어렵다는 것입니다. 그리고 스트로크가 단순할수록 반복적으로 구사하기가 쉽다는 것입니다.

마음을 비우고 퍼팅에 임하는 것이 좋다

퍼팅은 간단해 보입니다. 숏퍼트를 놓치면 대부분의 골퍼들이 당혹감을 느끼는 이유가 여기에 있습니다. 간단해 보이는 퍼팅을 잘못 처리했다는 사실에 몹시 좌절하기도 합니다(사진 1.5.1).

이런 좌절감은 기대에서 비롯된 것입니다. 만약 골퍼가 홀인에 대한 비현실적인 기대를 갖게 되면 게임의 결과에 대한 좌절과 실망이 커질 수밖에 없습니다. 반대로 퍼팅을 성공시키겠다는 기대가 없다면 성공했을 때의 기쁨은 배가 될 것입니다. 6피트 거리의 퍼팅을 반드시 성공시켜야 한다고 기대한다면 절반의 성공에(사실 이는 세계 최고 수준의 퍼팅 실력인데도 말입니다.) 좌절할 것입니다. 간단해 보이는 퍼팅을 놓치는 데서 오는 좌절과 실망이 훌륭한 골퍼들을 그린에서 몰아내는 결과를 가져오기도 합니다.

사진 1.5.1 숏퍼트가 보기에는 쉬워 보인다.

　자신의 실패를 제대로 이해하지 못하는 골퍼가 내리는 가장 쉬운 결론이 '타고난 퍼팅 재능'이 자신에게는 없다고 생각하는 것입니다. 퍼팅은 골프를 구성하는 여섯 가지 부분들 중 하나지만 매우 파악하기 어려운 부분이라는 인식이 일반화되어 있는 것도 이런 이유에서입니다. 하지만 지금까지 대부분의 골퍼들이 대강 보아 넘겼던 요소들을 통해 성공적인 퍼팅을 이끌어 낼 수 있다는 사실을 기억하기 바랍니다.

퍼팅을 잘하는 골퍼는 타고나는 것이 아니라 만들어지는 것이다

　이 책을 통해서 나는 독자들에게 퍼팅이 가진 긍정적인 측면을 보여주고 싶습니다. 퍼팅에 관한 연구를 통해 퍼팅은 15개의 세분화된 블럭에 기초하는 게임이라는 사실을 발견했습니다. 당신도 이미 다양한 형태로 이들 15가지의 기술들을 이용하고 있다고 말할 수 있습니다. 퍼팅을 할 때는 항상 이 기술들을 이용하게 되기 때문입니다. 스트로크 궤적을 따라 공을 스윙한다든가, 터치감이 때로는 강하게, 때로는 약하게 작용하는 식으로 말입니다.

하지만 문제는 기존의 15가지 기술을 얼마나 잘 개발하고 이들을 얼마나 적절하게 조합해서 이용하는가 하는 것입니다. 15개의 블럭이 꼭 맞게 조화를 이루고 있는지 아니면 몇 개의 블럭이 나머지 부분과 맞지 않아 결과적으로 퍼팅을 어렵게 만들고 있는지 하는 것입니다.

자신이 어디에 해당되는지 생각해 보기 바랍니다. 퍼팅을 어렵게 만드는 부분이 어느 블럭인지 찾아내고 이를 바로잡아야 합니다. 블럭의 아귀를 다듬어서 맞춰 넣어야 하는지 아니면 블럭의 모양 자체를 바꿔야 하는지 여부를 결정해야 합니다. 또한 다듬고 개선해야 할 필요가 있는 블럭이 몇 개인지 검토해야 합니다. 검토와 결정이 끝난 후 개선을 위해 노력하는 것이 우리가 할 수 있는 최선의 방법입니다.

퍼팅 실력을 향상시키기 위해서 무엇을 배우며 어떻게 배울 것인가를 이해하

사진 1.6.1 뛰어난 퍼터들이 모두 똑같은 퍼팅스타일을 보이는 것은 아니다.

사진 1.6.2 많은 골퍼들이 퍼팅을 잘 하고자 '희망' 하면서도 퍼팅을 잘 하지 못했을 때 왜 그런 결과가 나왔는지를 제대로 이해하지 못하고 있다.

고, 개선해야 할 블럭을 찾아내서 이를 바로잡은 후 자신의 것으로 만들면 됩니다. 블럭의 조합 방법이 골퍼마다 다양합니다. 퍼팅을 잘 하기 위해 모든 골퍼가 똑같아질 필요는 없습니다. 공과 퍼터의 관계가 적절하게 조화를 이루기만 한다면 좋은 결과가 뒤를 이을 것은 당연하기 때문입니다(사진 1.6.1). 만약 한 두 가지 기술적인 약점을 바로잡지 않고 내버려둔다면, 당신은 앞으로 골프를 하는 동안 줄곧 언젠가는 퍼팅을 잘 하게 되리라는 가능성 없는 희망에 매달리게 될 것입니다(사진 1.6.2).

Chapter 2

그린에서 나타나는 문제점

퍼팅은 저절로 되는 것이 아니다

성공시킬 수 있는 퍼팅을 매번 놓친다면 이 책을 읽어야 할 필요가 있습니다.

퍼팅이 가진 매력 중 하나가 스윙이 잘 되었다고 해서 그 결과가 반드시 좋으란 법이 없다는 것입니다. 때로 잘못된 스윙이 성공적인 퍼팅을 가져오기도 합니다. 불공평하긴 하지만 이는 분명 매력적임에 틀림없습니다. 골퍼의 운동신경과 스윙 실력의 단순한 조합 이상의 무엇이 골프입니다. 판단력, 준비, 시력, 긴장, 집중력, 용기, 필링, 터치감, 그린을 읽는 능력 등 골퍼가 가진 전체적인 특성이 결합하여 작용합니다.

하지만 퍼팅에서는 행운의 작용도 배제할 수 없습니다. 공을 정확하게 읽지 못했다면 공이 원하는 방향을 벗어나 홀을 비켜 지나가고 마는 것은 당연한 결과입니다. 하지만 때로 다른 장애물에 부딪혀 생각지도 못하게 공이 홀로 굴러들어가는 경우도 있습니다. 이것이 운입니다. 반면 공을 정확하게 읽고 정확하게 스트로크했음에도 불구하고 때로 퍼팅을 놓치기도 합니다. 이는 운이 없는 경우입니다.

하지만 이런 일이 항상 일어나는 것은 아닙니다. 앞에서 말했듯이 퍼팅은 수치화할 수 있는 특징을 갖고 있습니다. '양호한' 그린에서 공에 적절한 스피드와 스트로크를 가했다면 성공할 확률이 5대 3 정도입니다. 하지만 스트로크가 잘못되었다면 그 가능성이 3대 5로 낮아집니다. 이것도 그린 상태가 양호한 경우에 그렇습니다. 그린이 좋지 않다면 성공할 확률은 20~30%대로 더 낮아지게 될 것입니다.

공이 멈출 때까지는 퍼팅의 결과를 알 수 없습니다. 이런 예측할 수 없는 성격은 아마 여러 가지 다양한 요인에 기인하겠지만, 그 중 하나가 선천적으로 타고났느냐 아니면 그렇지 못하냐의 문제입니다. 나는 이 책에서 선천적으로 타고나는 것이 아니라는 점을 입증하고자 합니다. 확신하건대 당신은 퍼팅을 개선하는 방법을 배우게 될 것입니다.

쉽게 눈으로 확인할 수 있는 그린의 위험 요소

그러므로 운이 좋다든가 나쁘다는 식의 생각은 일찌감치 버리는 것이 좋습니다. 그보다는 결과에 지대한 영향을 미칠 뿐 아니라 우리가 제어하고 변화시킬 수 있는 요인에 눈을 돌려야 합니다. 결과에 영향을 미치는 어쩔 수 없는 요인들이 있지만, 쉽게 파악하고 예측할 수 있는 요인들이 더 많습니다. 물론 육안으로는 알 수 없는 보다 다루기 어려운 부분이 있는 것도 사실입니다.

외부적인 요인을 인식하고 이해함으로써 그린에서 예상치 못한 상황에 부딪혔을 때 당황하지 않도록 도움을 주고 싶습니다. 성공적인 퍼팅의 과학적인 기술을 습득하기에 앞서 먼저 이들 요인에 관해 언급하는 이유는 골퍼가 제어할 수 있는 부분과 그렇지 못한 부분을 구분하여 파악하기 위해서입니다. 만약 항상 마음 속에 '큰 그림'을 간직한다면, 기술을 보다 효과적으로 습득하고 자신이 제어할 수 있는 것들에 더욱 집중할 수 있을 것입니다.

퍼팅 그린의 표면에서 다음과 같은 좋지 않은 상황을 흔히 만나게 됩니다. 이로 인해 공이 골퍼가 의도하지 않는 엉뚱한 방향으로 진행될 수 있습니다.

● 잔디가 죽어 있거나 시들어 있는 지역과 잔디가 건강하게 잘 자라있는 지역이 공의 진행에 차이를 가져옵니다.

사진 2.2.1 U.S. 오픈 챔피언 경기 진행 당시의 잔디에 난 스파이크 자국.

사진 2.2.2 샷으로 인해 생긴 피치 자국.

사진 2.2.3 홀의 가장자리가 낡았거나 우툴두툴해져 있는 경우로 공이 립아웃되는 상황을 가져올 수 있다.

● 스파이크 자국으로 인해 공의 진행 방향이 바뀔 수 있습니다(사진 2.2.1).

● 샷으로 인해 생기는 피치 자국이 공에 부정적인 영향을 미칠 수 있습니다 (사진 2.2.2).

● 우툴두툴해진 홀 가장자리 때문에 공이 립아웃될 수 있습니다(사진 2.2.3).

측정을 통해서 알 수 있는 위험 요소

육안으로는 알 수 없는 요인들이 있습니다. 잔디의 길이가 공의 속도와 커브를 그리는 정도에 상당한 영향을 미칩니다. 잔디 표면이 젖어 있는지의 여부에 따라 그린의 스피드가 달라지며, 따라서 공의 속도와 커브를 그리는 정도에 차이를 가져옵니다. 잔디 결의 방향에 따라서도 차이가 있습니다(사진 2.3.1). 잔디 결이 억셀수록 잔디가 공에 미치는 영향이 커집니다.

골퍼들이 거의 신경을 쓰지 않는 부분이 또 한 가지 있습니다. 바로 공의 균형입니다. 대부분의 골퍼들이 모든 골프공이 완벽하게 균형이 잡혀 있다고 생각합니다. 하지만 그렇지 않습니다. 기하학적 중심이 정확하게 중앙에 위치하지 않는 공들이 많이 있습니다. 납으로 된 작은 아령 모양의 물체가 공의 중심과 수직이 되는 부분에 박혀 있다고 가정해 봅시다(사진 2.3.2). 공을 제조하는 과정의 잘못으로 인해 이런 불균형이 유발될 수 있습니다. 이렇게 균형이 맞지 않는 공이 그린 위를 굴러가는 모습을 상상해 보십시오. 무게 중심이 제대로 유지되지

사진 2.3.1 잔디는 대개 똑바로 곧게 자라지 않고 어느 한 방향으로 쏠려서 자란다.

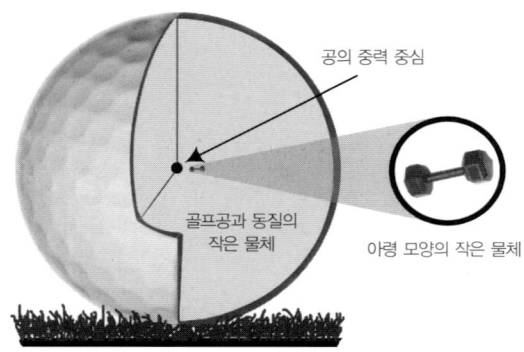

공의 중력 중심

골프공과 동질의
작은 물체

아령 모양의 작은 물체

사진 2.3.2 납으로 된 작은 아령 모양의 물체를 공 중
심 옆쪽에 끼워 넣으면 공의 무게 중심이 틀어져 버린다.

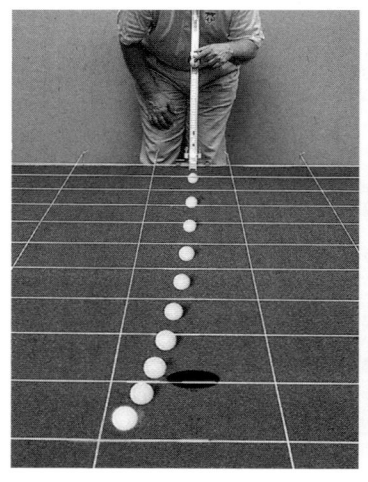 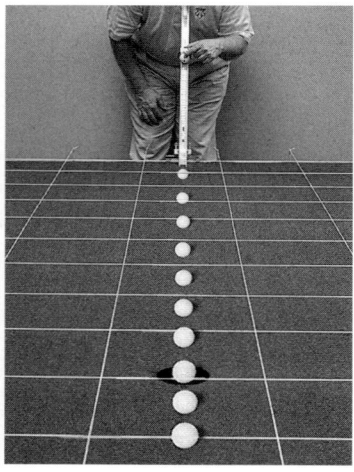

사진 2.3.3 균형이 잘
못된 공(좌)과 완벽하게
균형이 맞는 공(우)의 진
행 양상.

않음으로써 공이 의도된 방향으로 굴러가기보다는(사진 2.3.3 우측) 홀 옆으로
비켜 지나가는 경우를 쉽게 상상할 수 있을 것입니다(사진 2.3.3 좌측). 더 나쁜
것은 이로 인해 퍼팅을 놓치게 되면, 있지도 않는 문제를 해결하려고 골퍼가 자
신의 스트로크 방법을 바꾸려고 한다는 것입니다. 문제는 바로 공에 있는데도
말입니다.

육안으로 전혀 알 수 없는 위험 요소

홀 주변의 도넛 모양 자국

　지표면을 따라 그린을 유심히 살펴보면 무수한 발자국들을 볼 수 있습니다. 네 명이 한 조가 되어 골프를 하는 경우 약 500개 이상의 발자국을 선명하게 남긴다는 사실을 알게 되었습니다. 대부분의 경우 홀을 중심으로 6피트 이내에 집중적으로 분포해 있습니다. 왜냐하면 퍼팅의 절반 가량이 이 지점 내에서 이루어지기 때문입니다. 이로 인해 홀을 중심으로 6피트 떨어진 지점과 6인치 떨어진 지점(홀에 6인치 이내로 근접해서 걸어 들어가는 몰지각한 골퍼는 없습니다) 사이의 그린이 도넛 모양으로 움푹 들어가게 됩니다(사진 2.4.1).

　공과 홀 사이에 얼마나 많은 발자국이 나있는지 알 수는 없습니다. 발자국으로 인해 공의 진행 방향이 틀어지게 되었다면, 당신은 운이 따르지 않는다고 불평을 할 것입니다. 반대로 발자국으로 인해 놓칠 뻔했던 공이 홀인되었다면 발자국에 고마워할 것입니다. 이렇게 예측할 수 없는 요인들에 관해서 당신이 어떻

우둘두툴한 도넛 모양 자국

사진 2.4.1 네 명의 골퍼가 아홉 차례의 퍼팅을 한다고 가정하면, 홀 주변으로 약 500개 이상의 발자국을 남기게 되며 이로 인해 홀 주변 그린이 도넛 모양처럼 움푹 들어가게 된다.

게 해 볼 수 있는 여지는 거의 없으며, 다만 이런 일이 일어날 수 있다는 점을 알고 있어야 합니다.

홀 주변의 그린 높이

골퍼들이 홀을 중심으로 6인치 이내 지점으로 접근하지 않으려고 주의하기 때문에, 이 부분과 그 주변 지역의 그린 높이가 달라지게 됩니다(사진 2.4.2). 이런 지표면의 높이 차이로 인해 느리게 굴러가는 공이 홀에 이르지 못하고 진행을 멈추거나 혹은 홀 옆으로 비켜 가는 상황을 가져옵니다. 만약 그린 상태가 완벽했다면 홀인될 여지가 충분했던 공인데도 말입니다.

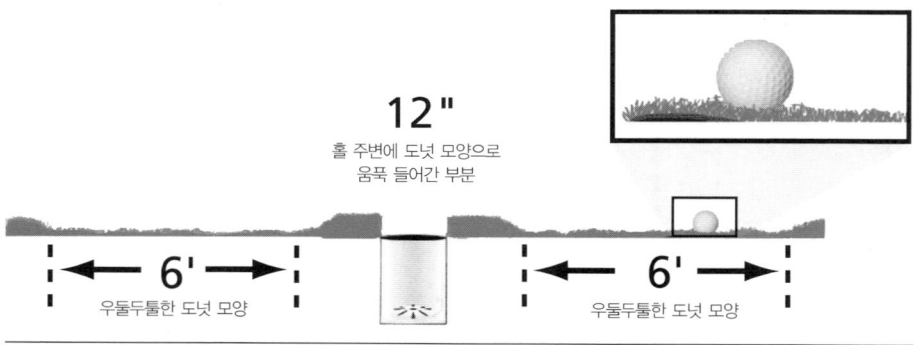

사진 2.4.2 홀 중심 부분과 그 주변 지역의 높이가 달라지게 된다.

완벽한 스트로크 방법은 몇 가지에 불과하다

퍼팅이 골퍼의 개인적인 취향의 문제라든가, 혹은 '자신에게 적당하다고 느껴지는 대로' 하면 된다는 식의 말을 들어 본 적이 있을 것입니다. 이것은 사실과 너무나 동떨어진 잘못된 생각입니다. 제대로 된 퍼팅 스트로크에서 자연스러운 것은 아무 것도 없습니다. 적당하다고 느껴지는 대로 퍼팅을 한다면 십중팔구 그 퍼팅을 놓치고 말 것입니다.

골퍼마다 체형이 다릅니다. 반면에 공을 완벽하게 스트로크하는 적절한 방법은 단지 몇 가지에 불과합니다. 이 몇 가지 방법을 구사하는 골퍼들의 모습이 다달라 보이는 것은 골퍼들의 체형 때문입니다. 그래서 완벽한 어드레스를 위한 완벽한 스탠스와 자세를 취한 모습이 골퍼마다 다르게 보이는 것입니다.

물론 자신에게 가장 잘 맞는 스탠스, 어드레스, 그립과 스트로크 방법이 있습니다. 그러나 병이 났을 때, 먹을 수 있는 약이 수천 가지가 있다 하더라도 약의 모양이나 맛에 따라 약을 복용하지는 않습니다. 병을 낫게 할 수 있는 약을 먹는 것처럼, 퍼팅에서도 퍼팅을 보다 잘 하도록 해줄 수 있는 방법을 발견하는 것이 중요합니다. 이를 자신의 것으로 만들고 편안하고 자연스럽게 느낄 수 있을 때, 비로소 '적당하다고 느낄 수 있게' 될 것입니다.

그린에 대해 잘못 이해하고 있는 부분을 알아보자

골퍼의 잘못된 인식으로 인해 문제가 유발되는 경우가 있습니다. 한 가지 사실을 예로 들겠습니다. 경사면 아래로 가는 퍼팅이 경사면 위로 가는 퍼팅보다 스트로크하기가 더 쉽습니다. 이는 아마도 당신이 들어왔던 내용과 반대일 지도 모릅니다. 하지만 이것은 사실입니다. 아래로 가는 퍼팅에서는 임팩트 순간 페이스가 클로즈 또는 오픈됨으로써 생기는 영향을 중력이 최소화해 줌으로써 공이 일직선을 유지하며 굴러가도록 만듭니다. 반면에 경사가 위로 가는 퍼팅에서는 동일한 실수라 하더라도 오히려 중력으로 인해 그 영향이 최대화됨으로써 공이 홀을 비켜 갈 가능성이 커집니다(사진 2.6.1).

한편 동일한 거리인 경우 위로 경사를 이룬 퍼팅보다는 아래로 경사를 이룬 퍼팅에서 3-퍼팅을 할 가능성이 높아집니다. 이유는 스피드에 있습니다. 아래로

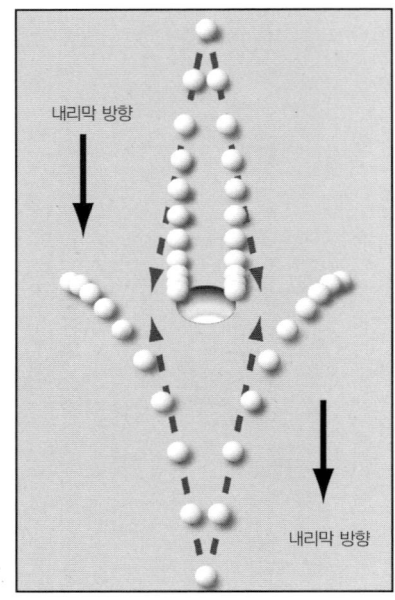

사진 2.6.1 오르막 퍼팅에서는 중력의 작용으로 인해 공이 진행라인을 벗어나기 쉬운 반면, 내리막 퍼팅에서는 중력이 오히려 공의 진행 방향을 일직선으로 유지하도록 도와준다.

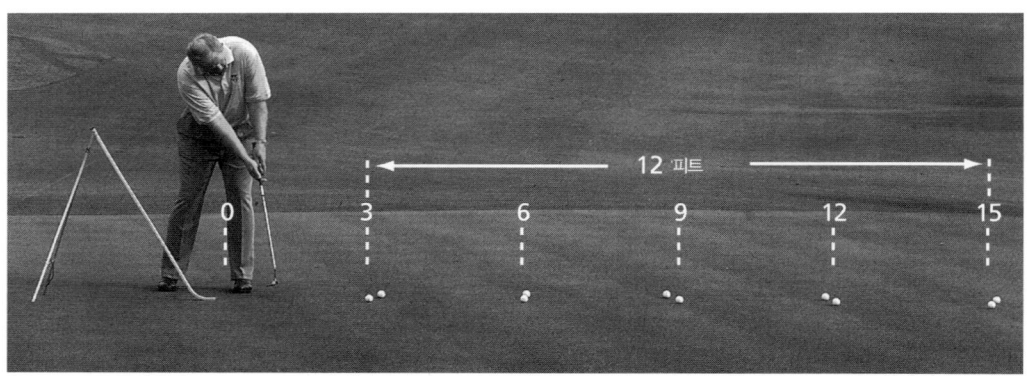

사진 2.6.2 트루롤러를 이용하여 공을 의도하는 거리만큼 정확하게 보낼 수 있다.

가는 퍼팅에서는 스피드를 제어하기 위해 더욱 정확한 터치감이 요구됩니다. 파워를 일관되게 유지하며 스트로크하도록 고안된 트루롤러를 이용한 실험을 보기 바랍니다(사진 2.6.2). 트루롤러를 이용하여 편평한 그린 위에서 백스윙의 길

사진 2.6.3 트루롤러는 몇 년 전에 내가 퍼팅의 방향과 스피드를 조절하며 실험을 하기 위해 고안한 장치이다. 사진은 1978년에 고안된 최초의 트루롤러이다.

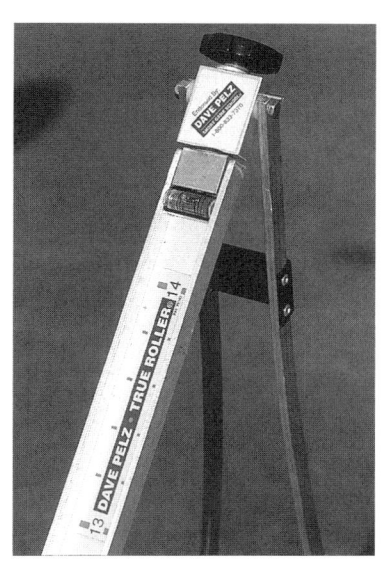

사진 2.6.4 트루롤러를 이용하여 퍼팅을 하기 전에 우선 이 기구를 그린 위에 수직으로 놓는다.

이를 동일하게 유지한 채 공 다섯 개를 각각 3, 6, 9, 12, 15피트 거리로 퍼팅합니다. 공의 진행거리 차이가 당연히 12피트가 납니다(15피트-3피트).

　한편 위로 경사를 이룬 그린에서 다섯 개의 공이 어떻게 굴러가는지 보기 바랍니다(사진 2.6.5 위). 앞의 경우와 마찬가지로 트루롤러를 이용하여 동일한 힘을 가하여 스트로크합니다. 앞의 실험과 동일한 거리를 진행하도록 스트로크 했음에도 불구하고, 공들 간의 진행거리가 좁혀져 있음을 알 수 있습니다(공의

사진 2.6.5 동일한 힘을 받은 다섯 개의 공이 경사면의 방향에 따라서 진행거리에 상당한 차이를 보인다.

진행거리 차이가 7.5피트입니다). 오르막 퍼팅에서는 편평한 그린의 경우보다 거리의 영향을 덜 받는다는 것을 알 수 있습니다. 이것은 오르막 퍼팅에서 공이 적절한 스피드를 갖지 못하면 홀을 지나쳐 비켜갈 가능성이 높다는 것을 뜻합니다.

반대로 동일한 힘을 받은 공이 아래로 경사를 이룬 그린에서는 어떻게 진행하는지 보기 바랍니다(사진 2.6.5 아래). 위에서 본 두 경우와 상당히 차이가 난다는 것을 알 수 있습니다. 물론 아래로 가는 퍼팅에서는 동일한 힘에도 공이 더 멀리 진행합니다. 중요한 것은 공이 받는 힘의 크기가 공의 진행거리에 상당히 중요하게 작용한다는 것입니다. 이 경우 짧게 움직인 공과 가장 멀리 움직인 공의 거리 차이가 18피트입니다. 따라서 내리막 그린에서 퍼팅을 할 때는 오르막 퍼팅보다 거리의 정확도가 세 배 더 중요하다는 것을 알 수 있습니다.

실수를 통해 배우자

실수로부터 배울 수 있다면 더욱 쉽게 고칠 수 있다는 것은 누구나 알고 있습니다. 동일한 실수를 되풀이한다면 이는 어딘가 매우 잘못되어 있는 것입니다. 나는 효율적인 학습의 중요한 열쇠로서 피드백이 신뢰할 만한 좋은 방법이라고 생각합니다(사진 2.7.1). 사실 이 방법은 나의 모든 골프 교습의 기본이 되어왔습니다. 연습을 통해 발견되는 문제로부터 제대로 배우지 못한다면 개선할 수 있는 방법이 없다는 것이 나의 기본적인 생각입니다. 잘못된 스트로크로부터 올바른 스트로크를 배우지 못한다면, 이는 결국 잘못된 것을 더욱 고정화시키는 결과를 가져올 뿐입니다. 혹은 퍼팅을 놓쳤을 때 자신의 대담하지 못한 정신력을 탓한다면 결코 잘못된 에임라인, 궤적 또는 임팩트에 존재하는 문제점을 고칠 수 없을 것입니다.

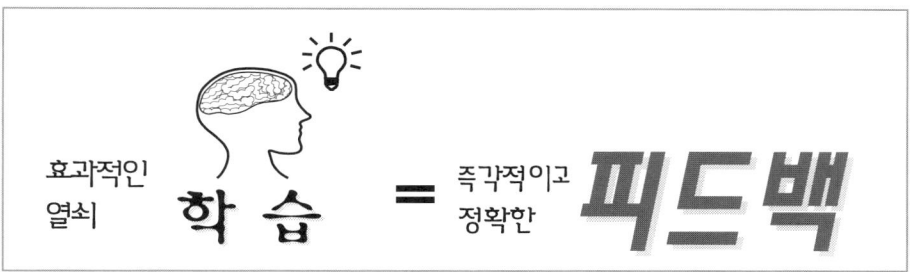

사진 2.7.1 효율적인 학습의 열쇠.

얼마나 퍼팅을 잘 할 수 있는지 체크해 보자

스트로크를 개선하기 위한 작업을 시작하기 전에 먼저 몇 가지 질문에 대해 생각해 보십시오. ① 세계적인 최고의 골퍼들이 퍼팅을 얼마나 멋지게 구사하는가? ② 현재 자신의 퍼팅 실력이 어느 정도인가? ③ 다른 골퍼가 퍼팅을 얼마나 잘 하는가? ④ 앞으로 자신의 퍼팅 실력이 얼마나 좋아질 것인가? 나름대로 이들 질문에 대한 답을 찾아보았습니다.

PGA 투어 프로들이 세계에서 가장 훌륭한 기량을 지닌 골퍼라는 사실에 이의를 제기할 사람은 많지 않을 것입니다. 이는 그동안 수없이 펼쳐진 다양한 경기를 통해 충분히 입증되었습니다. 그린의 상태가 과거에 비해 많이 개선되었으며, 또한 많은 노력과 연구를 통해 프로 골퍼들의 기술이 꾸준히 향상되어 왔습니다.

두 번째 질문에 대한 답을 찾기 위해서는 자신이 직접 거리를 달리해 가며 퍼팅을 하고, 공이 홀인되는 비율을 측정해 보아야 합니다. 코스를 도는 동안 자신의 스코어와 퍼팅거리를 기록합니다. 이렇게 하면 자신의 기록과 프로들의 기록을 비교해 볼 수 있습니다.

세 번째 질문에 대한 답은 여러 가지 상황에 따라 다릅니다. 그린의 상태, 그린을 읽는 능력, 스트로크와 터치감이 얼마나 좋은가 등등 여러 가지 여건에 따라 다른 답이 나올 것입니다.

마지막 질문에 대한 답은 퍼팅 스트로크의 과학적 기술을 얼마나 잘 배우는가 여부에 달려 있습니다. 보다 나은 필링과 터치감을 배우는 능력, 그린을 더욱 정확하게 읽는 능력, 적절한 타이밍에 따라 올바른 스트로크를 구사할 수 있는 능력이 바로 그것입니다. 그리고 집중력, 자기 원칙, 연습, 의지와 학습능력이 이 질문에 대답해 줄 것입니다.

3-퍼팅에서 벗어나자

스코어를 개선시키는 과정을 보면 흔히 1-퍼팅의 횟수를 증가시키기보다는 3-퍼팅을 하는 횟수를 감소시키기가 더 쉽습니다. 핸디캡이 20 이상인 골퍼들

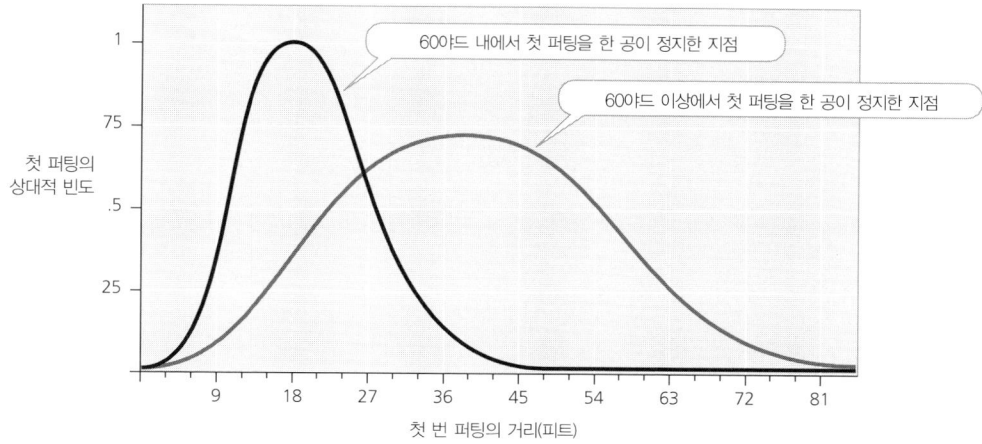

사진 2.9.1 핸디캡이 20(±5)인 골퍼에게서 평균적으로 나타나는 첫 퍼팅 거리.

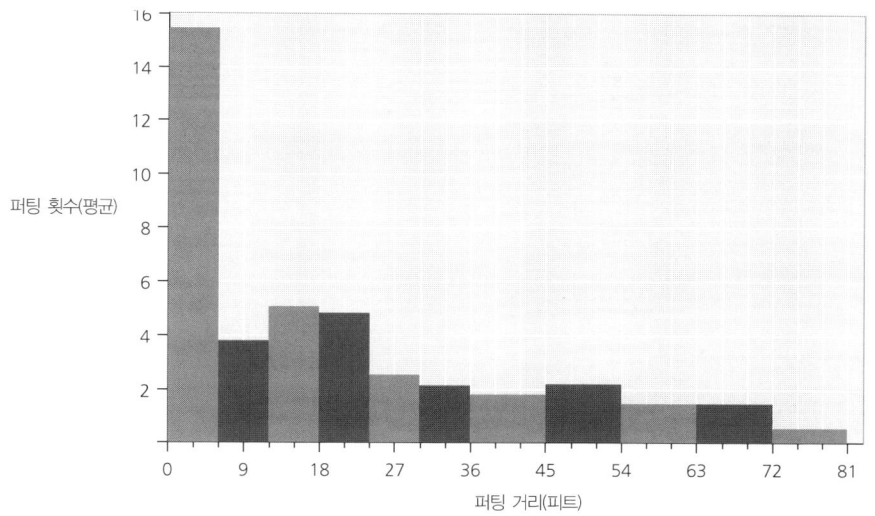

사진 2.9.2 한 라운드에서 평균적으로 나타나는 퍼팅 횟수.

에게는 더욱 그렇습니다. 사진 2.9.1에 나타나듯이, 60야드 외곽 지역에서는 38
피트 거리의 첫 퍼팅 빈도수가 가장 많음을 알 수 있습니다. 또한 60야드 내에서
는 18피트 거리의 두 번째 퍼팅 빈도수가 가장 많다는 것을 알 수 있습니다. 이

두 곡선을 종합해서 첫 퍼팅을 놓쳤을 경우 퍼팅을 두 번 혹은 세 번 하게 되는 상황에 적용시켜 보면, 한 라운드에서 하는 퍼팅 거리와 빈도수의 관계를 예측할 수 있습니다(사진 2.9.2).

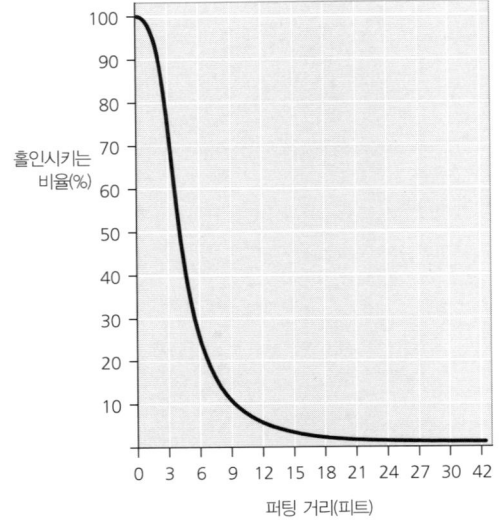

사진 2.9.3 골프학교 학생들의 퍼팅 거리와 홀인 비율(핸디캡 20±5).

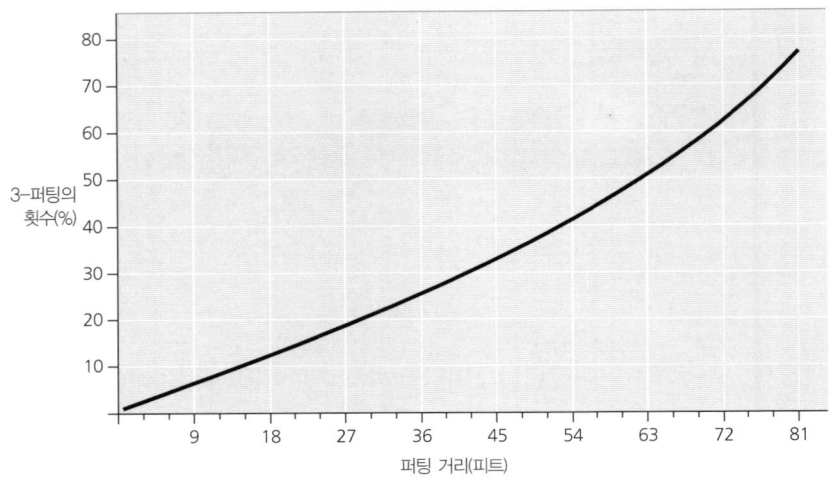

사진 2.9.4 거리가 멀어짐에 따라서 3-퍼팅의 가능성도 커짐을 알 수 있다.

이제 핸디캡이 15~25인 그룹에서 나타나는 도표(사진 2.9.3)를 통해서 3-퍼팅과 거리와의 관계를 살펴보겠습니다(사진 2.9.4). 이 데이터를 종합해 볼 때, 30피트 외곽에서 3-퍼팅을 하지 않게 되면 매 라운드마다 스트로크 횟수를 감소시킬 수 있다는 사실과 숏퍼트의 중요성을 다시 한 번 확인할 수 있습니다.

래그 퍼팅을 하는 법

'래그 퍼팅'이라는 말은 잘 알려진 표현이 아닙니다. 이것은 공을 홀인시키는데 목적이 있는 것이 아니라, 공이 홀 가까이 원하는 지점에 가서 멈추어 서도록 하는데 목적을 둔 연습 방법입니다. 이를 통해 3-퍼팅을 범할 가능성을 최소화하는 효과를 거둘 수 있습니다.

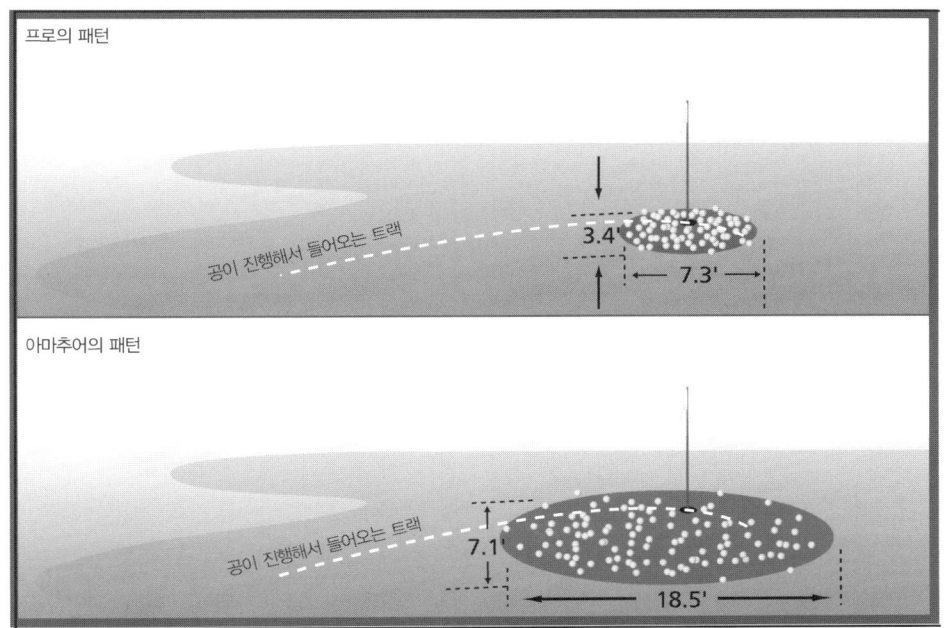

사진 2.10.1 거리가 50~60피트인 지점에서 나타나는 전형적인 래그 퍼팅 패턴.

사진 2.10.1은 몇몇 투어 프로들의 전형적인 래그 퍼팅 패턴으로(거리가 50~60피트인 퍼팅의 경우) 골프학교 학생들의 경우와 비교해 볼 수 있습니다. 래그 퍼팅 연습을 통해서 공을 홀 가까운 지점으로 가져가는 아마추어 골퍼들의 기량이 눈에 띄게 향상되었다는 것을 알 수 있습니다. 이렇게 연습을 계속하면 3-퍼팅 빈도를 현저하게 줄일 수 있을 뿐 아니라 홀인 가능성을 25% 정도 증가시킬 수 있게 됩니다.

Chapter 3

퍼팅하는 방법

퍼팅은 단순할수록 좋다

여러 가지 퍼팅 방법을 설명하기 전에 먼저 퍼팅에 관한 모든 이론에서 통용될 수 있는 한 가지 명언을 말하겠습니다. '단순할수록 좋다.' 이것은 아마도 모든 스포츠에 적용되는 말일 것입니다. 왜냐하면 재능이 있든 없든 자신을 개입시키지 않을수록 그 기술을 보다 지속적으로 학습할 수 있기 때문입니다. 퍼팅 스트로크에서 잘못된 동작을 만회하려는 보상동작이 많을수록, 성공적으로 퍼팅할 수 있는 효과적인 스트로크를 하기가 어렵습니다. 다시 말해서 스트로크 동작이 복잡해질수록 그 결과를 예측하기가 어려워진다는 것입니다. 단순하고 쉬운 스트로크 동작은 특히 심적 부담을 안은 상황에서 더욱 그 효과를 발휘합니다. 단순할수록 좋다는 이 말을 꼭 기억하기 바랍니다.

퍼팅을 하는 가장 쉬운 방법

트루롤러를 이용하자

24년 간의 연구를 통해 가장 쉬운 퍼팅 방법은 트루롤러를 이용한 퍼팅이라는 결론을 내렸습니다. 사진 3.2.1에서 보듯이 스트로크를 하는 것이 아니라 단순히 트루롤러를 이용하여 필요한 높이에서 공을 굴리는 것입니다. 이는 백 스트로크가 필요없기 때문에 보기에 매우 간단해 보일 것입니다. 하지만 그렇지가 않습

사진 3.2.1 트루롤러는 퍼팅을 하는 가장 쉬운 방법이다.

니다. 사람이 이렇게 하기 위해서는 에임 지점을 정확하게 맞추고 공에 어느 정도의 스피드를 부여하여 얼마나 멀리까지 보낼 것인가를 알아야 합니다.

트루롤러에서 나온 공이 정해진 라인을 따라 적당한 스피드로 움직이는 것이 보기에 간단해 보이지만, 이 또한 그렇지 않습니다.

어찌됐든 당신의 퍼팅 스트로크가 이렇게 되도록 만들어야 합니다. 그것은 반복적이고 효과적인 연습이 그 방법입니다.

독특한 퍼팅 방법—크로켓 스타일

크로켓을 하듯이 두 다리 사이에 퍼터를 놓고 퍼팅을 하는 것입니다. 이 방법을 실제로 이용한 적이 있습니다. 1960년대에 퍼팅을 하는데 어려움을 안고 있었던 밥 두든(Bob Duden)과 밥 셰이브 주니어(Bob Shave Jr.) 두 PGA 투어 프로가 이 기술을 이용했습니다. 그리고 1960년대 중반에 입스 현상을 극복하는 방법으로 샘 스니드(Sam Snead)가 이 방법을 이용했던 것이 마치 신화처럼 전해지고 있습니다(사진 3.3.1). USGA에서는 이 방법을 금지하고 있지만 크로켓

사진 3.3.1 샘 스니드의 크로켓 스타일 퍼팅.

사진 3.3.2 말안장에 옆으로 앉은 듯한 자세의 퍼팅.

을 하는 듯한 이 스타일이 보다 쉬운 퍼팅 방법인 것은 분명합니다. 왜냐하면 골퍼가 공의 진행라인을 잘 볼 수 있으며 공이 어떤 양상으로 진행할 것인지를 분명히 알 수 있기 때문입니다.

샘 스니드는 이 스타일을 약간 변형하여 '말안장에 옆으로 앉은 듯한' 방법을 이용하기도 했습니다(사진 3.3.2). 그는 골퍼로서 활동하는 동안 줄곧 이 방법으로 퍼팅을 했습니다. 허리를 약간 구부림으로써 공의 진행라인을 보다 잘 볼 수 있다는 장점 외에, 손목이 꺾이는 입스 현상을 극복할 수 있었기 때문입니다.

USGA에서 규정하고 있는 방법

USGA는 골프의 통일성을 유지하고 보호하는데 주도적 역할을 하는 기구입니다. USGA의 규정들은 골프를 더욱 어려운 형태의 스포츠로 만드는 부분도 있지만, 나를 포함해서 대부분의 골퍼들이 USGA의 이념을 지지할 것입니다. 도전적 성격이 사라진다면 스포츠가 주는 흥미 또한 크게 반감될 것입니다. 하지만, 보다 단순한 형태의 퍼팅 스트로크를 개발하여 보다 많은 공을 홀인시키고, 스코

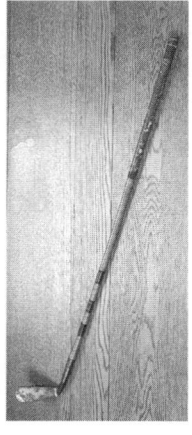

사진 3.4.1 자신이 '명사수'라고 이름붙인 퍼터를 가지고 퍼팅을 하고 있는 바비 존스.

어를 개선하는 과정을 통해 더욱 재미있게 골프를 즐기고 싶은 바람은 누구나 가지고 있습니다.

USGA는 아마도 모든 골퍼가 바비 존스(Bobby Jones)처럼 퍼팅을 한다면 매우 만족해 할 것입니다. 사진 3.4.1은 의도한 퍼팅라인에 수직으로 똑바로 서서 마치 스윙을 하듯이 간단한 동작을 한 차례 취하는 모습입니다. 이는 쉬운 것처럼 보이지만 실제로는 퍼팅을 훨씬 더 어렵게 합니다. 만약 퍼팅 스트로크가 칩샷을 축소한 형태라고 한다면 그것은 5번 아이언 스윙을 축소한 모습이 될 것입니다. 이렇게 되면 공의 진행라인을 보기가 어렵고 몸과 팔목이 돌아갈 여지가 커집니다. 또한 페이스가 돌아가기 쉬워서 필요 이상의 파워를 공에 전달하게 됩니다. 이런 현상은 결국 골퍼에게 퍼팅을 더욱 어렵게 하는 결과를 가져오게 됩니다.

효과적인 퍼팅 방법들

바디 퍼팅

'바디 퍼팅' 이란 말을 아마 거의 들어 본 적이 없을 것입니다. 사진 3.5.1에서 보듯 팔, 손목, 양손이 몸에 밀착되어 있어서 퍼터가 골퍼의 몸을 축으로 하여 움직이는 퍼팅 방법입니다. 이 방법이 거의 언급되지 않는 이유는 투어 프로들이 이 방법으로 스트로크하는 모습을 본 적이 없고, 따라서 이 방법이 성공적인 결과를 가져올 수 있는지 입증된 적이 없기 때문입니다. 나는 이 방법으로 스트로크를 해본 적이 있습니다. 하지만 당신도 이렇게 해야 한다는 뜻으로 말하는 것은 아닙니다.

바디 퍼팅은 손목의 꺾임과 팔목이 돌아가는 문제를 해소하는데 확실히 도움이 됩니다. 하지만 몸의 회전이 강하게 일어남으로 인해 경사가 빠른 그린에서는 필요한 터치감을 유지하는 데 어려움이 있을 수 있습니다. 한편 바디 퍼

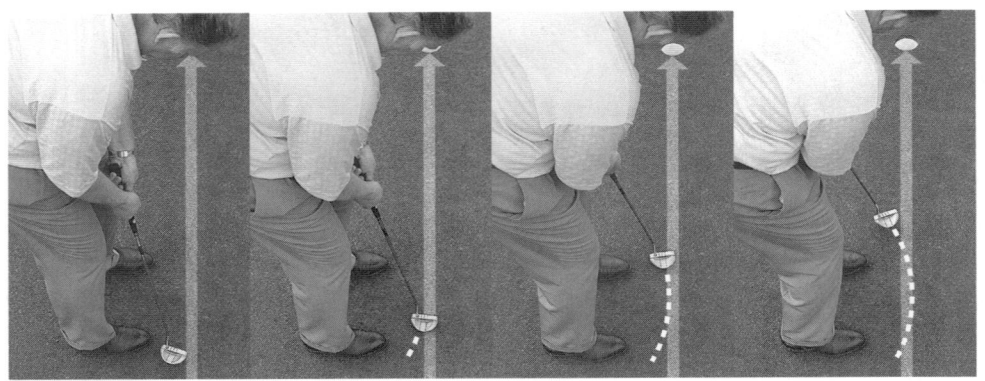

사진 3.5.1 바디 퍼팅에서는 퍼터가 몸을 축으로 움직이게 된다.

팅이 가지는 또 하나의 장점은 몸의 불필요한 움직임을 피할 수 있다는 것입니다. 특히 아마추어 골퍼들의 경우 퍼팅을 하는 동안 자신도 모르게 몸을 움직이는 모습, 특히 몸을 앞뒤로 움직이는 모습을 흔히 보게 됩니다. 이는 타이밍을 놓치는 결과를 가져오기 때문에 퍼팅을 망치는 가장 주요한 원인으로 꼽히고 있습니다.

파워 스트로크

'파워 스트로크'를 구사하는 뛰어난 골퍼들이 많이 있습니다. 이는 손, 손목 혹은 팔목 근육의 힘을 이용하여 스트로크하는 것을 의미합니다. 대표적인 예로 아놀드 파머(사진 3.5.2)와 타이거 우즈(사진 3.5.3)를 꼽을 수 있습니다. 두 골퍼가 모두 이 방법으로 뛰어난 퍼팅을 선보여 왔지만, 이들이 공을 때리는 듯한 퍼팅을 줄이고 스트로크하듯 퍼팅을 한다면 더욱 좋은 결과를 얻을 수 있을 것이라고 나는 생각합니다. 아놀드 파머(Arnold Palmer)와 타이거 우즈(Tiger Woods)가 숏퍼트를 놓치는 경우를 본 적이 있다면 내 말이 무슨 뜻인지 이해할 수 있을 것입니다.

파워 스트로크는 두 가지 두드러진 단점이 있습니다. 하나는 불안이나 흥분으

사진 3.5.2 손목의 근육을 이용하여 퍼팅을 하고 있는
아놀드 파머.

사진 3.5.3 팔의 힘을 이용하여 퍼팅을 하고 있는 타
이거 우즈.

로 인해 파워가 '분출' 되는 현상을 유발할 수 있다는 것입니다. 특히 심적 부담을 안은 상황에서 그렇습니다. 두 번째는 심적 부담이 있는 경우 근육이 경직되기 때문에 손목을 효과적으로 제어할 수 없다는 것입니다. 따라서 좋은 퍼팅을 지속적으로 구사하기가 어렵습니다.

팝 스트로크

'팝 스트로크' 는 게리 플레이어(Gary Player)와 조니 밀러(Johnny Miller)가 초창기에 많이 이용했던 스트로크 방법입니다. 백 스트로크의 길이가 일반적인 경우보다 짧고 임팩트 후에 팔로우스루를 하지 않는 것이 특징입니다. 이 방법으로 스트로크하면 공이 톡 튀어 나가듯이 앞으로 나가게 됩니다(사진 3.5.4). 그러나 두 골퍼 모두 후에는 이 방법을 이용하지 않게 되었는데, 이유는 지속적으로 좋은 스트로크를 하기가 어려웠기 때문입니다. 내가 이 방법에 관해 질문을 했을 때 두 사람 모두 팝 스트로크는 추천할 만한 방법이 아니라고 대답했습니다. 하지만 그들이 이 퍼팅 방법으로 많은 토너먼트에서 우승했던 것을 보면

사진 3.5.4 팝 스트로크를 구사하고 있는 조니 밀러와 게리 플레이어.

그들이 말하는 것처럼 나쁜 방법은 아닌 듯 합니다.

이 방법이 지닌 한 가지 두드러진 장점이 페이스를 언제나 스퀘어 상태로 유지할 수 있다는 것입니다. 하지만 이 때 손과 팔 근육의 힘을 이용하게 되면 좋은 터치감을 가지기가 어렵습니다.

훅 스트로크

골프 역사에서 매우 흥미로은 퍼팅 기술 중의 하나가 소위 말하는 '훅 스트로크' 입니다. 이 방법은 아프리카 출신의 뛰어난 골퍼 바비 로크(Bobby Locke)에 의해 시도된 것으로서, 그는 1930~1950년대에 이르기까지 브리티쉬 오픈을 포함한 80 차례의 국제 토너먼트 경기에서 우승을 차지했습니다. 많은 골퍼들이 그가 공을 훅시킨다고 말하지만, 사진으로 통해 볼 때 그는 임팩트에서 페이스를 약간 클로즈시켜서 안에서 밖으로 가져가는 형태로 스트로크하고 있습니다(사진 3.5.5). 이런 동작이 그가 훅을 시도하는 것처럼 보이게 하지만 공의 진행 초기에

사진 3.5.5 퍼팅을 하고 있는 바비 로크.

사진 3.5.6 라인을 가로지르는 스트로크를 통해 공이 일직선으로 진행하도록 만들기 위해서는 페이스를 약간 오픈시켜야 한다. 치치 로드리게즈는 컷 스트로크를 매우 훌륭하게 구사했던 골퍼였다.

나타났던 약한 훅스핀이 홀에 이를 때쯤에는 완전히 사라져버린다고 나는 확신합니다.

컷 스트로크

페이스를 밖에서 안으로 가져가면서 공을 스트로크하는 방법으로, 치치 로드리게즈(Chi Chi Rodriguez)는 이 방법을 이용하여 30회 이상의 토너먼트에서 우승을 차지했습니다(사진 3.5.6). 하지만 후에 이 방법은 그에게 더 이상의 승리를 안겨 주지 못했는데, 이유는 컷 스트로크는 필요 이상으로 퍼팅을 복잡하게 만드는 경향이 있기 때문입니다.

그래서 치치 로드리게즈는 이후 더 이상 페이스를 우측으로 오픈시켜서 왼쪽으로 스윙하는 이 방법을 이용하지 않게 되었습니다. 그가 만약 보다 단순한 스트로크를 개발해서 이용했더라면 더 많은 대회에서 우승을 거둘 수 있었을 것이라고 생각합니다.

손목을 이용한 스트로크

이것은 팔을 복부에 밀착시키고 손목을 회전축으로 하여 파워를 만들어 내는 스트로크 방법입니다. 이것은 빌리 캐스퍼(Billy Casper)가 이전에 이용하던 방법입니다(사진 3.5.7). 이제 그는 더 이상 이 방법으로 퍼팅하지 않게 되었는데 현재 투어 프로들에게서 광범위하게 이용되고 있는 시계추형 스트로크보다 더 많은 시간, 인내심 그리고 연습이 필요하다는 것이 그 이유입니다. 하지만 그는 초창기에 이 스트로크 방법을 이용하여 여러 차례 우승을 차지했습니다. 하지만 그가 말했듯이 이 방법은 수 년간의 연습을 요하며 심적 부담을 안은 상황에서 긴장이나 흥분을 제어하는 방법을 익혀야 한다는 사실을 기억하기 바랍니다.

사진 3.5.7 손목을 이용한 스트로크를 하고 있는 빌리 캐스퍼.

블럭 스트로크

페이스를 타깃 좌측에 에임한 채 공을 홀을 향해 안에서 밖으로 밀어내는 이 방법은 리 트레비노(Lee Trevino)가 골퍼로 활동하는 동안 줄곧 이용했던 방법입니다(사진 3.5.8). 리 트레비노는 퍼팅을 할 때마다 좌측으로 에임을 한 다음 임팩트에서 안에서 밖으로 밀어내는 스윙을 했습니다. 이런 이상한 퍼팅 방법에도 불구하고 그는 뛰어난 골퍼로서 성공을 거두었습니다. 그가 언젠가 나에게

사진 3.5.8 리 트레비노는 누구보다도 훌륭하게 '블럭 스트로크'를 구사했다.

만약 자신이 잭 니콜러스처럼 퍼팅을 잘 할 수 있었다면 훨씬 더 뛰어난 결과를 얻을 수 있었을 것이라고 말한 적이 있습니다. 그가 퍼팅을 상당히 잘 한 것은 사실이지만 뛰어난 퍼팅 실력을 가졌다고 말할 수는 없습니다. 그는 다소 복잡한 퍼팅 스트로크를 구사하는 재능 있는 골퍼입니다. 만약 그가 보다 단순한 스트로크를 구사했더라면 더 많은 퍼팅을 성공시킬 수 있었을 것입니다.

혼합형 스트로크

이것은 파워 스트로크와 순수한 시계추형 스트로크를 혼합한 형태의 스트로크로서 대개 손목을 약간 활용하는 방법입니다. 브레드 팩슨, 리 젠슨, D.A. 위브링, 벤 크렌쇼 같은 훌륭한 골퍼들이 이 스트로크를 구사하고 있습니다(사진 3.5.9). 이들은 시계추형 동작을 위주로 하면서 약간의 손 근육을 이용하는 스트로크 방법을 이용합니다.

손목을 약하게 회전축으로 이용하긴 하지만 페이스의 방향이 바뀌지는 않습니다. 시계추형 동작을 보다 많이 이용하고 손목의 움직임을 가능한 한 줄일 때 최고의 퍼팅을 하게 된다는 것이 그들의 일치된 견해입니다.

사진 3.5.9 '혼합형 스트로크'를 구사하는 브레드 팩슨, 리 젠슨, D.A. 위브링, 벤 크렌쇼.

푸쉬 스트로크

이 방법은 잭 니콜러스가 오랜 기간 동안 이용한 스트로크 형태입니다. 잭 니콜러스는 확실히 골퍼로서의 전 생애동안 훌륭하게 퍼팅을 처리해 왔으며 지금도 그는 뛰어난 퍼터로서의 모습을 보여주고 있습니다.

사진 3.5.10을 보면 그의 오른쪽 손과 팔이 왼쪽보다 뒤에 놓여 있으며, 임팩트 순간에 오른쪽 손과 팔을 라인을 따라 피스톤처럼 밀어내는 모습을 볼 수 있

사진 3.5.10 라인을 따라 퍼터를 '밀어내는' 잭 니콜러스.

습니다. 임팩트 순간에 손목이나 퍼터가 돌아가는 현상 혹은 손목이 꺾이는 모습을 전혀 찾아 볼 수 없습니다.

긴 퍼터

지금까지 USGA가 인정하는 퍼팅 테크닉을 거의 모두 간략하게나마 언급했습니다. 이제 긴 퍼터를 이용한 방법에 대해서 설명하겠습니다. 이 방법은 USGA가 인정하고 싶어하지 않지만, 이것이 불법이 아닌 한 나는 이 방법을 한번 시도해 볼 것을 권합니다. 왜냐하면 지극히 단순한 스트로크가 어떤 것인지 알 수 있는 좋은 방법이기 때문입니다(사진 3.5.11 좌측).

긴 퍼터의 단단한 샤프트는 손목 근육의 움직임이나 꺾이는 현상을 완전히 제거하고, 손목의 회전으로 인해 페이스가 돌아가는 경향을 최소화해 줍니다. 나는 수천 명의 골프학교 학생들을 대상으로 이 테스트를 실시했습니다. 그 결과 대다수의 학생들이 긴 퍼터를 이용했을 때 전통적인 방법을 포함한 다른 어떤 방법보다도 약 6피트 거리의 퍼팅을 성공시키는 확률이 높아진다는 사실을 알게 되었습니다.

사진 3.5.11 샘 토렌스(좌)가 긴 퍼터를 턱 아래에 대고 퍼팅을 시도하고 있는 모습과 내가 긴 퍼터를 가슴에 대고 퍼팅하는 모습(우).

그리고 긴 퍼터를 수직으로 세우고(턱 아래쪽에 대고) 퍼팅을 하면 긴 퍼터를 가슴에 대고(사진 3.5.11 우측) 하는 경우 혹은 중간 정도 길이의 퍼터를 가슴 아래에 고정시키고 하는 경우보다 더 효과적이라는 사실도 발견하게 되었습니다. 이 세 가지 방법 모두 일반적인 경우보다 긴 샤프트를 이용하고 있기 때문에, 많은 골퍼들에게서 문제점으로 나타나는 손목이 꺾이는 문제를 제거하는 효과를 보여 주었습니다.

긴 퍼터를 이용해서 퍼팅을 할 때 나타나는 부정적인 측면은 거리에 대한 필링과 터치감을 새롭게 배워야 하며 바람이 부는 상황에서 때로 안정성이 부족해진다는 것입니다. 하지만 이런 문제들은 연습과 경험을 통해 극복될 수 있습니다.

깨끗한 시계추형 스트로크

이제 가장 단순하고 쉬우면서도 가장 반복하기 용이하며 신뢰할 만한 퍼팅 방법 – 깨끗한 시계추형 스트로크 – 에 대해 이야기할 차례가 되었습니다. 이것은 팔과 손을 이용하되 두 부분의 힘이 전혀 개입되지 않은 채 리듬에 의해 퍼터를

사진 3.5.12 지극히 깨끗한 시계추형 스윙을 구사하는 조지 아처.

스윙하는 방법입니다. 페이스가 전혀 돌아가지 않은 상태에서 시계추가 흔들리듯 라인을 따라 퍼터를 가져갈 수 있다면, 이것은 골프의 규칙이 인정하는 범위 내에서 할 수 있는 가장 단순한 동작이 될 것입니다. 내가 학생들에게 가장 적극적으로 이 방법을 권하는 이유가 바로 여기에 있습니다.

이 스트로크가 어떤 것인지 보고 싶다면, 시니어 PGA 투어에 참가한 조지 아처(George Archer)가 구사하는 깨끗한 시계추형 스트로크를 눈여겨보십시오 (사진 3.5.12). 20여년 동안 잭 니콜러스, 아놀드 파머, 벤 크렌쇼, 닉 팔도 그리고 그렉 노먼 같은 세계적인 골퍼들과 시합을 해오면서 조지 아처는 누구보다도 뛰어난 퍼팅 실력을 선보였습니다.

사진 3.5.13 시계추형 스트로크를 구사하는 위대한 퍼터들 : 밥 찰스, 그렉 노먼, 데이브 스탁튼, 앤디 노스, 로렌 로버츠 그리고 필 마이클슨.

그 외에 깨끗한 시계추형 스트로크를 구사하는 뛰어난 골퍼로는 밥 챨스, 그렉 노먼, 데이브 스탁튼, 앤디 노스, 로렌 로버츠 그리고 필 마이클슨 등이 있습니다(사진 3.5.13). 이들 뛰어난 퍼터들이 퍼팅 스트로크를 얼마나 단순한 방법으로 구사하는지를 보면서, 당신도 이렇게 퍼팅하고 싶다는 생각이 들지 않습니까? 그렇다면 이 책을 읽어보십시오. 〈퍼팅 바이블〉이 이에 관한 모든 것을 가르쳐 줄 것입니다.

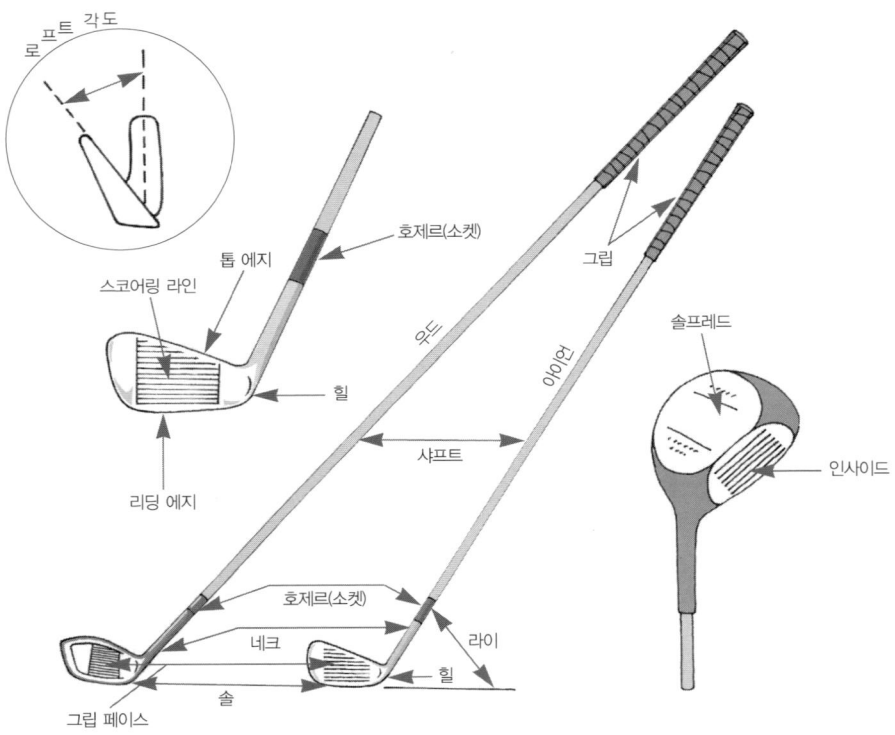

로 프 트 각도

호제르(소켓)

톱 에지

스코어링 라인

힐

리딩 에지

우드

아이언

그립

솔프레드

샤프트

인사이드

호제르(소켓)

네크

라이

그립 페이스

솔

힐

퍼팅을 구성하는 15개 블럭

Chapter 4

스트로크의 과학적 기술을
구성하는 7개 블럭

단순할수록 좋다

골퍼마다 제각기 퍼팅하는 방법이 다릅니다. 이렇게 말한다고 해서 내가 모든 방법을 지지하고 있다는 뜻은 아닙니다. 각양각색이라는 말이 퍼팅의 경우에도 해당이 된다는 뜻입니다. 어떤 골퍼에게는 어떤 특정한 퍼팅 스트로크가 더 잘 맞는 경우가 있고, 골퍼 누구에게나 완벽하게 맞는 스트로크는 존재하지 않습니다.

골퍼들에게 도움이 될 만한 몇 가지 방법을 논하기 전에 먼저 퍼팅 전체에 적용될 수 있는 나만의 원칙 하나를 말하려고 합니다. 바로 단순할수록 좋다는 원칙입니다. 이 말은 아마 모든 스포츠에 통하는 말일 지도 모릅니다. 퍼팅 스트로크가 복잡해지면 복잡해질수록(예를 들어 잘못된 부분을 보상하려는 심리와 이로 인해 나타나는 불필요한 동작들), 퍼팅 결과를 예측하기가 어려워집니다.

퍼팅을 구성하는 15개 블럭

조준(aim)	필링	퍼터 적응시키기
궤적	페이스 각도	파워 전달
터치감	안정감	임팩트 패턴
리듬감	태도	신체 유동선
퍼팅의식	준비동작	그린 읽기

사진 4.1.1 퍼팅 게임을 구성하는 15개 블럭.

이 말은 이미 여러 번 들어온 소리여서 식상하게 들릴 지도 모르겠지만, 그래도 이것은 사실이며 진지하게 받아들여야 할 원칙입니다. 스트로크가 단순하고 쉬워질수록 앞으로도 지속적으로 정확하게 스트로크를 할 수 있는 가능성이 높아집니다. 특히 부담스러운 상황에 놓인 경우라면 더욱 효과적으로 스트로크를 할 수 있게 됩니다.

지금부터 퍼팅을 구성하는 15개 블럭에 대해서 설명하겠습니다. 그 내용이 무엇인지, 어떻게 작용하는지, 그리고 공을 홀인시키는 것과 어떤 관련이 있는지에 대해서 말하는 겁니다. 우선 몇 가지 용어의 개념에 대해 설명한 다음, 퍼팅 스트로크의 7가지 블럭에 대해서 상세하게 이야기하겠습니다. 이는 동일한 내용을 다른 용어로 말하는 경우가 종종 있어서 혼란을 가져오기 때문입니다.

볼-홀 라인(ball-hole line)과 타깃라인(targetline)

'볼-홀 라인'이란 공에서 홀에 이르는 직선을 의미합니다(사진 4.1.2). 퍼팅에서는 홀이 언제나 궁극적인 타깃이 되기 때문에, 어떤 골퍼들은 이 라인을 타깃

볼-홀 라인

사진 4.1.2 '볼-홀 라인'이란 공과 홀을 잇는 직선을 의미한다.

라인이라고 부르기도 합니다. 그런데, 또 상당수의 골퍼들이 '타깃라인' 이라는 말을 공과 그들이 조준하는 지점 사이를 잇는 라인이라는 뜻으로 사용하고 있습니다. 이들이 말하는 타깃라인은 공이 스타트하는 라인입니다. 하지만 일반적으로 퍼팅에서, 공이 홀에 이르는 직선라인을 따라 진행되도록 조준하고 스타트시키는 경우는 아주 드물고, 홀에 이르는 동안 아주 조금이라도 커브를 그리면서 진행하는 경우가 대부분입니다.

그러므로, 공에서 홀에 이르는 직선을 볼—홀 라인이라고 하는 편이 보다 명확할 것이라 생각합니다. 사진에서 보듯이 볼—홀 라인은 양쪽 방향으로 계속 연장되는 선상에 있으며, 스트로크를 하기 전 공의 커브 정도를 측정하기 위해 공 뒤쪽으로 걸어가서 서 있게 되는 지점도 바로 볼—홀 라인의 연장선입니다.

에임라인 (aimline)

대부분의 경우 공 뒤에 서서 그린을 읽는 동안 공의 커브 정도와 조준 지점을

사진 4.1.3 에임라인이란 공이 처음 스타트하도록 의도한 라인을 말한다.

결정합니다. 조준 지점을 결정한다는 말은 공의 스타트 지점을 결정한다는 뜻입니다. 공이 스타트하도록 의도한 라인을 '에임라인'이라고 부릅니다(사진 4.1.3). 셋업자세를 취할 때, 당신의 몸, 발, 스트로크가 바로 이 라인에 평행하도록 가지런히 맞춰져야 하고, 공은 이 라인을 따라 스타트해야 합니다. 만약 모든 것이 적절하게 이루어졌다면, 공은 에임라인을 따라 출발해서 적절한 스피드로 굴러가다가 커브를 그리면서 부드럽게 홀 속으로 떨어질 것입니다.

볼 트랙(ball track)

공이 지나가는 자리를 '볼 트랙'이라고 합니다.(사진 4.1.4의 좌측)

브레이크(break)

브레이크란 공의 조준 지점과 공이 실제로 굴러가는 지점 사이의 차이를 말합니다. 에임라인과 홀의 안쪽 가장자리를 잇는 거리가 브레이크의 크기(커브)가 됩니다(사진 4.1.4의 우측).

사진 4.1.4 볼트랙은(좌) 공이 지나간 자리를 뜻하며, 브레이크는(우) 공의 조준 지점과 홀의 안쪽 가장자리를 잇는 거리를 말한다.

볼 트랙

브레이크

사진 4.1.5 볼—홀 라인, 에임라인, 볼 트랙, 브레이크가 멋진 공의 진행을 만들어 낸다.

좀더 이해를 돕기 위해 예를 들어보겠습니다. 그린 위에 공을 놓고, 공 뒤편 볼—홀 라인 선상에 가서 섭니다. 볼—홀 라인을 따라 똑바로 진행되도록 공을 가격하면, 공이 왼쪽으로 꺾이면서 홀 아래쪽으로 비켜 지나가게 될 것이라는 예감이 듭니다. 그래서 이번에는 볼—홀 라인에서 약간 비켜서서, 공이 오른쪽으로 어느 정도 커브를 그리며 스타트하도록 만들 것인가를 생각합니다. 홀 오른쪽 가장자리로부터 28인치 떨어진 지점을 에임라인으로 선택합니다. 이제 공 쪽으로 걸어와서 선택한 에임라인에 맞춰 나란히 셋업하고, 스트로크 준비를 합니다. 스트로크가 완벽했다면 공이 에임라인을 따라 정확하게 스타트할 것입니다. 브레이크의 크기를 정확하게 28인치로 계산하고, 공에 적절한 스피드를 주었기 때문에, 공은 부드럽게 왼쪽으로 커브를 그리면서 홀 안으로 빨려 들어갈 것입니다(사진 4.1.5).

퍼팅을 할 때 어디를 조준하고 스트로크하면 좋을까?

퍼팅을 할 때 어디를 조준하고 스트로크를 합니까? 조준(aim)은 퍼팅의 중요

한 부분입니다. 그러므로, 어디를 조준하려고 애쓰는지 그리고 공, 스탠스, 스트
로크가 실제로 어디를 조준하고 있는지 알아야 할 필요가 있습니다.

조준 (Aim)

기술적인 의미에서 조준은 공의 스타트 방향을 의미합니다. 그린 위에서 조준
방향은 여러 가지로 표시될 수 있습니다. 홀의 가장자리, 색깔이 약간 다른 잔디
혹은 스파이크 자국, 또는 에임라인 상의 어떤 지점일 수도 있고 아니면 홀을 지
나 에임라인의 연장선상에 있는 어떤 지점일 수도 있습니다. 홀의 좌 혹은 우로
1인치, 한 발자국 혹은 열 발자국 떨어진 지점이 조준 방향이 될 수도 있습니다.
어느 지점을 조준하고 공을 스타트시킬 것인지 공이 어느 정도 커브를 그리며
굴러가도록 만들 것인지를 결정한 후에, 비로소 공의 진행 방향을 시각적으로
보고 느낄 수 있게 됩니다.

궤적 (Path)

퍼터가 움직이는 길이 '궤적'입니다. 퍼터의 궤적이 에임라인과 일직선이 될
수도 있고, 밖에서 안으로 혹은 안에서 밖으로 에임라인을 가로지르는 모양으로

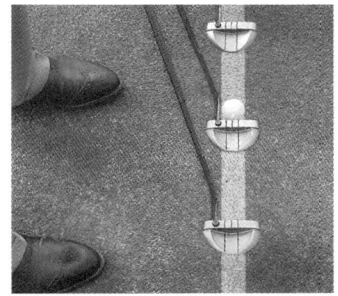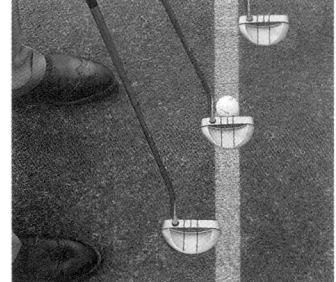

사진 4.2.1 퍼터의 궤적이 에임라인과 일직선을 이루는 경우(좌), 밖에서 안으로 가로지르는 경우(중앙), 안에서 밖으로 가로지르는
경우(우)이다.

나타날 수도 있습니다(사진 4.2.1). 정도는 조금씩 다르겠지만, 골퍼들마다 보여주는 공의 궤적이 제각각이라고 해도 틀린 말은 아닐 것입니다.

페이스 각도(Face Angle)

페이스와 에임라인이 만들어내는 각도가 페이스 각도입니다(사진 4.2.2). 페이스 각도가 에임라인에 스퀘어로 유지될 수도 있고, 또는 에임라인에 오픈되거나 클로즈될 수도 있습니다. 페이스가 에임라인 우측을 바라보고 있을 때 페이스가 오픈되어 있다고 말하고(사진 4.2.2 우측), 페이스가 에임라인 좌측을 향해 있을 때 이를 클로즈되어 있다고 말합니다.

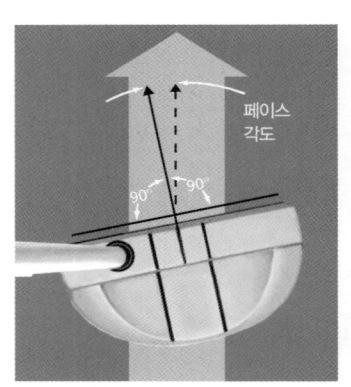
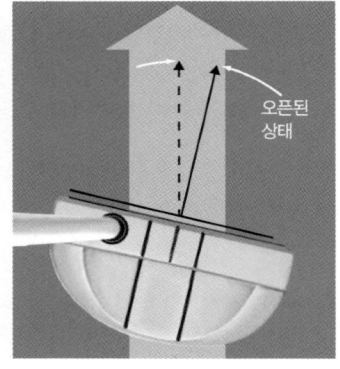

사진 4.2.2 퍼터페이스와 에임라인이 만드는 각도를 페이스 각도라고 말한다(좌). '오픈' 되었다는 말은 페이스 각도가 에임라인 우측을 향하고 있다는 뜻이다(우).

임팩트 포인트(Impact Point)

임팩트 포인트란 공과 페이스가 만나는 한가운데 지점을 의미합니다(사진 4.2.3). 모든 퍼팅에는 임팩트 포인트가 존재하며, 이것이 모여서 임팩트 패턴을 형성하게 됩니다(사진 4.2.4). 임팩트 패턴은 퍼팅의 성패를 결정짓는 데 중요한 의미를 지닙니다. 조준, 궤적, 페이스 각도, 임팩트 패턴, 이 4가지 사항에 대해서는 헤드가 임팩트 구역을 통과할 때 어떻게 움직이는지, 에임라인과 공의 진행이 어떤 관계를 유지하는지를 설명할 때 더 자세히 설명하겠습니다.

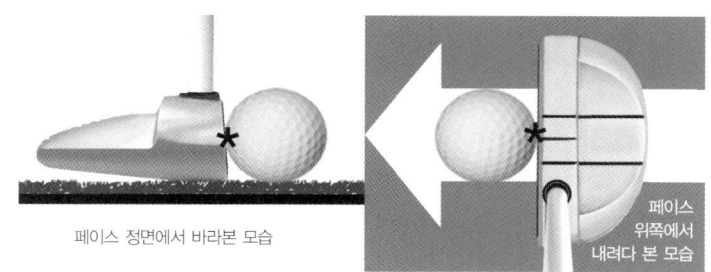

사진 4.2.3 볼과 페이스가 맞닿은 가운데 지점이 임팩트 포인트이다.

페이스 정면에서 바라본 모습

페이스 위쪽에서 내려다 본 모습

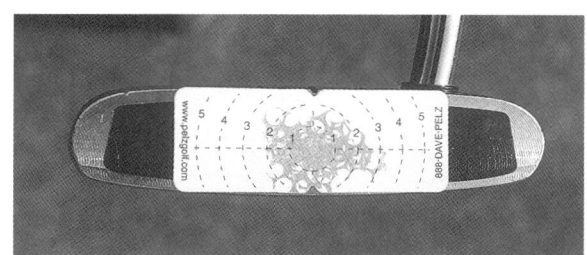

사진 4.2.4 페이스의 약간 검게 나타난 지점이 임팩트 패턴을 보여주는 부분이다.

스트로크를 구성하는 7개 블럭

1 조준(aim) : 페이스를 에임라인과 수직으로 유지하라

퍼팅 스트로크를 이루는 15개 블럭 중에서 7개 블럭(사진 4.4.1)은 퍼팅의 질과 결과를 결정하는 데 아주 중요하게 작용합니다. 이들은 기계적이고 과학적인 요소들로서 골프를 가르칠 때 가장 관심을 두고 지도하는 부분이기도 합니다. 7개의 블럭에는 조준, 파워, 공의 궤적, 페이스 각도, 임팩트 패턴, 신체 유동선, 퍼터 길들이기가 포함됩니다. 이러한 기본기들을 잘 이해하고 개발함과 동시에

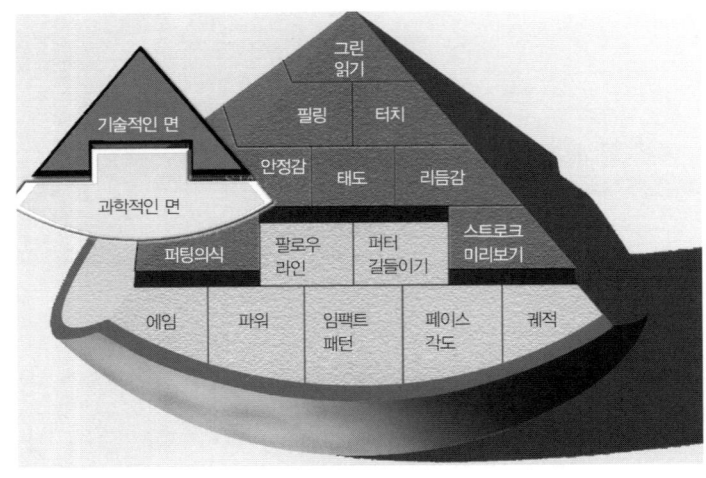

사진 4.4.1 퍼팅의 7가지 기본기. 이들은 과학적인 측면을 지니고 있어서 수치로 측정이 가능하다.

그린을 보다 정확하게 읽고 필링과 터치감을 잘 살릴 수 있다면 퍼팅 실력이 크게 좋아지리라는 것은 두 말할 필요가 없을 것입니다.

테스트 결과에 의하면 조준을 잘 할수록 퍼팅 결과가 더 좋아진다는 것을 알 수 있습니다. 퍼팅의 기본기들 중에서 조준을 제일 먼저 언급하는 이유도 여기에 있습니다. 그런데 조준을 제대로 하지 못하는 골퍼가 의외로 많습니다. 만약 조준이 제대로 안되면, 보상심리의 발동으로 인해 다른 불필요한 동작을 유발하게 됩니다.

조준하는 법

조준은 누구나 다 할 수 있을 정도로 쉽습니다. 문제는 조준하고자 하는 지점을 정확하게 조준할 수 있느냐 하는 점입니다. 대부분의 골퍼들이 조준을 제대로 못하는 것은 놀라운 일이 아닙니다. 왜냐하면, 그린에는 골퍼들에게 어떻게 하면 정확하게 조준하는가를 보여주는 특별한 장치가 없기 때문입니다. 특별한 장치가 없기 때문에 대개 두 가지 사실을 통해 나름대로 조준을 합니다. 첫째는 이전의 퍼팅 결과를 참고로 하는 것이고, 다른 하나는 에임라인을 기준으로 공을 바라보는 눈의 위치를 통해 조준을 합니다.

조준에서 나타나는 반작용

앞에서 말했듯이 대부분의 골퍼들이 지나간 결과를 참고로 하여 그때그때 조준하는 방법을 바꿉니다. 지난번 스트로크가 잘못되었다면, 이번에는 그때의 잘못을 되풀이하지 않기 위해 새로운 시도를 하는 것입니다. 예를 들면, 지난 번에 공이 홀 왼쪽으로 빠지는 실수를 범했다면, 너무 왼쪽으로 조준을 했기 때문에 실수가 생겼다고 생각합니다. 그래서 이번에는 반대로 오른쪽으로 조준을 합니다. 공이 왼쪽으로 빠지는 스트로크를 하지 않으려고 이번에는 조준을 오른쪽으로 하는 것입니다. 우리가 정리한 데이터에 따르면, 이러한 반작용은 일종의 보상심리에서 나온 행위입니다. 다시 말해서 에임라인 우측으로 스트로크하는 문제를 가진 골퍼가 이번에는 에임라인 좌측으로 스트로크하는 경향을 보이는 것입니다. 그 반대의 경우도 마찬가지입니다.

조준을 정확하게 하기 위한 가장 좋은 자세는 페이스를 에임라인과 수직(스퀘어)으로 유지하는 것입니다. 이렇게 하기 위해서는 퍼팅 거리와 상관없이 양쪽 눈과 에임라인이 항상 수직으로 만나야 합니다(사진 4.4.2). 조준에 대해서는 뒤

사진 4.4.2 눈이 에임라인 위에 수직으로 놓이면 페이스 각도를 스퀘어로 유지하기 위한 불필요한 동작을 할 필요가 없어진다.

에서 다시 자세히 설명하겠지만, 우선 말해 두고 싶은 것은 조준은 퍼팅의 중요한 기본기이며, 과거의 스트로크 경험에 근거하는 방법은 되도록 빨리 잊는 것이 좋습니다.

만약 조준을 제대로 배우지 않는다면, 누구도 당신에게 좋은 퍼팅 스트로크를 가르쳐 줄 수 없습니다. 잘못 조준한 상태에서는 스트로크가 아무리 좋아도 공은 빗나갈 수밖에 없기 때문입니다. 번번이 이런 상황에 직면하다 보면 자신도 모르게 보상심리가 작용하여 좋지 않은 동작을 하게 됩니다. 하지만 만약 에임라인을 따라 정확하게 조준하는 법을 배우게 되면, 퍼팅에 대한 본능은 당신을 보상동작이 전혀 없는 깨끗한 스트로크를 할 수 있도록 유도할 것이며, 공이 홀인되는 기쁨을 더 자주 맛볼 수 있도록 해줄 것입니다.

② 파워 : 근육이 긴장되지 않게 하라

스트로크에서 공을 컨트럴하기 위해 사용하는 근육들이 파워의 공급처입니다. 퍼팅에서 가장 일반적인 파워 공급처는 ① 손가락, 손, 손목, 팔뚝의 작은 근육들 ② 팔과 어깨 ③ 신체동작이라고 말할 수 있습니다.

손가락, 손, 손목

많은 골퍼들이 손가락, 손, 손목, 팔뚝의 근육을 통해 퍼팅을 컨트럴합니다. 골프뿐 아니라 우리가 하는 동작의 대부분이 근육의 힘으로 이루어지는 것이기 때문에, 골프에서도 손과 손목을 이용하는 것은 자연스럽고 본능적인 행동이라 할 수 있습니다. 그러나 본능적이고 자연스럽다고 해서 반드시 옳다고 말할 수는 없습니다. 그리고 퍼팅에 있어 편안하고 자연스러운 경향을 쫓아간다면 대개는 실패를 맛보게 될 것입니다.

결론적으로 말해서, 공이 얼마나 빨리 얼마나 멀리까지 굴러갈 것인가를 결정하는 힘이 손목, 손, 손가락에서 나와서는 안된다는 것입니다(사진 4.5.1). 손목을 움직이게 되면 페이스 각도를 제대로 유지할 수 없고, 손과 손목의 근육은 약간의 심적 부담으로 긴장하게 되어 경직되기 때문입니다. 만약 연습 때와 마찬가지로 코스에서도 여유 있고 차분하게 정확한 스트로크를 할 수 있다면 문제될 것이 없습니다. 하지만 부담스러운 경우에 직면하면 대개는 자신도 모르게 심장의 고동이 빨라지고, 근육이 긴장으로 뻣뻣해져서 힘이 들어가게 됩니다. 이렇게 되면 지금까지 해온 모든 연습이 아무 소용이 없게 됩니다. 근육이 긴장된 상태에서는 비록 연습 때와 마찬가지로 스트로크했다 하더라도 이미 긴장하기 시작한 근육이 공에 잘못된 힘을 전달하기 때문입니다.

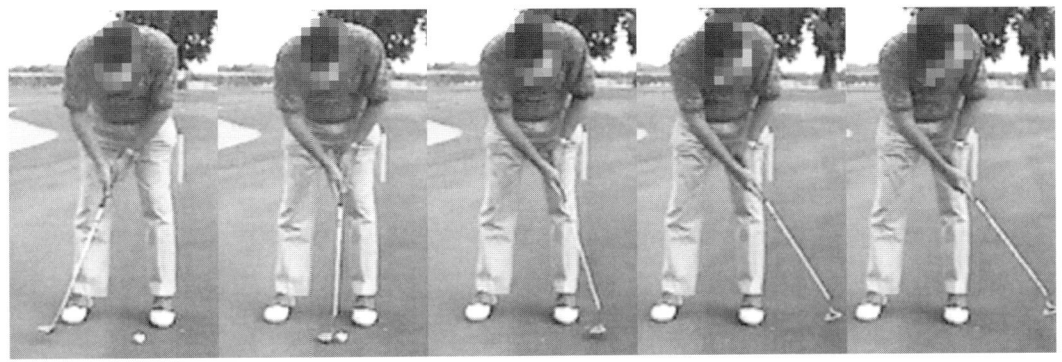

사진 4.5.1 손목 근육은 공에 일정한 파워를 전달해 주지 못한다.

흥분 효과

누구나 골프를 하면서 흥분을 맛본 경험이 있을 것입니다. 우리가 골프를 사랑하는 이유가 바로 여기에 있는지도 모릅니다. 하지만 더 훌륭하게 플레이하고자 한다면, 흥분이나 불안이라는 감정을 다스리는 법을 배워야 합니다. 흥분의 순간에도 플레이를 잘 이끌어 나갈 수 있어야 한다는 뜻입니다. 공을 멀리 날려보낼 수 있는 한 멀리 보내는 파워게임의 경우라면(숏게임이 아니라), 흥분의 힘이 오히려 도움이 될 수도 있습니다. 그러나 퍼팅의 경우는 다릅니다. 퍼팅은 가능한 한 공을 멀리 보내는 게임이 아니기 때문입니다.

손목의 회전

골프에서는 퍼팅을 제외한 모든 샷에서 임팩트 구역을 통과할 때 손목의 회전이 일어납니다. 그러나 퍼팅에서 손목이 돌아가는 상황이 발생하면 두 가지 문제를 유발하게 됩니다. 하나는 임팩트 순간에 페이스가 클로즈되기 때문에 스퀘어 상태를 유지하기가 어렵습니다. 또 한 가지 문제는 퍼팅에 불필요한 힘이 실리게 되는 것입니다.

그런데 문제는 스트로크 순간에 손목이 돌아가는 것이 신체의 움직임 측면에서 볼 때는 아주 자연스럽다는 것입니다. 투어 프로들 조차도 자신의 손목이 돌아간다는 사실을 느끼지 못할 정도입니다. 그들에게 그렇게 하지 말라고 말했을 때, "무슨 말이에요? 내가 언제 그랬습니까?"라고 되묻는 경우를 여러 번 보았습니다. 분명한 것은 투어 프로들과 마찬가지로 당신도 의식하지 못한 사이에 손목 회전이 일어나고 있다는 사실입니다. 어떤 경우든 이것은 좋지 않습니다. 손목이 돌아가게 되면, 퍼팅이 불안해지고 효과적인 퍼팅이 되기 어렵기 때문입니다. 이를 방지하기 위한 방법이 뒤에 설명되어 있으므로, 여기서는 스스로 이렇게 하지 말아야겠다고 마음에 다짐하는 것으로 만족하기로 하겠습니다. 손목이 돌아가는 상황을 피하는 것은 퍼팅을 향상시키는 데 있어 우리가 극복해야 할 아주 중요한 과제 중 하나입니다.

몸에 힘이 들어가는 경우

스트로크를 할 때 지나치게 몸에 힘을 주는 골퍼들이 상당히 많습니다. 사진 4.5.2에서처럼 하체를 홀 방향으로 돌리거나 상체를 뒤로 빼는 경우가 바로 이에 해당되는데, 비록 의도적인 동작이 아니라 할지라도 퍼팅에 원치 않는 힘을

사진 4.5.2 스트로크에서 나타나는 좋지 않은 동작들. 몸을 비트는 동작(상), 몸을 홀 쪽으로 내미는 동작(중앙), 몸을 뒤로 빼는 동작(하).

보내게 되고 자연히 불안한 퍼팅 결과를 가져오게 됩니다.

퍼팅은 섬세한 필링과 터치감이 공의 적절한 스피드와 커브를 만들어 내는 게임입니다. 좀더 정확한 퍼팅을 하고 싶다면, 몸에 힘을 주는 동작은 문제 외에는 아무것도 가져오지 않는다는 점을 알아야 할 것입니다.

팔에 힘이 들어가는 경우

가장 바람직한 힘은 팔의 부드러운 스윙(어깨까지 포함해서)에서 나오는 파워입니다. 괘종시계의 추가 앞뒤로 부드럽고 지속적으로 리드미컬하게 움직이는 모습을 생각해 보면 곧바로 알 수 있을 것입니다. 자신의 팔이 사진 4.5.3에서처

사진 4.5.3 어깨 양쪽 끝을 잇는 선과 두 팔이 퍼팅 트라이앵글을 형성 한다.

사진 4.5.4 퍼팅 트라이앵글을 유지하면서 스트로크를 하면 마치 괘종시계의 시계추처럼 스윙을 하게 된다.

럼 한 쪽 끝은 어깨에 다른 한 쪽 끝은 퍼터에 연결되어 삼각형을 이루고 있다고 가상해 봅시다. 이 삼각형이 괘종시계의 추가 되어(사진 4.5.4) 부드럽고 지속적 으로 앞뒤로 움직인다고 생각합니다. 이것이 바로 시계추형 퍼팅 스트로크로서, 내가 알기로 가장 이상적인 스트로크입니다. 가장 쉽고 안정적으로 스트로크를 할 수 있는 자세이기 때문입니다.

시계추형 스트로크는 긴장이나 흥분 상태에 있는 근육의 영향을 거의 받지 않는 스트로크 방법입니다. 따라서 부담스런 상황에서도 실수를 범하지 않고 퍼팅을 성공시킬 가능성이 높습니다. 시계추형 스트로크에서는 공의 스피드와 거리가 오직 스트로크 동작의 크기에 의해 결정되기 때문에, 부담스런 퍼팅을 할 때 특히 효과적인 스트로크입니다.

③ 퍼터의 궤적 : 연습을 통해 바로 잡을 수 있다

골퍼마다 다른 퍼터 궤적을 가지고 있으며, 어드레스 자세 또한 갖가지입니다. 매일 퍼터 궤적을 다르게 바꾸는 골퍼가 있는가 하면, 또 어떤 골퍼들은 일직선 퍼팅에서 브레이크가 들어가는 퍼팅으로 바꾸기도 합니다. 공이 커브를 그리는 방향도 오른쪽에서 왼쪽으로 혹은 왼쪽에서 오른쪽으로 끊임없이 변화를 시도하는 경우도 있습니다. 상식적으로 볼 때, 이렇듯 잦은 변화는 좋은 생각이 아닙니다. 앞에서 말한 '단순할수록 좋다'는 말을 기억하기 바랍니다. 여러 가지 스트로크로 빈번히 바꿀수록 그린에서 생기는 문제가 더 많아질 수 있다는 사실을 알아야 합니다.

연습을 통해 가장 쉽게 바로잡을 수 있는 기본기가 바로 퍼터의 궤적입니다. 그런데, 우리가 골프학교에서 한 테스트 결과를 보면 궤적은 실제로 퍼팅에 있어 아주 중요한 부분은 아닙니다. 임팩트에서 퍼터 궤적이 공의 스타트에 미치는 영향은 아주 작습니다. 공의 스윗스팟에 맞았다고 가정할 때, 퍼터의 움직이는 방향이 공의 출발 방향에 미치는 영향은 겨우 17%입니다(사진 4.6.1). 이는 만약 퍼터가 정확하게 스윗스팟에 맞지 않고, 스타트 라인에서 10도 어긋난 지점에서 공에 맞았다면, 공이 단지 1.7도 정도 의도한 라인을 벗어나서 출발하게 된다는 뜻입니다. 퍼터 궤적보다는 페이스 각도가 공의 출발에 더 크게 영향을 미칩니다. 그러므로 퍼터 궤적을 만드는 연습이 퍼팅 실력을 높이는 데 그리 큰

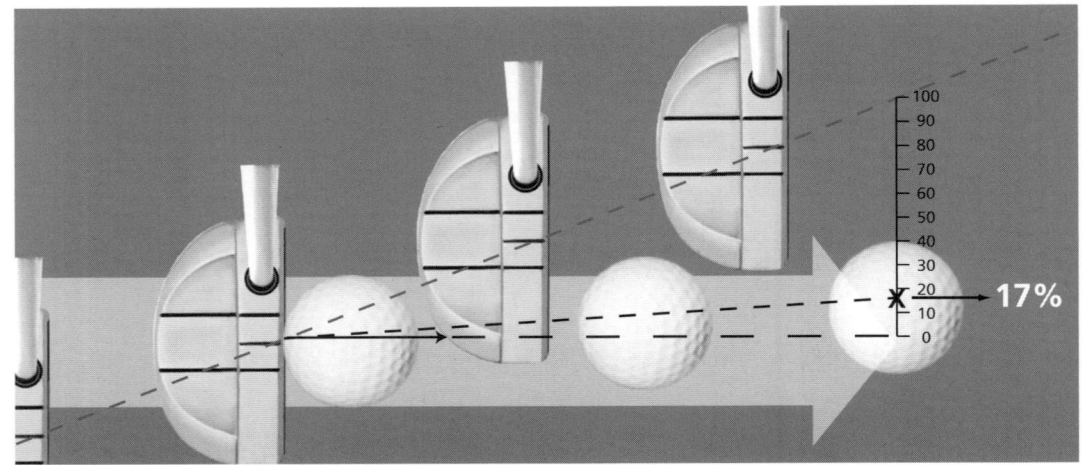

사진 4.6.1 퍼터의 궤적이 공의 스타트에 미치는 영향은 겨우 17%밖에 되지 않는다.

도움이 된다고 볼 수는 없습니다. 그럼에도 불구하고 퍼터 궤적을 연습하는 골퍼들이 많다는 사실은 의외입니다.

스크린도어

퍼터가 백스윙에서는 오픈되고 팔로우스루에서는 클로즈되는 스크린도어 스트로크는 하비 페닉에 의해 주창되었습니다(사진 4.6.2). 그는 탐 카이트, 벤 크렌쇼 같은 훌륭한 선수들을 키웠고, 그의 스크린도어 개념은 거의 50여 년 동안 퍼팅의 일반적인 개념으로 받아들여져 왔습니다. 하지만 나의 연구 결과에 의하면, 스크린도어 스트로크는 효과적이긴 하지만, 스윙을 위한 최선의 스트로크는 아니라는 사실이 밝혀졌습니다.

약 10년 전에 출판한 〈프로처럼 퍼팅을〉이라는 책에서, 나는 에임라인을 따라 일직선을 이루며 하는 스트로크가 가장 쉽고도 자연스러운 스트로크라고 기술한 바 있습니다(사진 4.6.3). 하지만 그 당시 프로들을 포함해서 많은 골퍼들이 이 개념을 이해하지 못했고, 그들은 여전히 퍼터가 스크린도어처럼 몸 주변을 반원

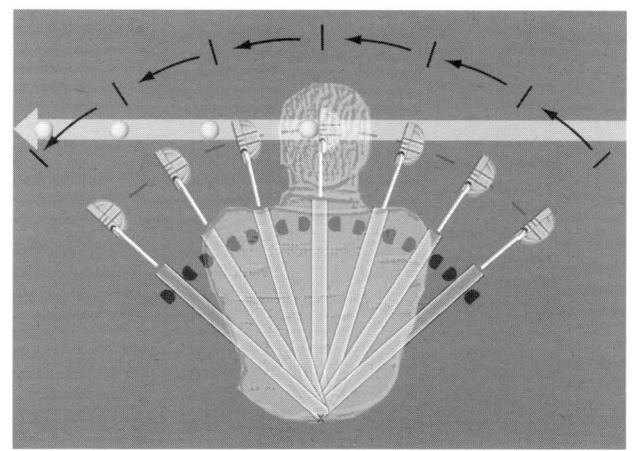

사진 4.6.2 백스윙에서 오픈되고 팔로우스루에서 클로즈되는 스크린도어 스트로크.

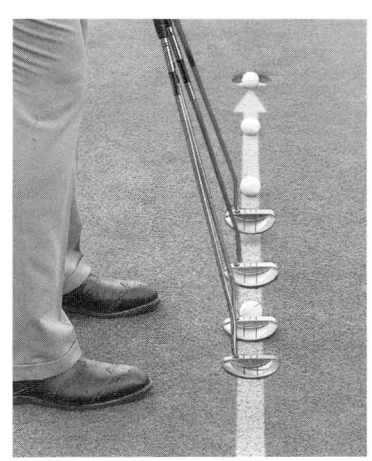

사진 4.6.3 에임라인을 따라 일직선으로 스윙하는 깨끗한 일직선 스트로크.

모양으로 움직여야 한다고 믿었습니다(사진 4.6.4).

   일직선 스트로크 동작이 왜 가장 간단한 스트로크 동작인지를 이해하기 위해서, 우선 시계추 스윙의 원리를 이해할 필요가 있습니다. 사진 4.6.5에 세 개의 시계추 그림이 나와 있습니다. A시계추는 일직선으로 앞뒤로 왔다갔다하는 모양이고, B시계추는 20도의 각을 이루고 곡선을 그리며 움직이고 있습니다. C시계추는

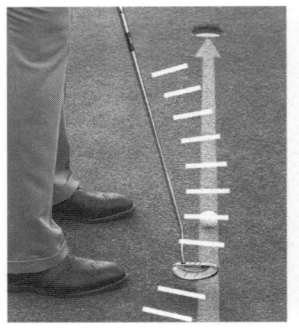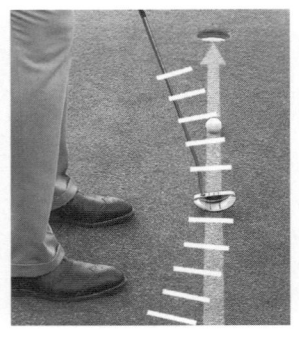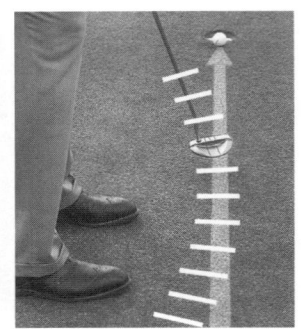

사진 4.6.4 아직도 스크린도어 스트로크를 가르치는 프로들이 있다.

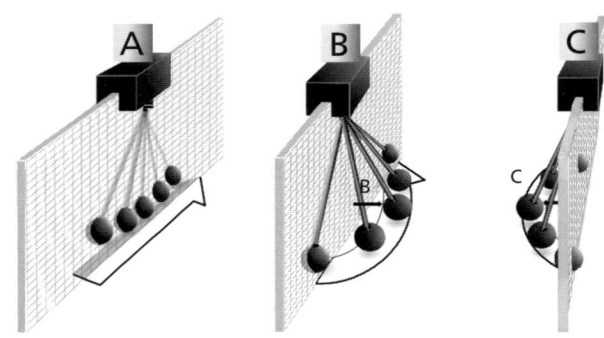

사진 4.6.5 세 가지 형태의 시계추 동작 : 일직선으로 움직이는 시계추(A), 기울어진 형태로 곡선을 그리는 시계추 (B와 C).

방향만 반대로 바꾸어서 B시계추와 마찬가지로 20도 각을 이루며 움직이고 있습니다.

세 개의 추가 모두 시계추 움직임을 보여주고 있지만, A시계추만이 중력의 도움으로 일직선을 그리며 움직일 수 있습니다. 반면에 B와 C의 경우 추가 곡선을 그리며 움직이기 위해서는 외부로부터 힘이 주어져야 합니다.

사진 4.6.6에서 골퍼의 손이 어깨선 밖으로 약간 나온 모습을 볼 수 있는데, 이 것은 퍼터가 스크린도어처럼 몸 주변을 곡선을 그리며 움직인다는 것을 의미합니다. 사진 4.6.7은 C시계추처럼 퍼터를 움직이는 모습입니다. 손이 어깨선 안

사진 4.6.6 10 도 기울어진 모양 의 시계추 스트로 크를 하고 있는 저스틴 레너드.

사진 4.6.7 15도 기울어진 모양의 시 계추 스트로크를 하 고 있는 퍼지 졸러.

쪽에 위치하고 있음을 볼 수 있습니다. 이 두 경우 모두 자연스러운 시계추의 동 작이기는 하지만, 손을 이런 자세로 유지하기 위해서는 몸이나 팔에 힘이 들어 가야 합니다.

B와 C시계추의 예에서 보듯이, 이런 자세로 스트로크를 하기 위해서는 부가 적인 힘이 필요합니다. 하지만 A시계추 형태의 퍼팅에서는 아무런 부가적인 힘 없이 일직선으로 스트로크를 할 수 있습니다.

시계추 스트로크

사진 4.6.8는 수직으로 스윙하는 A시계추 형태의 퍼팅 스트로크 장면입니다. 골퍼의 손이 어깨 아래로 수직으로 내려와 있으며, 퍼터와 손이 일직선을 유지 하고 있음을 볼 수 있습니다. 이렇게 팔을 수직으로 유지하고 부드럽게 스윙하 면 어떤 부가적인 힘의 작용 없이도 페이스가 의도하는 라인을 따라 스윙하게 됩니다(사진 4.6.8 왼쪽). 이것이 바로 A시계추처럼 에임라인을 따라 일직선을 이루는 궤적입니다. 페이스가 라인과 스퀘어를 이루고 스트로크가 라인과 일치 해서 진행된다면 공은 자연스럽게 그 라인을 따라 움직이게 되어 있습니다. 이

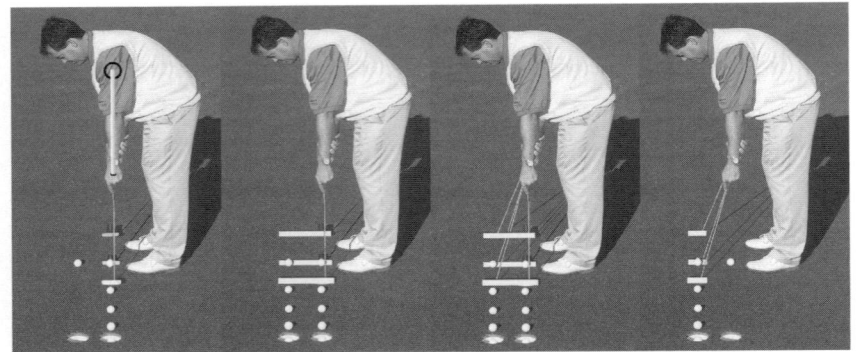

사진 4.6.8 시계추처럼 수직으로 스윙하는 시계추 스트로크는 헤드의 길이에 상관없이 헤드가 곧게 일직선으로 움직인다.

스윙에서는 중력만이 유일하게 작용하는 힘입니다. 페이스가 오픈되거나 클로즈되지 않고, 퍼터가 몸 주위를 회전하지 않는 자연스러운 스윙 동작이 가장 최적의 스트로크 자세입니다.

일직선 스트로크

위에서 세 가지 종류의 시계추 스윙을 보았습니다. 이제 이것을 퍼팅 스트로크와 연관지어 생각해 봅니다. 퍼팅 스트로크에서는 골퍼의 양쪽 어깨 끝과 앞으로 모아 쥔 두 손이 시계추 모양을 만듭니다(사진 4.7.1). 골퍼의 손의 위치가 수직을 이루느냐 여부가 헤드의 스윙 궤적, 페이스가 에임라인과 만나는 각도를 결정짓습니다(참고: 팔꿈치와 손목이 반드시 어깨 아래로 수직을 유지할 필요는 없습니다. 손이 어깨와 수직을 이루는 것이 중요합니다).

사진 4.7.2 아래 부분에서 보듯이, 골퍼의 손이 어깨 바깥쪽으로 나오게 되면, 스트로크가 골퍼의 몸 주변을 회전하는 궤적을 그리게 되고, 따라서 에임라인을 중심으로 볼 때 페이스 각도가 돌아가는 현상이 나타납니다. 위쪽 사진의 경우, 골퍼의 손이 어깨 아래로 수직으로 내려와 있고, 스트로크 궤적이 에임라인을

사진 4.7.1　시계추 동작의 각도가 스트로크 궤적과 페이스 각도를 결정한다. 수직으로 움직이는 시계추(A) = 페이스 각도 변화 없음. 어느 한쪽으로 기울어진 시계추(B와 C) = 스크린도어 현상 유발.

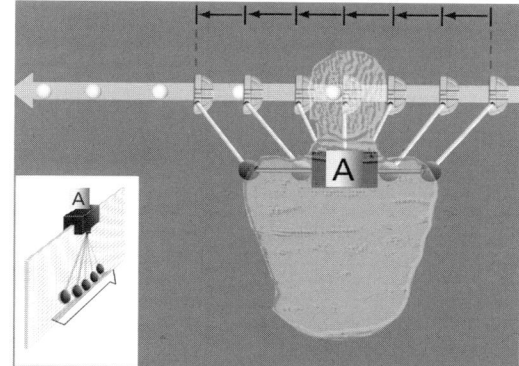

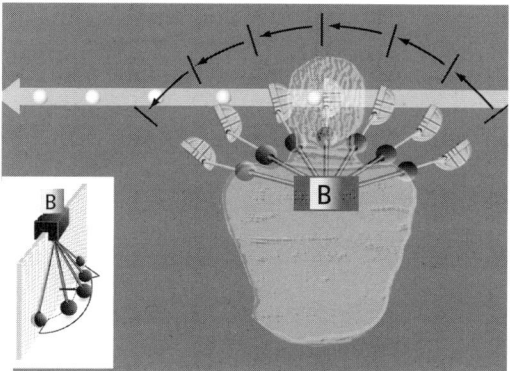

사진 4.7.2　수직으로 움직이는 시계추(A)가 깨끗한 일직선 스트로크를 만들어 낸다. 기울어진 시계추(B)는 페이스가 돌아가는 스크린도어 스트로크를 만든다.

사진 4.7.3 두 개의 다른 퍼터를 사용해 각각 다른 샤프트 각도로 스트로크를 하는 모습. 샤프트 각도와 상관없이 손과 어깨가 수직으로 유지되면 에임라인을 따라 정확하게 일직선을 이루는 스트로크를 할 수 있다.

따라 자연스럽게 일직선을 그리는 모습을 볼 수 있습니다. 이렇게 되면 페이스와 에임라인이 만나는 각도가 줄곧 스퀘어를 유지할 수 있게 됩니다. 퍼팅에 있어 페이스 각도가 공의 진행 방향에 매우 큰 영향을 미치기 때문에 이 문제는 아주 중요합니다.

샤프트의 라이는 스트로크의 궤적에 아무런 영향을 미치지 않습니다. 사진 4.7.3은 두 개의 다른 퍼터를 사용해 각각 다른 샤프트 각도로 스트로크를 하는 모습입니다. 샤프트의 라이 각도에 상관없이 손과 어깨가 수직으로 유지되기만 한다면 에임라인을 따라 정확하게 일직선을 이루는 스트로크를 할 수 있다는 것을 보여주고 있습니다.

퍼팅 트라이앵글

퍼팅 트라이앵글(사진 4.7.4)을 유지할 수 있다면, 즉 스트로크를 하는 동안 팔꿈치와 손목의 각도가 바뀌지 않고 손목이 돌아가지 않는다면, 손은 당연히 어깨 바로 아래에 수직으로 위치할 수밖에 없습니다. 이것이 가장 자연스러운

사진 4.7.4 트라이앵 글이 유지되면 손은 자 연스럽게 어깨 아래에 위치하게 된다.

스트로크 자세입니다. 스크린도어 스트로크를 이용해서도 임팩트 순간에 완벽 한 스트로크 궤적을 만들어 낼 수 있다고 믿는 골퍼도 있을 것입니다. 그런데 이 것은 공이 홀인되기 위해서는 완벽한 임팩트 타이밍이 필수라는 것을 모르고 하는 말입니다. 또한 그들은 에임라인과 일직선을 이루는 스트로크가 타이밍이 제대로 맞지 않을 경우 그 영향을 최소화시켜줄 수 있는 이점이 있다는 것을 모 르고 있습니다.

④ 페이스 각도 : 에임라인과 스퀘어되도록 연습하라

퍼터의 궤적이 공의 스타트 방향에 상대적으로 적게 영향을 미치는 반면(약 17% 정도), 임팩트 순간 페이스의 각도가 어떻게 유지되었느냐 하는 점은 아주 중요합니다.

그 영향 정도를 수치상으로 나타내면 약 83% 정도라고 말할 수 있습니다(스윗 스팟에 맞닿았다는 가정아래). 수치상으로 비교해 볼 때, 이것은 페이스 각도가 퍼터 궤적보다 4배나 중요하다는 뜻이 됩니다. 이 수치가 믿어지지 않을지 모르겠지만 우리가 실시한 여러 차례의 실험에서 도출한 결과이므로 신뢰해도 좋을 것입니다. 만약 공이 자신이 의도한 에임라인을 따라 스타트하기를 원한다면, 페이스와 에임라인의 각도를 스퀘어 상태로 유지하는 법을 배우는 것이 좋습니다. 스크린도어 스트로크를 하는 경우, 임팩트 순간에 페이스 각도를 스퀘어로 유지하기가 무척 어렵습니다. 페이스가 임팩트 순간에 돌아간다는 말은 페이스가 오픈되거나 클로즈된다는 뜻이 됩니다. 따라서 페이스가 에임라인과 스퀘어를 유지하는 것이 거의 불가능합니다. 여가 시간을 이용해서 스트로크 연습을 할 때, 스트로크 궤적을 완벽하게 다듬는 연습보다는 페이스 각도를 에임라인과 스퀘어되도록 하는 연습에 적어도 4배의 시간을 더 할애해야 한다는 점을 명심해야 합니다.

⑤ 임팩트 포인트 : 공과 퍼터가 임팩트하는 지점이 중요하다

방금 퍼터의 궤적과 페이스 각도가 퍼팅에 미치는 영향을 수치상으로 설명했습니다. 이제 임팩트 포인트에 대해서 말하려고 합니다. 결론을 얘기하자면 공과 퍼터가 임팩트하는 지점이 이 모든 것들보다 훨씬 더 중요하다는 사실입니다.

임팩트 순간 얼마나 많은 에너지가 공에 전달되느냐를 결정하는 것이 바로 퍼터와 공이 임팩트하는 지점입니다. 그리고 공이 얼마나 빠른 속도로 얼마나 멀리까지 굴러 갈 것인가, 어느 정도 커브를 그릴 것인가를 결정하는 것이 공에 전달되는 에너지의 양입니다. 대부분의 골퍼들이 공의 진행 거리는 스윙의 길이와 세기에 의해 결정된다고 생각하고 있습니다. 임팩트 순간에 퍼터에서 일정한 양의 에너지가 공에 전달될 수 있다는 전제에서는 사실입니다. 그런데 실제 퍼팅에서 그런 경우는 거의 없습니다.

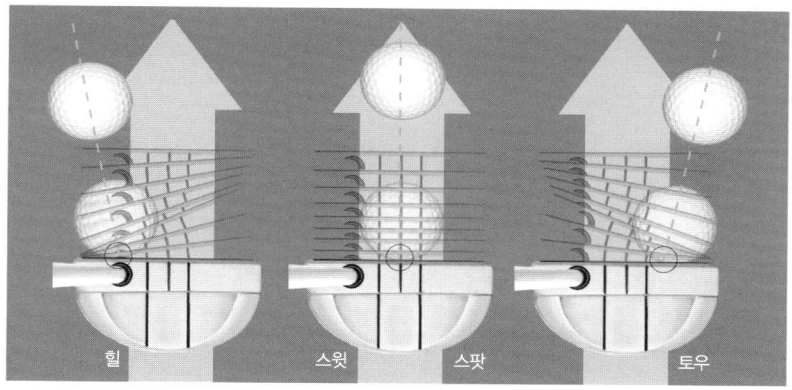

사진 4.9.1 퍼터의 스윗스팟에 임팩트되면 최대한의 에너지를 공에 전달해 줄 수 있을 뿐 아니라 헤드가 돌아가거나 가격이 불안해지는 상황을 방지할 수 있다.

스윗스팟 (sweetspot)

'스윗스팟' 이라는 용어는 테니스나 야구 같은 구기종목에서 아주 일반적으로 사용되는 말입니다. 왜냐하면, 이 지점에서 공이 맞닿게 될 때 느낌도 좋고 최대한의 에너지를 공에 전달해 줄 수 있기 때문입니다. 퍼팅에 있어서도 마찬가지입니다. 스윗스팟에 맞닿게 되면, 공이 단단하게 맞았다는 기분 좋은 느낌과 함께 임팩트에서 헤드가 돌아가거나 불안해지는 현상을 제거할 수 있습니다(사진 4.9.1). 그리고 바로 이 지점에서 가격이 이루어지면, 스트로크에서 최대한의 에너지가 공에 전달될 수 있습니다. 만약 모든 것이 완벽하게 이루어졌다면 당신의 임팩트 포인트는 바로 퍼터의 스윗스팟이 될 것입니다.

스윗스팟 지점을 벗어나 공의 너무 위쪽 혹은 아래쪽 부분에 가격되거나, 혹은 퍼터의 토우나 힐 부분으로 가격하는 경우도 퍼팅에서 흔히 있는 일입니다. 이런 사소한 실수가 퍼팅 실수를 유발하거나 에너지의 손실을 가져옵니다. 이를 방지하기 위해 스윗스팟을 어떻게 측정하고 표시하는지에 대해 뒷부분에 자세히 설명되어 있습니다. 만약 이 책을 꼼꼼히 읽어나간다면 공을 지속적으로 꾸준히 이 지점에 닿을 수 있도록 하는 법을 배울 수 있게 될 것입니다.

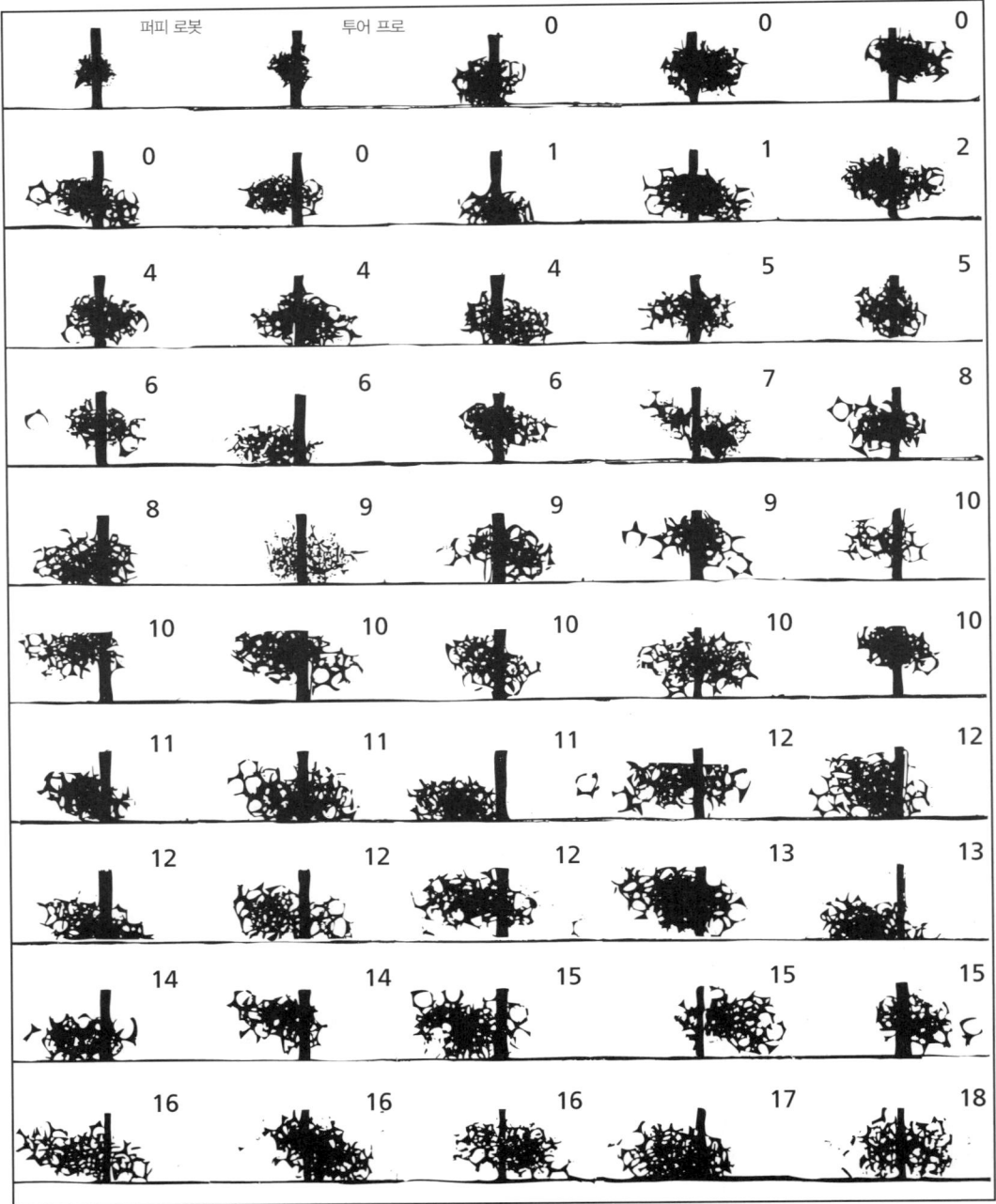

사진 4.9.2 스코링 게임 스쿨 골퍼들의 임팩트 패턴과 핸디캡 비교.

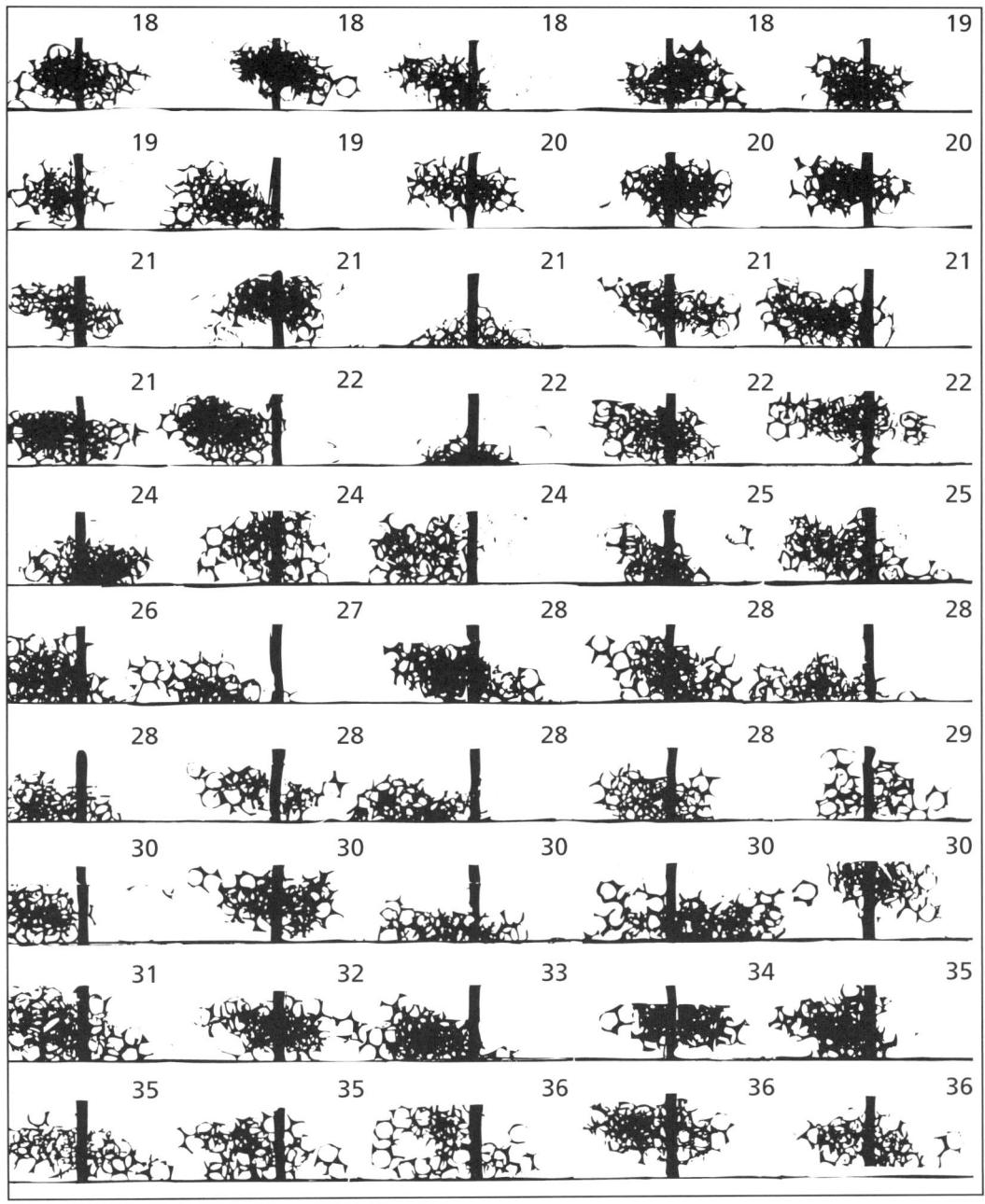

임팩트의 질

우선 퍼팅에 있어 임팩트 포인트가 얼마나 중요한지를 아는 것이 중요합니다. 다음으로 임팩트 포인트를 얼마나 깔끔하게 유지하느냐를 알아야 합니다. 4.9.2 사진에서 제시하는 임팩트 패턴을 봐주기 바랍니다. 이 패턴은 나의 골프학교을 찾은 골퍼들을 테스트한 결과입니다. 이들 각각의 기록은 좌측 위쪽 핸디캡이 가장 낮은 경우부터 우측 아래쪽 핸디캡이 가장 높은 경우까지 핸디캡 순서대로 배열한 것입니다. 기록 가운데 보이는 검은 라인은 대략적인 스윗스팟 지점입니다.

이 패턴을 주의깊게 들여다보면 다음과 같은 사실을 쉽게 발견하게 됩니다. 핸디캡이 낮을수록 임팩트 패턴이 더 작게 나타난다는 점, 즉 스윗스팟에 더 가깝게 가격이 이루어진다는 점입니다. 다시 말해서, 실력이 좋은 골퍼일수록 페이스의 거의 동일한 지점에서 가격이 이루어지며, 투어 프로들의 경우 가장 작은 임팩트 포인트, 스윗스팟 거의 중앙에 집중적으로 가격이 이루어진다는 것입니다.

이를 통해서 우리는 간단한 원리를 알 수 있습니다. 즉, 보다 고르게 지속적으로 에너지를 공에 전달해 줄수록 퍼팅의 터치감이 더 좋아질 수 있다는 것입니다. 골퍼의 터치감이 좋을수록 공이 홀인될 가능성이 높고 핸디캡을 더 낮출 수 있다는 것은 말할 필요가 없습니다. 왜냐하면, 지속적인 에너지의 전달은 공의 스피드를 보다 효과적으로 조절할 수 있고 공이 홀인될 가능성을 그만큼 높이기 때문입니다. 그리고 공에 적절한 스피드를 줄 수 있다는 말은 3-퍼팅을 할 가능성을 상당부분 제거할 수 있다는 뜻이기도 합니다.

백스핀 (backspin)

공에 오버스핀이나 탑스핀을 주기 위해 공을 위로 쳐 올리는 골퍼들을 가끔 보게 됩니다. 이 경우 페이스의 아주 아래쪽 거의 끝 부분으로 공을 컨택트하게 되

사진 4.9.3 오버스핀을 주기 위해 공을 위로 쳐 올리는 경우 도리어 백스핀을 유발할 수 있다.

는 경우가 대부분입니다. 그러나 이것은 아주 좋지 않습니다. 왜냐하면, 이렇게 하자면 손과 근육으로 퍼터를 컨트럴하게 되고, 스트로크가 세게 일어난 경우에는 공에 백스핀을 주게 되기 때문입니다(사진 4.9.3). 공을 위로 쳐 올린다는 것이 잘못하여 공이 그린 위에서 튀어오르도록 만들어 결과적으로 불안한 퍼팅을 하게 됩니다. 물론, 공을 위로 쳐 올려야 하는 상황이 한 가지 있습니다. 발자국 등으로 인해 그린 표면이 울퉁불퉁해서 이를 피하기 위해 공을 약간 위로 쳐야 하는 경우인데, 일반적인 관점에서 이는 좋은 스트로크라고 할 수는 없지만, 그린이 아주 안 좋은 경우에 한해서 이러한 퍼팅 방법을 고려해 볼 수도 있을 것입니다.

스핀(spinning)

공을 컨트럴하는 방법의 하나로서 공에 스핀을 주겠다는 생각은 하지 않는 것이 좋습니다. 연구에 따르면, 그린과의 마찰로 인해 공이 굴러가기 시작하는 초반에 이미 스핀이 사라진다는 사실이 밝혀졌습니다. 그런데도 불구하고, 벤 크렌쇼(Ben Crenshaw)가 공에 오버스핀을 주는 법을 배웠기 때문에 훌륭한 선수가 될 수 있었고, 바비 로크(Bobby Locke)는 '훅스핀'을 거는 법을 알았기 때문에 공을 홀인시킬 수 있었다고 생각하는 골퍼들이 있습니다. 이러한 생각은 완전히 잘못된 것입니다. 아마추어 골퍼들이 이런 말에 귀가 솔깃해 하는 경우가 많은데, 내가 하는 말을 믿어주기 바랍니다. 스핀을 거는 방법은 연습할 필요가 없습니다.

여전히 많은 골퍼들, 심지어는 골프를 가르치는 프로들조차도 훅스핀이나 오버스핀을 주기 위해 페이스를 오픈에서 클로즈로 회전시키는 것이 좋다고 극구 주장하는 경우가 있습니다. 다시 한 번 말하지만, 홀에 이르는 동안 전혀 스핀 없이 굴러가는 공이 가장 스트로크가 잘 된 공입니다.

오버스핀 (overspin)

많은 사람들이 공이 홀쪽으로 굴러가는 동안 내내 회전한다고 생각합니다. 오버스핀에 집착하는 이유가 여기에 있을 것입니다. 오버스핀의 이점이 무엇인지를 알아보기 위해 실험을 해 본 적이 있습니다. 페이스의 가운데에서 위쪽 부분에 면도날을 박아 넣어서(사진 4.9.4), 날카로운 면도날이 공에 맞닿게 함으로써 오버스핀이 일어나도록 고안을 했습니다.

이렇게 면도날을 박은 퍼터로 공을 가격하여 오버스핀을 받은 공이 홀인되는 경우가 얼마나 되는지를 측정했습니다. 거리가 3피트 미만인 아주 짧은 숏퍼팅의 경우 면도날을 박은 퍼터가 아주 효과적이었습니다. 그런데 거리가 그 이상

사진 4.9.4 면도날을 박은 퍼터로 공에 오버스핀을 가하여 일어나는 결과를 측정했다.

인 퍼팅에서는 오버스핀을 받은 공이 그린 위에서 불안하게 튀는 현상을 보였습니다. 게다가 잔디가 젖어 있거나, 잔디의 결 방향과 반대 방향으로 퍼팅을 할 때는 오버스핀이 제대로 걸리지도 않았을 뿐 아니라 공이 의도하는 만큼 멀리 굴러가지도 않았습니다. 바로 이러한 이유로 인해 나는 오버스핀을 걸어서 퍼팅하겠다는 생각은 단념하라고 말합니다.

6 공의 위치, 자세 및 몸의 유동선

　4.4와 4.9 부분은 퍼팅 스트로크 기술의 스윙동작에 관련된 내용이었습니다. 지금 이 장에서 설명하려는 요인은 골퍼의 신체, 정신 그리고 장비에 관한 것입니다. 이 요소들은 스트로크의 과학적 기술의 다른 기본기들에 비해 상대적으로 덜 알려져 있고 따라서 관심을 끄는 부문이 아니지만, 그렇다고 그린에서의 성공에 중요하지 않다는 의미는 아닙니다.

　예를 들어, 자신의 퍼팅 자세가 일반적으로 널리 알려져 있는 자세가 아니라해도 그것을 자신이 좋아하고 또 꾸준히 반복적으로 완벽한 퍼팅을 가능하게 해주기만 한다면, 이 자세가 바로 당신에게 적합한 자세라고 말할 수 있습니다. 만약 그 자세를 당신이 좋아하고 좋은 결과를 갖다 줄 수 있다면 그것이 이상하거나 전통적이지 않은 방법이라 하더라도 문제될 것이 없다고 생각합니다. 그런데 당신의 일반적이지 않은 자세가 스트로크의 과학적 테크닉의 다른 기본기들에 대해 혼란을 가져온다면 얘기는 달라집니다. 따라서 이하 내용들은 자신의 스트로크의 과학적 기술에 부정적인 영향을 끼치는 경우에 반드시 고려해 보아야 할 문제라고 말할 수 있습니다.

공의 위치

퍼팅은 몸을 축으로 하여 활 모양으로 스윙하는 동작입니다. 그러므로 스윙 동

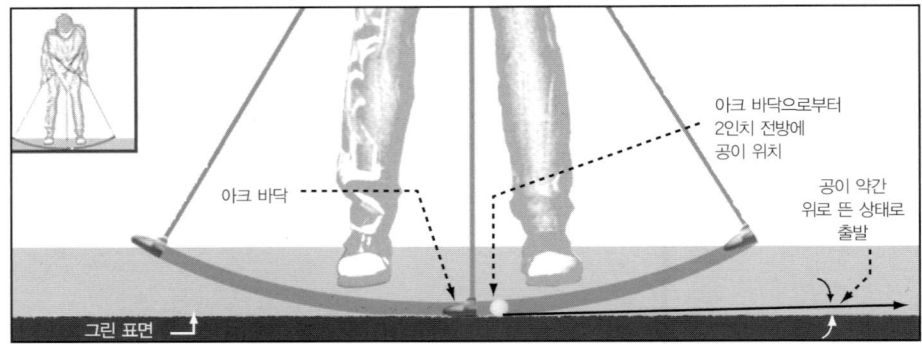

사진 4.10.1 공이 놓여야 할 가장 좋은 위치는 스트로크 최저점에서 2인치 앞쪽 지점이다.

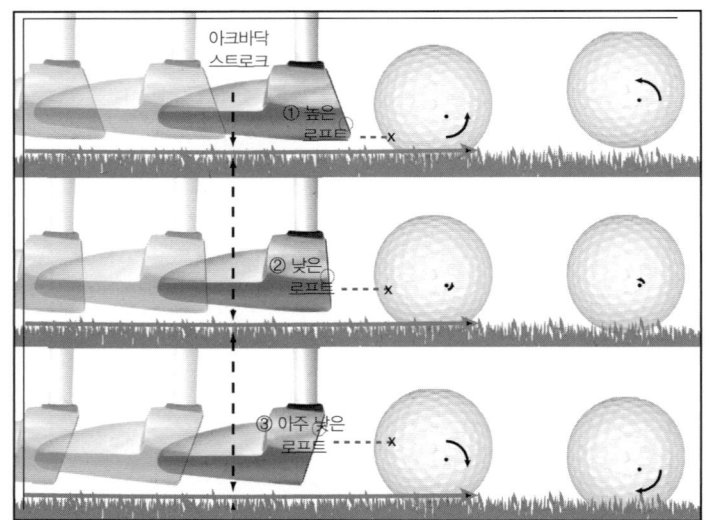

사진 4.10.2 최적의 공의 출발 각도는 회전없이 잔디 위를 가볍게 스쳐가도록 만드는 것이다.

작 전체를 볼 때 클럽의 바닥 부분이 땅에 가장 가까이 접근하는 지점 즉 최저점이 있게 마련입니다. 골퍼가 자세를 취했을 때 공이 놓여 있어야 할 가장 좋은 지점이 바로 이 최저점 앞쪽으로 약 2인치 정도 떨어진 지점입니다. 이 지점에 공이 위치해 있으면 퍼터가 최저점을 지나 약간 위쪽으로 들려지는 순간에 공을 가격하게 될 가능성이 가장 높습니다(사진4.10.1). 퍼터가 약간 업스윙되는 순간 공을 가격하면 공이 지나치게 떠서 튀어오르거나 혹은 그린 바닥에 떨어져서 오른쪽이나 왼쪽으로 튀어나가는 현상을 유발하지 않고 잔디 위를 가볍게 굴러가게 할 수 있습니다.

물론 퍼터가 공의 어느 지점에 접촉했느냐는 임팩트 순간에 페이스의 로프트가 효과적이었느냐 여부에 달려있습니다. 사진 4.10.2에서 가운데 공은 퍼터가 약간 업스윙되는 순간에 가격을 받음으로써 회전없이 잔디 위를 가볍게 굴러가게 됩니다. 이것이 이상적인 상황입니다. 이 사진에서 다른 공들은 마찬가지로 동일한 스트로크 지점에서 가격되었지만 위로 뜨거나 아래로 떨어지게 되고, 페이스 각도가 생김으로 인해 스핀을 받게 됩니다. 오버스핀, 백스핀 그리고 공을 튀어 오르게 하는 스트로크는 공의 진행을 저해하는 결과를 가져 올 뿐 아니라 공이 홀에 이르기 전에 그 효과가 이미 완전히 사라지는 것이 보통입니다. 따라서 회전을 최소한도로 줄이면서 공이 잔디 위를 가볍게 굴러가도록 만드는 것 이외에 다른 무엇을 시도할 아무 이유가 전혀 없습니다.

사진 4.10.3 페블비취에서 항상 훌륭하게 퍼팅하는 모습을 보여주는 잭 레먼.

이에 대한 한 가지 예외가 있다면 이미 스윗스팟의 두 가지 각도와 관련해서 앞서 설명한 적이 있지만 그린이 아주 울퉁불퉁하거나 지나치게 부드러운 경우를 들 수 있습니다. 이런 상황에서 나는 가끔 골퍼들에게 퍼터에 각도를 주어서 공이 약간 위로 뜨도록 만들 것을 권합니다. 매년 시즌 초반에 개최되는 AT&T 페블 비취 내셔널 프로-암(Pebble Beach National Pro-Am)에서 이런 경우를 볼 수 있습니다. 이로 인해 토너먼트 세 번째 라운드에 이를 때쯤이면 그린 표면이 발자국으로 인해 울퉁불퉁하기 일쑤이기 때문입니다.

이런 상황이라 하더라도 로프트 각도를 아주 작게 유지하는 것이 좋습니다, 잭 레먼(Jack Lemmon)이 이 토너먼트에서 항상 퍼팅을 잘 했던 이유가 바로 여기에 있습니다(사진 4.10.3).

자세

팔이 어깨 아래 수직으로 놓인 자세에서 스윙동작을 할 수 있을 정도의 공간이 만들어지도록 등과 엉덩이의 각도가 유지되어야 합니다. 이를 위해서 한 번에 적어도 10~15분 정도 퍼팅 연습을 해야 합니다(사진 4.10.4 중앙). 무릎을 구부

사진 4.10.4 지나치게 몸을 세운 자세(좌)는 어깨 아래로 공간을 전혀 만들어주지 못하게 되며, 반대로 몸을 지나치게 구부린 자세(우)는 등에 손상을 가져오게 된다.

사진 4.10.5 무게 중심은 두 발 사이에 놓인 공 위에 두어야 한다.

려서 웅크린다거나 편안하지 않은 느낌 없이, 바람이 부는 날에도 안정감을 줄 수 있는 자세를 만들어야 합니다.

가장 편안하고 단단한 퍼팅 자세는 사진 4.10.5에서 보듯이 몸무게의 중심이 두 발 사이에 있는 공 위에 놓이는 것입니다. 몸이 앞쪽으로 쏠려서 무게 중심이 발가락에 놓이게 되면 임팩트 순간에 안정감을 유지하기가 매우 어려워집니다. 또 몸을 너무 뒤로 빼듯이 해서 공으로부터 멀어져 무게 중심이 뒤꿈치에 실리게 되면 바람이 부는 상황에서 퍼팅을 하는 경우 특히 불안한 스트로크를 하게 됨으로써 단단한 임팩트를 하는데 방해가 됩니다.

눈의 위치

위에서 설명한대로 자세가 바르게 교정되었다면, 눈이 에임라인 어느 지점 위에 머물러 있어야 합니다. 공에 가까이 다가가거나 공과 거리를 두는 등의 방법으로 이를 조절해야 하며, 등을 구부리거나 뒤로 젖히는 식으로 등의 각도를

사진 4.10.6 눈의 위치는 에임라인과 수직을 이루면서 동시에 공의 뒤편
에 두는 것이 좋다.

바꾸는 방법으로 하면 안됩니다. 눈이 공의 약간 뒤편에 놓이는 자세가 좋은데,
이것은 잭 니콜러스 스타일로도 불리는 자세입니다(사진 4.10.6).

한 가지 더 덧붙이자면 공이 에임라인 위에 놓인다고 해서 조준이 완벽하게 이
루어지는 것은 아닙니다. 하지만 꾸준히 조준을 잘 할 수 있도록 도움을 줄 수는
있을 것입니다. 완벽하게 조준하는 방법을 배우고 싶다면 스트로크의 잘못된 보
상동작을 제거하는 것이 지름길입니다. 이렇게 되면 거의 자동적으로 완벽한 조
준을 꾸준히 해 나갈 수 있게 될 것입니다.

몸의 유동선

퍼팅을 하기 위한 가장 쉬운 방법은 몸의 '유동선'을 에임라인 좌측으로 평행
이 되도록 유지하는 것입니다. '유동선'이라는 용어가 익숙하지 않다면 사진
4.10.7을 보기 바랍니다. 어깨, 팔, 엉덩이, 무릎 그리고 발을 지나는 선이 에임
라인 좌측으로 평행을 이루고 있습니다.

어깨

앞에서도 언급했듯이 어깨가 에임라인 방향과 평행을 이루고 있다면, 그리고 손이나 손목의 근육이 방해하는 동작을 취하지 않는다면, 임팩트 순간에 퍼터가 자연스럽게 에임라인을 따라 움직이게 됩니다. 따라서 어깨의 유동선이 에임라

사진 4.10.7 몸의 유동선이 에임라인 좌측으로 평행을 이루게 되면 퍼터는 자연스럽게 에임라인을 따라 움직이는 스윙 동작을 연출할 수 있다.

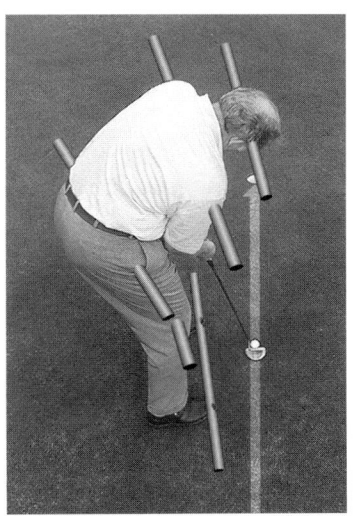

사진 4.10.8 유동선이 잘못되어 있을 경우 퍼터가 에임라인을 따라 움직이기 위해서는 근육의 힘에 의지할 수밖에 없다.

인과 평행을 유지하도록 셋업 자세를 취하는 것이 중요합니다.

이 개념의 의미를 강조하기 위해 사진 4.10.8에 '잘못된 유동선'을 이루고 있는 셋업 자세를 제시해 놓았습니다. 어깨 유동선을 눈여겨보기 바랍니다. 이 자세에서 퍼터가 에임라인을 따라 자연스럽게 스윙할 수 있을까요? 절대 가능하지 않습니다. 만약 근육을 이용해 보상동작을 취하지 않는다면 에임라인을 따라 스윙동작을 하기가 불가능합니다.

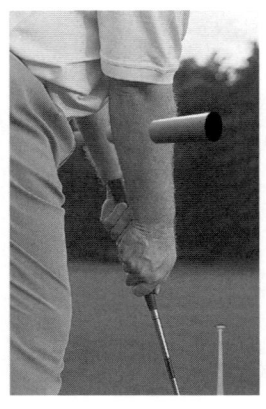

사진 4.10.9 손목의 유동선이 왼쪽을 향해 있으면 퍼팅의 대부분이 왼쪽으로 빠지는 잘못을 범하게 된다.

손목

일단 어깨를 제대로 유지할 수 있게 되면, 그 다음은 손목의 유동선을 살펴 보아야 합니다. 퍼터가 임팩트 존을 통과할 때 어떤 스윙 양상을 보이는가를 결정하는 두 번째 요인이 되기 때문입니다. 이 말이 듣기에 아주 간단한 것 같아 보이겠지만 일부 골퍼들에게는 이것이 결코 쉬운 문제가 아닙니다. 사진 4.10.9에서 보듯이 오른쪽 손목이 바깥 방향으로 들어 올려지는 현상이 있는 골퍼에게는 확실히 그렇습니다.

이렇게 손목에 힘이 들어가게 되면 임팩트 순간에 왼쪽 손목 앞으로 오른쪽 손목이 겹쳐지는 상황이 발생하게 됩니다. 확신하건대 이런 식으로 퍼팅하는 골퍼들의 대부분이 흥분하거나 긴장한 상태에서 퍼팅을 하는 경우 공이 왼쪽으로 빠지는 실수를 범하게 됩니다.

손목이 돌아가는 현상은 흔히 보게 되는 잘못된 동작인데, 이유는 스트로크를 할 때마다 이런 식으로 손목의 회전이 일어나게 되면 나중에는 이것이 아주 자연스럽게 여겨져서 골퍼 자신이 잘못되었다는 것을 느끼지 못하게 되기 때문입니다. 자연스러울 지는 몰라도 잘못된 것이므로 반드시 해서는 안될 동작입니다 (사진 4.10.10).

손목을 돌리는 동작을 통해 공에 파워를 전달하거나 공의 방향을 제어해야 할 아무런 이유가 없습니다. 손목이 라인을 따라 앞뒤로 스윙하도록 만들고자 한다면 손목이 완벽하게 라인과 좌측으로 평행을 이루고 있다고 가상하면서 스트로크를 해야 합니다. 이렇게 하면 왼쪽 손등과 페이스가 언제나 라인과 수직을 유지하게 될 것입니다.

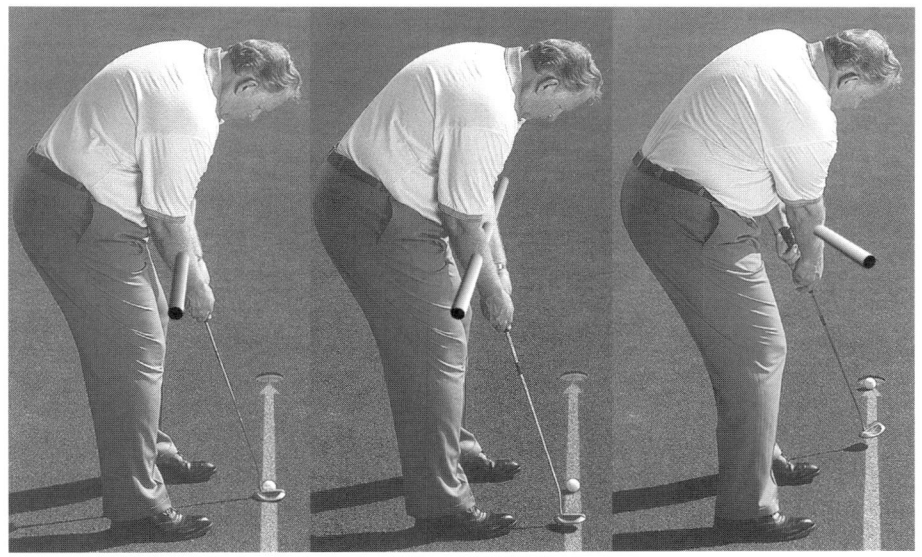

사진 4.10.10 손목이 돌아가면 임팩트 순간에 페이스 각도를 수직으로 유지하기가 어려워진다.

눈, 엉덩이, 무릎 그리고 발

눈, 엉덩이, 무릎 그리고 발의 정렬이 골퍼의 두뇌 혹은 어깨와 손목의 유동선 방향에 영향을 미치기 때문에 퍼팅에서 염두에 두어야 할 또 하나의 요소들입니다.

두뇌에 영향을 미친다고 말하는 이유는 눈이 정보를 처리하여 이를 곧바로 두뇌에 전달하기 때문입니다. 만약 공을 오른쪽으로 밀어야 할 필요가 있다고 판단했다면 골퍼의 눈의 유동선이 왼쪽으로 조준되어 있기 때문이며, 두뇌가 곧바로 신체로 하여금 그렇게 하도록 지시를 내리게 될 것입니다. 퍼팅 거리를 가늠할 때 반드시 눈의 선이 쌍안경처럼 수평을 유지해야 합니다(사진 4.10.11). 하지만 퍼터의 궤적과 공의 진행을 인식하기 위해 에임라인을 살펴 볼 때는 눈의 선이 좌측으로 평행을 유지하고 있어야 합니다(사진 4.10.11 우측).

엉덩이, 무릎, 두 발이 공의 진행 방향에 맞추어 평행을 유지하는 것이 당연하다고 생각하지만, 일부 골퍼들의 경우 열린 자세에서 라인이 더 잘 보인다고 말하기도 합니다. 하지만 그들이 라인을 얼마나 잘 보는가를 테스트한 결과는 대

사진 4.10.11 거리를 가늠하기 위해서는 쌍안경 자세를 취하고, 신체의 정렬상태를 점검하기 위해서는 눈이 라인과 평행을 유지하도록 해야 한다.

사진 **4.10.12** 라인을 따라 스윙하기 위해서 라인 좌측으로 평행을 유지한 셋업 자세가 효과적일까? 아니면 다른 어딘가를 조준하여 셋업한 자세가 유리할까?

개 그 반대였습니다. 사진 4.10.12를 보고 스스로 판단하기 바랍니다. 어떤 자세가 에임라인을 따라 움직이도록 하는데 더 효과적일 것이라고 생각합니까?

스탠스 (발의 자세)

그린에서 칩핑이나 피칭을 할 때 스탠스를 좁게 잡는 것이 좋다고 확신합니다. 왜냐하면 이렇게 해야 골퍼의 하체가 스윙의 리듬을 유지하기가 쉬워지기 때문입니다.

그리고 마찬가지 이유로 퍼팅에서는 스탠스를 좁게 잡는 것이 좋지 않다고 강하게 믿고 있습니다. 발의 폭이 좁으면 하체가 움직이거나 돌아가기 쉽습니다. 게다가 바람이 부는 상황이라면 바람에 맞서 안정감을 유지하기도 어렵기 때문입니다.

스트로크를 하기 위한 안정적인 자세를 취하기 위해서는 스탠스, 다시말해 발의 폭을 적어도 어깨 넓이 정도로 벌려야 합니다(사진 4.10.13). 이 폭이 조금 넓은 것은 문제가 안되지만 이보다 더 좁은 것은 좋지 않습니다.

만약 안정감을 유지하는데 문제가 된다면, 무릎을 서로 맞대고 섬으로써 퍼팅 스트로크를 위한 단단한 기초를 만드는 아놀드 파머로부터 방법을 배워도 될 것입니다(사진 4.10.14). 양쪽 무릎을 안쪽으로 모아서 서기 때문에 하체가 움직이는 일이 아예 일어날 수가 없도록 만드는 방법입니다.

발을 움직여서 스탠스를 오픈시키거나 클로즈시킬 수도 있겠지만 이는 권하

사진 4.10.13
어깨 폭 정도로 스탠스를 유지하는 것이 가장 좋다(좌측). 조금 더 넓은 것은 관계 없지만 (중앙) 이보다 더 좁은 스탠스는 좋지 않다(우측).

사진 4.10.14 양 무릎을 서로 마주대고 섬으로써 안정적인 퍼팅자세를 만드는 아놀드 파머의 모습.

고 싶은 방법이 아닙니다. 좋은 퍼팅을 하는데 아주 중요한 요인이 되는 어깨의 정렬에 영향을 미칠 수 있기 때문입니다. 일반적으로 발을 라인과 수직으로 놓으라고 추천하고 싶습니다. 물론 어깨를 움직이지 않고도 발을 오픈시키거나 클로즈시킬 수가 있을 것입니다. 어깨가 에임라인과 평행을 이루도록 할 수 있다는 확신만 있다면 말입니다.

조사에 따르면 세계적인 골퍼들 중 상당수가 체중의 절반 이상(55~60% 정도)을 발 앞쪽에 실음으로써 하체의 안정성을 확보하는 것으로 나타났습니다.

그립을 잡는 요령

퍼터를 잡는 방법은 수없이 많습니다. 하지만 그립을 부드럽게 잡고 스트로크를 하는 동안 그립 방법을 바꾸지 않는 것이 좋다고 생각합니다. 힘을 부드럽게 가하여 잡는 것이 단단히 쥐는 것보다 좋은데, 이유는 손을 꼭 쥐고 손, 손목, 팔의 근육을 구부리게 되면 유연성이 떨어지고 미묘한 변화에 덜 민감해지기 때문입니다. 그리고 퍼팅을 할 때 손을 강하게 쥐기보다는 손의 근육을 전혀 이용하지 않는 것이 좋다는 점을 기억하기 바랍니다. 그래서 부드럽게 그립하면 할수록 공을 '때리는' 퍼팅이 아니라 보다 쉽게 공을 '스트로크' 할 수 있게 됩니다. 이것은 모든 퍼팅 그립에 적용되는 원칙입니다.

그립의 목적은 임팩트 순간에 페이스 각도가 수직을 유지하면서 라인을 따라 궤적을 그리며 움직일 수 있도록 퍼터를 유지하는 데 있습니다. 그러나 골퍼 누구에게나 다 적용될 수 있는 항상 바르거나 혹은 항상 잘못된 그립 방법은 없습니다. 하지만 개개의 골퍼가 자신의 퍼터를 쥐는 가장 좋은 방법은 있습니다. 이 최적의 그립 방법이 최고의 스트로크를 만드는데 일조를 하게 될 것입니다.

대부분의 골퍼들에게 있어 가장 쉽게 일직선 스트로크를 할 수 있도록 해주는 그립 방법은 양손 바닥을 서로 평행하게 마주보도록 쥐는 그립입니다(사진 4.10.15). '평행하게' 라는 말은 양 손바닥과 손등이 페이스에 평행하도록 유지하

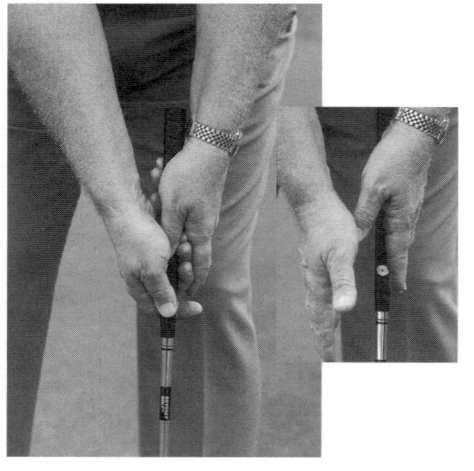

사진 4.10.15 가장 널리 알려진 퍼팅 그립 방법은 양손 바닥을 나란히 마주대고 왼손이 오른손을 감싸듯 쥐는 그립 방법이다.

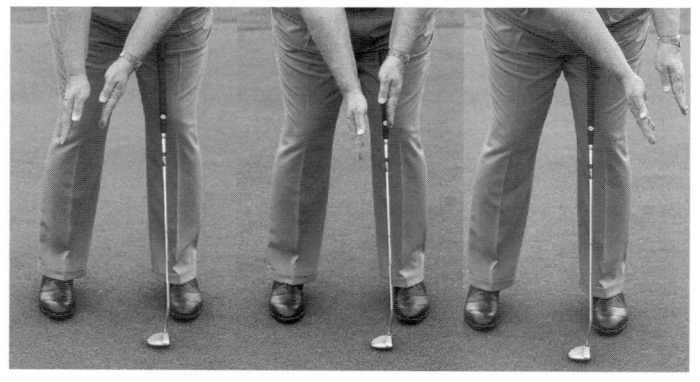

사진 4.10.16
양손 바닥이 페이스에 평행하게 놓임으로써 두 팔이 에임라인과 나란히 자연스럽게 앞뒤로 스윙할 수 있게 된다.

면서 동시에 퍼트라인과 수직을 이루도록 한다는 뜻입니다. 대부분의 경우 골퍼의 팔이 이렇게 자연스럽게 평행을 이루게 되며, 어깨선과 수직을 이루면서 자연스럽게 앞뒤로 스윙을 하게 됩니다(사진 4.10.16).

그리고 이런 동작이 임팩트 순간에 안정된 자세를 만들어내기가 용이합니다. 하지만 만약 이 자세가 자신에게 불편하다는 생각이 든다면 두 팔을 어깨 아래로 편안하게 늘어뜨린 자세로 손을 샤프트 위에 두려는 노력을 해야 합니다(사진 4.10.17).

사진 4.10.17 몸을 편안하게 한 자세로 두 손이 어깨 아래에 자연스럽게 놓이도록 한다.

하체의 움직임

대부분의 골퍼들이 스트로크를 하는 동안 자신도 의식하지 못하는 사이에 몸을 움직입니다. 때로는 많이, 대개는 약간씩 몸을 움직이게 되지만, 어쨌든 다소간 몸을 움직이는 것이 사실이며 이를 없애기란 거의 불가능하다고 말할 수 있습니다. 어드레스 자세를 취하고 몸을 축으로 삼아 하체를 회전시켜 보면 상체

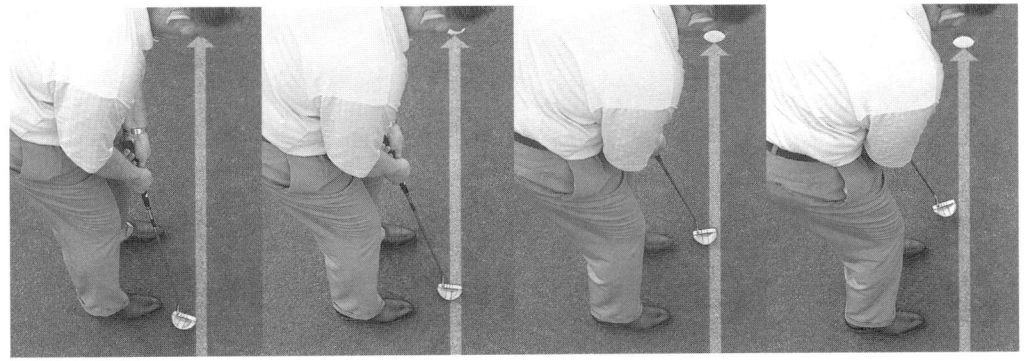

사진 4.10.18 하체를 회전하게 되면 스크린도어 스트로크를 유발하게 되고 페이스가 돌아가게 된다.

도 따라서 움직인다는 사실을 알게 될 것입니다. 이것은 상체가 하체 위에 놓여 있는 상황이기 때문에 당연히 일어나는 결과입니다(사진 4.10.18). 이렇게 상체가 움직이게 되면 페이스 각도가 돌아가게 되고 공이 원치 않는 방향으로 진행하게 됩니다.

또 특이하게도 퍼팅을 할 때 몸을 앞뒤로 움직이는 골퍼들도 있습니다(사진 4.10.19). 대개는 자신들이 그렇게 한다는 사실을 모르고 있지만, 공은 당신이 그 사실을 알든 모르든 상관없이 원하지 않는 방향으로 진행합니다. 스트로크에서 몸을 1인치 움직이면 그린 위의 공은 약 1피트 정도 움직이게 됩니다. 이것은 아마도 의도하지 않던 결과일 것입니다.

또 다른 몸동작으로 '힐끗 보는' 행동이 있는데, 골퍼가 스트로크를 하는 도중에 그 결과를 보려고 고개를 돌려 바라보는 행동입니다. 아마 가장 유명한 '힐끗 보기' 행동은 1970년 세인트 앤드류에서 개최된 브리티시 오픈(British Open)

사진 4.10.19 몸을 앞쪽으로 밀듯이 하는 동작(위), 혹은 등이 돌아가는 동작(아래) 등 상체가 돌아가는 동작은 스트로크의 안정성을 떨어뜨리게 된다.

사진 4.10.20 스트로크를 하는 도중에 고개를 돌려 바라보는 덕 샌더스.

에서 덕 샌더스(Doug Sanders)의 경우일 것입니다(사진 4.10.20). 그는 잭 니콜러스와의 시합에서 2.5피트 퍼팅을 놓침으로써 경기에서 실패했습니다.

⑦ 퍼터를 자신에게 맞게 길들여라

퍼터를 적절하게 길들이는 것은 기본적으로 퍼팅 스트로크 역학을 구성하는 부분이 아니지만, 이것이 보다 나은 스트로크에 도움이 되리라는 것은 의심의 여지가 없습니다.

퍼터의 길이나 라이가 자신에게 맞지 않다면 자신도 모르는 사이에 이를 보상하려는 동작을 취하게 될 것입니다(사진4.11.1). 그리고 퍼터가 자신의 신체 크기와 형태, 셋업, 자세 혹은 얼라인먼트에 맞지 않으면 보상동작이 완전히 배제된 깨끗하고 정확한 스트로크를 연습함에 있어 또 하나의 장애가 생기는 것이라 말할 수 있습니다.

대부분의 골퍼들이 자신의 스트로크에 맞게 퍼터를 교환해야 할 필요가 있을 때 오히려 퍼터에 맞추어 스트로크를 바꾸곤 합니다(사진4.11.2). 그들은 퍼터

사진 4.11.1 적응되지 않은 퍼터에 맞추기 위해서 눈의 위치, 발의 위치, 몸의 자세를 변화시켜서는 안된다.

사진 4.11.2 퍼터가 자신에게 적합하지 않다면 구부려서 사용하거나 길이를 자르거나 아니면 길들이거나 던져 버려라.

길들이기에 그리 신경을 쓰지 않으며, 어떤 경우에는 외양만 보고 퍼터를 선택하기도 합니다. 심지어는 퍼터가 주어지는 대로 아무거나 사용하기도 합니다.

잘못 선택한 퍼터를 가지고 지나치게 시간을 낭비하기 전에 한가지 퍼터에 적응할 필요가 있다는 것이 나의 생각입니다.

후에 퍼터를 바꾸든 안 바꾸든 적어도 하나로 결정할 때까지 어느 정도 실력의 진전을 가져올 수가 있기 때문입니다. 뒷장에서 퍼터 길들이기에 관한 자세한 설명을 하기로 하겠습니다.

최적의 스트로크는 무의식 상태에서 나온다

퍼팅을 구성하는 요소들에 관한 이야기에서 이제 마지막 한 가지 요소가 남았습니다. 그것은 바로 정신입니다. 퍼팅에 있어 정신이 차지하는 비중이 얼마나 클까요? 정신은 공을 조금도 움직일 수 없습니다. 정신이 퍼터를 쥘 수 있는 것도 아닙니다. 하지만 정신이 아무런 영향력이 없다는 뜻은 결코 아닙니다. 왜냐하면 정신은 당신이 감정적으로 흥분해서 무엇인가를 하려는 행위를 자제하도록 만들 수 있기 때문입니다.

퍼팅을 성공시킬 수 있다고, 적어도 그런 가능성이 확실히 있다는 사실을 스스로 깨닫고 믿어야 합니다. 그렇지 않으면 당신이 원하는 목적을 이룰 기회가 그만큼 줄어듭니다. 실제로 그렇게 할 수 있습니다. 세계에서 내가 가장 존경하는 골퍼 중의 한 사람인 데이브 스탁튼(Dave Stockton)이 언젠가 이렇게 말한 적이 있습니다. "나는 내가 성공시킬 수 없는 퍼팅에 직면한 적이 없습니다."

정신이 몸을 지배하고 몸이 퍼터를 제어하며, 퍼터를 스윙하는 양상에 따라 공의 스타트 상황이 달라집니다. 공의 스타트를 제어하는 것이 골퍼가 할 수 있는 전부입니다. 우리 중 누구도 잔디, 바람, 발자국을 제어할 수 없습니다. 우리가 할 수 있는 것은 공에 가능한 최적의 스트로크를 가하도록 정신을 제어하는 것입니다. 그런 다음 일어나는 일을 지켜보는 것 외에 다른 할 수 있는 일은 없습니다.

따라서 의식적으로 퍼팅을 어떻게 해보겠다는 생각은 잊어버리는 것이 좋습니다. 우리가 관심을 두는 것은 이미지와 기억을 조정하는 우리 자신의 무의식입니다. 물론, 무엇인가를 처음 시도할 때 그것에 대해 의식적으로 생각할 필요가 있습니다. 그러나 훌륭한 스트로크를 개발하고 여러 번 공을 홀인시킬 수 있게 된 다음에는 그것이 전적으로 무의식에 의해서 지배되는 하나의 습관이 되어야 합니다. 이것이 퍼팅이 무의식에 의해 제어되는 순간입니다.

어떻게 하면 이렇게 만들 수 있을까요? 퍼팅을 하기에 앞서 먼저 정신이 해야 할 가장 중요한 일은 자신이 하고자 하는 스트로크를 마음의 눈에 이미지화하는 것입니다. 이것은 관찰, 그린 읽기 그리고 상황 판단에 기초한 하나의 선명한 그림이어야 합니다. 무의식이 이 스트로크 이미지를 보고 그것을 신체에 전달하고 무엇을 해야 할지 말해 주게 됩니다.

이미지의 중요성은 내가 운영하는 골프학교에서 깊이 있게 다루는 부분입니다. 골퍼들이 실제로 스트로크를 하기 전에 완벽한 스트로크의 양상을 자신들의 마음의 눈 속에서 보고 느낄 수 있도록 하는데 많은 시간을 할애하고 있습니다. 왜냐하면 일단 자신이 무엇을 하려고 하는지 정확하게 보고 이해하며 마음의 눈에 명확한 그림을 담게 되면 그것을 실행에 옮기기가 그만큼 쉬워지기 때문입니다.

사진 4.13.1 깨끗한 일직선 스트로크가 퍼팅을 하기에 가장 좋은 스트로크 방법이다.

가장 좋은 퍼팅 방법

이에 대해 아주 조금만 언급하겠습니다. 에임라인을 따라 적절한 스피드로 공이 굴러가도록 만드는 가장 쉬운 방법은 양다리를 벌리고 서서 크로켓을 하듯이 스트로크를 하는 것입니다.

하지만 공식적으로 인정되는 가장 좋은 퍼팅 방법은 자신에게 맞는 퍼트를 잡고, 발, 무릎, 엉덩이, 어깨, 눈의 유동선이 에임라인 좌측으로 평행하도록 셋업 자세를 취합니다. 그리고 두 손을 어깨 아래로 수직이 되도록 유지한 채 페이스가 에임라인과 직각을 이루도록 갖다 댑니다. 그 다음 깨끗한 일직선 스트로크를 구사하여 공의 스윗스팟에 단단하게 가격되도록 스트로크를 하는 것입니다 (사진 4.13.1). 이하 여러 장에서 이 스트로크를 자신의 신체리듬에 맞추어 구사하는 방법과 스트로크 미리보기, 퍼팅의식, 좋은 필링과 터치감, 브레이크 크기 등에 관해서 배우게 될 것입니다.

깨끗한 일직선 스트로크는 기본적으로 자연스럽고 단순한 스트로크로서, 심적 부담, 타이밍 및 공의 위치가 만족스럽지 못한 상황 등 불리한 요인이 가져다줄 수 있는 영향을 최소화할 수 있는 스트로크 방법입니다. 이 방법을 적극 추천하고 싶습니다.

Chapter 5

신체 외적인 5개 블럭

(터치감 · 필링 · 태도 · 스트로크 미리보기 · 퍼팅의식)

스트로크 횟수를 줄여 홀인시키는 것이 퍼팅의 목적이다

퍼팅의 목적은 가능한 스트로크의 횟수를 줄여서 공을 홀인시키는 데 있습니다. 이를 위해 우리는 정확하게 공을 치고, 친 공이 의도한 라인을 따라 적절한 스피드로 진행할 수 있도록 만드는 연습을 꾸준히 해야 합니다. 만약 공이 정확한 라인을 따라 알맞은 속도로 굴러가도록 만들 수 있다면, 그 나머지는 자연조건과 그린의 상태에 달려 있다고 말해도 좋을 것입니다.

공이 의도한 라인을 따라 스타트하도록 만드는 방법을 아는 것이 우리가 스트로크에 대해서 우선 알아야 할 기본입니다. 공의 진행 방향을 정확하게 조준하고, 페이스 각도를 정확하게 유지하면서 치는 것이 키포인트입니다. 여기에서 공에 적절한 스피드를 부여하는 것이 특히 어려운 부분인데, 이는 거리에 대한 '필링'과 '터치감', 거기에 더하여 그린을 읽는 능력이 포함되는 부분이기 때문입니다.

신체외적인 5개 블럭은 여행에 비유할 수 있다

퍼팅의 터치감, 필링 그리고 그린 읽기는 명절을 맞아 고향집으로 가는 일에 비유할 수 있을 것입니다. 고향으로 가는 여정이 순조롭기 위해서는 우선 얼마나 먼 거리를 운전해야 하는지, 가는 도중에 도로의 상황이 어떤지를 먼저 알아야 합니다. 이러한 사전 지식을 통해 그곳에 도착하기 위해 기름이 어느 정도 필요한지를 계산할 수 있게 됩니다. 이것이 퍼팅에서는 터치감과 같은 것입니다.

즉, 어느 정도 거리를 퍼팅해야 하는지, 공이 홀에 이르기 위해서는 스트로크에서 어느 정도의 파워를 필요로 하는지 계산합니다. 그리고 도중에 주유소가 없을 경우를 대비하여 여행을 시작하기 전 기름탱크에 기름이 얼마나 들어 있어야 하는지 알아야 합니다(즉, 이것은 일단 공이 스타트되면, 공은 이미 당신의 손을 완전히 떠나게 된다는 뜻입니다.).

기름이 어느 정도 필요한지 알았다면, 그 다음에는 운전하는 도중 가속 페달을 얼마나 밟아야 하는지, 또 언제 브레이크 페달 위에 발을 올려 놓아야 하는지를 늘 염두에 두어야 합니다. 이렇듯 '어떻게 운전할 것인가' 하는 것이 퍼팅에서는 적절한 스트로크를 만들어내는 필링에 비유될 수 있습니다. 즉, 마음의 눈으로 필요한 스윙의 크기를 가늠하고, 공에 필요한 파워와 스피드를 어떻게 공급할 것인지에 대한 느낌을 가지는 것입니다. 이렇게 여행 거리가 얼마나 되는지, 어느 정도의 파워가 필요한지를 아는 것이 터치감이고, 목적지에 도착하기 위해 파워를 어떻게 공급해야 하는지를 아는 것이 필링이라고 비유적으로 말할 수 있겠습니다.

물론, 좋은 터치감과 필링은 모두 적절한 그린 읽기를 전제조건으로 합니다. 즉, 공이 굴러가는 도중에 어떠한 일이 발생할 지에 대한 예측이 선행되어야 합니다. 그린 읽기는 당신의 여행을 위해 좋은 지도를 준비하는 것과 같다고 말할 수 있습니다. 좋은 지도를 가지고 올바른 방향으로 가는 여행은 순조롭겠지만, 잘못된 지도와 틀린 방향은 여행을 악몽으로 만들 수도 있습니다.

그래서 즐거운 여행이 되기 위해서는 좋은 지도, 충분한 기름, 가속 페달을 어느 정도 밟아야 할지에 대한 가늠, 이 모든 것들을 알고 있어야 합니다. 마찬가지로, 퍼팅을 잘하기 위해서는 좋은 필링과 터치감 그리고 그린 읽는 방법을 익혀야 합니다. 이 중 한 가지라도 잘못되면, 가는 도중에 길을 잃고 헤매게 될지도 모릅니다. 필링, 터치감, 그린 읽기는 각기 분리된 기술이며, 기본적으로 다른 성질의 것입니다. 그러나 최선의 결과를 가져오기 위해서 이 각각의 요소가 모두 갖추어져야 함은 두말할 여지가 없습니다.

터치감과 필링은 마음과 관계가 있다

터치감과 필링은 기본적으로 마음과 깊은 관련이 있습니다. 이 두 기술은 시간을 두고 다듬어 나가야 하는 각기 별개의 것이긴 하지만, 퍼팅 결과에 복합적으로 영향을 미치는 상호 연관적인 기술이기도 합니다.

터치감은 머리로 익히는 기술입니다. 이것은 현재의 퍼팅이 어떠한 양상을 띨 것인지를 아는 것, 그리고 과거의 비슷한 상황에서 했던 스트로크의 크기와 강도를 기억하는 것에서 출발합니다. 그래서 터치감은 과거의 경험에 기초를 둔 기술이라고 말할 수 있습니다. 그것은 당신의 기억 장치 속에 내재해 있다가, 당신이 필요로 하는 스트로크의 크기에 대해 마음의 눈으로 그림을 그릴 때, 기억 속의 비슷한 상황을 연상함으로써 현재의 퍼팅을 처리할 방법을 당신에게 전달해 주는 역할을 합니다.

퍼팅에 대한 좋은 필링을 발전시키기 전에, 먼저 공이 필요로 하는 적당한 스피드와 거리를 위해서 어느 정도의 힘을 가해야 하는지에 대한 생각이 잡혀 있어야 합니다. 다시 말해서, 터치감이 먼저 선행되어야 한다는 말입니다. 터치감이 형성되면, 어떻게 파워를 공급할 것인지에 대한 좋은 필링이 마음에 떠오르게 됩니다. 이 모든 것이 제대로 이루어지면, 공은 최적의 스피드로 라인을 따라 굴러가다가 적절하게 홀 쪽으로 커브를 그리며 진행될 것입니다. 공에 대해 좋은 필링을 가진다는 것은 스트로크에 대한 느낌을 마음의 눈으로 본다는 것입니다. 그래서 필링의 일부분은 머리에서 일어납니다. 이전에 했던 수천 번의 스윙 경험과 스윙이 가져다 준 결과의 총체가 바로 필링입니다. 즉, 당신의 뇌와 기억뿐 아니라 신경, 손가락, 팔, 어깨, 그리고 근육 속에서 만들어지는 것이 필링입니다.

필링은 좋은 퍼팅을 만들어 내는데 있어 필수적인 요소라는 점, 이는 궁극적으로 경험에 의해 만들어진다는 사실, 그리고 수많은 연습을 통해 비로소 알 수 있다는 것, 이러한 것들이 말하고자 하는 핵심 내용입니다.

필링은 어떻게 그것을 처리해야 할지 방법을 아는 것이며, 터치감은 무엇을 해야 할지 내용을 아는 것입니다. 터치감이 좋은 골퍼가 신체 컨디션이 좋지 않은 날 골프를 하게 되면, 자신의 두뇌는 무엇을 해야 할지 알고 있는데, 몸 상태가 좋지 않음으로 인해 그것을 실행에 옮길 수가 없게 됩니다. 이렇게 되면, 그는 자기가 해낼 수 있고 할 필요가 있다고 판단되는 것을 제대로 할 수 없는 것처럼 여겨져서 순간적으로 좌절감을 맛보게 될 것입니다. 이와 대조적으로 터치감이 좋지 않은 골퍼를 비교해 보면, 그는 필링이 좋은데도 불구하고 계속 공을 홀인시키지 못하는 결과를 맞게 될 가능성이 높습니다. 왜냐하면, 처음부터 공에 잘못된 스피드를 붙이기 때문에 자신이 의도한 스피드대로 공이 굴러가는데도 불구하고 그 결과가 좋을 리가 없기 때문입니다. 이 경우, 터치감이 좋지 않은 골퍼가 느끼는 감정은 좌절감이 아니라 당혹스러움일 것입니다.

터치감과 필링은 머리로 하는 것이다

터치감과 필링은 둘 다 머리로 하는 것이기 때문에, 논리상 이 둘은 모두 연습 그린에서 쉽게 코스로 전이될 수 있을 것으로 보이기도 합니다. 그러나 유감스

터치감	=	무엇을 해야 하는지 아는 것		– 퍼팅 거리 – 파워의 크기
필 링	=	어떻게 해야 하는지 아는 것		– 스트로크의 크기 – 근운동 감각
그린 읽기	=	어디를 조준해야 하는지 아는 것		– 경사도 – 그린 스피드 – 잔디

사진 5.2.1 마음 속에 내재한 모든 것.

럽게도 그렇지가 않습니다. 사실, 이 두 기술을 실제 코스에서 발휘하기란 쉽지가 않습니다. 어쩌면 골퍼에게 있어 가장 어렵게 여겨지는 부분일지도 모릅니다. 골퍼가 흥분하거나 화를 낸다든가 혹은 어떤 다른 심적 부담감을 갖게 되면, 자연히 심장 박동이 빨라지게 되고 몸 속에서는 아드레날린이 생성되며 근육이 더욱 강해지게 됩니다. 첫 번째 티잉 그라운드에서 2피트 퍼팅만 성공시키면 우승하게 되는 토요일 골프 시합, 혹은 U.S. 오픈의 마지막 홀에서 이런 신체적인 변화는 얼마든지 일어날 수 있습니다. 이러한 상황에서, 심적 부담은 근육을 긴장하게 만들고, 퍼팅 결과에 영향을 미치게 될 것이 거의 확실합니다.

그런데 연습 퍼팅에서는 심장 박동이 더 빨라지지도 않고, 흥분하지도 않으며, 아드레날린이 생성되지도 않습니다. 아무리 열심히 연습해도, 연습 그린에 아무리 신경을 집중해도 연습은 반복적이고 지루한 것이 될 수밖에 없습니다. 다시 말해서 당신은 결과가 중요하지 않다는 것을 이미 알고 있기 때문입니다. 연습하는 동안 약간의 심적 부담과 흥분을 갖기 위해서 친구와 내기 시합을 한다든가, 혼자 연습하는 경우라면 어느 일정한 목표를 달성하기 전에는 절대로 그만두지 않겠다는 다짐을 스스로에게 하는 것이 좋을 것입니다. 예를 들어 3피트 퍼팅을 연달아 10개 성공시키겠다는 목표를 가지고 혼자 연습하는 것도 좋은 방법이 될 수 있습니다.

만약 부담을 가진 상태의 연습을 할 수가 없다면, 그 연습은 실제 코스에서 별로 도움이 안됩니다. 실제 코스에서는 어떤 심적 부담도 피하고 싶은 것이 사실입니다. 그러나 부담을 느끼지 않을 수는 절대로 없습니다. 부담을 가진 상태에서 퍼팅을 잘 하는 유일한 방법은 그런 상황에서 효과적으로 할 수 있는 스트로크를 개발하는 것입니다. 즉, 스트로크를 연습할 때, 부담을 가진 상태에서 하는 스트로크를 일반적인 상황에서 하는 스트로크로 만들라는 뜻입니다. 이것은 근육의 강도나 심장 박동에 영향을 받지 않는 스트로크이며, 연습 때와 마찬가지로 코스에서도 그대로 실행할 수 있는 스트로크이기도 합니다. 곧 알게 되겠지만 이것은 손의 동작이 완전히 배제된 스트로크입니다.

스트로크의 종류

공을 '치는' 스트로크

신체 동작의 측면에서 보면 손의 동작이 완전히 배제된 스트로크는 자연스럽지가 않습니다. 대부분의 골퍼들이 본능적으로 손가락, 손, 손목의 근육을 이용해 공을 '치는' 스트로크를 하는 것도 이 때문입니다. 우리는 어릴 때부터 본능적으로 손가락, 손, 손목을 가지고 어떤 물건을 치고, 만들고, 당기는 등의 행위에 익숙해져 왔습니다. 그래서 대부분의 골퍼들이 공을 치는 것이 자연스럽다고 여기고 있습니다. 하지만, 자연스럽다고 해서 그것이 옳다거나 최선인 것은 결코 아닙니다.

그런데도 골퍼들은 퍼팅은 공을 치는 것이라고 생각합니다(사진 5.3.1). 그리고, 공이 굴러가는 거리는 얼마나 세게 쳤느냐에 달려 있다고 여깁니다. 여기에 바로 문제가 있습니다. 공을 칠 때 가해지는 파워는 그것을 실제로 가하기 전에는 볼 수도 느낄 수도 없습니다. 골퍼가 아무리 정확한 거리와 스피드를 유지한다 하더라도, 심적 부담을 안고 있거나 흥분을 피할 수 없는 실제 코스에서는 연습 때와 똑같이 공을 치기가 아주 어렵습니다. 이런 상황에서는 근육이 강해져

사진 5.3.1 손목 근육으로 공을 치고 있는 모습.

있기 때문에, 연습에서 좋은 결과를 가져왔던 스트로크가 부담스런 상황에서는 이전보다 더 강하게 공을 치는 양상으로 변하기 쉽다는 사실을 반드시 기억하기 바랍니다.

낮은 핸디캡을 가진 아마추어들 중 상당수가 더 열심히 더 오래 연습하면, 부담감을 안은 상황에서도 퍼팅을 더 잘 할 수 있으리라 여기고 있습니다. 부담이 있는 상황에서도 퍼팅을 잘하는 것은 용기, 확신 혹은 기타 내면적 자질에 기인한다고 믿고 있는 듯 합니다. 이런 요인들은 충분히 긍정적인 것이기는 하지만, 퍼팅에서 공을 얼마나 멋지게 굴려 보내느냐 하는 것과는 아무런 관련이 없다는 점을 강조하고 싶습니다. 만약 앞으로도 계속해서 근육을 이용해 공을 치고 퍼팅 거리를 조정하고자 고집한다면, 필링과 터치감을 키우는 유일한 방법은 부담을 안은 상태에서 연습하는 것 외에는 다른 방법이 없습니다. 많은 부담스런 퍼팅에 직면할 수 있는 토너먼트 같은 시합을 통해서 필링과 터치감을 키워 나가야 합니다. 이런 기회를 충분히 가지고 자신을 준비시켜 나가는 것 외에는 다른 방법이 없습니다.

반면 높은 핸디캡을 가진 골퍼들의 경우 약간 다른 문제를 안고 있습니다. 공을 손의 힘으로 치는 것을 자연스럽게 여기기 때문에 대부분 손의 움직임에 의존해서 퍼팅하기 시작합니다. 결과는 나쁠 수밖에 없지만, 그들은 아직 게임에 익숙지 못하기 때문에 형편 없는 퍼팅 기술도 어느 정도는 묵인될 수 있을 것입니다. 그러나 시간이 흘러 스트로크 기량이 늘고, 숏게임을 할 정도로 핸디캡이 낮아지면, 지금껏 자연스럽다고 여겨온 스트로크(손 근육에 의해 컨트럴되는 스트로크)는 좋은 스코어를 내는 데 제약을 가져오는 요인이 됩니다.

손의 동작이 완전히 배제된 시계추 스트로크

공을 '치는' 것이 퍼팅이 아니라면, 어떻게 하는 것이 퍼팅일까요? '스트로크'을 해야 한다가 정답입니다. 스트로크 중에서도 '손동작이 전혀 들어가지 않는' 시계추 스트로크입니다. 이 시계추 스트로크야말로 골프에서 가장 힘이 들어가지 않는 스트로크 방법입니다. 처음 이 스트로크를 시도할 때는 아마도 어색하게 느껴지고, 퍼팅하는 공이 하나같이 홀에 못 미치는 짧은 스트로크가 되고 마는 상황이 발생할 것입니다. 공을 전혀 컨트럴할 수 없다는 느낌도 들 것입니다.

그런데 공을 컨트럴할 수 없다는 것이 부정적인 것만은 아닙니다. 오히려 이것이 게임의 진실일지도 모릅니다. 숏퍼트인 경우, 공을 치는 동작으로 퍼팅을 컨트럴하는 것이 좋은 느낌을 가져다줄 수도 있습니다. 그러나 궁극적으로 볼 때 이런 퍼팅 동작은 당신의 퍼팅 실력을 저하시키는 결과를 가져올 뿐입니다. 이와 반대로, 손동작이 전혀 없는 스트로크로 공을 컨트럴하는 것이 바람직한 스트로크라고 말할 수 있는데, 이는 부담스런 상황에서 느끼는 심적 동요를 최소화할 수 있기 때문입니다. 심적 동요로 인해 손가락, 손, 손목의 근육이 강해지는 것을 피할 수 없다면, 이들 근육을 사용하지 않음으로써 불안한 퍼팅을 하게 되는 경우를 미연에 방지하고, 터치감과 필링이 어떠한 영향도 받지 않게 됩니다.

사진 5.4.1 최고의 시계추형 스트로크를 구사하고 있는 조지 아처의 스트로크 모습.

스윙 크기로 퍼팅 거리를 조정할 수 있다는 것은 자신의 신체 리듬에 따라 스트로크를 하고 있다는 뜻이 됩니다. 이렇게 할 수 있다면, 아주 뛰어난 터치감을 익힐 수 있고, 공의 스피드와 거리를 컨트럴하는 방법도 아주 잘 터득할 수 있게 됩니다. 투어 프로인 조지 아처(George Archer)의 퍼팅 스트로크를 한 번 보겠습니다(사진 5.4.1). 조지는 거의 완벽한 시계추 스트로크를 구사할 뿐 아니라 백스윙, 임팩트, 팔로우스루 세 가지 동작에서 팔과 손목의 각도가 일정하게 유지되고 있습니다. 즉 시계추가 흔들리는 것과 같은 리듬감을 가지고 있다는 것을 알 수 있습니다.

손의 동작이 완전히 배제된 스트로크의 가장 큰 장점은 손과 손목의 근육을 사용하지 않음으로써, 아드레날린의 작용으로부터 벗어날 수 있다는 것입니다. 이 스트로크를 적극 권장하는 또 다른 두 가지 이유는 이 동작이 가장 힘을 뺀 퍼팅 동작이라는 점입니다. 이렇게 하면 스트로크의 크기로 퍼팅 거리를 컨트럴하는 법을 배우기가 더 쉽습니다. 그리고 이 동작은 힘으로 손목 근육을 움직이는 것이 아니므로, 근육이 스트로크에 더 민감하게 반응할 수 있습니다.

시계추 스트로크는 신체 리듬에서 나온다

공을 치는 스트로크의 파워는 골퍼의 근육, 스트로크의 스피드와 타이밍에서 나옵니다. 그렇다면 손의 동작이나 근육이 배제된 스트로크의 파워는 어디에서 나올까요? 그것은 스트로크의 길이와 리듬에서 나옵니다. 몸의 자연스러운 움직임과 일치하는 리듬감을 가지고 스윙을 한다면, 퍼팅에서 재능과 기량을 마음껏 드러낼 수 있는 행운을 누릴 수 있게 될 것입니다. 이는 자신의 개성, 신체크기, 몸무게, 걸음걸이 등과 일치하는 리듬감을 가지고 퍼팅에 임할 수 있다는 뜻이 됩니다. 모든 신체 동작은 지속적인 리듬감에 따라 움직일 때 보다 안정적으로 반복할 수 있습니다. 예를 들어, 걸음걸이가 빠른 골퍼는 걸음걸이가 느린 골퍼

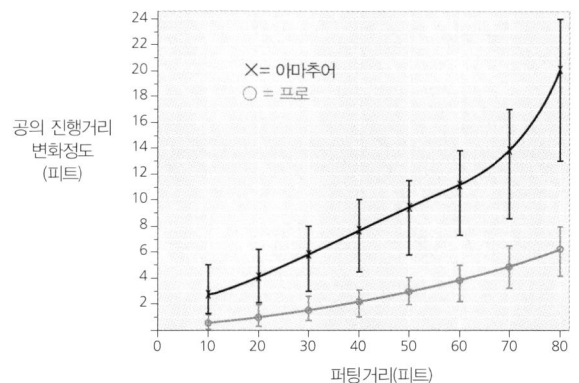

사진 **5.5.1** 퍼팅 거리에 상관없이 PGA 투어 프로들이 아마추어들보다 공의 스피드와 거리를 더 잘 컨트럴 한다는 것을 알 수 있다.

보다 스트로크 속도가 더 빨라야 합니다. 이에 대한 자세한 이야기는 뒷장 실기 편에서 하겠지만, 우선 최고의 퍼팅을 만들기 위해서는 자신의 신체 리듬에 맞는 퍼팅을 해야 한다는 사실을 꼭 기억하기 바랍니다. 자연스럽고 반복적인 리듬감은 스트로크 기량 수준에 상관없이 좋은 퍼팅 결과를 가져옵니다. 특히 부담스런 상황에서 리듬감이 가져다주는 효과는 더욱 커집니다. 긴장하거나 혼란스러운 기분일 때, 당신의 무의식은 이미 내재화된 리듬감을 발휘하며 자신이 원하는 퍼팅을 할 수 있도록 이끌어줍니다. 그러므로 좋은 퍼팅을 하고 싶다면 자신에게 맞는 리듬감을 발견하고 연습해야 합니다. 무조건 공을 치고 공이 굴러가는 것을 바라보는 것만으로는 결코 좋은 결과를 얻을 수 없다는 사실을 알아야 합니다. 좋은 리듬감을 가지고 손동작이 배제된 스트로크를 할 수 있다면, 연습에서나 코스에서나 실력이 점점 향상되는 즐거움을 누릴 수 있게 될 것입니다.

사진 5.5.1은 내가 함께 일하는 몇몇 PGA 투어 프로들의 거리에 대한 필링과 리듬감을 골프학교 학생들의 그것과 비교한 것입니다. 연습을 통해 누구나 프로들처럼 할 수 있습니다. 일단 자신의 최고의 퍼팅 리듬을 알고 그것을 어떻게 연습하는지 알기만 하면, 필링과 터치감에 있어 눈에 띄는 진전을 보기까지 그리 많은 연습이나 시간이 필요치 않습니다.

숙달된 기술은 30년 후에도 감각을 되찾게 된다

　자전거타는 법을 배운 적이 있다면, 비록 그것이 30년 전의 일이라 할지라도 자전거를 어떻게 타는지 그 감각을 잊어버리는 일이 없다는 사실을 알고 있을 것입니다. 아마 자전거 위에서 어떻게 몸의 균형을 취하는지 잠시 동안 순간적으로 혼란스러워 할 수 있겠지만, 곧 그 동안 자전거를 줄곧 타오던 사람처럼 잘 탈 수 있게 됩니다. 이것은 두뇌 속에 저장되어 있으면서 결코 잊혀진 적이 없는 근육의 장기 기억을 설명하기에 아주 좋은 예입니다.

　8초마다 약 30% 정도의 비율로 우리의 몸과 마음에서 사라지는 근육의 단기 기억이 있습니다. 누가 당신의 팔을 꼬집었다고 가정해 봅시다. 당연히 꼬집힘으로 인해 아픔을 느끼게 될 것입니다. 하지만 통증은 아주 잠시 동안만 느껴질 뿐 곧 사라집니다. 8초의 시간이 지나면 그 느낌의 1/3이 사라지고, 다시 8초가 지나면 아픈 느낌의 1/3이 사라집니다. 이렇게 해서 결국 근육이 아프다는 느낌은 완전히 사라지게 됩니다. 대부분의 인간 근육에는 이처럼 8초 시계가 작동하는데, 이것을 근육의 단기기억이라고 부릅니다. 이것은 골프의 스윙이나 퍼팅 스트로크의 필링과 관련하여 근육의 지각이 어떤 비율로 상실되는가를 측정할 수 있는 좋은 근거가 됩니다.

　퍼팅에 있어 근육의 장기기억과 단기기억의 원리를 아는 것이 중요합니다. 일단 완벽한 퍼팅 스트로크에 대한 필링을 배우고 알게 되면, 그것은 근육의 장기기억 속에 내재하면서 결코 잊혀지지 않습니다. 오랫 동안 코스를 떠나 있었거나, 연습을 하지 않다가 다시 시작하는 경우, 아마도 일시적으로 그 필링을 즉각 되살릴 수는 없을 것입니다. 하지만, 잠시 계속하다 보면 곧 그 감각을 되찾게 됩니다. 오랜 동안 자전거를 타지 않다가 다시 자전거 위에 올라앉았을 때와 마찬가지로 좋은 스트로크를 했던 과거의 기억들이 샘솟듯이 머리 속에 떠오를 것입니다. 이것은 골퍼들에게 반가운 소식임에 틀림없습니다.

하지만 달갑지 않은 소식도 있습니다. 퍼팅 스트로크 동작에 대한 단기적인 필링은 8초 시계의 지배를 받는다는 사실입니다. 그렇다면, 이렇게 잊혀진 필링이 언제 되살아날까요? 그것은 퍼팅에 대한 터치감을 익히고 연습하는 동안, 그리고 코스에서 실제 퍼팅에 대비해서 스트로크를 연습할 때입니다.

연습하는 동안 각기 다른 퍼팅 거리에서 요구되는 스트로크의 크기가 각각 어느 정도인지 배우는 방법은, 몇 번이고 스트로크를 시도하면서 그 결과를 눈으로 직접 보는 것입니다. 연습 스윙을 하는 이유가 바로 여기에 있습니다. 스트로크를 한 후 – 그것이 공을 완벽한 스피드로 굴러가게 하는 것이든 아니든 – 매번 의식적으로 그리고 무의식적으로 자신의 스트로크 모션과 그 동작이 어떠한 결과를 가져올지 예상하게 됩니다. 실제로 가격을 받은 공은 대개 적어도 4~6초 혹은 그보다 조금 더 긴 시간을 굴러가게 됩니다. 그러므로, 자신의 스트로크 동작의 필링과 그 동작이 실제로 창출한 결과 사이에서 인지한 바를 최대화하기 위해 적어도 공이 굴러가는 시간 동안 그 필링을 유지할 필요가 있습니다. 이것이 바로 공이 정지할 때까지 팔로우스루를 유지하는 법을 배워야 하는 이유입니다. 팔로우스루 없이 퍼터를 내려놓거나 퍼팅과는 상관 없는 몸 동작을 하면 스트로크의 필링이 곧바로 사라져버립니다. 머리는 오로지 가장 직전에 있었던 몸의 움직임만을 기억하게 되고, 이것 마저도 매 8초마다 30%씩 뇌리에서 잊혀지게 됩니다.

피니쉬 (finish)

그렉 노먼(Greg Norman)은 퍼팅에서 피니쉬를 유지해야 한다는 점을 잘 이해하고 있습니다(사진 5.6.1). 토너먼트에서 우승하기 위해 퍼팅을 하든 아니면 연습용 그린에서 퍼팅을 하든, 그는 언제나 공이 굴러가는 것을 지켜보면서 피니쉬를 유지합니다. 자신의 퍼팅과 스트로크, 그린으로부터 조금씩 무언가를 배우고 있는 것입니다.

일반 골퍼의 퍼팅에 대한 반응과 비교해 보겠습니다(사진 5.6.2). 공을 치고 뭔

사진 5.6.1 스윙과 임팩트에서 전해지는 감을 느끼면서 자신의 스트로크 결과를 지켜보고 있는 그렉 노먼의 모습.

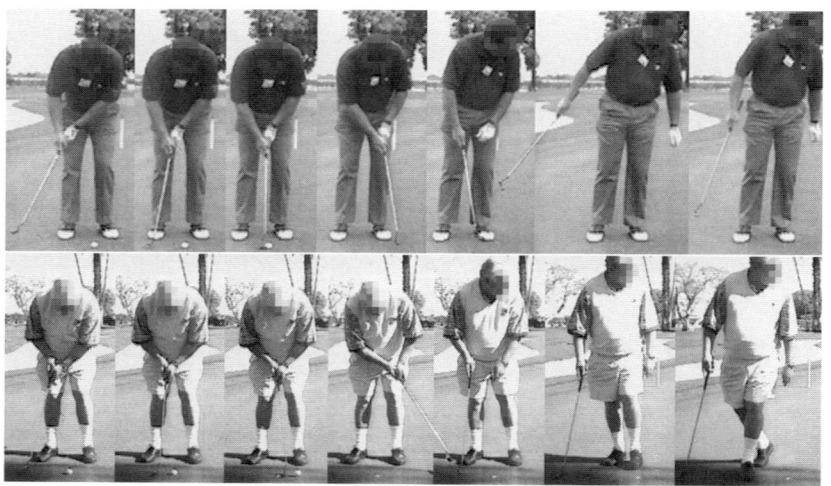

사진 5.6.2 아마추어들은 결과 지향적이어서 결과만 신경을 쓸 뿐 각각의 결과가 만들어내는 필링에는 전혀 주의를 기울이지 않는 경향이 있다.

가를 투덜거리듯 중얼거리면서 퍼터를 내리고, 몸을 세워 돌아서 버립니다. 공이 굴러가기를 멈추기도 전에, 그는 이미 스트로크에 대한 모든 필링을 상실했으며, 그 결과와 스트로크의 필링 사이에 어떠한 연상도 남아있지 않게 되었습니다. 이렇게 하면, 공이 홀 안으로 들어갈 가능성도 거의 없을 뿐 아니라, 골퍼가 그 스트로크로부터 배우는 것도 전혀 없습니다. 스트로크 후 피니쉬를 유지하면서 공이 굴러가는 모습을 지켜봄으로써, 노먼이 자신의 퍼팅으로부터 많은 것을 배우는 모습과는 대조적입니다. 대부분의 아마추어들이 이렇듯 공이 굴러가는 모습을 그냥 멀찌감치 바라보면서 퍼팅이 만족스럽지 못하다고 투덜거리는 사이, 그들은 자신의 퍼팅으로부터 아무 것도 건지지 못한 채 지나가 버립니다. 그런데, 그렉 노먼이 자신의 퍼팅에서 하듯이 우리도 퍼팅에서 그렇게 한다면, 그 후의 많은 게임에서 승자가 될 수 있을 것입니다.

그린에서 스트로크의 필링을 유지하면서 공이 멈춰 설 때까지 그것을 지켜봐야 합니다. 이는 많은 집중력을 요하거나 어려운 것이 결코 아닙니다. 스트로크를 할 때마다 피니쉬를 유지하고 공이 멈춰서는 것을 바라보는 행동을 습관화하면, 자신의 퍼팅으로부터 매번 조금씩 무언가를 배우게 될 것입니다. 이렇게 되면, 코스를 돌든, 연습 그린에서 연습을 하든, 당신의 터치감이 조금씩 좋아지는 것을 스스로도 느낄 수 있게 될 것입니다. 중요한 것은 어느 정도 크기의 스트로크와 어떠한 필링이 자신이 원하는 퍼팅을 만들어 내느냐를 스스로 아는 것입니다. 수천 번의 스트로크와 수천 번의 지켜봄, 그리고 수천 번에 걸친 조금씩의 배움, 이들이 상승작용을 일으키면서 터치감을 극적으로 향상시키는 결과를 가져다 줄 것입니다.

스트로크의 과학적 기술을 습관으로 만들어라

근육 단기 기억의 8초 원리는 또 다른 면에서 골퍼들에게 골치 아픈 문제를 가져옵니다. 바로 공을 치기 전에 지나치게 오랜 시간 생각을 한다는 점입니다. 코스와 골프학교에서 골퍼들이 스트로크를 하기 전에 대체로 20~30초 동안 공을 지켜본다는 사실을 알게 되었습니다. 도대체 그들은 이 시간 동안 무엇을 생각하는 것일까요? 정렬, 자세, 그립, 스트로크 기법? 도대체 무슨 생각을 하는지 알 수가 없습니다. 공을 어떻게 칠 것인지, 정확하게 어디를 목표로 할 것인지에 대해서 생각하는 것이 보통일 것입니다. 그러나, 그렇게 생각하면서 서있는 동안에 완벽한 연습 스트로크에서 가졌던 자신의 필링을 상실하게 된 사실을 알아야 합니다. 단 8초만에 마음의 눈으로 창출해낸 터치감과 스트로크와 관련한 연상들을 잊어버리기 시작하는 것입니다.

당신에게도 이런 습관이 있을 수 있습니다. 그것을 없애기 위해서는 실내에서 연습하는 시간의 대부분을 스트로크의 과학적 기법을 하나의 습관으로 만드는 데 투자해야 합니다. 스트로크의 과학적 기법을 습관화하여 무의식 상태에서 자동적으로 퍼팅을 컨트럴할 수 있게 만들어야 합니다. 이렇게 습관이 되면, 코스에서 퍼팅을 하기 전에 그것에 대해서 생각하지 않아도 됩니다. 그 시간에 당신은 연습 스트로크에서 만들어낸 필링과 스트로크 크기에 보다 집중할 수 있게 됩니다. 일단 연습 스트로크에서 가진 필링과 스트로크 크기에 대한 정확한 가늠이 이루어졌다면, 8초 안에 셋업하고 정확하게 스트로크를 해야 합니다. 그 8초 동안 스트로크가 어떻게 이루어져야 하는지에 대한 생생한 필링을 자신의 마음의 눈 속에 고스란히 간직하고 있기 때문입니다.

8초 내에 퍼팅하기가 어려운 일은 아닙니다. 그것을 습관화하면 됩니다. 이러한 습관은 거리감과 터치감을 향상시켜 줄 뿐만 아니라, 심적 압박감 안에서도 퍼팅을 더 쉽게 할 수 있도록 만들어 줍니다. 퍼팅을 잘하는 사람들은 스트로크를 하면서 그 방법을 생각하지는 않습니다. 그들은 자신들이 해야 하는 스트로크의 필링과 크기에 정신을 집중하면서 습관적으로 스트로크를 합니다.

마음이 골프공을 움직인다

골퍼의 마음과 태도가 퍼팅을 성공시키는 데 있어 중요한 역할을 한다고 나는 확신하고 있습니다. 마음이 골프공을 움직일 수 있는 것도 아니고, '긍정적인 사고' 가 나쁜 스트로크를 극복할 수 있는 것도 아닙니다. 하지만 과학적인 스트로크를 개발하고, 무의식적으로 이를 구사할 수 있는 능력을 개발할 수 있다면, 그다음 단계는 퍼팅을 잘 해내기 위해 필요한 터치감과 필링에 정신을 집중할 수 있게 됩니다. 그리고 좋은 태도는 당신의 몸이 자신감을 가지고 그 모든 것을 진행시켜 나가도록 이끌어 줄 것입니다.

좋은 필링과 터치감 그리고 이를 충분히 활용할 수 있는 자신감을 가지기 위해서는 경험이 필요합니다. 책이나 비디오테입 같은 교재들이 그것을 어떻게 하면 배울 수 있는지 가르쳐 줄 수는 있지만 자신감을 가르쳐 줄 수는 없습니다. 일단 현재 요구되는 스트로크의 크기를 알고 그에 대한 필링을 가지게 된 후에는 이러한 스트로크 미리보기를 실제 스트로크로 옮기는 연습만이 요구됩니다. 이를 충분히 연습해 나간다면, 필링과 터치감에 집중할 수 있는 이해와 자신감이 생기게 될 것입니다.

이에 더하여 마음가짐이 중요합니다. 왜냐하면 위에서 설명한 모든 것을 조절하는 것이 마음이기 때문입니다. 몸을 어떻게 움직여야 하는지를 결정하는 것이 마음이고, 몸이 어떻게 움직이느냐에 따라서 퍼터의 움직임이 결정되고, 퍼터의 움직임이 공의 움직임을 결정하기 때문입니다. 마음은 심포니를 연주하는 오케스트라와 같습니다 – 모션, 리듬, 그 모든 동작들의 순서 – 완벽한 스트로크 동작을 컨트럴하는 것이 바로 마음입니다. 퍼팅을 준비하기 전에 먼저 긍정적인 혼잣말, 예를 들어 "좋아, 이제 가장 리드미컬하고 부드러운 스트로크를 한 번 멋지게 해보는 거야." 이런 혼잣말을 통해 적절한 마음 자세를 유지할 수 있다면, 마음은 당신이 알고 있는 최고의 스트로크를 할 수 있도록 이끌어 줄 것입니다. 이것이 바로 골퍼가 더 좋은 퍼팅을 할 수 있도록 도와주는 자신감에 찬 자세입니다.

부정적인 이미지를 통해 오히려 긍정적인 마음의 초점을 창출하는 골퍼들도 있습니다. 내가 함께 일한 적이 있는 몇몇 프로들의 경우, 중요한 퍼팅을 앞두고 자신이 이전에 놓친 적이 있었던 퍼팅을 이미지로 그려봅니다. 이것은 긍정적인 태도를 만드는 그들만의 방법입니다. 왜냐하면, 두 번째 시도에서는 거의 언제나 퍼팅을 성공시킨다는 사실을 스스로 알고 있기 때문입니다.

어떻게 좋은 태도를 만들어내느냐 하는 것은 방법이 중요한 것은 아닙니다. 오히려, 퍼팅을 시도하기 전에 마음이 먼저 완벽한 스트로크를 미리 그려보고 느낄 수 있도록 해 줄 수 있는 태도, 그리고 그 긍정적인 태도로 인해 몸이 아무 의심 없이 완벽한 스트로크를 구사할 수 있도록 만들어주는 것이 관건입니다.

스트로크를 미리 그려보고 필링을 가져라

완벽한 스트로크를 미리 그려보고 이에 대한 필링을 갖게 된 다음, 그것을 그대로 정확하게 실행에 옮기기만 하면 퍼팅이 성공한다고 스스로 믿어야 합니다. 만약 이러한 확신이 서지 않는다면 몇 차례 더 연습 스윙을 하는 것이 좋습니다. 완벽하다고 스스로 확신이 드는 스트로크를 미리 그려본 후에 – 나는 이를 '스트로크 미리보기' 라고 부릅니다 – 비로소 실제 스트로크를 위해 무엇을 원하는지 마음의 눈이 정확하게 인식하게 됩니다. 이를 통해 스트로크 미리보기를 실제 스트로크에서 그대로 반복할 수 있다는 자신감을 가질 수 있게 됩니다. 이것

사진 5.8.1 잭 니콜러스 : "나는 퍼팅을 할 준비가 됐다는 생각이 들기 전에는 퍼팅을 시도하지 않습니다. 홀인시킬 수 있다는 자신감이 없다면 퍼팅을 왜 합니까?"

이 공을 홀인시키는 방법입니다.

잭 니콜러스(사진 5.8.1)가 토너먼트 파이널 라운드에서 탐 와이스코프를 이긴 적이 있습니다. 그날, 탐이 티샷부터 그린 공략까지의 경기를 더 잘 이끌어갔는데도 불구하고, 잭 니콜러스가 이상하리만치 많은 퍼팅을 성공시킴으로써 경기에서 승자가 되었습니다. 게임이 끝난 후, 탐 와이스코프가 잭 니콜러스에게 "당신은 퍼팅을 시도하기 전에 퍼팅이 성공하리라는 것을 이미 잘 알고 있는 것 같더군요." 라고 말했습니다.

그러자 잭 니콜러스는 "아뇨, 알고 있었을 리가 없지요. 하지만, 그럴 것이라고 믿고 있었지요. 나는 퍼팅을 할 준비가 됐다는 생각이 들기 전에는 퍼팅을 시도하지 않아요. 만약 그렇지 않다면 도대체 퍼팅을 할 이유가 없지 않겠어요?" 라고 대답했습니다.

이 말은 잭 니콜러스가 목표에 완벽하게 집중한다는 사실을 아주 잘 드러내고 있습니다. 만약 퍼팅을 성공시키는데 필요한 필링과 터치감을 명확하게 갖고 있지 못하다면, 당신은 아직 퍼팅을 할 준비가 되어 있지 않은 것입니다. 이 말은 간단하지만 너무나 당연한 말입니다. 그러나, 홀인시킬 수 있다는 확신을 가지고 공 앞에 서는 골퍼는 극히 소수입니다. 대부분의 골퍼들이 자신의 스트로크의 과학적 기술에 대해서 생각할 때, 실수나 3-퍼팅을 염려하고, 정확하게 조준했는지 미심쩍어하면서 퍼팅에 임하고 있습니다. 이런 상황에서 실제 실수가 나지 않을 가능성이 과연 얼마나 될까요?

터치감을 위한 최고의 필링을 가져라

퍼팅 게임을 배우는 과정에 관련되는 모든 내용들은 일련의 연관성을 가지고 있습니다. 예를 들어, 과학적인 스트로크 기법이 형편 없다면 좋은 퍼팅 감각과 터치감을 발전시킬 수가 없고, 파워를 공에 지속적으로 고르게 전달해 주지 못한다면, 공의 적절한 스피드와 거리감을 배울 수가 없습니다. 목표가 정확하지 못하거나, 임팩트 시에 페이스 각도가 적절하지 못하면 좋은 터치감을 익히기가 어렵습니다. 이 경우 대개는 공이 에임라인을 벗어나 굴러가기 때문에, 골퍼는 당혹감으로 인해 피니쉬를 유지하면서 자신이 공을 얼마나 보냈는지 그 거리에 정신을 집중 할 수가 없어집니다. 결과적으로 골퍼는 자신의 퍼팅이 훌륭했든 혹은 형편 없었든 그 여부에 관계없이, 다음 퍼팅에서 경험적으로 활용할 아무 것도 배울 수가 없게 됩니다.

3-피트 퍼팅을 놓쳤다면 공을 잘못된 방향으로 스트로크했다고 스스로 판단하게 됩니다. 그렇다면 공이 최적의 스피드였는지 여부에 대해서는 어떻습니까? 골프를 가르치는 과정에서 나는 좋은 셋업 자세, 좋은 얼라인먼트 그리고 아주 이상적인 스트로크의 과학적 기법, 이러한 것들이 터치감, 필링, 적절한 스피드 컨트럴을 파악하는데 있어 필수적인 전제조건이라는 사실을 알게 되었습니다. 또한, 만약 그린을 잘 읽어낼 수 없다면, 공이 어느 정도의 스피드로 굴러갈 것인지 그리고 공에 어느 정도의 브레이크를 걸 것인지, 이런 측면의 퍼팅 감각과 터치감을 발전시킬 기회가 거의 없다는 점도 알게 되었습니다.

따라서 먼저 좋은 과학적 스트로크 기법을 개발해야 한다고 말할 수 있습니다. 일단 이 문제가 해결되면 좋은 감각을 갖게 되고 그 다음으로 터치감을 향상시킬 수 있게 됩니다. 여러 다양한 상황에서 요구되는 퍼트가 어떠한 종류인가에 대해 배우기 이전에, 골퍼는 먼저 좋은 스트로크를 할 수 있는 감각과 그 스트로크가 어떠한 결과를 가져올 것인가를 예견하는 법을 배워야 합니다. 터치감이란 '무엇' 이 요구되는지를 아는 것이고, 반면 필링은 그것을 '어떻게' 만들 것인지 방법을 아는 것이란 점을 다시 한 번 기억하기 바랍니다.

스트로크의 과학적 기법에 대해 잘 이해하고 있고 스트로크를 할 때 적절한 파워를 지속적으로 공에 전달해 줄 수 있다면, 퍼팅에서 필링과 터치감을 향상시키는 연습을 통한 피드백이 더욱 효과적으로 이루어질 수 있습니다. 아무 혼란

없이 스트로크 미리보기를 하고 이를 정확하게 평가할 수 있다면, 이는 실제 코스에서도 스트로크 미리보기를 완벽하게 반복할 수 있다는 의미가 되므로, 최고의 퍼팅은 자연스러운 결과라고 할 수 있을 것입니다. 근육의 단기기억 때문에 연습 스트로크 셋업에서 실제 퍼팅까지 신속하고 효과적으로 이전하는 법을 배워야 합니다. 마지막으로 목표물을 한 번 보고, 자신만의 퍼팅의식을 통한 잠깐 동안의 준비를 마친 후, 즉시 스타트하는 법을 배워야 한다는 뜻입니다.

이는 퍼팅 스트로크 자체를 연습하는 것만큼이나 퍼팅 자세를 많이 연습해야 한다는 의미가 됩니다. 왜냐하면, 셋업 자세가 잘못되면 아무리 스트로크가 멋지더라도 퍼팅 실수가 나고 말기 때문입니다. 그리고 만약 적절한 셋업 자세라 하더라도 너무 길게 시간을 소요하면 퍼팅에 대한 필링을 상당부분 상실하게 됩니다.

훌륭한 퍼팅은 자신의 사전 준비작업을 신뢰하고, 마음의 눈과 스트로크 미리보기를 통해 창출해 낸 스트로크를 실제로 그대로 훌륭히 해내는 것입니다. 그린을 정확하게 읽고 난 다음에 오는 스트로크에 대한 좋은 감각과 터치감이 바로 멋진 퍼팅을 만들어 냅니다.

Chapter 6

안정감과 리듬

골프는 과학과 기술의 만남이다

과거 골프학교에서 퍼팅에 있어 가속, 안정감, 리듬감에 관한 내용을 설명하기 시작했을 때, 나는 과학과 기술이 만나는 지점에 이르렀다는 인식을 하게 되었습니다. 골퍼들 상당수가 안정감과 리듬이라는 개념이 골프에 어떻게 적용되는지 거의 이해하지 못하고 있으며, 가속은 카 레이스에만 적용될 수 있는 개념이라고 생각하고 있습니다.

비록 가속이 퍼팅 스트로크의 중요한 측면이기는 하지만 현재 나는 더 이상 골프학교에서 이에 관해 이야기하지 않고 있습니다. 왜냐하면 골퍼들이 이를 잘못 이해하고 결과적으로 자신들의 스트로크를 엉망으로 만들어버리고 마는 것을 보았기 때문입니다. 임팩트 순간 퍼터의 진행을 가속하여 빠르게 가져가면, 동일한 속도로 스윙하다가 임팩트에서 속도를 늦추는 것보다 공과 클럽의 접촉 시간을 약간 더 길게 유지할 수 있습니다. 임팩트 순간 샤프트와 헤드에 힘이 더 많이 가해질수록 헤드가 보다 안정되어 각도가 틀어지거나 비틀리는 상황을 막을 수 있게 되는 것도 사실입니다. 이렇게 가속이 좋은 퍼팅을 위해 도움이 되긴 하지만, 이렇게 할 수 있도록 가르치면 오히려 골퍼들의 퍼팅을 더 악화시킨다는 사실을 알게 되었습니다.

그 이유를 찾아내는데 그리 많은 시간이 걸리지 않았습니다. 골퍼가 임팩트 순간에 퍼터에 가속을 붙이려고 '노력' 할 때, 즉각적으로 손과 손목의 근육을 이용하여 그렇게 하는 것이었습니다(사진 6.1.1). 이미 말했듯이, 손의 근육을 이용해 퍼터를 조절하게 되면 심적 부담을 안은 상황에서 제대로 퍼팅을 하기가 어렵습니다. 처음에는 퍼터에 가속을 붙이는 방법을 통해 몇 차례 퍼팅을 성공시키는 듯이 보였습니다. 그런데, 실제로 부담을 안은 상황에서 플레이를 하게 되자 흥분한 근육의 힘에 의해 스트로크된 공이 홀을 튀듯이 지나가버리는 결과를 낳는 것이었습니다. 이렇듯 몇 번 공이 홀을 튀어 지나가는 상황을 맞게 되면 그 다음에는 불안한 마음에 퍼터의 진행속도를 늦추게 됩니다. 고통스러운 결과를 계속 지켜보아야 하리라는 것은 설명할 필요가 없을 것입니다.

　이리하여 나는 가속의 개념을 포기하고 안정적인 스트로크를 구사할 수 있도록 가르칠 수 있는 보다 나은 방법을 찾게 되었습니다.

사진 6.1.1 임팩트 순간에 '가속' 하라는 말에 대해 골퍼들은 거의 즉각적으로 손과 손목의 힘을 이용해서 스트로크하려는 경향을 보인다.

안정감 : 골프의 진정한 기초다

　잠시 동안 속도를 늦추고 안정감에 대해 살펴보겠습니다. 퍼팅에서 안정감이란 무엇을 의미할까요? 안정감이란 골퍼가 외부의 영향이나 요인들에 좌우되지 않고 자신의 동작을 그대로 유지하는 능력입니다. 좀더 간단하게 말해서, 실수를 했을 때 오히려 더 단단한 필링과 적절한 방향 유지 그리고 동요되지 않는 태도를 고수

·**사진 6.2.1** 시계추처럼 부드럽고 리드미컬한 스윙 동작이 최고의 퍼팅 스트로크를 만든다.

하는 것입니다. 반대로, 안정적이지 못한 골퍼는 실수를 했을 때 이에 동요되어, 공을 효과적으로 스타트하여 의도하던 방향과 스피드로 진행하지 못합니다.

어떻게 하면 스트로크에서 안정성을 확보할 수 있을까요? 간단한 방법을 한 가지 제안하자면, 왼쪽 손과 팔로 퍼터를 리드하면서 임팩트하는 것입니다(오른 손잡이인 경우). 그런데 한 가지 주의할 것은 이때 손과 팔의 근육의 힘에 의존하면 아드레날린의 영향을 받기 쉬워지므로 이것은 좋지 않습니다. 시계추 모양의 스트로크를 상상하는 것이 가장 좋습니다. 손이나 팔의 동작은 피하면서 백스윙보다 팔로우스루를 약간 더 길게 유지하는 것입니다. 팔뚝과 어깨가 트라이앵글을 이루고(사진 6.2.1), 앞뒤로 시계추처럼 스윙한다는 생각이 들면, 본능적으로 손의 동작이 완전히 배제된 스트로크를 하게 되고 아드레날린의 영향으로부터도 완전히 벗어날 수 있습니다. 일단 시계추 스트로크를 부드럽게 스윙하고, 백스윙을 팔로우스루보다 약간 더 짧게(10~20% 정도) 유지한다면(사진 6.2.2) 손이나 손목 근육의 컨트럴을 받지 않는 안정적인 퍼팅을 할 수 있게 됩니다. 이런 스트로크를 부드럽고 리듬감 있게 할 수 있다면, 백스윙의 정점과 팔로우스루의

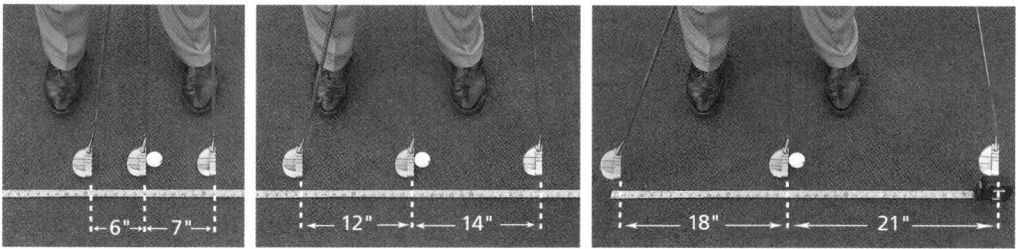

사진 6.2.2 백스윙보다 팔로우스루를 약간 더 길게 유지함으로써 임팩트 순간에 안정적인 시계추 스트로크를 할 수 있게 된다.

끝이 두 지점 중간에서 가장 신속하고 빠른 스트로크로 일어나기 때문에 임팩트 순간 헤드가 안정적으로 유지될 수 있게 됩니다.

리듬감 : 완벽한 스트로크의 조건이다

습관적으로 동일한 리듬에 따라 항상 스트로크할 수 있다면 더 이상 스트로크에 대해 생각하면서 스트로크를 하는 일이 없어집니다. 그리고 거리에 대한 필링과 터치감의 관계도 보다 명료해지게 됩니다. 스트로크에 소요되는 시간이 항상 동일하다면 길이가 더 긴 스트로크를 처리하는 유일한 방법은 퍼터를 더 신속하게 움직이는 것이며, 더 신속한 퍼터의 가격을 받은 공은 더 멀리까지 굴러가게 될 것입니다.

공을 스트로크하기가 '어려운가' 혹은 '쉬운가'에 대한 생각은 할 필요가 없습니다. 연습과 스트로크 미리보기에서 요구되는 유일한 판단은 퍼팅 거리와 비교하여 스트로크의 길이를 어느 정도로 할 것인가 하는 것뿐입니다.

사진 6.3.1에 나오는 퍼팅 스트로크를 봐주기 바랍니다. 이 스트로크 동작을 보면서 공이 굴러가는 거리가 각각 현저히 다르다는 것을 상상할 수 있습니까? 분명히 말하건대, 이 두 스트로크를 하는데 소요되는 시간은 동일했습니다. 백스윙의 정점에서 팔로우스루가 끝나는 지점까지 시간을 측정했다면 1분당 80비

트의 리듬으로 스윙을 했다는 사실을 알 수 있을 것입니다. 시간은 리듬감에 기초합니다. 시계추의 리듬처럼 움직이는 시계추 스트로크가 퍼팅을 단순하게 만든다는 장점이 있습니다. 거리에 대한 필링과 터치감에 대해 판단해야 하는 복잡한 생각, 완벽한 스피드로 공이 굴러가도록 만들기 위해서 스트로크를 얼마나 빠르게 해야 하는가를 예측하지 않아도 됩니다. 그리고 퍼터를 에임라인과 스퀘어되도록 만들기 위해 따로 힘을 주지 않아도 됩니다. 무엇보다도 골퍼가 스트로크에 대해서, 무엇을 해야 하고 무엇은 하지 말아야 하는지 더 이상 생각할 필요가 없다는 것입니다. 시계추 동작을 배우고 자신의 몸의 리듬에 따라 이 동작을 실행하는 방법을 배우게 되면, 스트로크에 나쁜 영향을 주는 요인들을 거의 완전히 제거할 수 있게 됩니다.

자신의 리듬을 찾기 전에 조건이 하나 있습니다. 먼저 자신만의 퍼팅의식을 개발하지 못한다면 자신의 리듬을 찾는다 해도 별로 도움이 되지 않을 것이란 점입니다. 왜냐하면 이 둘은 함께 작용해야 하는 부분이기 때문입니다. 퍼팅의식이 신체리듬에 따라 행해지면서 스트로크 리듬을 살려주는 일종의 워밍업 작용

사진 6.3.1 백스윙의 길이에 상관없이 두 스트로크를 하는 데는 '정확히' 동일한 시간이 소요되어야 한다.

을 합니다. 퍼팅의식이 리듬감 있게 진행되고 부담스런 상황에서도 할 수 있을 정도로 충분히 많은 연습이 있어야 합니다.

키가 작고 체중이 가벼운 선수가 스윙속도가 빠르다

퍼팅 스트로크의 리듬은 골퍼의 신장, 체중, 개성, 신진대사 그리고 말하고 걷는 속도에 맞추어져야 합니다. 골퍼마다 다른 신체구조, 크기, 스피드를 가지고 있습니다. 일반적으로 말해서 체구가 작은 사람은 체구가 큰 사람보다 걸음이 빠르고, 키가 작은 사람은 키가 큰 사람보다 발걸음이 빠릅니다.

그렇다면 자연스런 시계추 리듬을 가능하게 하는 것은 무엇일까요? 그것은 바로 시계추의 길이와 무게입니다. 길고 무거운 시계추가 짧고 가벼운 시계추보다 더 느린 리듬으로 움직입니다(괘종시계의 시계추보다 손목시계의 바늘이 더 빠르게 째깍거리는 것을 상상하면 됩니다). 그런데 시계추는 신진대사가 없는 반면, 사람은 신진대사를 합니다. 태엽이 단단하게 감겨있는 사람이 느슨하게 감겨있는 사람보다 더 민첩하게 움직인다고 말하면 될까요. 그래서 키가 작고 체중이 가벼우며 동작이 민첩한 골퍼는 당연히 키가 크고 체중이 무겁고 동작이 느린 골퍼에 비해 퍼터를 스윙하는 속도가 더 빠릅니다.

물론 예외의 경우도 있을 수 있습니다. 하지만 이것은 실제로 세계 최고의 골퍼들, PGA 투어 선수들의 리듬을 측정한 결과에서 알아 낸 결론입니다. 사진 6.4.1은 골퍼의 키와 1분당 걸음걸이 리듬을 보여주는 도표입니다. 이 도표는 아무런 심적 압박감도 없는 일반적인 움직임을 측정한 것입니다(연습이나 토너먼트 초반 라운드 같은).

이들 골퍼들의 스트로크 리듬도 함께 측정했는데, 여기에서 선수들의 걸음걸이와 퍼팅 스피드 사이에 상관 관계가 있다는 사실을 발견했습니다. 이러한 결론은 상당히 설득력이 있음에도 불구하고 대부분의 골퍼들은 이런 각도에서 자

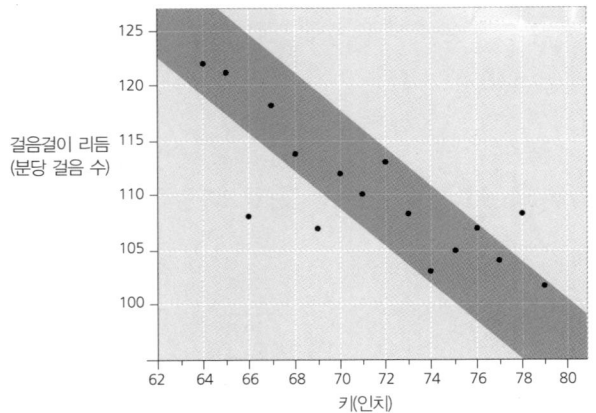

사진 6.4.1 PGA 투어 선수들을 테스트한 결과 신장이 큰 선수들이 신장이 작은 선수들보다 더 천천히 걷는다는 사실을 발견할 수 있다.

신의 퍼팅을 바라보려 하지 않습니다. 아마추어든 프로든 상당수의 골퍼들이 신체크기, 신진대사, 기질 등의 차이에도 불구하고 유명 선수들의 퍼팅 양상을 그대로 모방하려고 합니다. 이런 식이라면 실패에 부딪치는 것이 당연합니다. 누구나 벤 크렌쇼(Ben Crenshaw)보다 더 벤 크렌쇼처럼 할 수는 없습니다. 그러므로 당신에게 가장 적합한 최고가 되려고 노력해야 합니다. 이는 자신의 최고의 리듬에 맞추어 퍼팅하는 법을 배우는 데서 출발합니다.

퍼팅 거리나 스트로크의 크기에 관계없이 자신의 리듬에 따라 퍼팅하는 법을 배우게 되면, 손 동작이 완전히 배제된 스트로크를 개발할 수밖에 없게 됩니다. 그리고 이 리듬에 맞추어 퍼팅의식을 할 수 있게 되면 퍼팅의 모든 면들에 보다 익숙해지게 될 것입니다. 자신의 자연스런 퍼팅 리듬과 조화를 이룸으로써 더 이상 생각하면서 퍼팅하는 일이 없어질 것입니다.

뛰어난 선수들은 자신의 리듬을 만든다

리듬은 선수가 생각하기를 억제하고 지속성과 정확성을 확보하는 한 가지 방법입니다. 농구선수들은 프리드로를 보다 잘 하기 위해 리듬을 만들고 이용합니다. 그들은 공을 바닥에 세 차례 튀기고 공을 손에 잡은 다음 깊게 숨을 들이쉰 후 팔을 위로 뻗어, 지금까지 수천 번 연습해 왔던 리듬에 맞추어 공을 슛합니다. 프로 테니스 선수들은 서브하기 몇 초전 서브를 위한 리듬을 만듭니다. 공을 바닥에 튀기고 몸을 뒤로 젖혀 팔을 뻗는 것과 동시에 공을 힘껏 내리칩니다. 이런 리드미컬한 동작은 가장 지속적이고 정확한 결과를 도출하기 위해 수 없는 반복을 통해 습관화된 샷 직전 준비동작들입니다.

그러므로 자신의 몸과 무의식이 '어떻게 해야 하는지 알고 있는 것'을 할 수 있도록 연습된 리듬에 따라 퍼팅할 수 있도록 해야 합니다. 왜냐하면 골프의 퍼팅보다 정확성이 요구되는 스포츠는 없기 때문입니다.

공을 '치는' 식의 퍼팅은 백해무익하다 해도 과언이 아닙니다. 공을 치는 것은 심적 부담이 있는 상황 아래에서 퍼팅할 때는 거의 재앙에 가까운 결과를 가져온다고 말할 수 있을 정도입니다. '치는' 스트로크로 거리를 컨트럴하면 퍼팅 때마다 힘과 리듬이 달라지기 때문에 지속성을 유지하기가 거의 불가능합니다.

조지 아처(George Archer), 벤 크렌쇼(Ben Crenshaw), 브레드 팩슨(Bfad Faxon), 리 젠슨(Lee Janzen) 등 세계적인 선수들이 퍼팅하는 장면을 자세히 보면, 물이 흐르듯이 부드럽고 리드미컬하게 스트로크를 구사하는 모습을 쉽게 발견할 수 있습니다. 그들 각자 모든 퍼팅에서 언제나 한결같아 보이는 리듬을 가지고 있습니다.

이들 선수들이 퍼팅에서 단지 운이 좋았다고 생각한다면 크게 잘못 본 것입니다. 그들은 모두 아주 훌륭한 과학적인 기법의 스트로크 동작을 가지고 있으며 따라서 임팩트에서 안정적으로 퍼터를 가져갈 수 있는 것입니다. 그리고 그들은 하나같이 훌륭한 리듬을 가지고 있습니다. 퍼팅이 좋지 않은 날이라 해도 거의 퍼팅을 훌륭히 해내는 지속성은 어디서 나오는 것일까요? 해답은 리듬감입니다.

리듬감은 스트로크의 윤활유와 같은 것입니다. 우리들 누구나 자신의 리듬을 개발하고 향상시킬 수 있습니다. 좋은 셋업자세, 정렬, 터치감, 필링, 그린 읽기, 스트로크의 과학적 기법이 모든 것들은 좋은 퍼팅을 위한 필수적인 조건입니다. 하지만 지속적이고 반복적인 리듬감이 결여된다면 결코 멋진 퍼팅을 지속적으로 할 수가 없습니다. 결코 말입니다.

Chapter 7

그린 읽기

그린 읽는 방법을 모르면 퍼팅도 놓친다

"휴스턴, 문제가 생겼습니다."라는 교신이 아폴로 13호 우주선에서 휴스턴 지상통제본부로 알려왔습니다. 우주 비행사들은 공포로 몸이 얼어붙어 있었고 아주 심각한 문제가 발생했다는 사실을 알고 있었습니다(우주선 앞쪽에서 폭발이 일어났던 것입니다. 사진 7.1.1). 하지만 지상에 있던 누구도 그 문제의 심각성을 이해하지 못하고 있었습니다. 지상통제본부의 모니터에는 아무 것도 나타나지 않았고 교신도 두절되었습니다. 그들은 경고신호등이 잘못 작동했으며 비상경계 시스템이 지상통제 시스템에 오작동을 불러온 것이라고 확신했습니다. 지상통제요원들은 "이건 실제 상황일 리가 없어. 이런 신호들은 우주선이 폭발을 일

사진 7.1.1 아폴로 13호의 폭발이 달을 향한 비행을 포기하도록 만들었으며 비행사 3인의 목숨을 앗아갈 뻔했다.

으켰을 때 나타나는 현상들인걸." 이렇듯 안이하게 생각했던 것입니다.

나는 우주비행사가 아니지만 아폴로 우주탐사 계획이 진행되는 동안 NASA에서 일했습니다. 그때 나는 메릴랜드에 있는 고다드(Goddard) 우주비행센터에서 연구원으로 근무하면서 지구 초고층대기 물리학을 연구하고 있었으며, 위성발사에 관련하면서 교신자료가 의미하는 바를 분석하기 위해 노력하고 있었습니다(사진 7.1.2). 1975년, 나의 연구의 초점을 우주에서 골프로 바꾸었고 그 이후 줄곧 골프를 연구하고 테스트하고 가르치는 일에 종사해 오고 있습니다. 오늘날, 골퍼들에게 게임을 보다 잘 보다 재미있게 즐기는 방법을 가르치기 위해 펠츠 골프연구소를 설립한 설립자로서 나는 이렇게 말하고 싶습니다. "골퍼들이여 문제가 발생했습니다."

그렇습니다. 이것은 달을 향해 날아가던 우주선에서 발생한 문제만큼 심각한 것은 결코 아닙니다. 그러나 세계적으로 수백 만 명에 이르는 골퍼들에게 있어 이 문제는 실제 상황입니다. 나는 실제로 심각한 문제가 발생했다는 것을 알고 있지만 아무도 이 사실을 믿지 않는 상황에 있던 그 우주비행사와 같은 심정입니

사진 7.1.2 NASA의 고다드 우주비행센터에서 연구원으로 일한 15년의 시간은 나의 일생의 연구과제가 된 골프를 위한 연구의 준비 기간이 되었다.

다. 그래서 좀더 정확하게 "골퍼들이여, 그린을 읽는 방법, 브레이크의 중요성을 제대로 파악하지 못하는 문제를 가지고 있습니다. 이런 문제로 인해 성공시킬 수 있는 퍼팅도 놓치고 마는 결과가 발생하고 있습니다."라고 말하고 싶습니다.

이런 말을 한 것이 이번이 처음이 아닙니다. 5년 동안 이 문제를 연구하고 그 결과를 1994년 스코틀랜드 세인트앤드류에서 열린 세계골프 과학대회에서 발표한 바 있으며, 1995년 '퍼팅에 관한 놀라운 진실'이라는 제목으로 골프잡지에 글을 발표한 적도 있습니다. 그러나 대중골퍼들은 이 문제를 이해하지도 해결하지도 못했습니다. PGA와 LPGA 프로선수들과 일부 우리 골프학교 학생들만이 이 문제를 충분히 이해하고 해결하는 방법을 배웠고 결과적으로 퍼팅을 개선시킬 수 있었습니다.

이제 이번만이라도 독자 여러분들이 이를 이해해 주기를 바랍니다.
1. 공이 곡선을 그리며 진행하도록 만드는 문제, 즉 브레이크를 제대로 이해하지 못하고 있습니다.
2. 어쩌면 지속적으로 꾸준히 브레이크를 시도해 왔을 수도 있습니다.
3. 브레이크를 제대로 배우게 되면 공을 훨씬 더 자주 홀인시킬 수 있게 됩니다.
4. 이 문제에 귀를 기울이고 관심을 두지 않는다면 이 책에서 논하게 될 14개의 블럭을 개선시키기 위한 노력에서 좋은 성과를 거두기 어려울 것입니다.

공을 지속적으로 홀인시키고자 한다면 어느 지점을 조준해야 하는지 알고 있어야 합니다. 따라서 지금이 바로 이 문제를 해결해야 할 때입니다.

브레이크란 무엇일까?

핸디캡의 높고 낮음에 관계없이 거의 모든 골퍼들이 퍼팅에서 브레이크 정도

사진 7.2.1 브레이크는 브레이크 포인트에서 홀에 이르는 거리를 말한다. 이 거리에 상응하여 공이 홀에 이르기까지 커브를 그리게 된다.

사진 7.2.2 이 사진은 좌측에서 중앙으로 가는 브레이크이다.

를 어느 정도로 할 것인가에 대해 정확하게 이해하지 못하고 있습니다. 보다 정확하게 말해서 브레이크란 무엇일까요? 트루 브레이크란 홀 가장자리에서 퍼팅 거리만큼 연장된 에임라인 위의 한 지점에 이르는 거리를 말합니다(사진 7.2.1).

사진 7.2.3 좌에서 우로 각각 3피트, 1인치, 6인치 브레이크되는 퍼팅이다.

다시 말해서, 에임라인을 따라 스타트한 공이 홀을 향해 커브를 그리는 지점과
홀과의 거리를 브레이크라고 합니다.

브레이크의 크기가 홀 넓이의 절반에 못 미칠 때(2.125인치), 홀 가장자리에서
부터 브레이크 양을 측정하고, 브레이크 포인트의 위치가 홀 안쪽, 중앙 좌측,
좌측 가장자리 혹은 우측 가장자리에 있다고 말합니다(사진 7.2.2). 브레이크가
2.125인치보다 클 때에는 홀 바깥쪽 가장자리에서 시작하여 그 양을 측정합니
다. 사진 7.2.3은 좌에서 우로 가는 3피트 브레이크, 1인치 좌에서 우로 가는 브
레이크, 6인치 우측 가장자리로 가는 브레이크 등 세 가지 종류의 브레이크를
보여 주고 있습니다.

골퍼는 무의식적으로 브레이크 크기를 안다

골퍼의 의식이 공이 곡선을 그리며 진행하는 브레이크의 크기를 깨닫지 못하
고 있는 반면 무의식은 이를 잘 이해하고 있습니다. 그것을 어떻게 아느냐구요?

1,500명의 골퍼들에게 플레이를 할 때 브레이크를 어느 정도 부여하느냐는 질문을 던진 후에, 동일한 홀에서 퍼팅을 하도록 요청하였습니다. 나는 그들이 공을 스트로크하기 전에 먼저 그들의 신체와 퍼터가 어디를 조준하고 있는지 측정했습니다. 그런데 그 결과가 놀라웠습니다.

그들이 말로는 실제 필요한 브레이크 크기의 1/3도 안될 정도로 브레이크를 부여한다고 말했지만, 실제로는 필요한 브레이크의 65~75% 정도로 브레이크를 부여하면서 플레이를 하는 것이었습니다. 예를 들어 만약 브레이크 크기가 40인치라면 그들이 홀 위쪽으로 12인치 지점을 조준하면서 퍼팅한다고 말하면서 실제로는 홀 위쪽 25~30인치 지점을 조준하는 것이었습니다.

믿기 어려운 사실이지만 골퍼들 중 누구도 자신이 이렇게 하고 있다는 사실을 인식하지 못하고 있었습니다. 그들은 자신들이 생각하는 것보다 실제로 브레이크를 더 많이 부여하고 있다는 사실을 깨닫지 못하고 있는 것입니다. 여러분도 직접 테스트해 보기 바랍니다. 친구와 함께 퍼팅 그린 위에서 그에게 어느 정도의 브레이크를 고려하고 있는지 묻습니다. 그 다음 그가 말하는 브레이크 크기와 실제로 그가 구사하는 브레이크 크기가 얼마나 다른지 관찰해 보세요. 이런 테스트를 위해서 특정 장치가 요구되지는 않습니다.

골퍼는 공을 놓고 의식과 무의식의 싸움을 벌인다

골퍼는 퍼팅할 공을 마주하고 심적으로 편하지 못한 이유가 바로 의식과 무의식 사이에 벌어지는 싸움 때문이라고 생각합니다. 의식적으로는 3인치 브레이크를 생각하고 있다면, 무의식에서는 적어도 6인치 브레이크를 만들도록 퍼터와 신체를 조준하고 있는 것입니다.

실제 필요한 브레이크의 70%를 구사하는 것이 30%를 구사하는 것보다 훨씬 더 좋지만 이것으로는 불충분합니다. 무의식이 골퍼가 그린을 정확하게 읽지 못하는 결함을 보완하기 위해 보상작용을 한다고는 하지만 정확도가 70%라는 말은 골퍼가 여전히 공이 홀 아래로 빠지는 실수를 하게 될 것이라는 점을 의미하고 있기 때문입니다.

인—스트로크를 바로잡아라

이제 이들 골퍼들이 실제로 스트로크를 할 때 무슨 일이 발생했는지 살펴보기로 하겠습니다. 그들이 실제 요구되는 브레이크의 35%에 못 미치는 정도의 브레이크를 부여한다고 말하면서 실제로는 65~75%의 브레이크를 부여했다는 사실을 기억하기 바랍니다.

그렇다면 그들이 스윙을 할 때 공을 스타트 라인쪽으로 밀거나 당기기 위해 인—스트로크를 하는 식으로 무의식적인 보상동작을 취했다는 뜻이 됩니다.

이는 놀라운 사실이었지만 지금도 거의 매번 일어나고 있는 일이며 내가 테스트를 할 때마다 벌어지는 일이기도 합니다. 내가 처음 이런 행동을 조사하기 시작했을 때, "골퍼들이 어떻게 자신이 하고 있는 일을 모를 수가 있을까?"하고 생각했습니다. 이 조사를 통해 아주 중요한 교훈을 얻게 되었는데, '골프에서는 무의식이 언제나 승리한다'는 것이었습니다. 골퍼들은 자신들이 인식하지 못하는 행동을 많이 합니다. 자신이 스윙하고 있다고 생각하는 방식으로 스윙을 하지 않으며(예를 들어 자신이 스윙하는 모습을 비디오로 녹화한 장면을 처음 보는 사람의 얼굴 표정을 찬찬히 보면 이 사실을 알 수 있을 것입니다), 그들은 퍼팅을 할 때 자신이 브레이크를 부여하고 있다고 생각하는 것과 동일하게 실제로 플레이하는 경우가 아주 드뭅니다.

그것은 놀라운 일이다

인—스트로크 보상동작을 하는 경우를 살펴보기로 합시다. 이 문제를 생각하는 동안 당신은 의식적으로 페이스 각도와 퍼터의 궤적을 바로잡으려고 애를 쓰게 될 것입니다. 하지만 나는 당신이 이를 바로잡을 수 있을 것이라고 생각하지 않습니다. 반면에 당신의 무의식이 이를 할 수 있다는 데에는 의심의 여지가 없습니다. 그리고 실제로 거의 100%에 가깝게 퍼터가 공의 스타트 라인을 따라 궤적을 그리도록 바로잡는 것이 사실입니다.

또 하나 부정할 수 없는 사실은 어떤 골퍼든 그의 퍼팅 결과는 이런 일련의 실수의 결과물이라는 것입니다. 퍼팅에서 브레이크가 조금이라도 들어간다면(모든 퍼팅에는 아주 조금이라도 브레이크가 들어가게 마련입니다), 자신의 의도가 무엇이든 혹은 그렇게 하기 위해 얼마나 시간을 들였든 상관없이 그것은 의식의 결과가 아니라 무의식의 결과입니다. 홀인되는 공은 골퍼가 인식하지 못하는 힘의 결과인 것입니다.

브레이크를 어렵게 하는 요인을 찾아라

실수가 만드는 도미노 효과는 많은 결과들을 유발합니다. 가장 눈에 드러나는

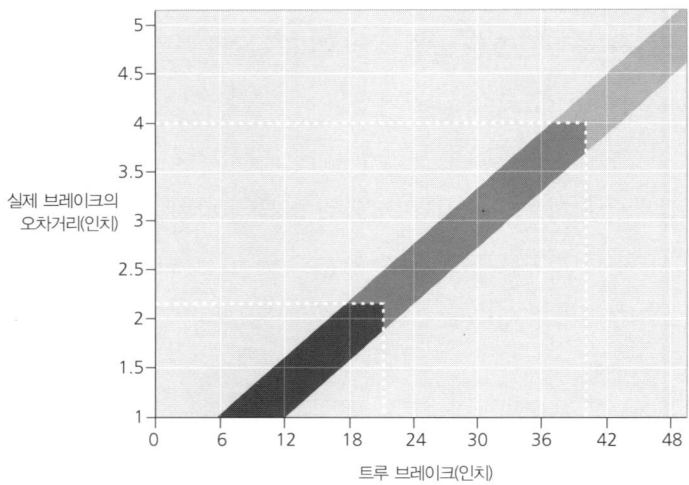

사진 7.4.1 브레이크 정도가 커질수록 골퍼들이 홀 아래로 공이 비껴 지나가는 실수를 하게 되고 3-퍼팅의 가능성이 더 높아진다.

결과 중의 하나가 경사가 아주 빠르거나 기복이 큰 그린에서 퍼팅을 할 때 많은 골퍼들이 부딪히게 되는 심각한 문제입니다. 공이 커브를 그리는 정도가 커지게 되면 그린을 제대로 읽지 않은데 따른 영향이 그만큼 커지게 되므로, 특별히 힘을 가하여 공을 스트로크하지 않는 한 홀인될 가능성이 희박해질 수밖에 없습니다(사진 7.4.1). 이렇게 되면 무의식은 브레이크를 크게 그리는 공은 항상 스트로크를 강하게 해야 할 필요가 있다고 생각하게 되고 앞으로 계속 이런 양상으로 퍼팅을 하기 시작합니다. 이것이 울퉁불퉁한 그린 위에서 3-퍼팅이 자주 유발되는 이유가 되고 있습니다. 특히 아래로 경사를 그리는 퍼팅을 하는 경우, 3-퍼팅을 할 가능성이 더욱 커지게 되는데, 이유는 공이 조금만 빠르게 진행되어도 끔찍한 결과를 가져오기 때문입니다.

자기만의 브레이크를 만들자

대부분의 골퍼들이 브레이크를 눈으로 보고 읽는 정도가 30%에도 못 미침에도 불구하고 실패하는 비율이 나머지 70%에 결코 이르지 않는다는 사실이 놀랍습니다. 사실 이것은 골퍼들이 퍼팅을 성공시키는 비율이 상당히 높으며, 그들이 무의식적으로 하는 보상동작이 제대로 작용했다는 뜻이 될 수도 있을 것입니다.

이 문제를 이해하기 시작한 한 골퍼로부터 그 대답을 얻을 수 있었습니다. "난 그것이 잘못됐다고 생각하지 않아요. 내가 보상동작을 통해서라도 잘 해낼 수 있다면 그리고 나의 무의식이 스스로 잘 알아서 한다면, 그렇게 해서는 안될 이유가 어디 있습니까?"라고 말했습니다.

대답은 간단합니다. 만약 당신이 진정으로 공이 적절하게 커브를 그리며 진행할 수 있도록 만들고 싶다면 퍼팅 연습을 더 많이 해야 합니다. 연습을 하는 동안 절대로 보상동작이 들어간 스트로크를 해서는 안됩니다. 앞으로 남은 자신의 골프 경력 동안 항상 함께 할 한 가지 스트로크를 연습해서 보다 단순하고 쉬워지도록 만들어야 합니다. 매번 퍼팅을 할 때마다 다른 스트로크를 구사한다거나 보상동작을 취하는 일은 이제 그만두어야 합니다. 분명한 것은 보상동작을 많이 취하면 취할수록 퍼팅의 결과를 예측하기가 그만큼 어려워지게 된다는 사실입니다.

다시 말하건대, 공을 제대로 읽지 못하면 당신의 무의식은 매번 다른 방식으로 보상동작을 하도록 작용할 것입니다. 이것은 당신의 신체가 그린에서 공을 마주할 때마다 다른 스트로크를 해야 한다는 뜻이 됩니다. 퍼팅을 할 때마다 다른 보상동작을 취하면서 적절한 스트로크를 구사하기란 불가능합니다. 단순할수록 좋다는 말을 기억하고 있는지요? 한 가지 스트로크를 반복 연습함으로써 이를 완전히 자신의 것으로 만드는 방법을 배워야 합니다. 스트로크가 단순하고 쉬워질수록 보상동작을 취할 가능성이 최소화될 수 있습니다.

브레이크 읽기와 실제는 다르다

골퍼들은 자신들이 브레이크 크기를 5인치로 읽고 퍼팅을 한다면 실제로도 5인치 브레이크를 부여했다고 생각합니다. 5인치 브레이크를 읽기는 했지만 실제

사진 7.5.1 골프학교에서 학생들에게 실제로 어느 정도의 브레이크를 부여해야 하는지 증명해 보이고 있다.

로 홀 좌측으로 12인치 떨어져 셋업 자세를 취하고 또다시 좌측으로 4인치 떨어진 지점으로 공을 밀었으며, 결과적으로 공이 16인치 브레이크를 그리면서 홀쪽으로 진행했다는 사실을 믿지 않습니다. 아니 믿고 싶어하지 않습니다.

골퍼학교에서 나의 학생들을 대상으로 한 테스트에서 그들이 브레이크를 어느 정도 심각하게 잘못 파악하고 있는지를 입증할 수 있었습니다(사진 7.5.1). 테스트 결과를 통해 그들은 비로소 실제로 브레이크 크기가 어느 정도였는지를 보고 이해하게 됩니다. 정확한 브레이크 크기를 파악한 후 학생들이 올바른 에임라인을 따라 퍼팅을 하도록 요청하면, 대부분의 경우 공이 홀 위쪽으로 빠져 지나가는 실수가 발생합니다.

브레이크 크기를 정확하게 파악하고 에임라인을 바르게 표시한 다음 퍼팅하도록 했는데도 왜 실수가 생길까요? 원인은 무의식에 있습니다. 골퍼의 무의식이 이 새로운 정보를 믿으려 하지 않고 적절한 라인보다 위쪽 지점으로 공을 미는 이전의 습관에 집착하는 것입니다. 우리 학생들은 이렇게 위로 빠지는 실수

내가 느낀 좌절감

〈골프 매거진〉에 '퍼팅에 관한 놀라운 진실'이란 제목으로 글을 기고한 이래, 나는 그린 위에서 학생들에게 간청하다시피 말하곤 합니다. "제발 주의를 기울여 주기 바랍니다. 공이 얼마나 브레이크를 그리는지 제대로 파악해야 합니다." 그러나 정확한 브레이크 지점이 있다는 것을 말로 할 수 있을 뿐 그들에게 그것을 보여 줄 방법이 없었습니다. 그들에게 공이 브레이크를 좀더 크게 그리도록 만들어야 한다고 애원을 했지만, 그것은 너무나 힘겨운 싸움이었고 대개 내가 지고 말았습니다. 실제로 그린 위에서 공이 커브를 그리도록 조준되어야 할 지점을 표시해 주어도 그들은 이것을 이해하지 못했으며, 보상동작을 취하는 습관을 그만두지 못했습니다. 그래서 최선을 다했음에도 불구하고 많은 학생들이 그들이 나의 골프학교에 왔을 때와 비슷한 수준으로 그린 읽기를 하는 실력으로 문을 나서는 모습을 지켜 보아야 했습니다. 이것은 골프 교사로서 나에게 가장 큰 좌절의 하나가 되고 있습니다.

가 여러 차례 발생하는 결과를 두고 "보셨죠? 브레이크가 너무 크다는 걸 전 이미 알고 있었다구요."라고 말합니다. 그들은 이전의 방식으로 되돌아가 다시 브레이크를 잘못 파악하는 실수를 계속 범하고, 다시 퍼팅의 90%가 홀 아래로 빠지는 실수를 계속해서 하게 됩니다.

그린을 제대로 읽지 못하는 세 가지 문제

그린을 제대로 읽지 못하는 데에는 세 가지 문제가 있습니다. 그린을 정확하게 읽는 방법을 배우고자 하는 사람이라면 이것은 반드시 해결해야 할 문제들입니다.

첫 번째 문제는 그린 위에 서서 그린의 형세를 조사할 때 브레이크를 정확하게 파악하지 못하고 있다는 것입니다. 두 번째 문제는 비록 공에 어느 정도 브레이크를 주어야 하는지 파악하고 있다 하더라도 좀더 잘해 보자 하는 마음에 불필요한 동작을 하는 것입니다. 결과적으로 에임라인을 따라 공이 적당한 속도로 굴러가도록 만들지 못하고 홀 위쪽으로 공이 빠지는 문제를 유발하게 됩니다. 이 두 번째 문제는 세 번째 문제를 유발하게 되는데, 이미 습관이 되어버린 동작으로 인해 브레이크를 제대로 배우기가 어렵게 되는 것입니다.

첫 번째 문제의 경우, 이를 해결하는 방법은 충분한 정보, 경험, 피드백을 통해 브레이크에 대해 배우는 것입니다. 뒷부분 실기편에 '어떻게' 이 문제를 해결할 것인지 방법이 자세히 설명되어 있으므로 꼼꼼히 읽어보기 바랍니다.

두 번째 문제의 경우, 보상동작이 개입되지 않은 스트로크를 하지 못하는 이유는 다만 한꺼번에 두 가지를 해결하기가 어렵기 때문입니다. 그린을 제대로 읽을 수 있게 되면, 거의 동시에 나타나는 문제가 이때부터 퍼팅 실패의 비율이 현저히 증가한다는 것입니다. 이것은 언제나 이렇다 해도 과언이 아닐 정도로 거의 모든 골퍼들에게서 나타나는 현상입니다. 그린 읽기를 제대로 하지 않고 보상동작이 몸에 배어버린 여러 해 동안의 습관이 단번에 사라지기란 어렵습니다. 이는 당연히 있을 수 있는 현상으로 이에 대한 트레이닝 테크닉을 실기편에 적어 놓았습니다.

세 번째 문제의 경우, 공에 브레이크를 적용하기 시작하면서 퍼팅실수가 현저히 증가하는 문제는 골퍼에게는 받아들이기 어려운 현상일 것입니다. 오랫동안 몸에 밴 무의식적인 보상동작이 사라지기까지는 상당한 인내심이 필요합니다. 그래서 그린을 제대로 읽지 않고 퍼팅을 해 왔던 이전의 습관으로 회귀하는 경우를 흔히 보게 됩니다. 하지만 그린 읽기 실기편을 성실히 따라가노라면 이 문제는 자연스럽게 해결됩니다. 그린 읽기 문제는 해결될 수 있으며, 자신이 문제가 있다는 사실을 깨닫는 것만으로 '왜' 이런 문제가 생겼는지, '어떻게' 해결할

사진 7.6.1 내가 운영하는 골프학교에 설치된 경사진 그린들.

것인지 파악하기가 훨씬 용이해집니다.

이 장에서는 그린 읽기를 보다 잘 할 수 있도록 준비하는 의미에서 필요한 정보를 제공하려 합니다. 실기편에서 그린 읽기를 실제로 어떻게 하는지 설명하겠지만, 절대로 지금 당장 뒷장으로 넘어가는 일은 없기를 바랍니다. 정보가 없다면 성공 가능성도 그만큼 줄어들 테니까 말입니다.

브레이크는 반복적인 연습을 통해서만 가시화할 수 있다

지난 2년 동안 나의 골프학교에서는 표면의 경사도를 조절할 수 있는 그린을 이용해 왔습니다(사진 7.6.1). 경사도를 조절하는 방법을 이용해서 그린의 경사에 기초한 브레이크 적용방법을 연구하고 테스트했습니다.

연구를 통해 발견한 한 가지 사실은 골퍼들이 공의 커브 양상과 스타트 라인(에임라인)을 제대로 보지 못한다는 것입니다. 이유는 이 두 가지 모두 실제로

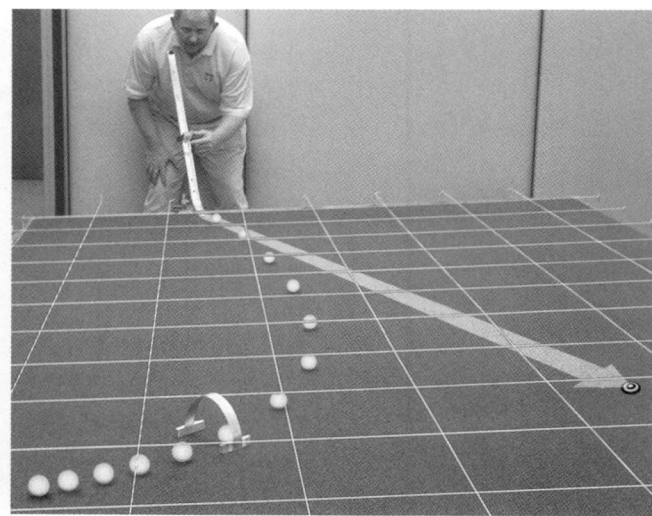

사진 7.7.1 최적의 스피드로 홀을 통과하는 9피트 퍼팅(좌측), 에임라인과 브레이크 포인트(우측).

눈으로 볼 수 없다는 데 있습니다. 사진 7.7.1(좌측)는 빠른 그린 위에서 나타나는 9피트 퍼팅의 볼 트랙을 보여주고 있습니다. 우측 사진은 똑같은 상황에 에임라인과 트루 브레이크를 그려 넣은 것입니다.

그리고 사진 7.7.2(좌측)은 볼-홀 라인을 그려서 브레이크를 실제로 눈으로 볼 수 있도록 만든 것입니다. 이것이 공이 홀을 향해 굴러갈 때 골퍼가 실제로 보아야 하는 브레이크의 크기입니다. 하지만 실제로 골퍼는 공이 에임라인을 따라 스타트하는 모습을 명확히 볼 수 없습니다. 에임라인은 이론상의 라인이며 실제로 그린 위에 그려져 있는 것이 아니며, 우리의 눈이 그 진행을 볼 수 있을 정도로 공이 오래 라인 위에 머물러 있는 것도 아니기 때문입니다. 그래서 골퍼는 자신이 의도한 라인을 따라 공이 스타트했다고 생각만 할 뿐 실제로 트루 브레이크를 눈으로 볼 수는 없습니다. 실제로 공의 스타트 라인과 브레이크의 크기를 눈으로 확인할 수 없다는 데 어려움이 있지만 어쨌든 반복적인 연습을

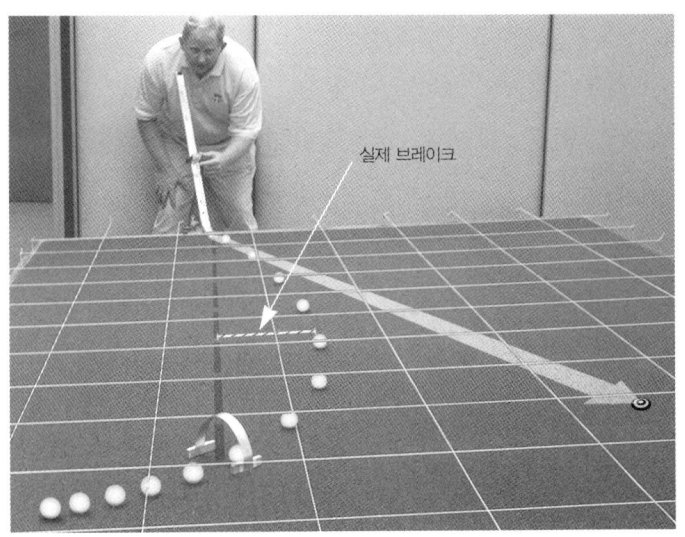

실제 브레이크

사진 7.7.2 볼-홀 라인과 볼 트랙 사이가 가장 먼 지점이 우리가 눈으로 볼 수 있는 브레이크 양상이다(좌측). 중력의 작용으로 인해 공은 출발하자마자 에임라인 아래로 벗어나 굴러가기 시작한다(우측).

통해 이를 눈으로 가시화하는 연습을 해야 합니다.

무의식적인 동작의 경이로움

나는 골퍼들이 브레이크를 제대로 파악하지 못한다는 사실을 이해하게 되면서 무의식에 대해 경이로움을 갖게 되었습니다. 그린 읽기를 제대로 하지 못하는 점을 어떻게 하면 보상할 수 있는지 감지하고 의식이 전혀 눈치채지 못하는 사이에 퍼터를 앞으로 내밀거나 끌어당기는 무의식적인 행동들은 믿을 수 없을 정도로 신기합니다. 더구나 이렇게 무의식적인 보상동작으로 가끔씩 퍼팅을 성공시키기까지 하니 말입니다.

그린 읽기가 조금이라도 자동적으로 이루어질 정도가 되면 그린 읽기 능력이 놀라울 정도로 좋아지기 시작한다는 사실을 발견할 수 있을 것입니다. 아래에 그린 읽기와 관련한 몇 가지 중요한 사항들이 나와 있습니다. 실기편에서 그린 읽기를 배우기 전에 아래 내용을 익히기 바랍니다.

- 과거에 그랬듯이 현재와 미래에도 항상 중력의 힘은 불변이다.
- 물이 아래로 흐르듯이 브레이크의 방향 또한 아래로 향하게 마련이다.
- 경사도가 클수록 브레이크 정도도 커진다.
- 공이 느리게 진행될수록 더 많은 브레이크가 요구된다.
- 무의식이 의식보다 더 많은 것을 알고 있다.
- 브레이크를 정확하게 파악할수록 무의식적인 보상동작을 하지 않게 된다.
- 동일한 경사도라면 하향 퍼팅이 상향 퍼팅보다 더 많은 브레이크를 요한다.
- 보상동작을 하지 않을수록 스트로크의 정확도가 더 높아진다.
- 모든 퍼팅에는 최적의 브레이크 라인이 존재한다. 문제는 당신이 그것을 볼 수 있느냐에 달려있다.
- 실제 브레이크는 눈에 보이는 브레이크보다 3배 크다.

잔디의 결을 살펴라

그린 읽기와 관련한 또 하나의 요소는 잔디의 결 방향입니다. 잔디의 결을 이해하지 못하고 퍼팅의 브레이크 정도를 별로 고려하지 않는 아마추어들에게 잔디의 결 방향이란 말은 사소한 요소로 느껴질 것입니다. 그런데 그렇지 않습니다. 잔디의 뿌리는 영양분과 수분을 흡수하기 위해 아래로 자라나고, 잔디 잎은 수분과 태양광선을 쫓아 위로 자라납니다. 이것은 누구나 다 알고 있는 상식일 것입니다. 대부분의 그린이 스프링클러에 의해 물을 주는 시스템으로 되어 있기 때문에 잔디들이 대개 물이 모이는 낮은 지대쪽 그리고 오후의 태양광선을 향하여 자라납니다.

태양, 바람 그리고 주변환경 등으로 인해 잔디의 결이 정도의 차이는 있겠지만 어느 한 방향으로 쏠려서 자라나는 경우가 대부분입니다. 심지어는 동일한 그린에서 자라는 잔디라 하더라도 여러 방향으로 결이 나타나는 경우도 있습니다. 공이 잔디 위로 굴러가는 이상 잔디의 결 방향에 영향을 받을 수밖에 없는 것은 당연한 것입니다.

예를 들어, 공과 홀 사이의 잔디 결 방향이 좌측에서 우측으로 흐르고, 그린의 경사도 좌측에서 우측으로 하향을 이룬 경우라면, 공이 훨씬 더 빠르게 커브를 그리게 될 것입니다. 브레이크 정도가 커지게 되면 공도 더 멀리까지 굴러가게 됩니다. 반대로 잔디의 결이 뻣뻣하고 우측에서 좌측으로 결을 이루고 있고 경사도가 좌측에서 우측으로 향하는 그린이라면, 잔디 결의 방향이 브레이크 크기를 감소시키게 될 것이며, 공의 진행도 자연히 느려지게 될 것입니다.

때로 잔디의 결 방향이 퍼팅에 상당히 큰 영향을 미치는 경우도 있습니다. 만약 잔디 결 방향과 반대로 퍼팅을 하게 되면 스피드가 감소하게 되고 공이 원하는 만큼 멀리까지 굴러가지 않는 상황이 발생합니다. 이때는 브레이크 크기를 일반적인 경우보다 약간 더 크게 잡는 것이 좋습니다(사진 7.8.1의 우측).

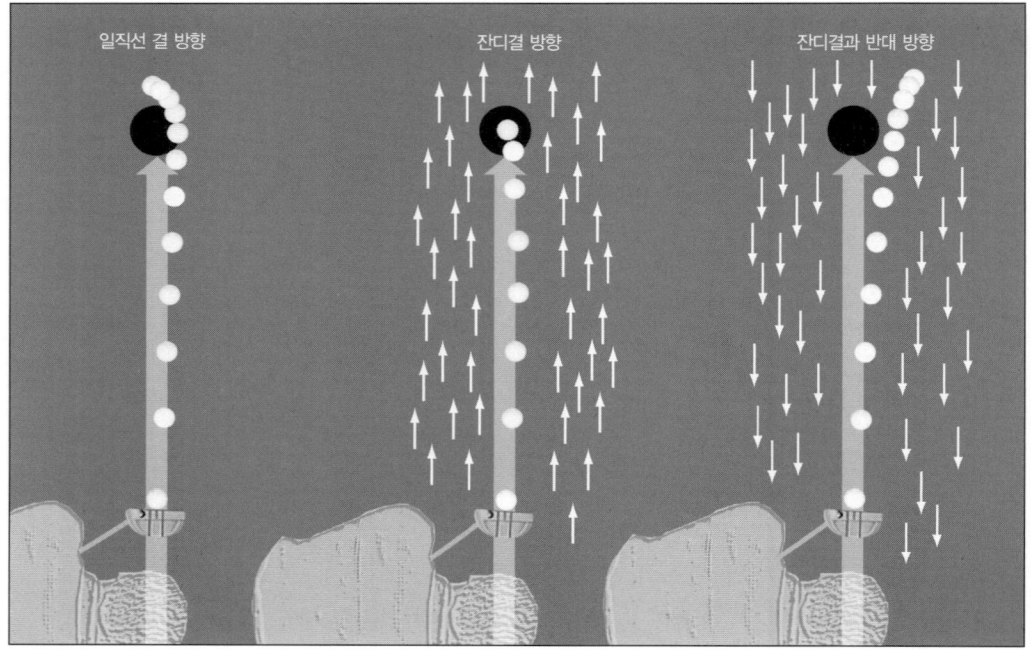

사진 7.8.1 잔디의 결 방향과 같은 방향으로 퍼팅하는 경우(가운데), 약간의 스트로크 실수가 상쇄될 수 있는 경우(좌측), 잔디결과 역방향으로 퍼팅하는 경우(우측), 약간의 에러라도 나쁜 결과를 가져올 수 있다.

이 경우에는 여분의 스피드와 거리를 감안하고 퍼팅하는 것이 유리합니다. 롱 퍼트에서 특히 잔디의 결 방향이 공의 진행 거리에 상당히 크게 영향을 미칠 수 있습니다(사진 7.8.2).

잔디의 결은 공이 홀 가까이에 이르렀을 때 가장 크게 영향을 미칩니다. 왜냐하면 이때 공의 속도가 가장 느려져 있기 때문입니다. 그러므로 홀 근처의 잔디가 어떻게 자라있는지 체크할 필요가 있습니다. 홀 근처의 잔디가 깨끗이 잘려서 정돈되어 있는지 아니면 들쑥날쑥하게 잔디가 자라나 있는지 살펴야 한다는 뜻입니다.

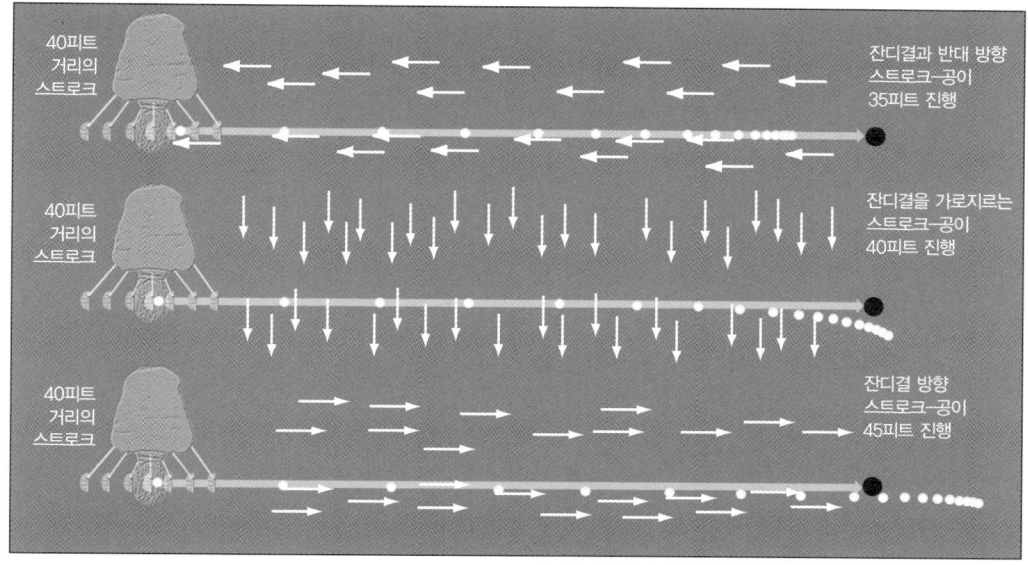

사진 7.8.2 잔디의 결 방향에 따라서 40피트 퍼팅이 최대 10피트 정도 공의 진행 거리의 차이를 가져올 수 있다.

Chapter 8

스피드와 라인의 관계

퍼팅은 스피드가 죽이기도 하고 살리기도 한다

퍼팅에 있어 스피드가 얼마나 중요할까요? 만약 공에 적절한 스피드를 부여할 수 없다면 다른 것들을 더 논할 여지가 없습니다. 3-퍼팅을 하는 상황이 훨씬 빈번하게 발생하게 될 것입니다. 스피드는 가장 기본적인 요인이 될 정도로 중요하며, 우리가 생각하고 이해하고 제어하는 법을 배워야 할 하나의 개념입니다. 왜냐하면 스피드는 대부분의 골퍼들이 상상하는 것 이상으로 퍼팅의 결과에 많은 영향을 미치기 때문입니다.

앞에서 말했듯이 스피드를 제어하는 법을 알기 위해 배워야 할 기술이 필링과 터치감입니다. 이제 스피드에 대해 어떻게 생각해야 하고 퍼팅에서 이것을 어떻게 다루어야 하는지 보다 포괄적인 이해를 하고자 합니다.

대부분의 골퍼들은 스피드를 수치적인 개념으로 생각하지 않고 있습니다. 3-퍼팅을 하게 되는 경우에 처해서 조차도 그들은 공을 너무 강하게 스트로크했다거나 혹은 너무 약하게 스트로크했다는 식으로 막연하게 생각합니다. 왜 그런 일이 일어났는지 이유를 알기보다는 다음에 다시 그런 일이 일어나지 않기만을 바라는 것이 고작입니다(사진 8.1.1). 문제는 그들이 스피드 제어도 골프의 다른 모든 요소들처럼 노력하여 개선할 수 있고 또 개선해야 하는 한 부분이라는 사실을 모른다는 데 있습니다. 그래서 스피드를 제어하는 연습을 하기보다는 자신을 바보 같다고 여기며 손목의 움직임을 탓하면서, 셋업, 정렬 혹은 그립하는 방

사진 8.1.1 왜 나란 말인가?

법을 연습하곤 합니다.

스피드에 대해 생각하지는 않고 이런 식으로 공의 진행 방향만을 조절하려고 하는 것입니다. 하지만 여기에서 의미하는 공의 진행 방향이란 조준, 셋업, 자세 혹은 신체의 유동선을 조절한다는 뜻이 아니라 공이 홀을 향해 굴러가도록 '만들려고' 애를 쓴다는 뜻입니다. 이는 그리 잘못된 것이 없다고 생각할 수도 있겠지만 진정으로 퍼팅 실력이 좋아지는 방법은 아닙니다. 손, 손목, 손가락의 움직임을 이용해 공을 어떻게 해보려는 방법은 리듬감있게 지속적으로 공을 스트로크하는 데에 아무런 도움도 되지 않는다는 사실을 알아야 합니다.

스피드 규칙

골퍼들이 스피드의 의미를 어떻게 받아들여야 할지 모르고 있습니다. 대개는 공의 진행 양상이 스피드와 별개의 문제라고 짐작하고 있을 뿐입니다. 하지만 공의 진행 양상은 스피드의 작용이라는 점을 잊어서는 안됩니다. 공이 동일한 에임라인을 따라 스타트하더라도 스피드에 따라서 각기 다른 진행 거리, 진행 양상을 만들어냅니다.

사진 8.1.2에 세 가지 형태의 진행 양상이 제시되어 있습니다. 이 세 공들은 홀 한가운데를 향해 굴러가도록 정확하게 에임라인을 따라 출발했지만, 모두 스피드가 잘못되었기 때문에 홀 위쪽으로 빠지거나 홀 변두리를 맞히거나(립 아웃) 혹은 아예 홀 아래로 비켜가는 결과를 낳았습니다. 코스에서 이런 실수 가 생겼다면 아마도 브레이크를 잘못 계산했거나, 공을 약간 세게 밀었다거나 혹은 너무 약하게 쳤다고 자책했을 것입니다. 하지만 여기에서는 결코 브레이 크를 잘못 읽었다거나 공을 세게 혹은 약하게 밀었다는 데에 문제가 있는 것이 아닙니다. 이들은 단순히 공의 스피드가 잘못되었기 때문에 일어난 결과일 뿐 입니다.

이렇게 문제의 본질을 제대로 파악하지 못함으로 인해 두 가지 나쁜 결과가 초 래됩니다. 첫째는 엉뚱한 부분에서 답을 찾으려고 한다는 것입니다. 대개 스트 로크 궤적, 그립, 팔로우스루, 혹은 그 외 쉽게 눈에 띄는 부분을 통해 문제를 해

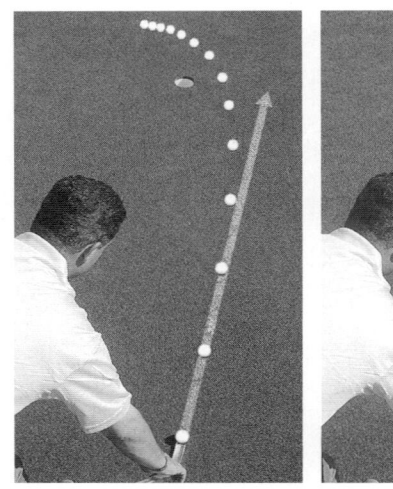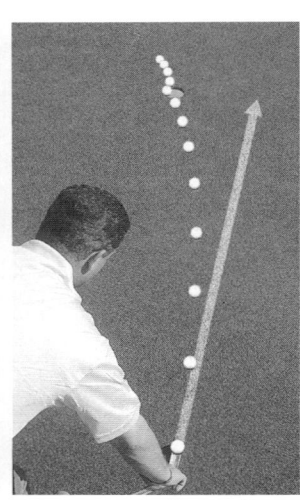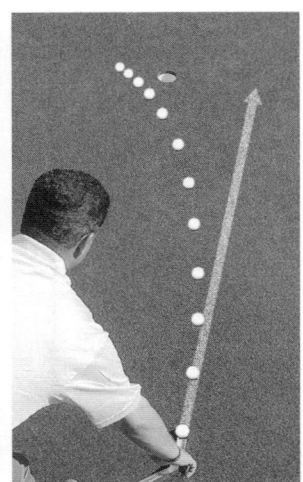

사진 8.1.2 스피드만 달리한 상태에서 공이 동일한 홀을 향해 동일한 에임라인을 따라 출발하도록 만들었다. 지나치 게 빠른 경우(좌), 약간 느린 경우(중앙), 지나치게 느린 경우(우).

결하려고 합니다. 둘째는 스피드를 제어하는 방법을 배워야 한다는 사실을 깨닫지 못하는 것입니다.

사실 스피드는 눈에 쉽게 띄는 부분이 아닙니다. 그리고 잘못된 스피드의 결과를 분석하기가 어렵고, 또 분석한다 하더라도 흔히 잘못 분석하기 쉽습니다. 이것이 얼마나 큰 문제인가를 보여주기 위해 테스트를 실시한 적이 있습니다. 아마추어 골퍼들로 하여금 정확하게 방향을 조준하여 12피트 퍼팅을 하도록 한 테스트에서, 퍼트를 성공시키지 못한 골퍼들 중 80%가 공에 적절한 스피드를 부여하는데 실패한데 원인이 있다는 판정을 받았습니다. 나머지 20% 실수는 공을 밀거나 당겨 침으로써 라인에서 벗어나도록 만든 데에 원인이 있었습니다. 이 데이터에 기초하여, 우리는 학생들에게 스피드가 라인 읽기보다 4배 중요하다고 가르치고 있습니다. 하지만 조사에 따르면, 대부분의 골퍼들이 여전히 퍼팅 연습의 90% 이상을 라인을 따라 공이 진행되도록 만드는 연습에 치중하고 있는 것으로 나타났습니다.

골퍼는 본능적으로 라인을 인식할 수 있다

골퍼들이 스피드보다는 라인에 더 신경을 쓰는 것이 어쩌면 당연하다고 볼 수 있습니다. 이유는 스피드에서 나타나는 실수보다는 라인에서 드러나는 실수가 눈에 더 잘 띄기 때문입니다. 사진 8.2.1은 동일한 스피드이지만 각기 다른 에임 라인을 출발해서 홀을 향해 곧바로 진행되는 세 가지 종류의 볼 트랙을 보여주고 있습니다. 이 사진을 본 골퍼들은 거의 누구나 하나는 너무 밀어 쳤고, 하나는 정확하게 스트로크되었으며, 또 하나는 당겨 쳤다는 식으로 정확하게 분석을 해낼 수 있을 것입니다. 이것은 쉽게 눈으로 보아서 알 수 있기 때문에 본능적으로 인식하게 됩니다. 공이 타깃 오른쪽으로 지나가면 그것은 공을 밀어 쳤고, 공이 홀에 들어가면 완벽했으며, 공이 좌측으로 빠지면 공을 당겨 쳤다는 판단을 즉각적으로 하는 것입니다.

이는 본능적으로 자연스럽게 인식하는 것이지만, 방향에 지나치게 관심을 기울이고 여기에 집중한 나머지 공이 어느 정도의 스피드로 진행되어야 하는지에 대해서는 간과하고 있다는 것이 문제입니다.

'라인에만 얽매이는' 것은 심각한 문제입니다. 이를 바로잡을 수 있는 가장 좋은 방법은 공이 출발할 수 있는 에임라인이 항상 몇 가지 존재하며 라인이 조금씩 달라져도 여전히 공이 홀을 향해 진행될 수 있다는 사실을 입증해 보이는 것입니다. 이렇게 말할 수 있는 이유가 어디에 있을까요? 홀의 너비가 4.25인치이

사진 8.2.1 공이 홀보다 훨씬 작기 때문에 공이 홀인되는 포인트가 여러 가지일 수 있다.

사진 8.2.2 공이 직진하는 경우 에임라인을 결정함에 있어 홀 중앙을 기준으로 총 4인치 정도의 여지가 있다.

며 공의 직경이 1.68인치입니다(사진 8.2.1). 따라서 공이 진행하는 트랙에 어느 정도의 선택의 여지가 있습니다. 이는 공의 직경이 홀 크기의 절반에도 못 미치기 때문으로, 약간 좌측으로 조준하거나 혹은 약간 우측으로 조준하더라도, 또는 곧바로 홀 중앙을 향해 나아가더라도 공이 여전히 홀을 향해 진행되도록 만들 수 있는 것입니다(사진 8.2.2).

공이 똑바로 진행하는 경우보다는 곡선을 그리면서 진행되는 경우에 에임라인을 선택할 수 있는 여지가 훨씬 더 많습니다. 공의 진행속도가 빠를수록 공이 곡선을 그리는 정도가 작고, 반면에 공이 느리게 굴러갈수록 보다 크게 곡선을 그리며 진행하기 때문입니다. 따라서 라인을 높이 잡고 공을 천천히 굴리게 되면, 공은 크게 곡선을 그리면서 홀 속으로 빠지게 될 것입니다. 혹은 이와 반대로 공이 립아웃되지 않도록 주의하면서 거의 직선에 가까운 에임라인을 따라서 출발해서 홀에 이르도록 만들 수도 있습니다(사진 8.2.3). 그러므로 에임라인과 스피드 사이에는 우리가 생각하는 것 이상으로 여러 가지 조합이 존재합니다. 보다 느린 스피드에 보다 높은 에임라인, 보다 빠른 스피드에 보다 낮게 잡은 에임

사진 8.2.3 공의 진행이 느릴수록 브레이크의 크기가 크며(좌), 반면 속도가 빠를수록 브레이크의 크기가 작아진다.

사진 8.2.4 최적의 볼 트랙을 만들어내는 최적의 에임라인과 스피드가 존재한다.

라인 이런 식으로 말입니다. 상대적으로 거리가 짧은 퍼팅에서도 이런 식의 조합은 얼마든지 가능합니다.

이렇게 선택의 여지가 많지만, 이 장에서 우리는 모든 퍼팅에는 항상 최적의 에임라인과 최적의 스피드가 존재한다고 배우게 될 것입니다. 왜냐하면 어느 그린에서라도 특정 거리의 퍼팅에서 홀인될 가능성을 최대한 높일 수 있는 라인과 스피드가 존재하기 때문입니다(사진 8.2.4).

당신은 퍼팅을 하기 전 어느 부분을 가장 먼저 고려합니까? 라인입니까? 아니면 스피드입니까? 라인이 보다 본능적으로 인식되는 부분이기 때문에 먼저 라인을 생각하고 그 다음 그 라인에 맞추어 스피드를 결정하게 될 것입니다. 확실히 이렇게 할 수 있다면 문제될 것이 없습니다. 많은 골퍼들이 어떻게 하는지 조차 모르고 있는 스피드를 잊어버리지만 않는다면 말입니다. 라인을 결정한 후 관심의 초점을 적절한 스피드에 두어야 한다는 뜻입니다.

에임라인이나 스피드를 각기 따로 생각할 것이 아니라 공이 굴러가기를 바라는 전체적인 볼 트랙을 생각해 볼 수 있다면 이것이 가장 올바른 방법입니다. 왜

나하면 마음 속에 라인과 스피드를 함께 그려볼 수 없다면 볼 트랙을 바르게 가상하기란 거의 불가능하기 때문입니다. 볼 트랙은 라인과 스피드가 조합된 결과로 생기는 공의 진행 양상입니다. 자신이 선택한 에임라인을 따라 출발하여 의도대로 공이 진행되는 볼 트랙을 가상할 수 있다는 것은 무의식 속에서 이미 스피드를 고려하고 있다는 뜻이라고 말할 수 있습니다.

그린 스피드가 볼 트랙에 영향을 미친다

볼 트랙을 읽을 때 고려해야 할 또 하나의 사항이 그린의 스피드입니다. 전세계 모든 그라운드에서 매일 스팀프미터(Stimpmeter)를 이용하여 그린의 스피드를 측정하고 있습니다. 미국에 있는 대부분의 그린들이 스팀프미터로 7.0~11.0정도의 스피드를 나타내는데, 이것은 램프에서 나온 공들이 편평한 그린 위에서 평균 7~11피트 정도 굴러간다는 것을 의미합니다. 이것은 공의 진행

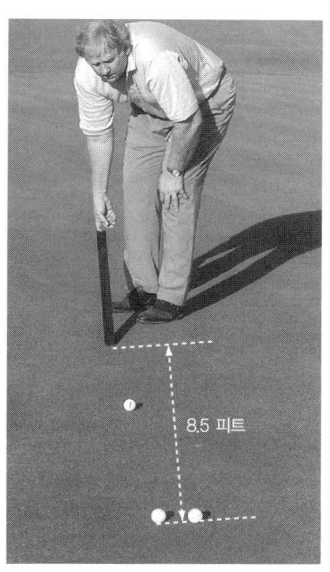

8.5 피트

사진 8.3.1 스팀프미터에서 나온 6개의 공들의 평균 진행 속도가 (각 3개씩 다른 방향으로 굴러가도록 함) 그린의 스피드가 된다.

에 영향을 가져오는 그린 표면의 마찰력을 잴 수 있는 가장 간단한 측정 방법입니다. 이 마찰력으로 인해 공의 진행이 느려지기도 하고 멈추기도 합니다.

그린 스피드가 빠를수록 공이 의도하는 정확한 거리만큼 진행하도록 만드는데 들어가는 힘이 적어집니다. 따라서 빠른 그린 위에서 퍼팅을 할 때는 중력이 영향을 미칠 수 있는 시간을 충분히 주면서 공이 보다 느리게 진행되도록 만들어야 하기 때문에 공에 보다 크게 브레이크를 부여해야 합니다. 경사도를 읽고 공에 어느 정도의 브레이크를 부여할 것인가를 결정할 때 그린의 스피드를 알아야하는 이유가 바로 여기에 있습니다. 물론 그 반대의 경우도 마찬가지입니다. 그린의 스피드가 느리다는 것은 마찰력이 더 커진다는 뜻이므로 공이 보다 빨리 진행되도록 만들어야 하며, 따라서 공에 부여되는 브레이크 정도를 줄여야 합니다.

선수들은 그린 스피드를 생생하게 볼 수 있다

불행하게도 코스에서 '주의: 그린 스피드 12. 공의 진행이 빠르니 브레이크를 크게 부여하시오'라는 사인이 나와 있지는 않습니다. 하지만 훈련된 눈이라면 아주 근소한 오차 내에서 그린의 스피드를 산출할 수 있습니다. 만약 이 말이 믿어지지 않는다면 그린 관리자나 PGA 투어 프로들에게 물어보십시오. 이들은 모두 그린의 스피드가 얼마나 빠른지 생생하게 읽을 수 있는 사람들입니다. 그들이 어떻게 알 수 있냐구요? 그린 관리자는 스팀프미터를 이용해서 정기적으로 그린 스피드를 측정하는 일을 하는 사람들이고, 프로들은 항상 이들에게 그 결과를 듣고 공이 굴러가는 양상을 보아 온 그 동안의 경험에 비추어 이것을 상호 연관지어 판단할 수 있는 능력을 가진 사람들이기 때문입니다.

하지만 그린 관리자에게 그린의 스피드를 묻기만 하면 자동적으로 이 분야 전문가가 된다고는 생각하지 말기 바랍니다. 눈에 보이는 것만큼 쉬운 일이 아닙니다. 빠른 그린은 대개 잔디가 짧고 표면이 단단하게 보여서 갈색을 띠고 있는 것처럼 보입니다. 반면 대부분의 느린 그린은 길고 짙은 색의 잔디로 덮여 있어

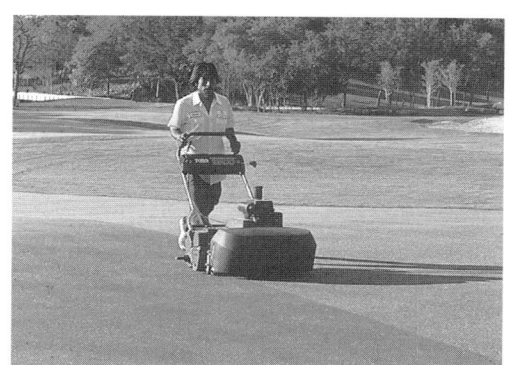

사진 8.3.2 일정한 그린 스피드를 유지
하기 위해 매일 그린을 손질한다. 잔디가
짧을수록 그린 스피드가 빨라진다.

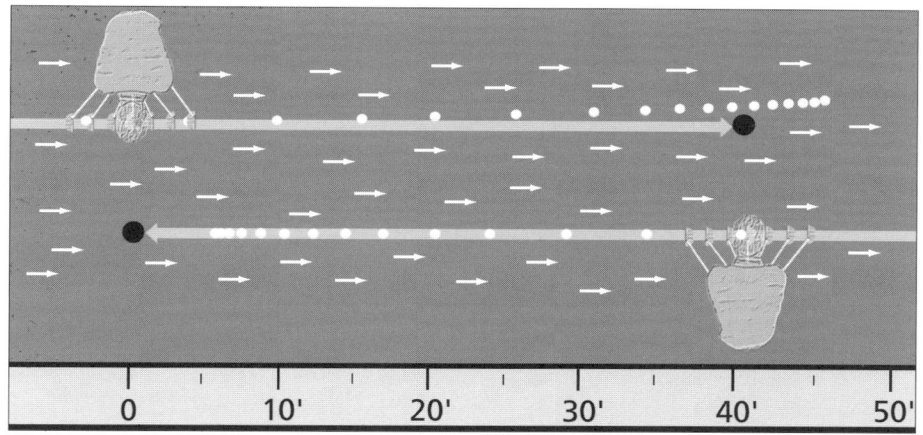

사진 8.3.3 동일한 40피트 스트로크라 하더라도 잔디결 방향으로 스트로크를 하게 되면 공이 45피트 진행되지만
(위), 잔디결 반대 방향으로 하게 되면 35피트 진행되는 결과를 가져온다(아래).

서, 보다 부드러운 경향을 띠고 있습니다(사진 8.3.2). 또 길이가 짧게 깎여 있다
하더라도 잔디가 두터울수록 스피드가 더 느리게 보입니다. 그러므로 새로운 코
스에서 플레이를 하기 전에 먼저 그린 스피드를 측정하기 위해 몇 차례 스트로
크를 해 보아야 합니다. 왜냐하면 느리게 보이는 그린이 '뜻하지 않게' 빠른 그
린일 수 있고 또 그 반대일 수도 있기 때문입니다.

잔디의 결도 그린의 스피드에 영향을 미칩니다. 스팀프미터로 산출하는 스피

드는 그린 위에서 한 방향 이상 실시한 결과의 평균이며, 이 평균 수치 속에는 잔디의 결도 포함되어 있습니다. 그런데 때로 잔디결이 공의 진행이나 브레이크에 크게 영향을 미칠 수도 있습니다. 나는 잔디의 결이 가져올 수 있는 영향을 수많은 경우를 설정하여 측정해 보았습니다. 40피트 거리에서 잔디결과 반대 방향으로 하는 퍼팅은 잔디결 방향으로 하는 동일한 거리의 퍼팅과 비교하여 10피트 거리 차이를 가져올 수 있다는 사실을 테스트 결과 알게 되었습니다(사진 8.3.3). 그러므로 자신이 퍼팅하는 방향을 고려하여 그린의 스피드를 인식하는 법을 배워야 합니다.

최적의 스피드는 17인치이다

모든 퍼팅에 적용될 수 있는 최적의 퍼팅 스피드가 존재할까요? 이 질문에 대해 당신은 아마도 다음과 같은 의문이 생길 것입니다.

1. 최적의 스피드라는 것이 무엇인가?
2. 어떻게 공이 이 스피드로 진행될 수 있도록 만들 수 있는가?

나는 미국 전역에 있는 거의 모든 각기 다른 그린 위에서 거리를 달리하며 최적의 스피드를 측정하기 위한 테스트를 실시한 바 있습니다. 이 과정에서 공이 홀인될 가능성이 가장 높은 라인과 스피드가 존재한다는 점을 알게 되었습니다. 홀을 막은 채 스트로크하여 이 최적의 스피드에서 공이 홀을 지나 어느 정도 거리까지 굴러가는지 측정해 보았습니다(사진 8.4.1). 이 거리를 측정하는 이유는 무엇일까요? 이렇게 함으로써 공이 홀인될 가능성이 가장 높은 최적의 스피드와 관련하여, 어떤 종류의 퍼팅에도 적용될 수 있는 스피드를 산출할 수 있는 양적 가시적 결과를 얻는 것입니다.

여기서 중요한 것은 스피드가 아니라 홀을 지나서 굴러가는 거리라는 점을 알기 바랍니다. 앞서 말했듯이 골퍼들이 대개 스피드에 신경을 기울이지 않으며 스피드는 그린의 상황에 따라 달라지게 됩니다. 하지만 변하지 않는 것이 있는데 바로 최적의 스피드로 진행된 공이 홀을 지나서 진행하는 거리입니다. 일반적으로 이 거리가 공이 그린 위에 패인 부분을 통과하여 홀에 이르기까지 얼마나 빠른 속도로 진행했는가를 보여주는 수치입니다. 17인치가 바로 그것입니다. 수년 간의 경험이 나에게 공을 홀인시킬 수 있는 최적의 스피드가 한 가지 존재한다는 사실을 가르쳐 준 것입니다. 홀이 막혀 있거나 혹은 공이 홀을 비켜 진행하는 경우라 하더라도 스피드가 이상적이었다면 그 공은 홀을 지나 17인치 거리

나의 퍼팅 연습 규칙

17인치는 평균수치입니다. 실제로 그린 표면의 상황에 따라 약 1~2인치 정도 거리가 달라질 수 있습니다. 경사진 그린에서 상향 퍼팅인가 아니면 하향 퍼팅인가에 따라 최적의 스피드가 약간씩 달라지게 됩니다. 왜냐하면 하향 퍼팅에서는 중력의 작용으로 인해 공이 움푹 들어간 부분을 통과하여 라인을 따라 움직이기 용이하며, 그러므로 공이 홀에 이르기 위한 최적의 스피드가 17인치보다 약간 작아지게 됩니다. 반대로 상향 퍼팅에서는 불완전하게 공을 가격하는 경우 중력의 작용이 오히려 공이 라인을 따라 진행되는 것을 방해하게 됩니다. 따라서 공이 라인을 따라 진행되도록 하기 위해서 최적의 스피드 수치가 약간 높아지게 됩니다. 하지만 이런 경우에서 공은 마찬가지로 홀을 지나 17인치 지점에 이를 정도의 스피드를 유지하게 됩니다.

이렇게 17인치 스피드가 다양하게 나타나는 현상은 잔디 상태가 다른 경우에도 마찬가지입니다. 결이 아주 강한 버뮤다 잔디가 깔려 있는 바닷가 그린에서는 공이 홀 뒤쪽 가장자리를 36인치 지나갈 정도의 스피드가 최적의 스피드라는 사실을 발견했습니다. 이와 대조적으로 U.S. 오픈 잔디에서는 공이 홀을 5인치 지나칠 정도의 스피드가 최적이라는 사실을 측정을 통해서 알게 되었습니다. 하지만 이런 다양성을 걱정할 필요는 없습니다.

지금까지 해온 테스트 결과, 골퍼의 기량에 관계 없이(투어 프로를 포함해서) 골프에서 가장 어려운 부분중의 하나가 적절한 스피드를 공에 부여하는 것입니다. 공을 홀인시키기 위한 지속적인 터치감을 기르는 것이 당신이 할 수 있는 최선입니다. 그리고 최적의 스피드는 공이 홀을 17인치 지나갈 정도의 스피드입니다.

까지 굴러간다는 사실입니다. 이 17인치 스피드가 공이 움푹 패인 부분을 지나 라인을 따라 진행될 수 있도록 해 줄 수 있는 최적의 스피드입니다.

우리는 골프 학교에서 학생들에게 이 17인치 스피드를 가르치고 있으며, 이 방법이 그들이 연습을 통해 거리에 대한 올바른 터치감을 배우는데 도움이 된다는 사실을 알게 되었습니다. 다시 말하건대 이 수치는 스피드가 아니라 거리입니다. 그런데 17인치에 대해 배운 상당수의 골퍼들이 이것을 퍼팅 스피드로 인식했으며, 그래서 '17인치 지나치는' 이라는 말이 이제는 최적의 볼 트랙과 최적의 퍼팅을 만들어 주는 최적의 스피드로 알려져 있습니다.

17인치 지나칠 정도의 스피드로 퍼팅을 하게 되면 생기는 또 다른 이점이 있습니다. 퍼팅이란 간단히 말해서 공이 홀을 지나서 굴러갈 정도로 약간 길게 스트로크하는 법을 배우는 것입니다. '홀에 못 미칠 정도로 짧지만 않으면 된다' 이것은 오래된 농담이지만 사실입니다. 공이 홀에 이르지 못한다면 홀인될 가능성 자체가 사라지기 때문입니다.

이러한 사실을 뒷받침해 줄 수 있는 테스트 결과를 가지고 있습니다. 사진

사진 8.4.1 최적의 에임라인과 공이 홀인될 가능성이 가장 높은 스피드를 발견한 다음, 홀을 막고 최적의 스피드로 공이 진행되도록 했을 때 공은 홀의 뒤쪽 가장자리를 지나 약 17인치 지점에 이르게 된다는 사실을 알게 되었다.

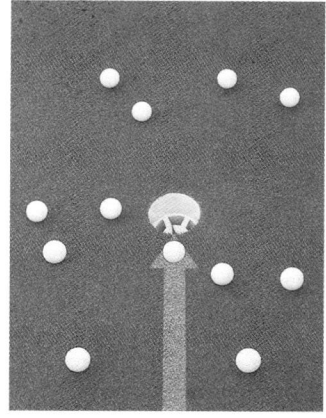

사진 8.4.2 아마추어와(좌) 투어 프로들(우)의 전형적인 20피트 퍼팅 패턴.

8.4.2에 나와있는 두 가지 패턴을 보기 바랍니다. 둘 다 20피트 퍼팅으로 좌측에 있는 것은 골프 학교에 온 아마추어가 첫째날 보여주는 전형적인 퍼팅 패턴입니다. 퍼팅에 대해서 배우기 전에 그들이 하는 퍼팅의 절반 가량이 홀에 못 미치는 짧은 퍼팅입니다. 우측에 있는 패턴은 나와 함께 일하는 투어 프로들이 보여주는 전형적인 패턴입니다. 그들이 한 퍼팅의 거의 대부분이 홀을 지난 지점으로 굴러가 있다는 점을 주목하기 바랍니다. 이유는 간단합니다. 그들은 17인치 지나가는 스피드에 대한 터치감을 확립하고 있기 때문입니다.

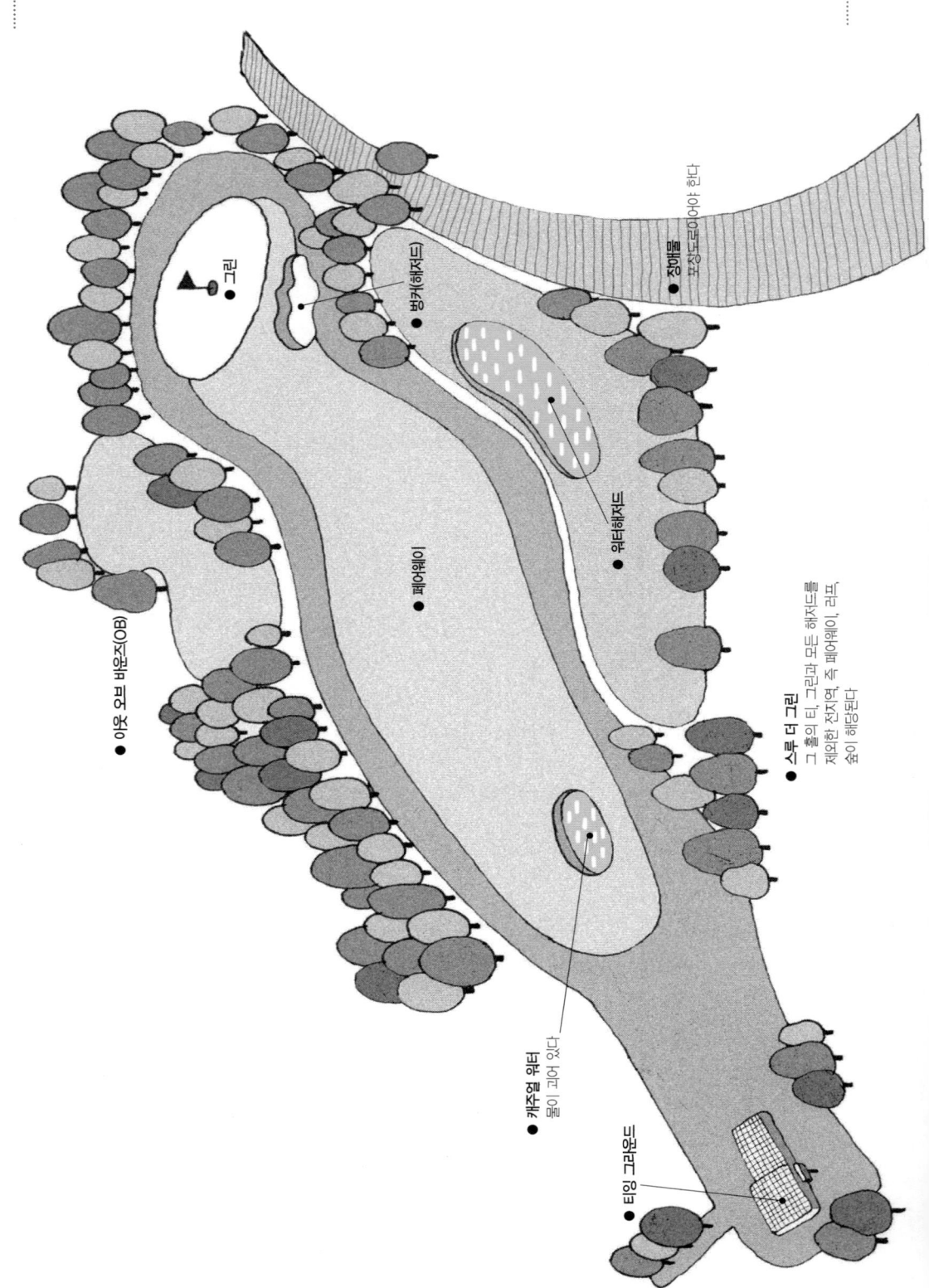

● 그린

● 벙커(해저드)

● 워터해저드

● 잔디물
포장도로이어야 한다

● 스루 더 그린
그 홀의 티, 그린과 모든 해저드를
제외한 전지역, 즉 페어웨이, 러프,
숲이 해당된다

● 페어웨이

● 이웃 오브 바운즈(OB)

● 캐주얼 워터
물이 고여 있다

● 티잉 그라운드

어떻게 퍼팅을 개선시킬 것인가

Chapter 9

퍼팅기량을 개선시키기 위한 과정

퍼팅 게임의 5개 블럭을 이해하라

퍼팅 기량을 개선시키기 위해서는 먼저 퍼팅 게임의 15개 블럭을 충분히 이해하고, 그 다음 블럭 하나 하나의 내용을 실행하는 과정에서 자신이 잘하고 있는지 아니면 잘못하고 있는지 여부를 파악해야 합니다. 이것은 수없이 많은 골퍼들과 함께 일해 온 나의 경험으로부터 얻은 일종의 노하우입니다. 신체 동작의 측면에서 볼 때, 퍼팅 동작 자체는 어렵지 않으며, 퍼팅 스트로크도 그리 어려운 동작이 아닙니다. 하지만 퍼팅을 구성하는 여러 부분들을 이해하고 배우기가 어렵습니다. 대부분의 골퍼들이 거의 피드백 없이 혹은 전혀 피드백을 하지 않고 퍼팅 스트로크를 하는 경향이 있습니다. 한편 잘못된 피드백을 하고 있는 골퍼도 상당수 있습니다.

퍼팅은 가장 간단한 스윙 동작이긴 하지만, 대부분의 골퍼들이 가장 좌절을 많이 맛보는 동작이기도 합니다. 왜냐하면, 퍼팅은 잘 해보려고 생각하면 할수록 더 나쁜 퍼팅이 되어버리고 마는 경우가 허다하기 때문입니다.

만약 자신이 하는 퍼팅의 잘못된 부분을 인식하지 못한 채 계속 이를 연습하고 갈고 닦는다면, 결국 잘못된 것을 더욱 키워가는 형상이 될 것입니다. 이미 완전히 굳어버린 잘못된 습관을 바로잡기란 여간 어려운 일이 아니며, 더 이상 좋은 퍼팅을 기대하지 못하게 되는 지경에 이를 수도 있습니다. 잘못된 것을 옳은 방법인양 연습하는 것은 옳은 것을 틀린 방법으로 연습하는 것 만큼이나 나쁘며,

조금도 도움이 되지 않습니다.

내가 여기에서 말하려고 하는 것은 지극히 지적이면서도 당신의 스트로크와 본질적으로는 아무 관계가 없는 얘기입니다. 배움이라는 행위가 일어나는 곳은 우리의 머리입니다. 행위의 옳고 그름과는 상관없이 자신이 하고 있는 행위에 대한 정확한 지식과 이해가 신체적 학습을 더 용이하게 해준다는 사실을 기억하기 바랍니다. 다시 말해서, 부정확한 이해와 편견은 퍼팅을 더 어렵게 만들 수 있다는 말입니다. 일단 퍼팅 게임을 이해할 수 있게 되면, 자신의 스트로크가 가진 문제와 잘못된 점을 파악하고, 이를 개선하기 위해 바꿔야 할 부분과 바꿔서는 안될 부분을 스스로 이해하고 실행에 옮길 수 있게 됩니다.

무엇이 잘못되었는지 파악하라

무엇이 사실인지 여부를 판단하기 위해서는 직접 실험하고 측정하는 것이 중요하다는 점을 대학시절 물리학을 전공하면서 확신하게 되었습니다. 골프 강습을 시작하기 전에 나는 항상 모든 학생들의 퍼팅 실력을 테스트합니다. 약간의 거리를 두고 학생들이 퍼팅하는 것을 관찰하면서 그들의 실력을 점검하는 것입니다. 페이스를 갖다 대고, 어드레스 자세에서 몸의 동작 흐름에 적응하는 능력, 스트로크의 진행 과정, 페이스 각도의 회전 여부, 임팩트 패턴, 그린을 읽는 능력 등 퍼팅의 중요한 각 부분을 면밀히 측정합니다. 이 때, 학생이 개선하고 바꾸어 나가야 할 부분이 무엇인가를 정확하게 알기 위해, 레이저빔, 슬로 모션 및 스탑 모션 비디오, 특별히 제작된 테스트 장비를 이용합니다. 잘못된 부분이 개선되기를 기대하면서도 무엇이 잘못되어 있는지 제대로 파악하지 못한 채 오히려 그 잘못된 것을 열심히 연습하는 데 시간과 노력을 기울인다면 결국 기대했던 것 중 아무 것도 얻을 수 없다는 것은 불을 보듯 뻔합니다. 누구도 이렇게 되기를 바라지는 않을 것입니다.

내가 운영하는 골프학교는 퍼팅의 모든 부분들을 정확하게 측정하기 위해 필요한 시설, 숏게임과 퍼팅을 가르치기 위해 특별히 고안된 장비들을 갖추고 있습니다. 이렇게 말하면 학교 선전을 하는 것처럼 들리겠지만, 더 나은 퍼팅을 하기 위해 가장 좋은 방법이 무엇인지를 당신이 이해했으면 하는 바람에서 나온 말이라는 점을 알아주기 바랍니다.

한편 골프학교와 클리닉에서 측정할 수 없는 부분이 있는데, 이것은 골퍼 자신만이 추적할 수 있는 부분입니다. 예를 들어, 어느 부분에서 실수가 가장 많이 생기는가를 알아보기 위해, 자신의 잘못된 퍼팅 패턴을 분석하는 일은 특히 중요합니다. 거의 대부분의 경우 특히 실수가 자주 일어나는 부분이 있습니다. 비록 누적 데이터를 통해 눈으로 보기 전까지 골퍼들이 이 사실을 받아들이려 하지 않는 경향이 있긴 하지만 말입니다.

실수가 생기는 부분을 9개의 구역으로 나누고, 시간을 두고 기록을 해나감으로써 실수가 생기는 부분을 수량으로 측정합니다. 일단 실수에 일정한 패턴이 있다는 것을 발견하게 되면, 무엇이 그러한 실수를 유발하는지 문제를 다루기가 훨씬 수월해집니다.

사진 9.2.1 골퍼의 무의식적인 실수를 체크해 볼 수 있는 도표. 퍼팅에서 실수를 하게 되는 구역을 기록해서 문제점을 분석하고 개선할 수 있다.

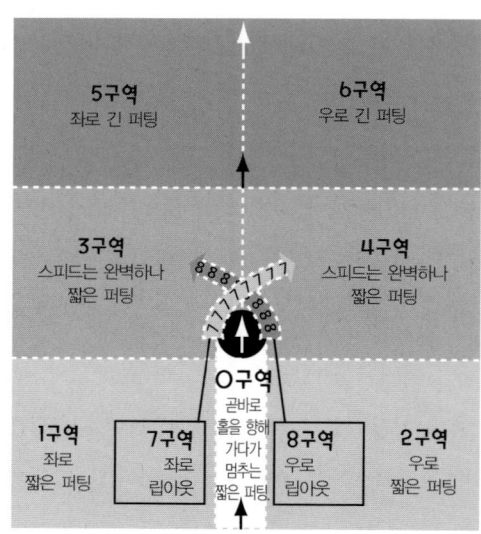

앞의 차트는 골퍼의 무의식적인 습관을 억제하고, 결과적으로 잘못된 패턴을 제거할 수 있도록 고안되어 있습니다.

예를 들면, 오른쪽으로 짧게 치는 경향(2구역)이 있다면, 당신은 헤드의 토우로 퍼팅하는 습관이 있다고 볼 수 있습니다. 측정을 통해 이 사실을 확인하게 되면, 임팩트 패턴 연습을 통해 잘못된 습관을 고쳐나가게 되고, 일정시간이 지나면 홀 오른쪽으로 짧게 치는 습관은 사라지게 될 것입니다.

퍼팅에서 실수가 생기는 구역을 기록함으로써 자신의 잘못된 퍼팅 패턴을 측정합니다(사진 9.2.1). 데이터로 나타난 기록을 통해 스트로크의 문제를 분석하고 이를 개선해 나가면 훨씬 수월하게 의도하는 바를 이룰 수 있습니다.

자신의 분석이 올바른지 점검하라

퍼팅 실력을 테스트하고 측정하는 목적은 퍼팅 게임을 정확하게 분석하고, 문제를 개선하기 위해 무엇을 해야 하는지 진단하자는 데 있습니다. 그러므로 이 과정에서 다른 새로운 문제를 유발해서는 안 된다는 점에 유의해야 합니다.

만약 혼자서 이 모든 것을 하겠다고 마음 먹는다면, 나는 당신에게 매우 신중하라는 말을 하고 싶습니다. 즉, 자신이 하는 테스트와 분석이 올바른 것인가를 분명히 짚고 넘어가라는 말입니다. 왜냐하면, 문제를 정확하게 파악하고 적절한 피드백을 통해 열심히 올바른 방향으로 노력한다면 거의 대부분 성과를 거둘 수 있기 때문입니다. 반면, 잘못된 방법으로 열심히 노력한다면 대개는 문제를 오히려 더 심각하게 만들 게 당연합니다.

이 말의 의미는 연습할 때 당신 곁에 유능한 코치가 있다면 퍼팅 기량을 향상하기가 훨씬 쉬워질 것이며, 만약 훈련된 눈이 당신을 지켜보지 않는다면 무엇을 바꾸어야 하고 무엇을 그대로 두어야 할지를 알아내는 책임은 전적으로 당신에게 있다는 사실을 지적하려는 것입니다. 일단 자신이 무엇을 해야 하는지를 알았다면, 피드백을 하면서 정확하게 진행해야 합니다. 바로 이 부분이 보다 나은 퍼팅 기술을 배움에 있어 가장 어려운 부분이기도 합니다. 무엇을 그대로 유지하고, 무엇을 변화·개선시키며, 또 어떻게 그것을 개선시켜야 할 것인가를 결정하는 일이 그것입니다.

퍼팅기술을 습득하는 방법을 배워라

다음 단계는 어떻게 개선할 것인가, 즉 퍼팅기술을 습득하는 방법을 배우는 것입니다. 대부분의 골퍼들이 올바르게 연습하는 방법을 모르고 있습니다. 배움의 열쇠는 정확하며 신뢰할 만한 피드백에 있다는 사실을 깨닫지 못하고 있는 것입니다.

내가 측정한 결과에 따르면, 전문가의 도움을 받지 않고 자기 나름의 방식으로 퍼팅 연습을 하는 골퍼들의 10%만이 실제로 기량 향상을 보여주고 있습니다. 즉, 10명 중 1명만이 성과를 거둔다는 말입니다. 약 40%는 아무런 실질적인 진전을 보이지 않았고, 절반은 오히려 더 나빠지는 결과를 보였습니다. 왜 그럴까요? 그들은 대부분 잘못된 방법으로 연습을 했기 때문입니다. 바로 이것이 대부분의 골퍼들에게는 이해할 수 없는 점일 것입니다. 만약 스트로크의 잘못된 부분을 계속 키워나간다면 어딘가에 또 다른 새로운 문제점을 유발하게 되고, 결과적으로 조금씩 조직적으로 당신의 스트로크를 엉망으로 만들어 버리게 될 것입니다.

여러 경우에서 볼 때, 보다 멋진 퍼팅을 하기란 그리 어렵지 않습니다. 이 장을 다 읽고 나서 퍼팅 게임을 위해 무엇을 할 것인지 결정내리기 전에, 먼저 6, 7, 8장을 주의 깊게 읽어보라고 권하고 싶습니다. 먼저 무엇을 고쳐야 하는지 알고, 그 다음 어떻게 고쳐야 할지 방법을 배워야 하기 때문입니다.

좋은 습관을 만들려면 1만 번의 반복 연습이 필요하다

이 책에서 내가 어떤 동작을 연습해 보라고 말할 때, 그것은 올바른 방법으로 2만 번을 연습하라는 뜻입니다. 좋은 습관을 만들기 위해서는 1만 번 적절한 반복 연습이 필요하고, 그것을 뿌리내리게 하고 자신의 것으로 만들기 위해서는 2만 번의 반복이 필요합니다.

1만 번 반복 연습은 100일 동안 100번 반복하는 것에 불과합니다. 일직선으로 임팩트를 가져가는 스트로크를 약 4개월 동안 연습하면 한평생 동안 지속될 수 있는 올바른 임팩트 습관을 만들 수 있습니다. 많은 골퍼들이 퍼팅 그린에서 몇 시간이고 공을 치는 연습을 하는 것도 이 때문입니다. 대개는 그저 자신들이 퍼팅 연습을 하고 있다는 굳은 믿음에 흡족해 하면서 아무런 진전도 없는 연습을 하는 것이 고작이긴 하지만 말입니다. 하지만, 잘못된 연습은 연습을 하지 않는

연습장소

1. 스트로크의 과학적 기술 – 실내
a. 연습할 블럭을 선택한다.
- 에임
- 페이스 각도
- 파워
- 궤도
- 임팩트 패턴
- 안정성
- 스트로크 미리보기
- 유동선

b. 피드백 장치 설정
c. 피드백에 집중
d. 실제 그린과 홀에서 연습하지 않기

2. 기술적 기초 – 실외
a. 연습할 블럭을 선택한다.
- 터치감
- 그린 읽기
- 퍼팅의식
- 필링
- 리듬감
- 스트로크 미리보기

b. 거리측정, 피드백 장치 설정
c. 스피드, 거리, 브레이크

도표 9.5.1 연습을 하기 전에 먼저 무엇을 바꾸고자 하는지, 정확하게 동작을 했을 때의 느낌이 어떠한지에 대해 피드백을 통해 꾸준히 진전 상황을 모니터해야 한다. 필링과 터치감을 연습하기에 적합한 유일한 장소는 퍼팅 그린이다. 거리를 조절해 가면서 스트로크를 하고, 스트로크 할 때마다 피드백을 통해 필링과 터치감을 익혀 나갈 수 있기 때문이다. 연습 초기에는 연습 시간의 80%를 피드백 장치가 갖춰져 있는 실내에서 하고, 20%는 실외 퍼팅 그린에서 연습할 수 있도록 시간 배분을 하는 것이 좋다(사진 9.5.2).

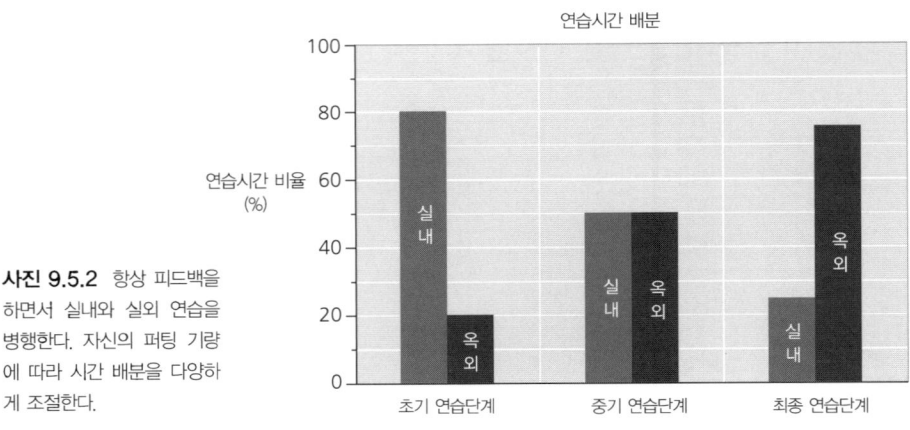

연습시간 배분

연습시간 비율
(%)

초기 연습단계   중기 연습단계   최종 연습단계

사진 9.5.2 항상 피드백을 하면서 실내와 실외 연습을 병행한다. 자신의 퍼팅 기량에 따라 시간 배분을 다양하게 조절한다.

것만 못합니다. 잘못된 스트로크 습관이 붙으면 잘못된 퍼팅 습관을 갖게 되고, 그 후 상당 기간에 걸쳐 결국 형편없는 퍼팅 패턴으로 굳어지게 됩니다.

또한 적당한 연습 장소가 있어야 합니다. 셋업, 조절, 에임, 스트로크 기술 등 이러한 일련의 연습들은 보조기구와 피드백 장치가 있는 실내에서 행해져야 합니다. 그린 위에 이들 기본기들을 익힐 수 있는 피드백 장치가 없다면 실외 퍼팅 그린에서 연습해서는 안됩니다.

3개월이 지나면 실내와 실외 비중을 50대 50으로 잡습니다. 셋업, 에임, 얼라인먼트(alignment), 스트로크 기술이 습관적인 패턴으로 자리잡은 다음 필링, 터치감, 그린 읽는 방법을 익히게 됩니다. 물론 이 기술들을 익히는 데에 상당히 많은 연습이 요구됩니다. 좋은 퍼팅 습관을 만드는 것이 곧 훌륭한 퍼터가 되는 길임을 명심하기 바랍니다.

자기만의 방식으로 혼자 오랫동안 연습하는 경우, 반드시 전문가로부터 정기적인 체크를 받기 바랍니다. 퍼팅 기량을 향상시키기 위해서는 꽤 오랜 시간이 필요한데, 전문가와의 상의를 통해서 이 과정에서 요구되는 흥미와 집중력을 유지할 수 있을 뿐 아니라, 잘못된 연습이 습관으로 굳어지기 전에 그것들을 파악하고 바로잡을 수 있습니다.

Chapter 10

연습의 기본틀 만들기

연습을 위한 그라운드 규칙을 만들어라

이 장의 주안점은 일반적인 의미에서의 연습에 관한 것이 아닙니다. 즉, '내가 무엇을 연습해야 하는가?'라는 질문을 할 때, 대부분의 골퍼들이 머리 속으로 생각하게 되는 내용이 이 장의 주요 내용입니다. 왜냐하면, ① 당신은 어떻게 연습하는가 ② 매번 연습을 시작하기 전 당신은 어떻게 준비하는가 ③ 어떠한 기본틀(혹은 기초)내에서 모든 연습이 이루어지고 있는가 하는 것들이 단순히 '무엇'을 연습하는가보다 더 중요하기 때문입니다. 연습의 성공과 실패(연습이 효과적인 결과를 가져왔느냐 여부)는 '연습의 조건', '연습을 위한 그라운드 규칙', 그리고 모든 연습이 이루어지는 '기본틀'을 얼마나 잘 만들었는가에 달려 있습니다. 이것은 건축의 프레임에 비유될 수 있는 것이기 때문에, 나는 방금 말한 모든 것들을 연습을 위한 기본틀이라고 이름 붙였습니다.

이 기본틀은 당신의 연습 단계에 선행하거나 수반되는 모든 것(에임라인 정하기, 메트로놈 사용, 적절한 퍼터 선택, 올바른 피니쉬 등)을 포함합니다. 이 모든 구성요소들을 잘 습득해 나가야 하며, 그렇지 못할 경우 기량 향상은 기대하기 어렵습니다. 어쩌면 지금까지 당신은 이것을 그저 연습의 일부라고 생각해 왔을지도 모르지만, 이것은 연습 이상의 의미를 지니고 있으며 성공에 이르는 유일한 방법이라 해도 결코 틀린 말이 아닙니다.

연습을 위해 시간과 노력을 들일 준비가 되어 있다면, 올바른 방향으로 시간과 노력을 투자해야 함은 당연합니다. 연습 시간이 부족하다거나 혹은 바쁘다 거나 등의 이유로, 단순히 그저 '연습하는 데' 열을 올리는 경향이 많은 것 같습니다. 이렇게 되면, 훗날 또 다시 연습할 시간을 내야 한다는 사실을 알아야 합니다. 제대로 하지 않은 연습은 어차피 좋은 결과를 가져올 수 없고, 다시 제대로 해 나가기 위해서는 결국 시간과 노력을 쏟을 수밖에 없기 때문입니다. 시간을 아끼고 싶다면, 또 퍼팅 게임에서 성과를 내고 싶다면, 시작부터 제대로 해 나가야 합니다.

자신의 그라운드 룰을 만들고 그것들을 준수해야 합니다. 아무리 사소한 부분이라도 개선을 위해서는 개선이 이루어지고 있다는 것을 입증해 줄 피드백을 해야 합니다. 그리고 이 점을 항상 스스로에게 다짐해야 합니다. 스스로의 약속을 지키기 위한 열쇠는 바로 연습을 한다고 해서 그때마다 아주 눈에 띄게 좋아지

DP의 연습 가이드 라인

1. 피드백 장치가 없이는 실외 퍼팅그린에서 스트로크 연습을 결코 하지 않는다.
2. 피드백 장치가 있는 상태에서, 적어도 스트로크 연습의 80%를 실내에서 한다.
3. 연습할 때, 항상 나의 신체리듬(자연스러운 스트로크 리듬)을 이용한다.
4. 스트로크를 하기 전에 항상 자신이 할 스트로크를 미리 가늠해 보는 연습을 한다.
   이렇게 함으로써 스트로크를 할 때 올바르게 셋업하는 연습을 동시에 할 수 있다.
5. 스트로크를 한 후, 적어도 5초 동안 팔로우스루를 유지한다.
6. 퍼팅을 하기 전, 마음 속으로 반드시 스트로크 미리보기를 한다.
7. 결코 신중하지 못하게 공을 치거나 연습하지 않는다. 연습하고 싶지 않으면 연습하지 않는다.
8. 실제 그린에서 약간의 심적 부담을 안고 플레이하는 것과 같은 마음가짐으로 연습에 임한다.
9. 실내 연습과 실외 연습의 균형을 유지한다.

도표 10.1.1 지혜롭고 신중하게 연습하는 것이 연습의 출발점이다.

지는 않는다는 것, 성급하게 결과가 도출되기를 기대해서는 안된다는 사실을 깨닫는 것입니다. 빠른 시일 내에 혹은 성큼성큼 진전이 있기를 기대해서는 안됩니다. 골프는 서두른다고 해서 되는 것이 아닙니다. 연습할 때마다 아주 조금의 진전(대개는 느낄 수조차 없는)이라도 가져다 줄 것이라고 믿는 것이 우리가 할 수 있는 기대의 전부입니다. 좋은 기록은 장기간에 걸친 연습을 통해 얻어진다는 사실을 믿는 것만으로 만족하기 바랍니다.

연습이 지속적인 기량 유지를 가능하게 하지만, 반대로 잘못된 습관을 굳어버리게 하는 부정적인 결과도 가져올 수 있다는 점을 알 필요가 있습니다. 그래서, 잘못된 연습을 계속하는 것은 서투른 골퍼로 전락하는 결과를 자초하는 것이나 다름 없습니다. 완벽한 연습만이 완벽을 가져다 줄 수 있습니다. 퍼팅 가이드라인이 도표 10.1.1에 실려 있습니다. 이것들을 당신 자신의 것으로 만들 수 있기를 바랍니다. 이 가이드라인은 이 책에서 말하고자 하는 모든 연습과정의 기본입니다.

이런 방법으로 연습하면 단순히 공을 치는 연습보다 확실히 시간이 더 많이 걸립니다. 하지만, 이것이 궁극적으로는 성공에 이르는 효과적인 방법입니다. 그리고, 또 재미도 느낄 수 있습니다. 왜냐하면, 방금 제시한 이러한 방법은 연습을 하면서 동시에 강한 성취감을 맛보게 해주기 때문입니다.

일정한 준비동작(routine)을 만들어라

지속적으로 좋은 샷을 하기 위해서는 샷을 하기 전에 먼저 자신이 무엇을 하려고 하는가에 대한 확신이 있어야 합니다. 퍼팅에 있어서 특히 그러한데, 퍼팅은 조금의 실수도 용납하지 않습니다.

퍼팅을 하기 직전에 골퍼가 하는 일정한 행동 패턴은 완벽한 스트로크를 하기 위해 자신을 준비시키는 과정입니다. 이러한 준비적인 행동 패턴은 자신이 원하는 퍼팅을 어떻게 실행에 옮길 것인가(그린을 읽음으로써)를 결정한 직후에 시작되며, 결정한 것을 실행에 옮길 수 있도록 몸과 마음의 준비를 할 수 있도록 해줍니다.

숏게임에서 말하는 일정한 준비동작에는 잔디에 공이 놓인 상태, 그린의 상황, 헤저드(벙커나 바다, 연못, 개울 등의 워터 해저드를 포함한 장애물), 샷 하나 하나를 가늠하면서 내리는 결정들이 포함됩니다. 퍼팅에서 말하는 준비동작은 그린 읽기에 포함됩니다. 이 부분은 뒷장 그린 읽기에서 자세히 설명하겠습니다.

준비동작 5단계

당신이 공에서 몇 발자국 떨어져서 그린 읽기를 마치고, 이제 공을 일직선으로 굴려 홀에 밀어 넣기로 결정했다고 가정해 봅시다. 바로 이때가 자신만의 일정한 준비동작을 시작할 때입니다. 나는 여기에서 다음의 단계를 포함하는 준비동작을 만들어 나가기를 권하고 싶습니다.

사진 10.2.1 1단계 – 거리감을 익히기 위해 세 차례 연습 스윙을 한다. 공이 에임라인을 따라 굴러가서 홀 안으로 떨어지는 장면을 그려본다.

사진 10.2.2 2단계 – 에임 라인의 연장선을 따라 걸어 가면서 에임라인을 눈, 마음, 몸에 확실하게 담아 둔다.

1단계; 몸을 곧추세우고, 공으로부터 약 6피트 정도 떨어진 뒤쪽에 섭니다. 그다음 눈을 가늘게 뜨고, 공에서 홀에 이르는 트랙을 가상합니다. 그리고, 미리 연습 스윙을 세 차례 해봅니다(사진 10.2.1). 이렇게 연습 스윙을 하는 목적은 현재의 퍼팅에서 요구되는 스트로크의 길이에 대한 감각을 얻기 위함입니다. 이때, 머리를 똑바로 세우고 눈은 가늘게 떠야 하는데, 이러한 자세는 정확하게 거리를 가늠할 수 있게 해줍니다. 스윙감을 느끼면서 눈은 홀을 바라보고, 스윙의 폭을 어느 정도로 잡아야 공을 완벽하게 볼 트랙을 따라 밀어 넣을 수 있을까 가상을 합니다. 눈의 초점을 홀에 두는 이유는 거리감을 얻기 위해서입니다. 두 번째 스윙은 자신의 스트로크를 바라보면서 합니다. 그리고 세 번째 스윙은 다시 홀을 바라보고 거리감을 익히면서 실시합니다.

2단계 : 공 뒤쪽으로 이어진 에임라인의 연장선을 따라 공쪽으로 걸어갑니다. 이때, 머리와 눈은 에임라인 위에 두어야 합니다(사진 10.2.2). 걸어가면서 발 아래 그라운드의 경사를 감지하면서, 동시에 에임라인의 방향을 기억해 둡니다.

3단계 : 공의 좌측으로 4인치 떨어진 지점에서 어드레스 자세를 취합니다. 이때 몸의 선이 에임라인의 좌측으로 평행하게 되도록 셋업해야 합니다(사진 10.2.3).

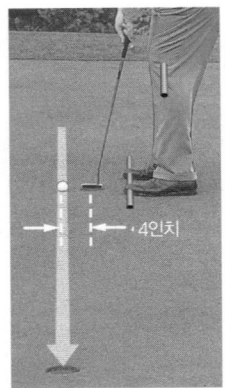

사진 10.2.3 3단계 – 공의 좌측으로 4인치 떨어진 지점에서 에임라인과 평행하게 셋업한다.

사진 10.2.4 4단계 – 가상의 공이 실제 홀로부터 좌측으로 4인치 떨어진 가상의 홀을 17인치 지나서 굴러간다고 가상하면서 3~6차례 연습 스트로크를 한다. 완벽하다는 감이 서면 이것을 자신의 스트로크 '미리보기'로 마음 속에 새겨둔다.

4단계 : 실제 공으로부터 4인치 떨어진 지점에서 가상의 공을 가상의 에임라인을 따라 가상의 홀 속에 밀어 넣는 스윙 연습을 합니다. 완벽한 스트로크 감각이 느껴질 때까지 스윙 연습을 계속합니다(사진 10.2.4). 이 연습은 최소한 3번, 최고 6번을 넘지 말아야 합니다. 가상의 공을 스트로크할 때, 공이 실제 홀의 좌측 4인치 떨어진 지점을 17인치 정도 지나간다고 가상합니다(이 연습에서 중요한 것은 가상의 공과 볼 트랙, 가상의 홀을 17인치 지나는 지점이 실제의 공과 볼 트랙에서 좌측으로 4인치 떨어져 있어야 한다는 점입니다. 4인치 앞으로 당겨 실제로 어드레스를 하고 연습 때와 똑같이 실행하면 정확하게 퍼팅을 할 수 있게 됩니다).

첫 연습 스윙을 할 때 눈은 항상 홀에서 17인치 지난 지점을 바라보고, 거리에 맞추어 스윙 폭을 어느 정도로 잡을 것인가 가늠을 하면서 실시합니다. 두 번째 스윙을 할 때는 눈을 가상의 공 위에 두고, 완벽한 스트로크 크기에 대한 감을 잡

추천하고 싶은 5단계 준비동작

1. 에임라인 위로 지나가는 볼 트랙을 가상한다.
   - 에임라인 위에 공을 놓고 공 뒤쪽으로 걸어가서 선다.
   - 가늘게 실눈을 뜨고 홀에 이르는 거리를 가늠한다.
   - 터치감을 익히기 위해 세 차례 연습 스윙을 한다.
2. 공 쪽으로 걸어간다.
   - 몸과 마음 속에 에임라인을 새겨둔다.
   - 발 아래 느껴지는 그라운드의 경사를 읽는다.
3. 실제 공에서 4인치 떨어진 지점에 가상의 공을 놓고 셋업한다.
   - 몸의 선이 에임라인 좌측으로 평행하게 일직선이 되도록 유지한다.
4. 스윙연습을 한다 : 스트로크 '미리보기'를 창출한 후 이를 마음 속에 간직한다.
   - 최소한 세 차례, 최고 여섯 차례 연습한다.
   - 공이 홀 에지(테두리 혹은 가장자리)를 17인치 지나간다고 가상한다.
   - 스트로크 미리보기에 대한 감각을 마음의 눈에 담아둔다.
5. 실제 공 앞으로 다가서서 셋업 자세를 취한다.
   - 눈을 에임라인 위에 둔다.
   - 에임라인과 알맞게 정렬이 되었는지 한 번 바라본다.
   - 퍼팅을 할 마음의 준비, 즉 퍼팅의식을 시작한다.

으려고 노력하면서 실시합니다. 이렇게 가상의 공을 내려다보면서 하는 연습 스윙을 적어도 두 번 이상 실시합니다. 스윙을 한 후(적어도 2초 동안 팔로우스루를 유지한다) 고개를 들어 가상의 공이 홀에서 정확하게 17인치 지난 지점을 향해 굴러가는 모습을 가상합니다. 세 번째 스트로크가 끝난 후 만약 모든 것이 문제없이 이루어졌다는 생각이 들고, 세 번째 스트로크가 실제 홀에 들어가리라는 확신이 든다면, 이것을 자신이 할 수 있는 최선의 스트로크 '미리보기'로서 감각을 선명하게 마음 속에 간직해 둡니다.

5단계 : 마지막 스트로크가 완벽하다는 감이 들고 공을 정확하게 실제 홀 안으로 밀어 넣을 수 있는 스트로크라는 확신이 선다면, 스트로크 미리보기, 다시 말해서 완벽한 퍼팅 스트로크를 만들어낸 것입니다. 방금 마음의 눈으로 그것을 보고 느낀 것입니다.

만약 4단계 세 번째 스트로크 연습 후 확신이 서지 않는다면 완벽한 스트로크

사진 10.2.5 5단계 준비동작을 마친 후, 이제 퍼팅을 위한 마음의 준비를 시작할 차례이다.

미리보기가 될 때까지 두세 번 정도 연습을 더 해야 합니다. 일단 스트로크 감을 확실히 익힌 후에 실제 퍼팅을 위한 어드레스 자세로 넘어가야 합니다.

이제 퍼팅의식과 퍼팅을 할 준비가 되었습니다. 5단계 과정은 자신으로 하여금 어떻게 하면 최고의 스트로크를 할 수 있는가에 대한 감을 알도록 해 주는데 의미가 있습니다. 완벽한 스트로크 미리보기를 마음의 눈으로 확실하게 보고 느꼈다면, 이것은 선명하게 마음의 눈 속에 남아 있게 될 것입니다. 이는 실제로 퍼팅을 할 때 훌륭하게 스트로크를 할 가능성이 그만큼 커진다는 의미가 됩니다(사진 10.2.5).

스트로크 미리보기

세 번째 연습 스윙에서 완벽한 스트로크 미리보기에 대한 감을 가지게 되었다면, 이제 8초내에 이를 다시 반복합니다. 8초의 제한을 두는 이유는 실제로 퍼팅을 할 때까지 스트로크 미리보기에서 얻은 감의 적어도 70%를 그대로 간직할 수 있기 때문입니다.

연습 스윙은 최소한 세 번, 필요하다면 최고 여섯 번 해야 한다는 말을 기억하기 바랍니다. 준비동작을 하는 목적은 완벽한 스트로크 미리보기를 창출하고, 자기 자신으로 하여금 실제로 공을 홀인시킬 수 있다는 확신을 갖게 하는 데 있습니다. 만약 이런 확신이 생기지 않는다면, 아무리 준비동작을 여러 번 했다 해도 이는 제대로 했다고 볼 수 없습니다. 이 연습에 너무 많은 시간과 노력이 든다는 생각이 들더라도 인내하는 수밖에 없습니다. 오로지 집중하고 또 집중해야 합니다. 자신이 해야 하는 일에 온 신경을 기울여 이 과정을 완성해야 합니다.

준비동작은 스트로크 미리보고 느끼는 일에 집중하라

퍼팅 전 준비동작은 스트로크의 과학적 기술과는 아무 관련이 없습니다. 이렇게 준비과정을 거치는 목적은 이미 이루어 놓은 모든 것을 이용해 실제로 퍼팅을 할 수 있는 완벽한 준비를 갖추는 데 있습니다. 그립이라든가 얼마나 브레이크를 줄 것인가 하는 문제 혹은 완벽한 스트로크 미리보기를 창출하는 일 이외에 다른 모든 것들에 대해서는 전혀 생각할 필요가 없습니다. 준비동작을 거치는 동안 공이 완벽한 스피드로 굴러갈 수 있도록 완벽한 스트로크 미리보기를 느끼고 보는 일에 집중하는 것 외에 다른 모든 생각을 제거해야 합니다.

자신의 리듬을 찾아라

골프 코스에서 실제로 골프를 하든 아니면 단지 연습하는 중이든, 모든 동작은 자신의 성격과 일치하는 리듬에 맞추어서 이루어져야 합니다. 만약 천성적으로 움직임이 빠른 사람이라면, 퍼팅 전 준비동작과 스트로크도 신속하게 진행되어야 하고, 반대로 만약 성격이 느긋한 편이라면, 그 속도도 느리고 차분해야 합니다. 무엇을 하든 동작이 슬로 플레이를 유발할 정도로 느려서는 안되며, 마음의 눈이 손이 하는 일에 집중할 수 있을 정도의 속도로 진행되어야 합니다. 자신의 자연스런 리듬을 찾는 일은 스트로크 미리보기 창출에 있어 특히 중요한데, 자

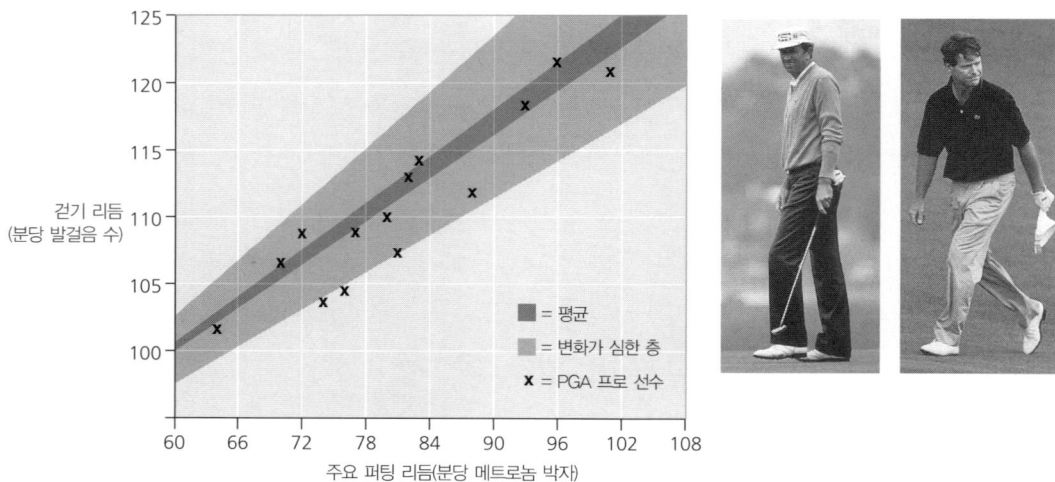

사진 10.3.1 걷는 속도가 빠른 골퍼일수록 퍼팅리듬도 더 빠르다.

연스런 신체리듬은 마음의 눈이 퍼팅 스트로크 감각 창출에 집중하는 데 중요하기 때문입니다.

자연스런 리듬은 신체리듬 테스트를 해보면 곧 알 수 있습니다. 자신의 신체리듬을 알면 퍼팅 전 준비동작, 퍼팅의식, 가장 이상적인 스피드를 결정하는 데 도움이 됩니다. 전자 메트로놈, 퍼터, 베개 두 개만 있으면 간단하게 테스트할 수 있습니다.

테스트를 하기 전에 우선 자신의 평균 보폭을 알아야 합니다. 스탑워치를 가지고 편평한 거리나 필드로 나갑니다. 그곳에서 자신이 편안하다고 느껴지는 부드러운 리듬으로 걷습니다. 일단 편안한 걷기 리듬이 생기면, 왼쪽 발을 내딛으며 스탑워치를 누릅니다. 계속 앞으로 걸어가면서 60초 동안의 발걸음 수를 헤아립니다. 이 동작을 세 번 반복해서 실시합니다.

사진 10.3.1에서 측정된 발걸음 수에 해당하는 신체리듬을 찾아보면 자신의 1분당 발걸음 숫자에 상응하는 평균 리듬을 알 수 있을 것입니다(많은 PGA 투어 선수들의 퍼팅리듬과 그들의 걷는 속도를 비교해 볼 수 있습니다). 일단 퍼팅리듬을 알았다면 메트로놈을 그 속도에 맞게 울리도록 맞추어 놓습니다.

사진 10.3.2 눈을 감고 메트로놈 박자에 맞춰 베개 사이에서 퍼터를 앞뒤로 스윙한다. 이 리듬에 따라 터치-터치를 하는데 어느 정도의 힘이 들어가는지 감각을 익힌다.

터치-터치 드릴

베개 두 개를 12인치 떨어지게 놓고, 가상의 공에 어드레스하듯 베개 사이에 퍼터를 갖다댑니다. 소리가 들릴 정도의 거리에 메트로놈을 두고 그 소리에 편안하게 적응합니다. 테스트를 시작하기 위해, 퍼터를 두 베개 사이에서(사진 10.3.2) 앞뒤로 스윙합니다. 퍼터를 앞뒤로 계속 리듬에 맞춰 스윙하는 동안 멈추거나 리듬을 바꾸어서는 안되며, 계속되는 메트로놈 박자에 맞춰 양쪽의 베개를 앞뒤로 칩니다.

이것이 '터치-터치' 드릴입니다. 처음에는 적응이 안되었기 때문에 자신에게 가장 적합한 리듬이 아니라고 느껴질 수도 있습니다. 하지만 완벽하게 적응이 될 때까지 계속 같은 동작을 반복 연습합니다. 어느 정도 익숙해지면 눈을 감고 앞뒤로 '터치-터치' 를 계속합니다. 이 리듬으로 스트로크를 할 수 있기 위해서는 정신을 집중해야 합니다.

자신의 자연스런 리듬을 발견하라

메트로놈을 멈추고 리듬을 1분당 5박자 늘립니다(예를 들어 만약 자신의 박자가 80에 맞춰져 있었다면, 그것을 85에 맞춥니다). 눈을 감은 채로 그 빨라진 박자에 맞추어 다시 터치-터치 드릴을 실시합니다. 이 리듬이 더 편안한지, 아니면 이전보다 더 힘이 드는지 느껴봅니다.

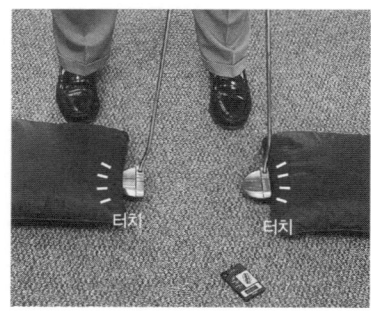 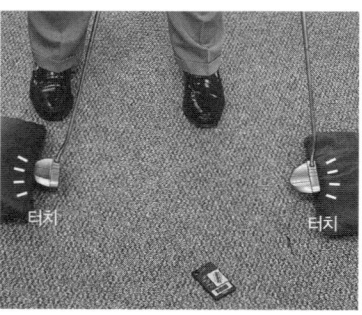

사진 10.3.3 자연스런 신체리듬을 발견하고 이에 맞춰서 스트로크를 하면 스트로크 길이에 상관없이 항상 편안한 기분이 느껴진다.

만약 더 빨라진 박자가 편안하게 느껴진다면, 메트로놈을 5박자 더 빠르게 해놓고 다시 해봅니다. 만약 새 리듬이 더 힘이 든다고 느껴지면, 1분당 5박자를 늦추고 똑같이 반복합니다. 이렇게 하는 이유는 최소한의 에너지와 노력으로 스윙을 할 수 있는 자신의 정확한 리듬을 찾기 위해서입니다. 이것이 바로 자신의 몸이 가장 효율적으로 반응하는 자연스런 신체리듬입니다.

12인치 스윙을 위한 가장 편안한 리듬을 발견한 후, 베개를 18인치 떨어지게 해놓고 같은 동작을 되풀이합니다. 다음에는 두 베개 사이를 24인치 떨어지게 해 두고, 다시 반복해서 테스트를 합니다(사진 10.3.3). 만약 앞에서 발견한 리듬이 정확한 자신의 자연스런 신체리듬이라면, 베개 사이의 길이에 관계없이 편안하게 느껴질 것입니다. 이 모든 테스트는 약 30분 정도 걸립니다. 그러나 이것은 아주 값진 30분입니다. 왜냐하면, 지금부터 하게 되는 모든 퍼팅은 이 자연스런 신체리듬에 맞춰 이뤄질 것이며, 결국 최상의 퍼팅으로 이끌어 줄 테니까 말입니다. 특히 실제 그라운드에서 약간의 심적 부담을 안고 퍼팅을 해야 하는 경우라면 그 효과는 더욱 커집니다.

퍼팅의식을 만들어라

퍼팅 준비동작과 퍼팅의식은 별개의 것입니다. 퍼팅 준비동작은 모든 정보를 종합하여 스트로크를 하기에 편안한 상황을 만드는 것이며, 퍼팅의식은 백스윙과 팔로우스루의 리듬을 만드는 '예비 과정'입니다. 이는 자신의 자연스런 신체리듬에서 나오는 일련의 신체 움직임으로 스트로크를 하기 직전에 실시합니다. 퍼팅의식은 언제나 동일한 신체동작으로 이루어져 있으며, 동일한 순서, 동일한 리듬에 맞춰 이루어집니다. 그 목적은 몸과 마음을 자동(무의식) 모드로 만드는 데에 있습니다. 이렇게 몸과 마음이 자동 모드가 되면 스트로크를 하기 전이나 스트로크를 하는 동안에 어떠한 생각도 결정도 할 필요가 없어집니다.

사진 10.4.1 나의 퍼팅 의식을 구성하는 각각의 동작은 1분당 80번 울리는 메트로놈 박자에 맞춰 이루어진다.

퍼팅의식에 걸리는 시간은 5초를 초과해서는 안됩니다. 왜냐하면, 완벽한 스트로크 미리보기를 마친 후, 8초내에 스트로크 미리보기에서 얻은 감각의 30%가 상실되기 때문입니다(스트로크 미리보기를 끝낸 후, 어드레스 자세를 취하고 퍼팅의식을 시작하기까지 약 3초가 걸립니다).

몸을 움직여야 한다

퍼팅의식은 정신적으로 이루어지는 행위가 아닙니다. 시합을 하는 동안에 보통 골퍼의 심장박동은 더 빨라지고, 두뇌는 더 신속하게 움직이며, 시간은 마치 화살처럼 빨리 지나가게 마련입니다. 그래서 퍼팅의식의 일환으로 마음 속으로 '하나, 둘, 셋' 하고 헤아리는 것조차 힘이 듭니다. 이럴 때일수록 상황을 보고 느낄 수 있도록 손가락, 손, 팔, 몸을 움직여야 합니다. 만약 이러한 동작이 리듬을 깨뜨릴 가능성이 있다면, 뒤로 물러서거나 주변을 몇 발자국 걸어다님으로써 스트로크를 잠시 중지할 수도 있습니다.

만약 리듬과 타이밍이 좋은 상태에서 퍼팅의식을 할 수 없다면, 좋은 스트로크를 할 가능성이 거의 없다고 보아도 됩니다. 모든 골퍼들이 자신에게 맞는 리듬에 따라 무엇인가 짧고 간단한 동작을 함으로써 심적 편안함을 느낍니다. 나의 경우를 예로 들어보겠습니다.

나의 퍼팅의식 준비는 분당 80박자에 맞추어 5초간 짧게 행해집니다. 하지만 내가 입으로 1초, 2초하고 세는 것은 아니며, 다만 나 자신에게 이렇게 말합니다. '아래로, 보고, 보고, 뒤로, 밀어낸다'(사진 10.4.1 좌에서 우). 퍼팅의식을 시작하기 전, 나는 퍼터를 지면에서 0.25인치 정도 들어 올립니다. 이것은 혼자만의 신호인데, 자신의 마음과 몸에 대해 '자 준비가 됐어, 퍼팅을 할 준비가 됐어' 하고 말하고 있는 것입니다. 이 신호 직후에, 나만의 5초 퍼팅의식이 시작됩니다.

첫 번째 사진에서 퍼터가 지면으로부터 약간 들려져 있는 것을 볼 수 있을 것입니다. 이것이 나만의 신호입니다. 곧바로 첫 카운트가 시작됩니다. ─퍼터를 '아래로' 내린다. 그 다음 나는 에임라인을 '바라본다'. 그리고, 다시 눈을 돌려 공을 '바라본다'. 곧이어 퍼터를 '뒤로' 움직여 백스윙을 한다. 마지막 단계는 '앞으로 때려낸다' ─ 입니다. 이것은 아주 간단합니다. 두 번의 '바라보기'가 홀로부터의 거리가 얼마나 되는가를 알기 위해 눈을 들어 바라보는 것과는 다르다는 것을 알아야 합니다. 여기서 말하는 바라보기는 나의 자연스런 리듬에 맞춰 머리를 움직이고, 스트로크 하기 좋은 리듬을 만들기 위해 하는 시선의 움직임입니다. 자신만의 독특한 한 두 가지 퍼팅의식을 만들어야 합니다. 대부분의 프로들이 모두 이렇게 하고 있습니다. 예를 들어, 닉 프라이스(Niek Price)는 샷 준비를 하는 동안 자신의 공 앞에 퍼터를 갖다댑니다.

실제로 플레이하고자 하는 방법으로 연습하라

연습하는 동안 언제나 퍼팅 미리보기, 자연스런 퍼팅리듬, 자신만의 퍼팅의식을 진행하라고 권하고 싶습니다. 이렇게 하는 것이 훌륭한 퍼팅을 지속적으로 할 수 있는 지름길입니다. 어렵고 부담스러운 퍼팅을 해야 하는 순간에 직면했을 때, 무의식적인 반응, 즉 자신의 퍼팅의식에 대한 자연스런 반응에 따라, 지금까지 보고 느껴온 스트로크 미리보기의 단순한 반복에 의해 스트로크를 정확하게 제어할 수 있게 됩니다. 자신의 자연스런 신체리듬, 스트로크 미리보기, 퍼팅의식이 일련의 습관으로 굳어지기 위해서, 여러 번 동일한 방법으로 반복하고 또 반복해야 합니다. 이러한 반복적인 연습을 하기 위한 더없이 좋은 시기가 바로 퍼팅 스트로크 기술을 만들고 고정시키는 시기입니다. 자신의 리듬과 퍼팅의식을 먼저 확립하고, 그 다음 모든 트레이닝 과정 동안 줄곧 이들을 이용할 수 있어야 합니다. 이렇게 만들어진 퍼팅 패턴은 코스에서 심적 부담이나 어려운 상황에 처했을 때 그 효과가 더욱 뚜렷이 나타납니다.

많은 골퍼들이 자신들만의 스트로크 기법을 만들기 위해 몇 년을 노력해 왔지만, 심적 부담을 안은 상태에서는 결국 형편 없는 퍼팅을 하고 마는 경우가 종종 있습니다. 이것은 부담감이 의식을 지배하여 마비시키기 때문입니다. 만약 앞에서 설명한대로 퍼팅 게임을 연습하고 만들어 간다면 ─ 리듬, 미리보기, 퍼팅의식 ─ 자신의 무의식은 부담스러운 상태에서도 자연스런 스트로크를 하도록 자동모드로 움직이게 될 것입니다.

이제 퍼팅 게임의 보다 전통적인 부분을 개발해야 할 준비가 되었습니다. 그러나, 퍼팅의식과 스트로크 미리보기에 대해 마지막으로 한마디 더 하고자 합니다. 그것은 바로 다른 사람의 것들이 자신에게도 그대로 동일한 효과를 내리라고 결코 생각해서는 안된다는 것입니다. 자신에게 적합한 리듬, 스트로크 미리보기, 퍼팅의식을 발견해야 합니다. 나와 함께 일하는 투어 프로들 중 누구도 나의 퍼팅 미리보기나 퍼팅의식을 그대로 따라하지 않습니다. 당신도 그렇게 해야 합니다. 자신의 퍼팅이 어떤 수준에 오를 것인가는 바로 여기에 달려 있습니다.

몸의 유동선을 적절하게 유지하라

퍼팅을 할 때 가장 좋은 셋업 자세는 몸의 선이 에임라인과 일직선이 되도록 유지하는 것이라는 점은 널리 알려진 사실입니다(사진 10.5.1). 손가락, 손, 손목,

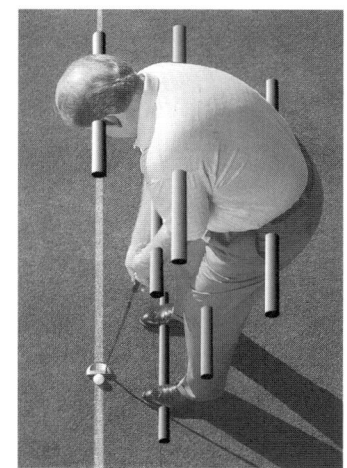

사진 10.5.1 몸의 유동선(사진에서 막대로 표시되어 있는 부분)이 퍼터와 공의 움직임을 결정한다.

사진 10.5.2 어깨선이 왼쪽으로 기울어진 상태에서 퍼팅을 하면, 손이나 손목 혹은 팔뚝을 움직여 주지 않는 한 퍼터가 왼쪽을 향하게 될 것은 당연하다.

팔뚝의 작은 근육들이 퍼팅 동작을 취하면, 스트로크, 헤드, 공이 모두 당연히 이들 근육이 움직이는 방향과 동일한 방향으로 움직이기 때문에, 몸의 유동선은 아주 중요합니다. 따라서 어드레스에서 유동선을 적절하게 유지해야만 올바른 방향으로 퍼팅을 할 수 있게 됩니다.

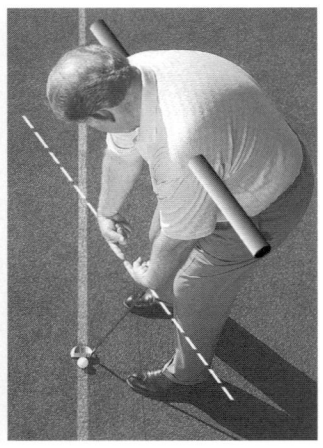

사진 10.5.3 편안한 자세에서 두 팔을 어깨 아래로 늘어뜨린다(좌). 양손 검지 손가락을 서로 마주보도록 갖다대어 만들어지는 라인 모양이 현재 자신의 어깨선 모양이다.

어깨가 가장 중요하다

가장 중요한 몸의 유동선은 어깨입니다. 바로 어깨 부위를 일직선으로 지나가는 선을 어떻게 유지하느냐 하는 점입니다. 만약 어깨선이 왼쪽으로 비뚤어져 있으면 사진 10.5.2에서 보듯이, 손과 팔의 근육을 움직이는 보상동작을 취하지 않고서는 헤드가 에임라인과 스퀘어를 이룰 수 없습니다.

어깨 아래로 손을 내리고 검지손가락을 서로 마주 보도록 대면, 그것이 바로 현재 자신의 어깨선 모양이라고 생각하면 됩니다(사진 10.5.3). 이 '손가락 라인'을 이용해서 엉덩이, 무릎, 발, 어깨가 에임라인 왼쪽으로 평행하게 놓여 있는지 여부를 쉽게 확인해 볼 수 있습니다. 손과 어깨가 일단 완벽한 방향으로 놓이기만 하면, 퍼터를 단순히 앞뒤로 움직이는 동작만으로도 이상적인 일직선(in-line) 퍼팅 스트로크를 할 수 있게 됩니다.

아래위로 움직이는 어깨 회전을 체크하라

퍼팅을 할 때, 당신의 어깨 움직임은 아래위로 회전하는 모양이어야 합니다(원을 그리듯이 움직이는 것이 아니라 아래위로 움직여야 합니다). 그러나, 상당수 골퍼들이 다른 골프스윙에서 하듯이 퍼팅을 할 때도 습관적으로 어깨를 가로로 움직입니다. 그런데 이것은 당장 바꾸어야 할 습관입니다.

아래위로 어깨를 움직이는 법을 배우기는 간단합니다.

퍼터 또는 길이가 36인치 정도 되는 가벼운 막대기를 잡고 출입구에 섭니다 (사진 10.5.4). 그 다음 고무밴드를 이용해 나무막대기를 자신의 어깨에 묶어서 고정시킵니다. 나무막대기가 어깨선에 맞게 단단히 고정되도록 주의해야 합니다. 어드레스 자세를 취했을 때, 어깨에 고정시킨 막대기가 양쪽 벽으로부터 1인치 떨어지도록 출입구에 섭니다. 입구 벽을 따라 평행한 가상의 에임라인 위로 스트로크합니다. 어깨를 가로로 움직이게 되면, 어깨선을 따라 고정되어 있는 막대가 벽에 부딪히게 될 것입니다. 손과 어깨를 이용해 어깨선이 아래위로 움직이는 스트로크를 하는 법을 배우는데는 그리 많은 시간이 걸리지 않습니다. 2주 동안 매일 밤 5분 정도 이 연습을 하면 어깨를 가로로 움직이는 습관에서 완전히 벗어날 수 있습니다.

사진 10.5.4 어깨에 고정시킨 나무 막대가 벽에 부딪히지 않도록 어깨를 아래 위로 움직여야 한다. 이렇게 하면 퍼터가 일직선으로 곧게 움직이는 스트로크(in-line square stroke)를 할 수 있다.

손목이 두 번째로 중요합니다.

두 번째로 중요한 유동선은 손목의 선입니다. 일반적으로 하기 쉬운 실수 중 하나가 손목 유동선이 지나치게 왼쪽으로 향하는 것입니다(사진 10.5.5). 많은 오른손잡이 골퍼들이 오른손을 아래에 두는 그립을 하기 때문에, 특별히 주의하지 않으면 손목의 선이 이렇게 되기 쉽습니다. 손목 유동선이 왼쪽으로 들려 있

사진 10.5.5 오른손을 아래에 두는 그립에서, 팔뚝의 선이 왼쪽으로 들리게 되면 에임라인 왼쪽으로 가는 스윙을 유발하게 된다.

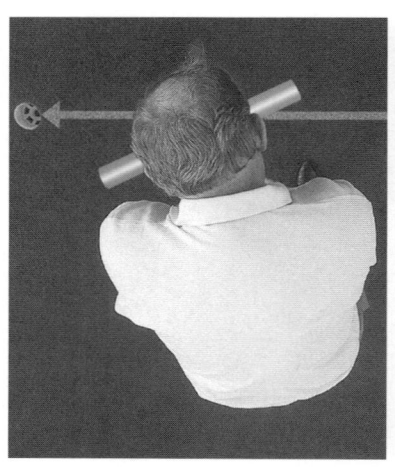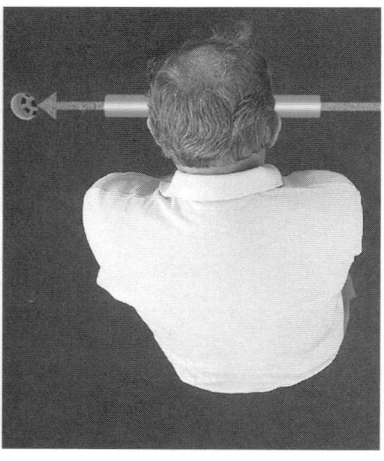

사진 10.5.6 눈이 에임라인 위로 수직이 되도록 유지할수록 (좌측은 잘못된 자세이며 우측이 바른 자세이다) 어깨, 팔뚝, 퍼터가 에임라인에 맞추어 정확하게 위치하기가 쉬워진다.

는 상태에서 퍼팅을 하는 경우, 대부분 골퍼들이 임팩트 순간에 퍼터 페이스를 오픈시키게 됩니다. 이 경우 손목 어깨선을 에임라인과 평행하게 맞추기 위해서 오른쪽 팔꿈치를 몸에 붙인다든가, 혹은 왼손을 아래에 두는 그립을 하는 등의 동작을 취하게 됩니다(사진 10.5.6).

눈은 에임라인 위에 두어라

공 뒤쪽에 서서 퍼팅거리를 계산할 때, 눈의 위치를 그라운드와 수평이 되도록 유지합니다. 이를 쌍안경 자세라고 부르기도 하는데, 왜냐하면 두 눈이 동시에 움직이면서 퍼팅거리와의 삼각형 모양 그림을 두뇌에 전송하기 때문입니다. 이것이 거리를 가장 잘 측정할 수 있는 자세입니다.

머리를 에임라인 위에 두고 어드레스 자세를 취할 때, 눈과 어깨도 에임라인 위에 있어야 합니다. 이렇게 해야만 몸의 유동선과 퍼터 페이스가 모두 에임라인과 평행하게 유지됩니다. 많은 골퍼들이 자신도 모르게 눈의 위치를 왼쪽으로 두는 경향이 있습니다. 이렇게 하는 이유는 타깃(표적)을 더 잘 보기 위해서이겠지만, 아이러니하게도 이런 자세로는 자신의 셋업 자세를 보기가 더 어렵게 될 뿐입니다(사진 10.5.6).

일직선으로 셋업 자세를 취하는 동안, 머리는 에임라인 위에서 아래위로 움직

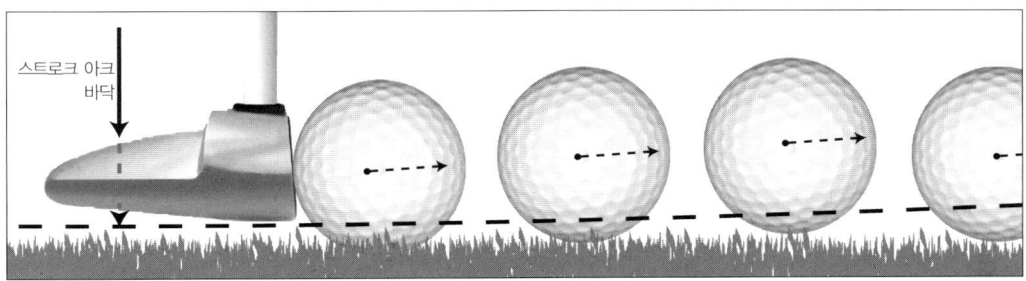

사진 10.5.7 공을 약간 위쪽으로 굴러가도록 한다는 기분으로, 하지만 튀어오르지 않게 공을 스타트시킨다.

여야 합니다. 머리는 아래위로 움직이고, 눈은 에임라인 위에 두는 것이 어깨와 몸의 유동선을 에임라인과 평행하도록 만드는 데 도움이 됩니다.

완벽한 퍼팅 자세와 공의 위치

그 외 다른 모든 것은 정상이라고 가정할 때, 완벽한 퍼팅 자세는 두 발을 어깨

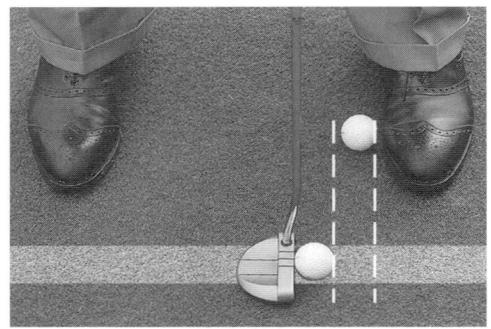

사진 10.5.8 스탠스를 잡은 상태에서 공은 중심 발 안쪽으로부터 공 한 개가 들어갈 정도의 거리에 놓여져 있어야 한다.

사진 10.5.9 눈을 에임라인과 수직을 이루도록 두고(좌) 발가락 선과 공과의 거리는 퍼터 두 배 정도 거리가 되도록 유지한다(우).

넓이 만큼 벌리는 것이 좋습니다. 일단 자세를 잡으면 공이 스트로크 아크(arc) 바닥 바로 앞에 놓여져 있어야 합니다(사진 10.5.7). 대부분의 골퍼들의 경우, 이 상적인 공의 위치는 중심 발 안쪽으로 1인치 반 정도(공의 지름 정도) 거리에(사진 10.5.8), 눈으로부터 수직 아래에 있어야 합니다. 일단 자세가 에임라인에 맞게 고정되고, 눈이 에임라인에 수직으로 놓여 있다고 판단되면, 당신의 발가락 선과 공의 안쪽 끝 사이 거리를 측정합니다. 사진 10.5.9에서 보듯이, 이 거리는 대개 퍼터 페이스 두 개가 들어갈 수 있는 정도이고, 퍼팅하는 동안 이 거리는 똑같이 유지되어야 합니다.

퍼터를 자신에게 적응시켜라

퍼터가 자신에게 익숙하다는 것은 중요합니다. 그것은 적절한 셋업과 에임을 조금은 용이하게 해줄 수 있습니다. 그러나 퍼팅의 성공 여부는 적절한 타이밍에 맞춰 적절하게 스트로크하는 능력에 더 많이 달려 있습니다.

우리 시대 최고의 골퍼로 꼽히는─조지 아처(George Archer), 데이브 스탁튼(Dave Stockton), 벤 크렌쇼(Ben Crenshaw), 로렌 로버츠(Loren Roberts), 그렉 노먼(Greg Norman)에서 리 젠슨(Lee Janzen), 고(故) 페인 스튜어트(Payne Stewart), 지금의 데이빗 듀발(David Duval), 브렌트 팩슨(Brent Faxon)에 이르기

사진 10.6.1 자신이 평소에 익숙하지 않은 퍼터를 사용하게 되는 경우, 이미 익숙하게 다듬어진 셋업 자세와 스트로크 방법에 따라서 스트로크해야 하며, 퍼터 모양에 맞추려는 보상 행위를 해서는 안된다. 사진에서처럼 라이 각도가 지나치게 편평한 퍼터를 이용하는 경우에 토우 부분을 바닥에 대고 셋업 자세를 취한다.

까지-선수들은 어느 퍼터를 가지고도 훌륭하게 퍼팅을 해냅니다. 이는 그들 모두가 자신만의 확실한 퍼팅 기술과 스트로크 방법을 개발했기 때문입니다. 그들에게 어떤 퍼터를 건네준다 해도, 그것이 그들에게 익숙한 것이든 아니든, 그들은 자신들만의 스트로크 방법(셋업, 얼라인먼트, 자세잡기 등을 포함)으로 멋지게 퍼팅을 할 수 있습니다.

사진 10.6.1은 지나치게 편평해서 나에게 익숙지 않은 퍼터를 어떻게 사용하는지 보여줍니다. 이 지나치게 편평한 퍼터에 적응하기 위해 자세를 바꾸기보다는 나 자신의 스트로크에 퍼터를 맞춥니다(퍼터의 토우를 바닥에 댑니다). 절대로 퍼터에 맞추어 자신의 자세, 위치, 스트로크를 바꾸려고 해서는 안됩니다. 이렇게 하는 목적은 ① 스트로크하는 법을 배울 때 바르게 셋업 자세를 취할 수 있고, ② 이미 바르게 익힌 스트로크 법을 망가뜨리지 않으며, ③ 조준을 보다 잘할 수 있도록 하기 위해서입니다.

라이 각도와 샤프트 길이

완벽한 셋업 자세를 취하면-눈은 에임라인과 수직을 이루고, 두 손은 어깨 아

사진 10.6.2 완벽하게 셋업 자세를 취하면 헤드가 공 뒤편에 적절하게 놓이게 된다.

래로 수직을 이루는 위치에 놓여 있고, 어깨와 손목의 선은 에임라인과 평행을 이루며, 등과 엉덩이가 편안한 각도를 이루면 – 공이 정확하게 퍼터의 스윗스팟에 놓여 있게 됩니다(사진 10.6.2).

하지만 전체적인 균형이 깨지지 않는 범위 내에서 샤프트를 약간 길게 잡을 수도 있습니다. 손이 그립에 닿는 정도까지는 괜찮지만 너무 길어져서는 안됩니다.

퍼터를 최소한 6개월은 사용하라

이제 자신의 자세에 맞추어진 라이 각도와 샤프트 길이를 가진 퍼트를 가지게 되었습니다. 개선 프로그램을 시작하기 전에 먼저 스스로에게 한 가지 약속을 해야 합니다. 지금 사용하는 퍼터를 적어도 6개월 동안은 사용하겠다고 말입니다.

왜냐하면, 이제부터 퍼팅에 관련된 새로운 것을 알게 되고 또 스트로크를 하는 과정에서 피드백을 통해 상당히 많은 변화를 거치게 됩니다. 이 과정에서 별로 중요하지 않은 무엇으로 인해 혼란이 생겨서는 안되기 때문입니다. 한 개의 퍼터를 가지고 연습을 시작하고 줄곧 이것으로 연습을 지속해 가기를 바랍니다.

긴 퍼터의 이점을 알아본다

자신이 샤프트가 긴 퍼터로 퍼팅을 더 잘 할 수 있다는 사실을 어떻게 하면 알 수 있을까요? (사진 10.6.3) 30분씩 몇 차례 이를 테스트해 보았습니다. 긴 퍼터는 일반 퍼터에 비해 몇 가지 이점을 가져다 주었습니다. 스트로크를 하는 도중에 손목이 꺾인다든가 손목이 돌아가는 현상이 일어나지 않기 때문에 골퍼가 페이스를 조절하기 위해 애를 쓰지 않아도 된다는 점입니다.

나도 긴 퍼터를 좋아하는데, 이유는 모양이 괘종시계의 시계추 같아서 골퍼들이 시계추 동작의 개념을 이해하는데 도움이 되기 때문입니다. 이런 이유로 내가 운영하는 골프학교에서는 긴 퍼터를 이용해서 지도합니다. 학생으로 하여금 긴 퍼터를 이용하여 순수한 시계추 움직임을 스윙하도록 유도합니다. 그리고 또

사진 10.6.3 긴 퍼터를 이용하여 시계추 동작으로 퍼팅을 하면 보다 쉽게 퍼팅하는 방법을 느낄 수 있다.

한 모든 학생이 한 가지 퍼터를 사용하도록 지도합니다. 이렇게 수천 명의 학생들을 지도하는 과정을 통해, 우리는 아주 흥미로운 결과를 발견하게 되었습니다. 다른 종류의 퍼터나 퍼팅 방법을 이용할 때보다 긴 퍼터를 이용해서 퍼팅할때 홀인되는 확률이 더 높다는 것입니다(6피트 이내 거리에서).

골퍼들에게 긴 퍼트로 교체하라고 권한 적은 한 번도 없습니다. 왜냐하면 누구에게나 가장 적합한 길이의 샤프트가 있기 때문입니다. 그렇기는 하지만, 골퍼들이 적어도 긴 퍼터를 한 번 사용해 보아야 한다고 생각합니다. 시계추 동작의 리듬감을 느끼기에 좋으며, 실제로 많은 골퍼들이 한동안 긴 퍼트를 이용하여 퍼팅 연습을 한 후에 시계추 동작의 느낌과 리듬감을 더 쉽게 가질 수 있게 되었습니다. 또한 이를 통해 손목 동작이나 꺾임이 없이 퍼팅하는 경험을 할 수 있게 되었습니다.

샤프트 축은 퍼팅에서 헤드회전을 최소화시킨다

샤프트와 헤드의 연결 부위를 샤프트 축이라고 하는데, 미스 퍼팅에서 헤드의 회전을 최소화시켜 주는 역할을 합니다. 퍼팅에서 공이 스윗스팟에 정확히 맞도록 하는 일, 혹은 가능한 한 스윗스팟에 근접해서 공을 맞히는 것은 대단히 중요

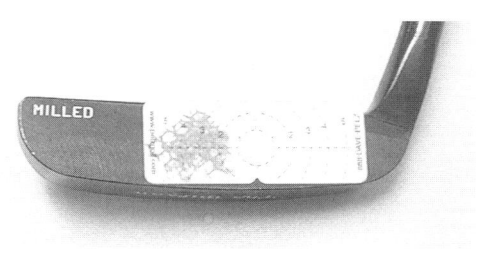

사진 10.6.4 토우 임팩트 경향이
있는 골퍼는 I형 퍼터를 사용해서는
안된다.

합니다. 퍼터의 토우로 때리는 경향이 있는 골퍼들의 임팩트 패턴은 사진 10.6.4
에 나타난 패턴과 유사합니다. 이런 임팩트 패턴을 가진 골퍼는 헤드와 미스 히
트 에리어의 거리가 좀더 가까운 샤프트, 다시 말해서 헤드와 클럽 힐의 거리가
더 긴 샤프트를 골라야 합니다. 토우 임팩트 경향이 있는 골퍼가 힐 샤프트
(heel-shafted) 퍼터를 사용하게 되면, 임팩트에서 실수가 나기 쉽고 손으로 전
해지는 감각도 좋지 않습니다. 이렇게 되면 공이 궤도를 벗어나 약간 오른쪽으
로 치우쳐 굴러가게 됩니다. 반대로, 퍼터의 힐에서 실수가 나는 경향이 있는 골
퍼는 L형 퍼터를 사용해야 합니다.

우리가 잘 알고 있는 훌륭한 골퍼 리 트레비노와 잭 니콜러스는 시합에서 늘 L
형 퍼터를 사용해 오고 있습니다. 그들은 경험을 통해서 L형 퍼터가 자신들에게
최적임을 알게 된 것입니다. 왜냐하면, 이들의 좋지 않은 스트로크는 대개 힐 쪽
에서 나기 때문입니다. 어떤 퍼터를 선택하든 상관없이, 임팩트 순간에 퍼터의
페이스가 공과 직각으로 만나는 스퀘어 포지션(square position)을 유지하고,
손목의 선이 올바른 위치를 유지함으로써, 골퍼가 스트로크의 흐름을 느낄 수
있는 그립이 가장 좋은 그립 상태입니다.

그립은 스트로크의 흐름을 느낄 수 있는 것이 좋다

임팩트 순간에 퍼터의 페이스가 공과 직각으로 만나고 팔의 유동선이 바르게
유지됨으로써 골퍼가 스트로크의 흐름을 느낄 수 있는 그립이 가장 좋습니다.

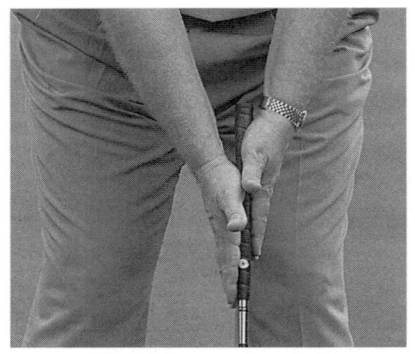

사진 10.6.5 두 손바닥이 페이스에 평행하도록 잡는 그립 (parallel-palm grip).

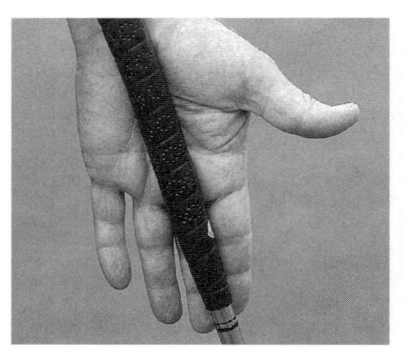 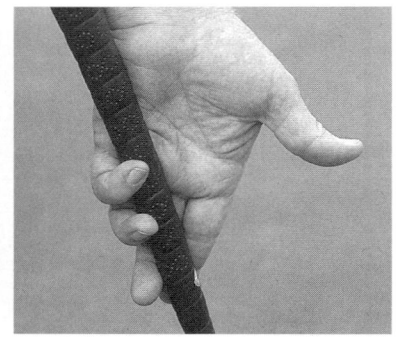

사진 10.6.6 손가락을 사용하지 않고(우) 대신 손의 생명선에 그립이 닿도록 그립을 쥔다. 이렇게 하면 스트로크에서 손목에 힘이 들어가는 것을 최소화할 수 있다.

　그립이 중요하다는 것은 두말할 여지가 없습니다. 하지만 골퍼 모두에게 적용될 수 있는 가장 적합한 그립은 존재하지 않습니다. 가장 일반적인 그립 방법이 '손바닥이 마주보도록' 잡는 그립(parallel-palm grip, 패러럴-팜 그립)입니다(사진 10.6.5). 풀-스윙 샷에서 손가락을 이용하여 잡는 '파워 그립'과는 달리 퍼팅에서는 왼손의 생명선에 맞추어 그립하면 퍼터가 팔의 일부로 작용하는 데 도움이 될 뿐 아니라 손으로 파워를 전달하려는 경향을 줄일 수 있습니다(사진 10.6.6). 또한 손바닥이 페이스에 평행하게 오도록 함으로써 손목의 유동선이 바르게 유지되도록 하는 데에도 도움이 됩니다.

　일단 자신에게 적합한 그립 방법을 발견하게 되면, 퍼터의 그립 부분을 이용해

사진 10.6.7 다양한 그립 방법(위에서 시계 방향으로) : 폴 : 아징거-리버스 오버랩 ; 낸시 로페즈-핑거다운-샤프트 ; 데이빗 바-베이스볼 10핑거 ; 잭 니콜러스-푸쉬핸드 ; 마크 위베-스플릿핸드.

서 연습하는 것 이외에 그 방법을 확실히 자신의 것으로 만들 수 있는 다른 방법이 없습니다.

그립을 쥐는 방법에는 여러 가지가 있습니다(사진 10.6.7). 하지만 당신의 퍼팅 자세를 보지 못하는 상황에서 내가 해 줄 수 있는 말은 자신의 스트로크 과학적 기술을 개발하기 위해 노력할 때 몇 가지 그립 방법을 테스트하고 어떤 방법이 적합한지 평가해 보라는 것입니다. 때로 그립을 바꾸게 되면 임팩트 순간 퍼터의 궤적과 페이스 각도에 영향을 미칠 수 있습니다. 이 부분에 대해서는 뒷장에서 논하기로 하겠습니다.

그립이 중요하다는 것은 말할 필요가 없습니다. 하지만 골퍼 누구에게나 맞는 최적의 그립이란 존재하지 않습니다. 가장 일반적인 그립 방법은 페이스와 평행이 되도록 두 손바닥을 마주 대는 그립입니다(사진 10.6.5). 풀 스윙 샷에서 흔히 이용되는 파워 그립처럼 손가락 사이가 아니라, 왼손 생명선을 따라 그립을 잡는 것이 퍼터가 자신의 팔의 일부로서 기능할 수 있게 해주고, 손에 힘이 가해지는 경향도 줄일 수 있습니다(사진 10.6.6). 또한 손바닥이 퍼터의 페이스와 평행을 이룸으로써 손목의 유동선이 적절하게 유지되도록 해주는 효과도 있습니다.

퍼터를 잡는 방법에는 여러 가지가 있지만, 자신에게 맞는 그립 방법을 찾기 위해서는 몇 가지 그립 방법을 테스트해 보고 자신의 스트로크 기술을 향상시킬 수 있는 방법을 고르는 것이 최선입니다. 그립 방식을 달리하면, 임팩트 순간 퍼터의 궤적과 페이스 각도에 영향을 미칠 수 있다는 점은 당연히 알아야 할 사실이겠지요.

자신에게 적합한 그립을 찾아라

일반적이진 않지만 자신에게 적합한 그립을 찾아낸 골퍼들이 많이 있습니다. 이들의 그립 방법이 색다를지는 모르지만 그들 자신에게 편안하고 지속적으로 이용할 수 있는 방법임이 입증된 것이라 볼 수 있습니다. 코리 페이븐(Corey Pavin)의 그립을 예로 들어 보겠습니다(사진 10.6.8). 코리 페이븐이 가진 문제는 왼쪽으로 실수가 자주 발생한다는 것이었습니다. 스트로크를 하는 동안 그는 더 이상 좌측으로 돌릴 수 없을 정도까지 왼손 손목을 돌린 다음 공을 스트로크하는 습관이 있었습니다. 해결책은 분명했습니다. 오른손을 가능한 한 우측으로 돌리는 것입니다. 이렇게 해서 그는 손바닥이 '반대 방향으로 향하는' 그

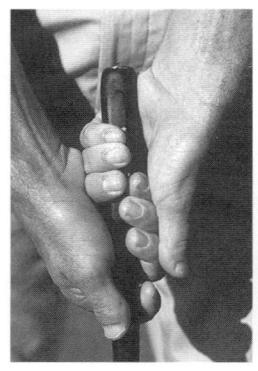

사진 10.6.8 코리 페이븐의 손바닥이 반대 방향을 바라보도록 잡는 그립.

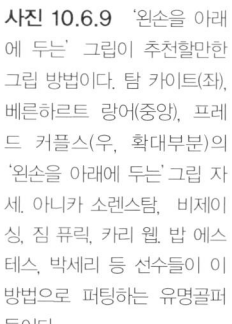

사진 10.6.9 '왼손을 아래에 두는' 그립이 추천할만한 그립 방법이다. 탐 카이트(좌), 베른하르트 랑어(중앙), 프레드 커플스(우, 확대부분)의 '왼손을 아래에 두는' 그립 자세. 아니카 소렌스탐, 비제이 싱, 짐 퓨릭, 카리 웹, 밥 에스테스, 박세리 등 선수들이 이 방법으로 퍼팅하는 유명골퍼들이다.

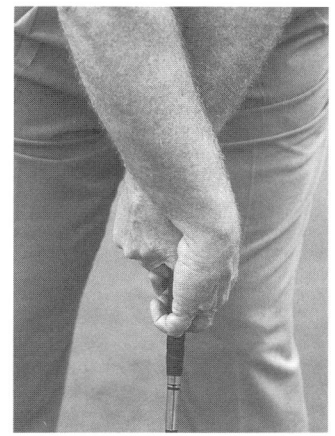

사진 10.6.10 크로스 핸드 그립으로 퍼팅을 하면 아마도 정신나간 행동이라는 말을 들을지도 모른다.

립 자세를 갖게 되었고, 그는 1995년 U.S. 오픈에서 이 방법으로 퍼팅하여 우승을 차지하게 되었습니다.

　내가 앞에서 누구에게나 다 적용될 수 있는 그립은 한 가지도 없다고 말하긴 했지만, '왼손을 아래에 두는'(left-hand low) 그립이 내가 모든 골퍼에게 추천

사진 10.6.11 밥 자이겐푸스가 '왼손을 아래에 두는' 그립을 보여주고 있다.

하는 그립 방법입니다(사진 10.6.9). 이 방법은 왼손이 스트로크를 주도하는 그립자세입니다. 투어 프로들 중에서 이 방법을 이용하는 선수들이 아주 많다는 것이 이를 뒷받침해 주고 있다고 볼 수 있을 것입니다.

가끔 일부 골퍼들이 왼손을 아래에 두라는 말을 '손을 서로 엇갈리게'(cross-handed)한 채 퍼팅하라는 말로 잘못 받아들이는 경우가 있습니다. 진짜 크로스 핸드 그립이 사진 10.6.10에 나와 있습니다. '왼손을 아래에 두는' 그립이 프로들에게만 적용되는 방법은 아닙니다.

밥 자이겐푸스(Bob Zeigenfuss)라는 이름의 한 젊은이가 게임을 시작한 지 겨우 4년만에 1997년 월드 퍼팅 챔피언쉽에서 이 방법으로 퍼팅하면서 우승을 차지한 적이 있습니다(사진 10.6.11).

나의 친구 로키(Rocky)

만약 '정말로' 특이한 퍼팅 그립에 대해 이야기하고 싶다면 나의 친구 빌 로크웰(Bill Rockwell)을 만나보는 것이 좋을 것입니다. 로키는 내가 지금까지 만나본 사람들 중에서 가장 영감을 주는 인물입니다(사진 10.6.12). 그는 여러 해 전에 모토사이클 사고로 왼쪽 팔을 잃고 오른쪽 팔의 일부 기능도 상실했습니다. 1996년

WPC 시합을 지켜보던 그는 "나도 저렇게 할 수 있어." 라는 말을 한 후, 퍼터를 구입해서 난생 처음으로 퍼팅 연습을 하기 시작했습니다. 1997년 7월 자신이 속한 지방의 한 클럽 퍼팅경기에서 우승을 차지했으며 WPC 결승전에서 자신의 실력을 입증했습니다. 1997년 월드 퍼팅 챔피언쉽에서 155번째 홀을 끝마치면서 많은 PGA 프로들을 물리쳤습니다. 어떻게 그렇게 할 수 있었느냐고 물으면 그는 "당신이 하는 대로 하는 거죠. 퍼터를 쥐고 내가 할 수 있는 최고의 스트로크를 하는 것입니다."라고 대답합니다. 그의 '오른쪽 엄지발가락' 그립이 임팩트 순간에 퍼터를 완벽하게 직각으로 가져갈 수 있다는 것이 얼마나 놀라운 일입니까.

퍼터의 그립

퍼터의 크기와 형태가 골퍼의 손 크기에 적합해야 하며 손으로 하여금 최선의 스트로크(임팩트 구간에서의 단단한 컨택트와 페이스 각도 유지)를 할 수 있도록 받쳐줄 수 있어야 합니다. 외관이 어떤가, 어떤 느낌인가, 프로들이 무엇을 사용하는가 등 대부분의 골퍼들이 그립을 볼 때 고려하는 이런 것들보다 앞에서

사진 10.6.12 빌 로크웰이 월드 퍼팅 챔피언쉽에서 많은 PGA 투어 프로들을 능가하는 퍼팅 실력을 선보였다. 로크웰의 '오른쪽 엄지 발가락' 그립은 정말 놀랍다.

말한 내용을 만족시켜 주느냐 여부가 더 중요합니다.

적당한 크기란 그립을 잡았을 때 편안하고 스트로크를 하는데 부담이 없는 느낌을 말합니다. 그립이 너무 작아서도 안되고 그립이 너무 커서 단단히 쥐기가 불편해서도 안됩니다.

형태는 개인적인 취향의 문제가 아닙니다. 골프 규칙에서 그립의 형태를 명확하게 규정짓고 있습니다. 그립이 손이나 손가락이 닿는 부분을 지탱하도록 만들어져 있어서는 안된다든가, 샤프트를 중심으로 대칭을 이루고 있어야 한다는 등의 규칙이 있습니다. 많은 골퍼들이 샤프트의 위쪽으로 편평한 퍼터를 선호하는데, 이유는 엄지손가락을 대고 손바닥이 페이스와 평행하도록 유지하기에 편하기 때문입니다. 임팩트 순간에 퍼터가 에임라인과 직각을 이루도록 하면서 스윙할 수만 있다면 이런 손자세도 좋습니다. 사실, 투어 프로들을 테스트한 결과, 그립의 편평한 부분이 타깃 방향으로 90도 돌아감으로써 이 부분이 페이스와 평행을 이룰 때, 많은 경우 좋은 퍼팅 결과를 얻을 수 있다는 사실을 발견했습니다.

무슨 그립을 이용하든, 가장 중요한 것은 임팩트에서 페이스 각도가 돌아가거나 꼬임이 없이 직각으로 정확하게 유지될 수 있도록 해야 한다는 것입니다. 모든 골퍼에게 다 적용될 수 있는 완벽한 그립은 없지만, 골퍼 누구나 자신에게 완벽하게 맞는 그립이 있습니다. 자신의 것을 발견하기까지 약간의 시간이 필요하겠지만, 그 시간은 의미 있는 시간이 될 것입니다.

헤드 무게가 무거울수록 느린 스윙이 된다

퍼터의 헤드 디자인은 골퍼가 퍼터를 다루는 능숙도에 맞는 것을 선택해야 합니다. 예를 들면, 퍼터를 라인에 맞추어 정렬시키고 공을 단단하게 스트로크하는데 적합하며, 거리에 대한 좋은 감각을 가지는데 지장이 없는 것을 선택하는 것입니다. 헤드가 무거울수록 골퍼는 보다 느리게 스윙하게 되며, 때로 짧은 퍼터를 유발하기도 합니다. 하지만 스트로크를 하는 동안 손이 천천히 움직이는 퍼터를 적당한 속도로 움직이도록 제어해 줄 수만 있다면 약간 무거운 헤드를 사용하는 것도 괜찮습니다. 가벼운 헤드는 골퍼로 하여금 거리에 대한 좋은 감각을 유지하면서 시계추 스트로크를 할 수 있도록 도와줍니다. 왜냐하면 스윙을 크게 가져가도 공이 지나치게 멀리까지 굴러가는 일이 없기 때문입니다. 하지만 스트로크를 아주 능숙하게 하는 골퍼에게는 가벼운 헤드가 오히려 실패를 가져다 줄 수도 있습니다.

만약 입스 현상(손목이 꺾이면서 힘이 빠지는 현상. 퍼팅 미스의 원인이 된다)으로 어려움을 겪고 있다면 헤드와 샤프트 모두 가장 무거운 퍼터를 사용해 보기 바랍니다. 비록 완전히 이 문제를 해결해 주지는 못하지만 입스가 일어나는 정도를 완화하는데 도움이 될 것입니다.

샤프트의 유연성은 퍼팅 성공에 도움이 된다

대부분의 골퍼들이 자신이 사용하는 샤프트의 유연성 여부를 전혀 고려하지 않지만, 사실 이것은 퍼팅의 성공에 도움이 될 수도 있고 방해가 될 수도 있는 요소입니다. 벤 크렌쇼(Ben Crenshaw)는 아주 부드럽고 유연성 있는 샤프트를 사용하는데, 이유는 스트로크를 하는 동안에 헤드를 통해 전해 오는 완벽한 리듬감을 느끼고 싶어서입니다. 마찬가지로 부드러운 샤프트를 통해 자신의 리듬감 여부도 확인하고자 합니다. 대개 흑연으로 된 샤프트는 유연하고 가벼워서 리듬감을 확인하는데 도움이 됩니다.

딘 비먼(Deane Beman)은 PGA 투어 위원이 되기 전 숏게임과 퍼팅에서 실력 있는 선수로 잘 알려진 골퍼입니다. 그는 벤 크렌쇼와 전혀 다른 이유로 샤프트를 선택합니다. 그는 자신이 구할 수 있는 한 가장 단단하고 강한 샤프트를 선호합니다. 이유는 자신이 원치 않는 힘이 더해지는 것도 감소되는 것도 바라지 않기 때문입니다. 자신에게 맞는 샤프트를 결정하려면 장거리 퍼팅 테스트를 여러 차례 시도해 보고, 어떤 샤프트가 자신에게 거리에 대한 최고의 터치감과 필링

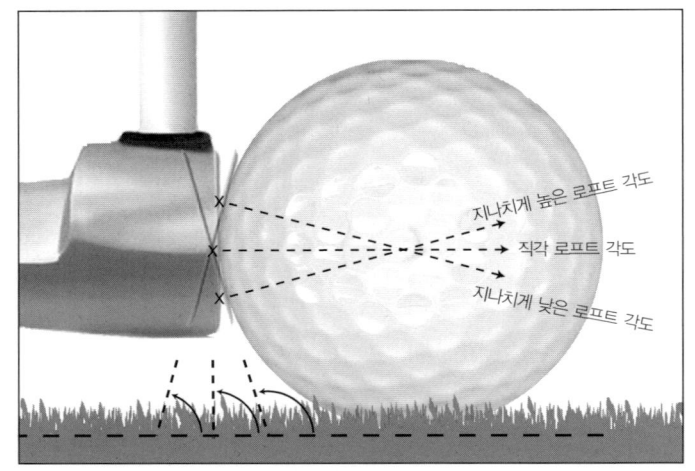

지나치게 높은 로프트 각도

직각 로프트 각도

지나치게 낮은 로프트 각도

사진 10.6.13 그린 표면의 상태를 고려하여 로프트 각도가 퍼터와 공이 만나는 부위를 결정한다.

을 가져다주는지 세심히 관찰해야 합니다.

로프트 각도에 따라 퍼터가 공에 접촉하는 부분이 달라진다

페이스의 로프트(헤드의 경사도)는 몇 가지로 정의될 수 있지만, 단 한 가지 사실만 알면 됩니다. 바로 효과적인 로프트 각도 즉, 임팩트 순간 그린 표면과 로프트가 어떤 각도로 만나는가 하는 점입니다(사진 10.6.13). 로프트 각도에 따라서 퍼터가 공에 접촉되는 부분이 달라집니다. 이 접촉 포인트가 어프로치 각도를 만들고, 공이 뜨는 각도를 결정짓게 됩니다. 공이 어떤 부위에 타격을 받느냐에 따라서 그린 아래로 툭 떨어져 버릴 수도 있고, 그린 위로 쭉 뻗어 나갈 수도 있으며, 혹은 그린 위로 튀어오를 수도 있습니다.

개인적인 의견을 말하자면, 공이 그린 위로 튀어오르지 않을 정도의 로프트를 줌으로써 공이 아주 조금 위쪽으로 잔디 끝을 살짝 스치듯 빠르게 나가도록 출발시키는 것이 적당합니다. 이렇게 하면, 잔디에 있을지 모를 발자국이나 패인 부분에 공이 빠질 위험을 피할 수 있습니다. 임팩트 때의 그린 상태를 고려하여 한두 단계의 로프트를 주면 대개는 충분합니다(만약 거친 잔디 위나 혹은 표면이 울퉁불퉁한 상태에서 퍼팅을 한다면, 공이 잔디 끝자락을 보다 빠르게 날아 가도록 하기 위해서 좀더 많은 로프트를 줄 수도 있습니다). 공이 스트로크 아크 바닥으로부터 약간 위쪽으로 임팩트가 이루어지면 가장 좋은 결과가 나옵니다.

한 가지 퍼터를 고수하라

몇 년 전 나는 레이먼 플로이드(Raymond Floyd)와 저녁식사를 함께 한 적이 있습니다. 그는 나의 가장 훌륭한 퍼터 탑 10 리스트에 들어있는 골퍼였는데, 나에게 이런 말을 했습니다. 그가 사용하는 퍼터는 일반 사이즈보다 길이가 약간 짧은 것으로, 지금까지 시합에서 좋은 결과를 가져다 주었다고 합니다. 하지만 문제는 길이가 짧은 퍼터를 이용해 장시간 연습을 하다보면 등 근육이 긴장되고 통증이 느껴진다는 것이었습니다. 그래서 그는 일반 퍼터보다 길이가 약간 긴 퍼터(38인치)를 항상 사용하기 시작했습니다(사진 10.6.14). 이렇게 긴 퍼터를 사용하면서 몸을 조금 똑바로 펼 수 있게 되었고 등 근육이 긴장되던 현상도 사라지게 되었습니다. 따라서 몇 시간이고 연습하는 것이 부담스럽지 않게 되었습

사진 10.6.14 위대한 골퍼 중 한 명으로 꼽히는 레이먼 플로이드는 일반 퍼터보다 길이가 약간 긴 퍼터(38인치)를 사용한다. 이 방법은 그의 등 근육이 장시간 연습을 견딜 수 있도록 해주었다.

사진 10.6.15 세계적으로 위대한 골퍼들은 자신들이 가장 선호하는 퍼터를 여러 해 동안 변함없이 고수하고 있다. 여러분도 이렇게 해야 한다.

니다. 레이먼에게는 보다 오래 연습할 수 있다는 사실이 부담스런 퍼팅을 잘 해낼 수 있다는 자신감으로 이어졌습니다.

그의 경험이 주는 교훈은 어느 특정한 퍼터를 가지고 장시간 연습하는데 어려움이 있다면, 시합에서 그 퍼터를 사용할 생각을 버리라는 것입니다. 그리고 어느 특정한 퍼터를 자신의 가장 친한 친구로 만들기 위해서 먼저 일정기간 그 퍼터를 사용하고 연습하며 손때를 묻혀야 한다는 점입니다. 조지 아처, 로렌 로버츠, 벤 크렌쇼 같은 위대한 퍼터들은 한 가지 이유로 인해 자신의 퍼터를 오랜 동안 사용하고 있습니다(사진 10.6.15). 이유는 바로 '결과' 입니다. 오랜 기간 하나의 퍼터를 고수하는 동안, 퍼터는 그들의 신뢰할 만한 친구가 되었고, 그들이 좋은 퍼팅 습관을 유지하고 계속해서 안정된 스트로크를 할 수 있도록 해주었기 때문입니다.

그 반대의 경우가 아놀드 파머인데, 그는 선수생활을 하는 동안 적어도 12개의 퍼터를 가지고 코스에 나왔습니다. 그에게 있어 샤프트와 그립이 그 전날 사용하던 것과 다르고, 스윗스팟이 각기 다른 곳에 있다는 것은 그리 문제가 되지 않았던 것이었습니다. 나는 아놀드 파머를 인간으로서 그리고 선수로서 사랑하고 존경합니다. 그러나, 아놀드가 보다 간단한 스트로크로 퍼팅하는 방법을 배우고, 한 가지 퍼터를 고수했더라면 하는 바람을 가져봅니다. 그랬더라면 그는 훨씬 더 오랜 동안 더욱 좋은 퍼팅을 할 수 있었을 것입니다.

　매일, 매주 혹은 매달 새로운 퍼터를 집어드는 것은 득보다는 실이 많습니다. 만약 문제가 퍼터에 있다고 생각된다면, 실력 있는 프로에게 가서 골프클럽을 당신의 몸과 스트로크에 맞게 적응시킬 수 있도록 지도해 줄 것을 요청하는 편이 현명합니다. 이렇게 말하는 뜻은 하나의 클럽을 고수하고, 그것으로 꾸준히 연습해서 더 나은 스트로크를 배우라는 것입니다. 퍼팅이 잘 되는 날이 있으면, 그렇지 못한 날이 있는 것은 당연합니다. 퍼팅이 제대로 되지 않는 것도 그리 나쁘지만은 않습니다. 왜냐하면 그것 자체도 바로 개선 과정의 일부이기 때문입니다.

레이저에이머(조준기구)로 조준 방향을 체크하라

　퍼터가 완벽하게 에임라인에 정렬되었을 때의 모양이 어떤지를 자신의 두뇌에 명확하게 입력시킬 수 있는 가장 좋은 방법이 레이저에이머(LazrAimer:조준기구)라고 불리는 장치를 이용하는 것입니다(사진 10.6.16). 조준하는 방법을 배우기 위해 나의 골프학교에 오는 모든 학생들에게 3일간 이 장치를 이용해서 지도를 해주고 있습니다. 레이저에이머를 이용하면 조준에서 나타나는 문제점을 아주 명확하게 눈으로 확인할 수 있습니다(사진 10.6.17). 학생들이 조준하는 법을 배우고 마침내 실력이 좋아지기 시작할 무렵, 이 장치를 이용하면 특히 도움이 되는데, 왜냐하면 아무리 사소하더라도 여전히 남아있는 잘못된 부분을 쉽게 찾아낼 수 있기 때문입니다. 조준을 잘 할 수 있는 법을 연습하고 배우기에 3일이란 기간이 짧긴 하지만, 이 기간 동안 학생들이 조준에 있어 자신의 문제가 무엇인지 깨닫고 인식하도록 해 줄 수 있다는 점에서 의미가 있습니다. 골프학교 문을 나설 때, 그들은 만약 조준을 적절하게 하지 못하면 스트로크를 개선시키기 위한 자신들의 노력이 어쩌면 헛되이 끝나버릴 수도 있다는 사실을 알게 되는 것입니다.

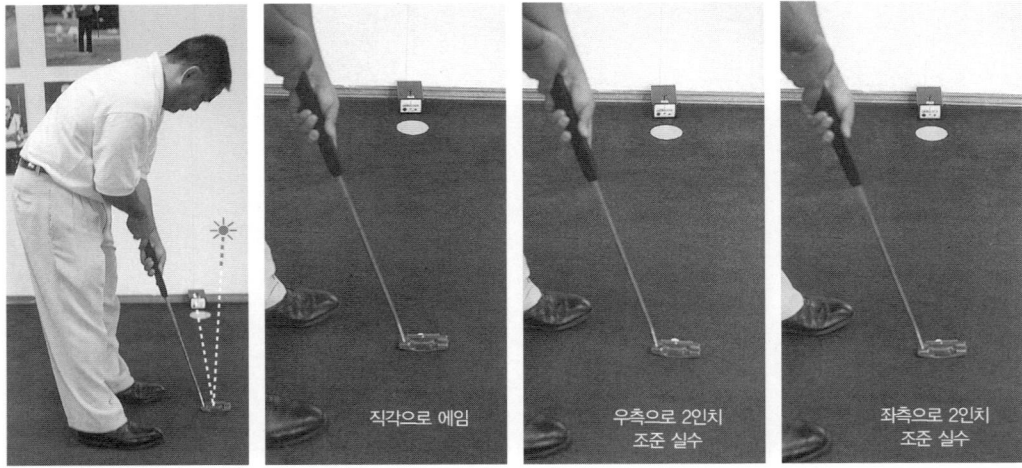

직각으로 에임

우측으로 2인치
조준 실수

좌측으로 2인치
조준 실수

사진 10.6.16 조준기구(레이저에이머 : 벽앞 바닥에 놓인 상자)가 퍼터에 반사한 빛을 통해서 페이스의 조준 방향이 잘못되어 있는지 여부를 알 수 있다.

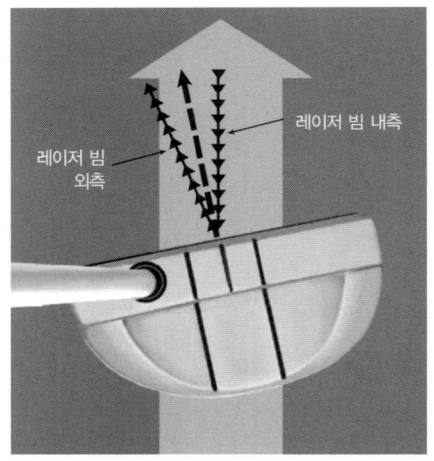

레이저 빔 내측

레이저 빔
외측

사진 10.6.17 페이스에 부착된 거울에서 반사된 빛이 벽에 재
반사되는 양상을 통해 조준에 있어 문제가 있는지를 확인할 수
있다.

레이저에이머가 페이스에 부착된 작은 거울에 저강도 레이저빔을 비추면, 페
이스에 부착된 작은 거울이 이 빛을 다시 벽에 반사하는 원리를 이용하여 페이
스의 각도와 조준여부를 눈으로 확인해 볼 수 있는 장치입니다. 레이저에이머

는 목소리에 반응하는데, 골퍼가 "온."이라고 말하면 레이저빔을 반사하게 됩니다.

이 장치를 이용하여 연습하면 조준능력이 현저히 향상되는 결과를 볼 수 있는데, 5분만에 자신의 조준실력이 개선된 결과를 눈으로 확인할 수 있습니다. 그런데 그 다음 날이 되면, 좋아졌던 실력이 거의 대부분 사라지고 맙니다. 경험에 비추어 볼 때, 코스에서 실제로 결과를 확인해 볼 수 있기까지 약 3주 정도의 연습시간이 필요합니다. 심지어 수년간 적절하게 조준하는 방법을 연습해온 투어 프로들 중에서도 '정확하게' 조준하는 실력을 유지하기 위해서 호텔 방에서 레이저에이머를 이용하여 연습하는 경우를 볼 수 있습니다.

조준하기 편한 퍼터를 사용하라

만약 퍼터를 정렬하는데 어려움이 있다면, 여러 퍼터들 중에서 자신에게 가장 조준하기 편하다고 여겨지는 퍼터를 사용해야 합니다. 얼라인먼트는 퍼팅 스트로크의 가장 기본입니다. 조준에 문제가 있거나 퍼터를 에임라인에 적절하게 정렬할 수 없다면, 자연히 좋은 스트로크는 기대하기 어렵습니다.

이것은 결코 시력의 문제가 아닙니다. 오히려 자신이 자주 하는 실수에 대한 학습된 반응이라고 할 수 있습니다. 만약 공이 왼쪽으로 기울어지는 실수를 자주 범한다면, 골퍼는 다음 퍼팅에서 무의식적으로 공을 오른쪽으로 조준하게 됩니다. 만약 오른쪽으로 공이 휘어지는 실수를 범하는 경향이 있다면, 이를 상쇄하기 위해 자신도 모르게 공을 왼쪽으로 조준하게 될 것입니다.

골프학교에서 학생들을 가르치면서, 나는 이렇게 왼쪽 혹은 오른쪽으로 상쇄해 보려는 심리를 고치지 않으면 결코 공을 바르게 조준하는 법을 배우게 할 수 없다는 사실을 알았습니다. 경험으로 볼 때, 피드백 장치가 있는 상태에서 약 3주에서 6주 정도 야간 연습을 하면 이런 버릇을 바로 잡을 수 있습니다. 이때, 실제 그린 위에서 이 연습을 하면 안됩니다. 왜냐하면, 실제 그린 위에는 피드백 장치가 갖춰져 있지 않기 때문입니다.

밸런스라인을 조준하라

대부분의 골퍼들은 퍼팅 방향을 정하는 기준으로 골프 공 위에 표시되어 있는 선(혹은 일렬로 인쇄된 단어)을 이용합니다. 이 선을 퍼팅 방향으로 맞추어 두고, 헤드를 그 선에 수직으로 대고 어드레스 자세를 취하는 것입니다. 이것은 새로운 방법이 아니지만, 타이거 우즈(사진 10.7.1)와 저스틴 레너드가 이렇게 하는 모습이 TV를 통해 자주 비춰지면서 최근에 더 보편적으로 이용되고 있습니다.

하지만 보다 정확한 방법은 공의 '밸런스라인'을 이용하는 것입니다. 나는 여러 해 동안 골퍼들에게 이런 방법으로 공에 표시를 한 후, 밸런스라인을 수직으로 세운 모양으로 조준라인을 따라 공이 굴러 가야 한다고 말해왔습니다. 이렇게 하면, 조준라인을 따라 공이 곧게 굴러가도록 할 수 있습니다(사진 10.7.2).

사진 10.7.1 타이거 우즈가 공을 에임라인 위에 놓고 퍼팅 방향을 조준하고 있다.

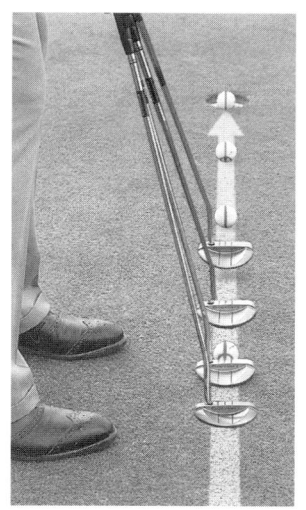

사진 10.7.2 밸런스라인을 얼라인먼트에 이용하면 공이 균형을 잃고 엉뚱한 방향으로 굴러가는 현상을 막을 수 있다.

페이스라인(putter face-line)을 이용하라

최근에 '페이스라인'이라고 불려지는 새로운 선에 대한 개념을 발견했습니다. 페이스라인은 한가운데에 닷스팟이 있는 원으로, 밸런스라인과 수직으로 만납니다. 페이스와 페이스라인의 관계가 사진 10.7.3에 잘 나타나 있습니다. 이 방법을 이용하면, 퍼터를 공의 원하는 부위에 정확하게 갖다 대기가 보다 쉬워집니다.

사진 10.7.3 페이스가 페이스라인에 평행이 되게 맞추면 자연스럽게 페이스가 에임라인과 스퀘어를 이루게 된다.

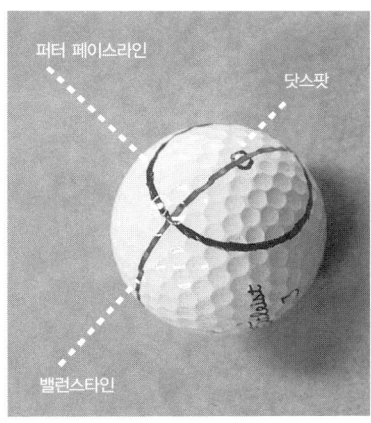

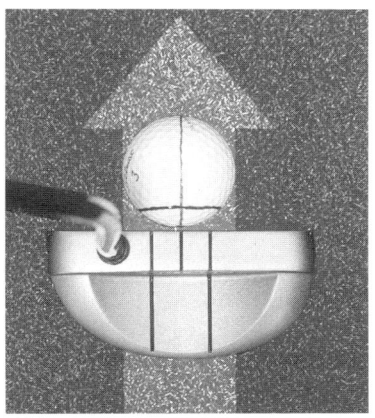

닷스팟(Dot-Spot)

공 표면의 오톨도톨하게 패인 부분 가장자리를 스트로크하는 것보다는 패인 부분의 편평한 면을 스트라이크하는 것이 좋습니다. 밸런스라인 위에 있는 '닷스팟'(패인 부분에서 가장 편평하게 만져지는 곳)을 찾아낼 수 있다면 단단하게 가격하는데 도움이 됩니다. 어느 공에나 두 개의 '닷스팟'이 존재합니다. 공이 정확하게 절반으로 나뉘어지는 이음매를 가로질러 밸런스라인이 지나가고, 이 라인 위에 '닷스팟'이 놓여 있습니다.

'닷스팟'을 찾아낸 다음, 닷스팟을 중심점으로 하는 페이스라인을 표시합니다. 페이스라인은 밸런스라인과 정확하게 수직으로 만나게 됩니다. 이런 과정이 약간 혼란스러울 수도 있기 때문에, 일반적으로 이하 과정을 거쳐 공에 표시를 합니다(사진 10.7.4).

① 밸런스라인 기계 안에서 공을 회전시키거나 중수(물보다 분자량이 큰 물)에 공을 띄우는 방법을 이용하여 공의 중심을 측정합니다. 공을 회전시키는 방법을 이용하는 경우에는 공이 회전하고 있을 때 밸런스라인을 표시하고, 공

사진 10.7.4 닷스팟을 가운데 점으로 페이스라인을 표시한다(네 부분으로 나뉘어 원을 이루도록 페이스라인을 표시한다).

을 물에 띄워보는 방법을 이용하는 경우에는 공을 물에 띄워 놓은 상태에서 밝은 색으로 공에 표시를 해 두었다가 공이 마른 다음 정확하게 라인을 표시합니다.

② 밸런스라인 주변을 면밀히 관찰하여 라인이 공의 이음매 부분을 가로질러 지나가는 부분을 찾아냅니다. 밸런스라인과 이음매가 겹치는 부분을 닷스팟으로 표시합니다(둥근 원으로).

③ 닷스팟을 중심으로 하는 페이스라인을 표시하면 이제 준비가 다 되었습니다.

④ 그린 위에서 공의 밸런스라인이 조준라인과 항상 수직으로 위치하도록 놓습니다. 페이스라인과 닷스팟이 공의 뒤편에 있어야 한다는 점을 기억하기 바랍니다(사진 10.7.3).

⑤ 이제 스트로크 미리보기를 진행하고 퍼터를 공 뒤에 갖다댄 다음, 퍼팅의식을 거쳐 스윙합니다.

눈의 위치를 조준 라인 위에 두어라

조준을 할 때는 항상 두 눈을 조준라인에 수직으로 똑바로 두어야 한다는 점을 잊어서는 안됩니다. 밸런스라인과 페이스라인을 이용해 아무리 조준을 정확하게 하더라도, 퍼팅을 할 때마다 눈의 위치가 바뀐다면 결국 조준하는 법을 지속적으로 개발해 나가기 어렵습니다. '눈을 조준라인 위에' 두라고 한 말을 잘못 이해해서는 안됩니다. 눈이 공을 바로 위에서 바라보아야 한다는 뜻이 아니라, 두 눈의 위치가 조준라인 위에 수직으로 놓여있어야 한다는 의미입니다. 눈의 위치와 조준라인이 수직으로 유지되기만 한다면 한쪽 눈이나 혹은 두 눈이 공 뒤편을 바라보아도 괜찮습니다.

자신의 발가락 선에서 공에 이르는 거리를 재는 방법을 통해 자신의 시선이 조준라인에 수직으로 위치해 있는지를 체크할 수 있습니다. 그 다음 연습부터 항상 이 거리를 체크함으로써 눈의 위치를 확인하면 됩니다.

다시 한 번 말하건대, 매번 동일한 어드레스, 동일한 자세, 동일한 퍼터를 이용하지 않는다면, 훌륭한 퍼팅 습관을 반복해서 익힘으로써 거의 자동적으로 좋은 퍼팅을 구사하는 수준에 결코 이를 수가 없습니다.

Chapter 11

스트로크의 과학적 기술

퍼팅을 구성하는 여러 과정

마침내 우리는 스트로크의 과학적 테크닉에 관해 이야기를 할 수 있게 되었습니다. 조준라인을 따라 곧게 나가는 일직선 스트로크(pure-in-line stroke)를 할 수 있고, 이것을 확실히 자기 것으로 만들기 위해서는 끊임없는 피드백, 리듬, 몸의 유동선, 퍼팅 미리보기, 퍼팅의식을 꾸준히 연습해야 합니다. 이렇게 해야만 연습의 어느 한 부분이라도 잘못된 방향으로 흘러가는 것을 방지할 수 있습니다. 모든 것이 확실한 하나의 과정으로 자리를 잡게 되면, 실제로 골프 코스에서 어떤 부담을 안고 퍼팅을 해야 하는 경우에 직면하더라도 멋지게 그것을 처리할 수 있다는 믿음을 가질 수 있게 됩니다.

일직선 스트로크가 왜 가장 간단하면서도 가장 좋은 스트로크 방법인지 이미 설명한 바 있습니다(사진 11.1.1). 이 스트로크를 완벽하게 익히는 것이 무엇보다 이상적이긴 하지만, 그래도 언제 어떤 경우에라도 일직선 스트로크를 구사하기란 불가능합니다. 왜냐하면, 우리는 인간이기 때문에 언제나 완벽할 수는 없습니다. 때로는 불안한 스트로크를 하기도 하고 혹은 제어를 벗어난 스윙을 할 수도 있습니다. 그러나 실망해서는 안됩니다. 어쨌든 우리는 '거의' 완벽에 가까운 일직선 스트로크를 익힐 수 있으며, '거의' 언제나 멋진 스트로크를 할 수 있기 때문입니다. 위대한 골퍼들이 하는 것처럼, 우리도 거의 완벽한 스트로크를 어느 때나 해낼 수 있다는 말입니다.

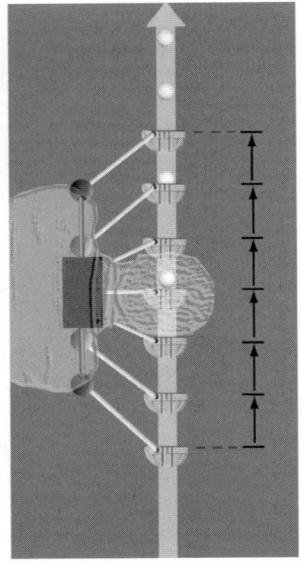

사진 11.1.1 양손이 어깨 아래에서 마치 시계추의 움직임처럼 스윙을 하고 어깨선이 에임라인과 평행을 이루면, 에임라인을 따라 정확하게 일직선으로 나아가는 스트로크를 할 수 있다.

트랙에서 퍼팅 연습 하기

퍼팅 트랙(putting track)에서 매일 몇 분씩 스트로크 연습을 하면, 일직선 스트로크를 만들기가 조금씩 분명한 진전을 보입니다(사진 11.1.2). 얼마나 빨리 좋아지느냐는 자신에게 달려 있습니다. 빨리 좋아지기를 바란다면 더 자주 연습하고 보다 많은 시간을 할애해야 합니다(한 번의 연습량이 많은 것보다는 짧은 시간 자주 하는 것이 더 도움이 됩니다).

퍼팅 트랙은 스트로크 궤적 만들기 피드백을 할 수 있는 가장 훌륭한 장치입니다. 완벽한 스트로크 궤적을 만들어 줄뿐만 아니라 현재 자신이 어떻게 하고 있는지에 대해 거짓없이 그대로 보여주기 때문입니다. 이 트랙은 가격이 비싸지 않으며, 설치가 용이하고 여행할 때 가지고 다닐 수도 있습니다. 몇 분간의 시간을 낼 수 있는 곳이라면 집이나 사무실 어디서든지 이용할 수 있습니다(많은 투어 프로들은 자신이 묶는 호텔에서 밤에 이것을 이용해 연습하고 있습니다).

하지만 여기서 중요한 것은 잘 고안된 트랙을 이용해서 신중하게 연습에 임해

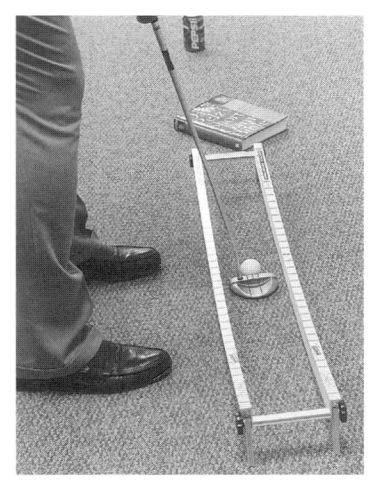

사진 11.1.2 퍼팅 트랙을 이용해 스트로크 연습을 하면 일직
선 모양으로 스윙하는 법을 익힐 수 있을 뿐 아니라 스윙 동작
도 한결 가뿐해진다.

야 한다는 점입니다. 어떤 트랙은 퍼터가 스퀘어로 움직이는지 여부를 보여주는
라인이 없는가 하면, 어떤 것들은 랙이 완만한 곡선형태로 이루어져 있지 않아
서 퍼터를 뒤로 가져갔다가 다시 앞으로 밀어내는 과정을 연습할 수 없는 경우
도 있습니다.

이 두 가지를 모두 갖춘 트랙을 사용해야 하는데, 피드백을 제대로 할 수 없는
상황에서 하는 연습은 시간 낭비일 뿐입니다.

연습을 하기 전에 먼저 트랙 뒤쪽에 서서 트랙과 타깃이 되는 소다캔이 일직선
으로 정렬되어 있는지를 주의 깊게 점검합니다(사진 11.1.2에서 보듯이, 한쪽 눈
으로 보았을 때, 샤프트가 트랙과 캔의 한가운데를 정확하게 지나가야 합니다).
이 연습은 공을 어느 방향으로 굴러가도록 할 것인가에 관한 연습이 아니라, 퍼
팅할 때 스트로크 궤적이 '일직선'을 이룰 수 있도록 만들기 위한 연습입니다.
트랙 안에 퍼터를 놓고 스트로크를 할 때, 트랙의 레일을 쳐서 소리가 나서는 안
된다는 점에 주의해야 합니다.

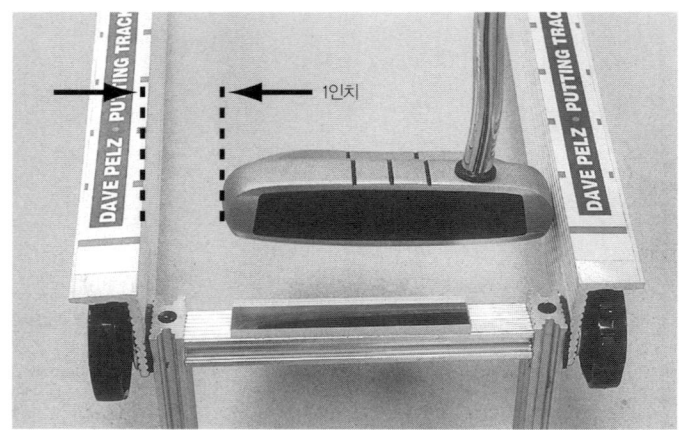

사진 11.1.3 처음 트랙을 이용한 연습을 할 때는 퍼터를 트랙 안에 넣어서 1인치 정도 공간이 생기도록 트랙을 설치한다. 스트로크의 80% 정도가 트랙을 건드리지 않고 스트로크를 할 수 있을 때까지 연습한다.

피드백 이용하기

퍼터와 레일과의 거리가 약 1인치 정도 공간이 생길 정도로 트랙을 설치하고 스트로크 연습을 합니다. 이 때 몇 번 트랙 양옆을 쳐서 소리가 나는지 횟수를 셉니다. 레일을 치는 횟수가 전체 스트로크의 약 50% 정도라면, 일단 피드백을 통해 빠른 속도로 연습해 나갈 수 있는 적합한 수준이라고 볼 수 있습니다. 아마도 이 정도 스트로크 수준에 이르기 위해서는 어느 정도 레일에 적응할 시간이 필요할 지도 모릅니다(사진 11.1.3). 전체 스트로크의 80% 정도를 레일을 치지 않고 할 수 있을 때까지 연습합니다. 연습 시간은 매번 약 10분 정도(약 50번)로 합니다.

퍼팅 트랙 연습을 시작하기에 앞서 먼저 메트로놈을 자신의 신체리듬 템포에 맞추고, 가능한 한 어드레스 자세와 몸의 유동선이 가장 적절하게 유지되도록 준비합니다. 연습 스윙의 스탠스를 트랙 바깥에서 하듯이(그린 위에서 실제 공의 좌측으로 4인치 떨어진 위치) 자세를 취합니다. 다음 현재 연습하려는 스트로크 미리보기를 합니다. 그 다음, 트랙 앞으로 당겨 섭니다. 셋업할 위치(테입을 이용해 자신의 발가락과 공 사이의 거리를 표시해 둔다)에서 퍼팅을 하기 전 자신만의 간단한 퍼팅의식을 행합니다.

처음 몇 번의 연습에서 신체적으로나 정신적으로 몹시 부담스럽다는 사실에 놀랄 필요가 없습니다. 아마도 이전에 스트로크를 하면서 한 번도 그렇게 많은 피드백을 얻어 본 경험이 없었을 것이며, 따라서 무의식적으로 이런 부자유스런 상황이 불편하다고 느낄 것은 당연합니다. 하지만 계속해 나가야 합니다. 몇 번의 연습을 거치면서 조금씩 편안하게 적응이 될 것이며 이렇게 적응이 되면 실제 스트로크에서 진전을 눈으로 볼 수 있게 됩니다. 이 단계가 되면, 몇 가지 다른 피드백 장치를 혼용하여 연습할 때가 되었습니다. 엘크스(Elks) 키를 트랙 아래에 설치합니다. 이것은 어깨선을 바로 잡는데 아주 도움이 되는 장치입니다 (사진 11.1.4). 또한 스트로크를 할 때마다 5초 동안 팔로우스루를 유지하는 연습에도 아주 도움이 됩니다.

트랙과 타깃이 되는 캔을 일렬로 맞춰놓은 후에 캔 바로 뒤쪽 바닥에 작지만

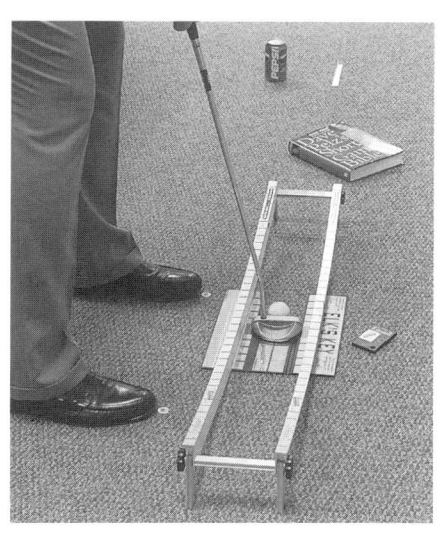

사진 11.1.4 트랙을 따라 스트로크와 피니쉬가 편안하게 잘 되면, 그 다음으로 브레이크가 들어가는 퍼팅을 연습하기 위해 캔(홀)을 앞에 두고 하는 연습으로 옮겨간다.

눈에 구별하기 쉬운 테입을 붙입니다. 그 다음 캔을 6인치 좌측으로 옮겨 놓습니다. 이제 6인치 브레이크가 들어가는 공을 보고 있는 것처럼 가상합니다. 이를 위해서는 컵의 우측 에지(홀의 테두리, 가장자리)로부터 6인치 떨어진 에임라인을 그려볼 수 있어야 합니다. 마지막으로 에임라인(캔이 아니라 테입)을 바라본 후, 트랙 내에서 스트로크를 하고 에임라인을 따라 팔로우스루를 지속합니다(당연히 레일을 건드려서는 안됩니다). 그 다음 연습에서는 캔을 테입의 우측으로 몇 인치 옮겨놓고, 좌에서 우로 공이 휘는 스트로크를 연습합니다. 세 번에 한 번씩은 일직선 스트로크를 하는 연습으로 되돌아갑니다.

엘리베이티드 에임라인(Elevated Aimline) 이용하기

이렇게 몇 달 동안 연습을 한 후, 자신의 스트로크가 제대로 틀이 잡혀있음을

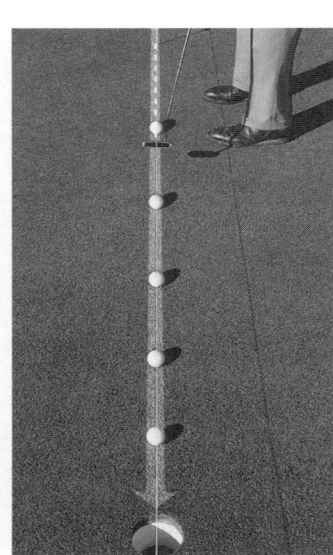

사진 11.1.5 엘리베이티드 에임라인을 중심으로 관찰해 보면, 자신이 라인 밖으로 피니쉬를 하는지(좌), 라인과 나란히 피니쉬를 하는지(가운데), 혹은 라인 안에서 밖으로 고리 모양을 이루며 피니쉬를 하는지(우) 여부를 알 수 있다.

사진 11.1.6 패스파인더를 가지고 골퍼의 뒤에 선다. 한 쪽 눈을 감고, 아래 원은 공 위에 맞추고 위쪽 원은 골퍼가 말하는 에임라인에 맞춘다. 골퍼가 스트로크를 할 때, 두 원 사이를 지나가는 에임라인을 기준으로 퍼터가 어떻게 움직이는지 관찰한다.

스스로 느낄 정도가 되면, 이제 야외 그린으로 나가 연습하고 싶은 마음이 생길 것입니다. 옥외 그린 위에 엘리베이티드 에임라인(실제 에임라인에서 9인치 위쪽으로 지나가도록 설치된 탄력성 있는 줄)을 설치하고, 매 스트로크마다 어떻게 피니쉬가 이루어지는지 눈으로 확인합니다. 엘리베이티드 에임라인을 기준으로 해서, 자신이 스트로크를 하고 난 후 안쪽으로 피니쉬를 하는지, 일직선으로 피니쉬를 가져가는지, 혹은 바깥쪽으로 끌어가는지를 알 수 있습니다(사진 11.1.5).

스트로크 궤적을 추적할 수 있는 또 하나의 피드백 장치는 패스파인더 (pathfinder : 스트로크 궤적에 대한 정확한 피드백을 제시하는 기구)입니다(사진 11.1.6). 일부 투어 캐디들이 자신의 선수에게 스트로크 궤적에 대한 정확한 피드백을 제시하기 위해 이 투명한 플래스틱 판을 이용합니다. 이 패스파인더는 사용하기가 간편합니다. 선수가 자신의 에임라인이 어디에 있는지 말하면, 아래쪽 원에 공을 놓고, 위쪽 원은 에임라인 위에 놓습니다. 패스파인더는 퍼팅 궤적이 에임라인을 따라 움직이는지 아니면 라인을 벗어나는지를 보여줍니다.

안정적인 스트로크를 하라

지속적으로 안정된 스트로크를 하기 위해서는(특히 부담스러운 상황에서). 손에 힘을 가하지 않은 상태에서 임팩트 순간에 속도를 내야 합니다. 리듬감 있게 움직이는 부드러운 시계추 스트로크가 스윙의 중간지점에서 가속도가 붙는다는 사실을 발견하기까지 수년이 걸렸습니다(이것은 진자 물리학입니다). 자신의 자연스런 신체리듬에 맞는 완벽한 시계추 스트로크 동작을 만들고, 스트로크의 중간지점 직전에 공에 임팩트하면, 아주 자연스럽게 안정적인 임팩트를 할 수 있습니다. 공 앞에서 스트로크 동작을 팔로우스루로 가져가면, 팔로우스루는 백스윙보다 길어지게 되고, 자연히 임팩트 순간에 확실하게 속도를 붙일 수 있게 됩니다. 그래서 팔로우스루가 백스윙보다 길고, 리듬감 있게 스트로크를 가져가면 언제나 안정적으로 임팩트할 수 있습니다.

안정적인 스트로크 동작으로 퍼팅을 해야 한다는 사실을 알고 있는 것과 실제로 그것을 할 수 있는 것 사이에는 아주 큰 차이가 있습니다. 안정적인 스윙 연습을 하는 방법을 보여주고, 그 안정성을 하나의 습관으로 만들어 실제로 코스에 나갔을 때 항상 편안하게 구사할 수 있도록 하는 것이 나의 바람입니다. 이를 위해서는 먼저 세 가지 '참고' 스트로크를 배워야 합니다(6인치, 12인치, 18인치 참고 백스윙 스트로크). 퍼팅 트랙 넓이에 꼭 맞는 얇은 발포용 고무조각과 이 조각을 트랙에 부착시키기 위해 필요한 테입을 준비합니다. 공은 사용하지 않습니다.

1단계 : 두 개의 발포용 고무조각을 트랙 양 레일을 가로질러 부착시킵니다. 하나는 볼 스팟의 뒤쪽으로 12인치 떨어져서 붙이고, 나머지 하나는 앞쪽으로 14인치 떨어진 지점에 붙입니다(사진 11.2.1).

2단계 : 레일 위 검은 다이아먼드 사이 트랙 안쪽에 점 스티커를 부착시킵니다. 점 스티커를 부착하는 지점이 대개 공이 위치하는 지점입니다.

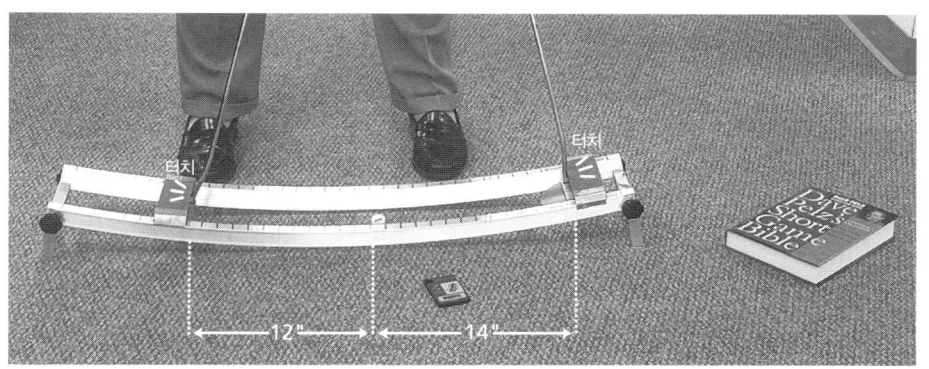

사진 11.2.1 트랙 양 레일에 발포용 고무조각을 붙일 때 하나는 볼 스팟의 뒤쪽으로 12인치, 나머지는 앞쪽으로 14 인치 지점에 붙인다.

3단계 : 메트로놈을 자신의 자연스런 신체리듬에 맞게 울리도록 맞춘 후, 점 스티커가 마치 공인 것처럼 어드레스해서 마치 퍼팅을 하듯이 스트로크합니다. 이때 반드시 샤프트가 양쪽에 있는 고무조각을 앞뒤로 쳐야 합니다.

4단계 : 5초 동안 피니쉬를 가져갑니다. 이것은 실제 코스에서 하는 10피트 퍼팅을 위한 안정적인 스트로크(길이 12인치 백스윙과 14인치 팔로우스루)에 해당됩니다. 안정적인 스트로크란 퍼터가 공과 단단하게 임팩트하고, 가격을 받은 공은 홀을 17인치 지나가는 정도의 최적의 스피드로 굴러가게 됨을 의미합니다.

트랙에 적절하게 셋업 자세를 취하면 어깨선은 자연히 에임라인에 평행하게 맞춰지게 됩니다. 이 자세에서 리듬감 있게 스트로크를 가져가면, 근육의 힘으로 공을 때리는 동작을 하지 않고 효과적인 스트로크를 할 수 있게 됩니다(스트로크가 자신의 자연스런 리듬에 맞추어 진행되기 때문입니다).

이제 지금까지 설명한 전 과정을 19회 반복합니다. 그리고 마지막 5번째는 눈을 감고 해봅니다. 이것이 12인치 백스윙 스트로크 기법입니다. 며칠 후에 다시 반복해서 연습합니다.

6인치 백스윙 스트로크 기법은 볼 스팟 뒤쪽으로 6인치, 앞쪽으로 7인치 되는 지점에 고무를 부착시키고 스트로크를 하는 연습입니다. 이것은 그린 위에서 길이 2피트 정도의 퍼팅을 해야 할 때 필요한 스트로크입니다.

세 번째 연습은 18인치 백스윙 스트로크인데, 볼 스팟에서 뒤쪽으로 18인치, 앞쪽으로 21인치 되는 지점에 고무를 부착시키고 합니다. 이것은 25피트 퍼팅에 해당하는 스트로크 연습입니다.

위의 세 가지 참고용 스트로크는 라운드를 돌 때 주로 필요한 전형적인 스트로크 방법입니다. 이 연습은 공을 가지고 하는 것도 아니고, 결과에 대한 심적 부담을 안고 스트로크를 하는 것도 아니기 때문에, 연습하는 동안 오로지 리듬과 감각에만 전념할 수 있습니다. 일정기간 동안 이 방법으로 연습하면(6개월에 걸쳐 한 주에 며칠간 밤 시간을 이용하는 정도), 안정적인 스트로크(공에 적절한 속도를 붙이는 스트로크)를 무의식 속에 확실하게 각인시킬 수 있습니다. 이렇게 무의식적으로 스트로크를 안정성 있게 구사할 수 있는 정도가 되면, 실제로 코스에서 자동적으로 필요한 스트로크를 구사할 수 있게 됩니다(이 방법을 가끔씩 반복해서 연습하면 잘못된 습관이 드는 것을 방지할 수 있습니다). 물론, 12인치 백스윙 스트로크를 긴 퍼터를 이용해 할 때도 있고 짧은 퍼터로 할 때도 있을 것입니다. 그린의 상태가 다양하고, 어떤 때는 오르막퍼팅을 해야 하고 반대로 어떤 때는 내리막퍼팅을 해야 하는 경우도 있기 때문입니다. 그러나, 일단 안정적인 스트로크를 확실하게 자신의 것으로 만들었다면, 어떠한 경우라도 리듬감 있고 안정성 있는 스트로크를 구사할 수 있습니다. 다시 말해서, 스스로 필요한 스트로크를 느끼고, 눈을 감고 스트로크 미리보기를 할 때의 그 필링을 찾기만 하면 무의식으로부터 자동적으로 스트로크를 불러낼 수 있게 됩니다.

이 안정성 기법은 누구에게나 도움이 되지만, 임팩트에서 속도가 떨어지는 문제를 안고 있는 골퍼에게 특히 도움이 됩니다. 만약 안정적으로 임팩트를 할 수 없다면(가속도가 생기지 않는다면). 조그만 실수 하나라도 결과에 더욱 크게 영향을 미치게 됩니다. 현재 퍼팅리듬에 약간의 변화만 주어도 불안정한 스트로크

를 안정된 스트로크로 바꾸어 놓을 수가 있습니다. 만약 이러한 변화를 이끌어
낼 수 있다면, 특히 부담스러운 퍼팅에 직면했을 때 그 결과는 몰라보게 좋아질
것입니다.

자신의 임팩트 포인트를 인식하라

  퍼터로 공을 가격하는 데 있어 문제가 있다면, 몇 가지 신중한 작업을 해야 합
니다. 이 연습을 작업이라고 말하는 이유는 정확하게 스윗스팟에 맞추는 것을
하나의 습관으로 굳히기 위해서는 약 2만 번의 스트로크 연습이 필요하기 때문
입니다. 또 신중한 작업이라고 말하는 이유는 정확하게 스윗스팟에 맞추고자 노
력하는 과정에서, 상당수의 골퍼들이 공을 오른쪽 또는 왼쪽으로 실수하는, 원
치 않는 결과를 초래하곤 하기 때문입니다. 이는 모두 연습이 신중하게 이뤄지

사진 11.3.1 퍼터의 스윗스팟은 딱딱한 열쇠 같은 것으로 페이스를 가볍게 두드려 보았을 때 진동이 느껴지지 않는
부분이다. 스윗스팟을 찾을 때는 퍼터를 수직으로 세우지 말고(우) 퍼팅을 할 때와 동일한 각도로 세워서 테스트를 해
야 한다.

지 못한 데 기인한 것입니다.

여기에 제시하는 프로그램은 지금까지 우리가 실제로 학생들에게 응용해 본 결과, 연습 과정에서 다른 새로운 문제를 유발하지 않고 거의 모든 골퍼들에게 효과를 가져온 방법입니다.

퍼터의 스윗스팟을 찾아서 표시한 다음 스트로크의 진전 과정을 기록하고, 임팩트 패턴을 개발하면서 얻어지는 좋은 스트로크 궤적을 계속 유지해 가는 작업이 주요 내용입니다.

혹시 자신이 사용하는 퍼터의 맨 위에 어떤 표시가 되어 있다면, 이 부분을 어드레스해서 퍼팅을 하는 지점이라고 오해하지 않기 바랍니다. 제조업체에서 외관상 보기 좋은 지점에 표시를 해 둔 것일 뿐, 퍼터 무게의 균형을 맞추기 위해 공학적인 관점에서 그렇게 한 것이 아닙니다.

퍼터의 진짜 스윗스팟을 찾는 일은 아주 쉽습니다. 이 부위를 찾으려고 퍼터를 수직으로 세워서는 안된다는 점을 주의하기만 하면 됩니다(사진 11.3.1). 지면과 샤프트의 각도가 퍼팅을 할 때와 똑같이 유지되도록 손가락으로 그립을 쥡니다. 이것이 키포인트입니다. 이렇게 해야만 실제로 퍼터를 사용할 때와 동일하게 퍼터가 균형을 유지할 수 있습니다. 그 다음, 자동차 열쇠처럼 딱딱한 물체를 이용해 페이스를 가볍게 탁탁 두드립니다. 이렇게 두드리면 페이스가 조금 떨리는 진동현상이 생기게 되고, 손가락을 통해 그 진동이 전해져 올 것입니다. 이 때, 페이스의 수평축을 따라 진동이 거의 없는 유일한 지점이 있는데, 이 부분이 바로 퍼터의 스윗스팟입니다.

퍼터에 표시를 해 둔다

일단 퍼터의 스윗스팟을 찾아냈다면 그 지점에 표시를 한 후, 다시 한 번 탁탁 두드려서 자신이 발견한 지점이 스윗스팟이 맞는지 확인합니다. 확실하다는 판단이 서면 그 부분에 작은 홈을 파고 홈 안에 색칠을 해서 선명하게 표시를 해둡니다. 이 지점이 당신으로 하여금 어느 지점에 어드레스를 하고 퍼터를 갖다대야 하는지를 알 수 있도록 해줄 것입니다.

만약 현재 사용하고 있는 퍼터에 이미 표시가 되어 있긴 하지만, 그것이 틀린 지점에 잘못 표시된 것이라는 판단이 서면, 앞에서 말한 것과 똑같은 방법으로 진짜 스윗스팟을 찾아냅니다(찾아낸 지점이 정확하다는 사실을 다시 한 번 탁탁 두드려서 확인합니다). 제조업체에서 표시해 둔 지점과 당신이 찾아낸 진짜 스윗스팟 사이의 거리를 측정한 다음, 원래의 스윗스팟을 중심으로 반대 방향 똑같은 거리의 지점에 표시를 합니다. 이렇게 하면, 스윗스팟은 이들 두 지점 사이의 한가운데에 위치하게 됩니다.

먼저 자신의 패턴을 테스트한다

퍼터를 공에 단단히 컨택트하는 연습을 시작하기 전에, 먼저 자신의 타격 패턴을 측정하고 기록해 둡니다. 이 기록은 자신의 타격 패턴에 관한 훌륭한 정보를 제공해 줄 뿐 아니라, 앞으로 계속해서 기술을 개발해 나가도록 하는 동기를 부여해 줍니다.

우선 테입의 한가운데가 스윗스팟 위에 오도록 주의하면서 자신이 사용하는 퍼터 페이스 위에 퍼팅 테입을 부착합니다(사진 11.3.2). 이때 테입의 가장자리가 페이스의 가장자리에 꼭 맞게 되도록 합니다(이렇게 하면 테입이 그린에 닿

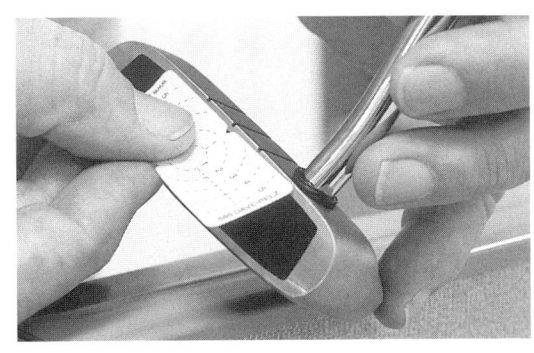

사진 11.3.2 퍼팅 테입을 부착할 때는 테입의 가운데 지점이 스윗스팟 위에 위치하고, 테입 가장자리가 퍼터의 가장자리에 정확하게 맞물리도록 해야 한다.

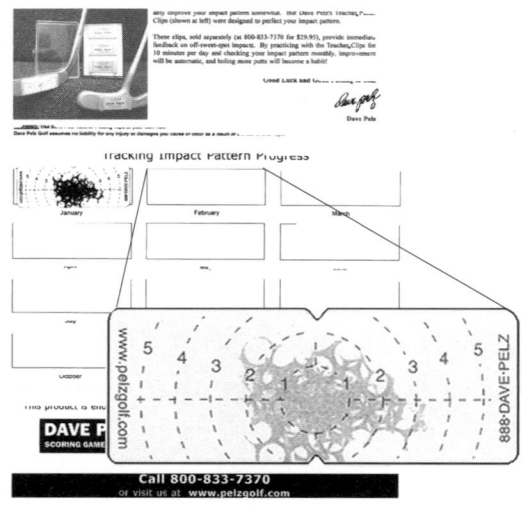

사진 11.3.3 임팩트 패턴에 관한 장기간에 걸친 기록을 통해 자신의 타격기술에 관한 진전 여부를 확인해 볼 수 있다.

아 끌리는 것을 막을 수 있습니다). 공 세 개를 각기 다른 거리-3피트, 10피트, 30피트(총 30번)-에서 10번씩 스트로크합니다. 가격을 할 때 각기 다른 방향으로 해야 하는데, 예를 들면 위쪽으로 경사를 이룬 방향, 우에서 좌로, 좌에서 우로, 아래로 경사를 이룬 방향 등으로 공을 스트로크합니다.

테입을 떼서 소책자 안에 붙입니다. 이 테입은 테스트 결과 (당신의 임팩트 패턴의 크기와 지점)를 정확하게 보여줍니다(사진 11.3.3). 이 30개 스트로크 테스트를 한 달에 한 번씩 실시하고, 테스트 테입을 소책자에 부착해서 보관용 기록으로 남겨둡니다. 몇 달이 지난 후, 스윗스팟에 임팩트하는 기술이 점차 향상되었다는 확실한 증거를 보게 될 것입니다.

스윗스팟 연습으로 퍼팅 클립을 이용하라

스윗스팟 임팩트를 위한 가장 좋은 피드백 장치는 퍼팅 클립입니다(사진 11.3.4). 이 클립은 페이스에 부착하는 작은 앨미늄 판입니다. 사진 11.3.5에서 보듯이 표준, 프로, 수퍼 프로 세 가지 사이즈가 있는데, 가격이 스윗스팟을 많

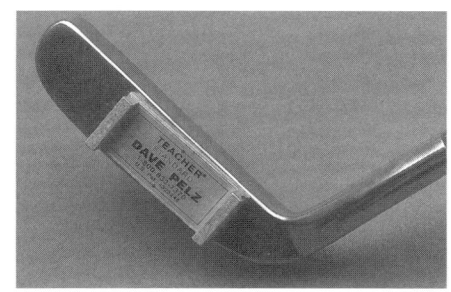

사진 11.3.4 퍼팅 클립은 공이 스윗스팟에 정확하게 스트로크했는지 혹은 그 지점을 벗어났는지 여부에 관한 피드백을 제공해 준다.

사진 11.3.5 클립의 종류 : 표준형(좌), 프로용(가운데), 수퍼 프로용(우)이 있으며 앨미늄판으로 만들어졌다.

이 벗어나지 않는 한 스윗스팟에 닿지 못한 경우의 에러를 최소한도로 줄여주는 역할을 합니다.

먼저 표준 규격의 클립을 페이스의 정확한 지점에 부착시킵니다. 다음 엘크스 키(Elks Key)를 타깃이 되는 캔과 나란히 되도록 정렬시키고, 공이 캔을 치지 못하도록 중간에 베개나 책을 놓아둡니다. 마지막으로 자신의 신체리듬에 따라 울리도록 메트로놈 박자를 조정합니다.

1. 엘크스 키 안에 공을 놓고, 스트로크 미리보기를 하던 때와 마찬가지로 공의 좌측으로 평행하게 4인치 떨어진 지점에서 어드레스합니다.

2. 스트로크 미리보기를 한 후, 미리보기를 통해 얻은 스트로크를 다시 반복 실시하면서 피니쉬를 가져갑니다. 코스에서 하는 것처럼 마지막 어드레스

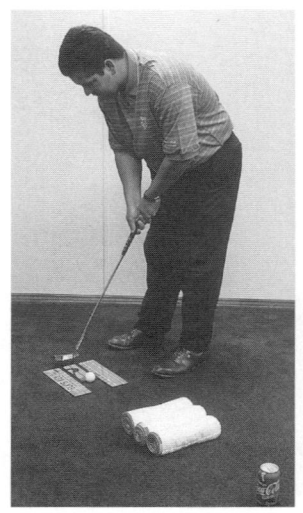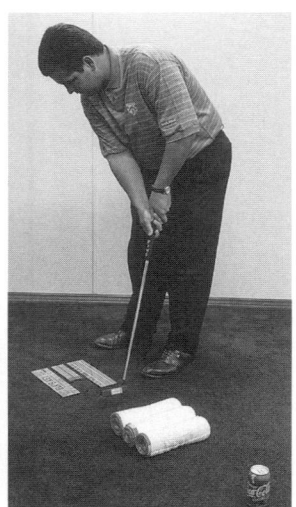

사진 11.3.6 스트로크 미리보기, 셋업, 퍼팅의식, 피니쉬를 순서에 따라 진행한다.

자세를 취합니다.

3. 자신의 어드레스 위치가 맞는지 확인하기 위해 에임라인을 한 번 바라본 다음 퍼팅의식을 진행한 후 곧바로 리듬감 있게 스트로크를 합니다.

4. 메트로놈이 5번 울리는 동안 피니쉬를 유지합니다. 페이스에 정확하게 가격이 가해졌는지 감각으로 느낍니다(사진 11.3.6). 연습 때마다 적어도 30회 반복합니다.

5. 몸을 똑바로 세우고 뒤로 물러났다가 다시 시작합니다.

적절한 크기의 클립을 선택하라

위의 연습을 5회 내지 10회 실시한 후에, 어느 한 회 연습 시기를 임의로 선택하여 정확하게 맞은 퍼팅과 빗맞은 퍼팅의 횟수를 셉니다. 연습이 효과적으로 이루어진 경우에는 대부분 이 비율이 50대 50 정도를 나타냅니다. 정확한 퍼팅 횟수 비율이 80%를 차지하면, 더 작은 클립으로 바꾸어서 정확한 퍼팅 비율이

50이 될 때까지 연습합니다.

혹시 이렇게 말하면 이상하게 들릴 지 모르겠지만, 이 연습을 지나치게 많이 해서는 안됩니다. 하루 건너 한 번씩, 매 연습 때마다 30회 실시합니다. 클립을 이용한 연습을 하는 동안, 퍼팅 트랙을 이용하는 일직선 스트로크 연습도 병행합니다. 이렇게 하면 자신도 모르게 클립에 지나치게 의존하려는 경향이 생기는 것을 방지할 수 있습니다.

어떤 종류의 연습 장치를 이용하든 항상 자신의 자연스런 신체리듬에 맞추어 스트로크를 하려고 노력해야 합니다. 코스에서 의식적으로 생각하지 않고도 정확한 스트로크를 할 수 있는 자동적인 제어능력을 개발해야 한다는 점을 명심해야 합니다. 완벽한 어깨선 자세를 통한 정확한 셋업, 공과의 정확한 거리 유지, 에임라인에 평행한 정렬, 이런 동작들이 퍼팅을 할 때 생각하고 행동해야 하는 것들입니다. 일단 이렇게 출발 자세가 갖춰지면, 스트로크의 과학적 기술에 대해서는 더 이상 생각하지 말고, 단지 자신의 메트로놈 박자에 따라 무의식적으로 백스윙과 팔로우스루를 진행하고, 5초 동안 피니쉬를 유지합니다.

몇 달이 지난 후, 프로 사이즈 퍼팅 클립을 이용해서 정확하게 퍼팅하는 비율

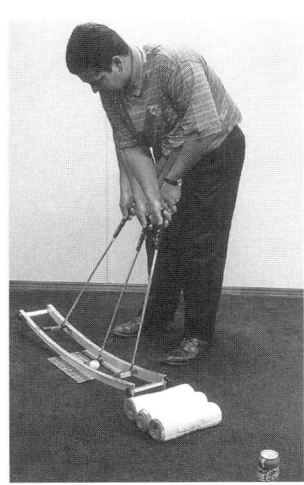

사진 11.3.7 수퍼 프로 클립을 부착한 퍼터로 퍼팅 트랙내에서 성공적으로 스트로크를 하기 위해 수없이 많은 반복 연습을 한다.

이 80%에 이르렀을 때, 다음 단계에 대한 선택을 해야 합니다. 수퍼 프로 클립으로 옮겨갈 수도 있고, 퍼팅 트랙 안에 프로 클립을 두고 연습할 수도 있습니다(사진 11.3.7). 어느 쪽을 택하든 투어 프로 수준의 임팩트 패턴을 확실히 굳힐 수 있도록 도와줄 것입니다.

궁극적인 목적은 메트로놈을 켜놓고 수퍼-프로 클립을 부착한 퍼터를 이용해 퍼팅 트랙 내에서 스트로크 75% 이상의 정확한 임팩트를 만들어 내는 것입니다. 일단 이렇게 할 수 있게 되면 이제 더 이상 임팩트에 문제가 없다고 보아도 좋습니다. 이 정도 수준이 되면, 거리에 대한 감각과 터치감, 퍼팅 속도 조절능력이 놀라울 정도로 좋아져 있고, 미디움 레인지(medium-length range) 코스에서 과거보다 훨씬 더 자주 공을 홀인시키는 자신을 발견하게 될 것입니다.

페이스 각도를 바로 잡아라

만약 페이스가 임팩트 순간 에임라인에 수직으로 위치하지 않는다면 이는 심각한 문제라고 할 수 있습니다. 페이스 각도가 제대로 유지되지 않으면 이것이 곧 잘못된 퍼팅으로 연결되기 때문에, 페이스 각도 한 가지 문제가 거의 모든 퍼팅 실패의 원인이 될 수 있습니다.

트루-퍼트(Tru-Putt)로 테스트한다

페이스 각도를 유지하는데 문제가 있는지 여부를 알 수 있는 가장 쉬운 방법은 트루-퍼트를 이용해서 테스트해 보는 것입니다(사진 11.4.1). 퍼터를 트루-퍼트 끝에 수직으로 대고 스트로크를 합니다. 만약 퍼터가 어드레스 때와 마찬가지로 수직으로 트루-퍼트에 임팩트되었다면, 트루-퍼트는 에임라인을 따라 곧게 미끄러져 나가게 됩니다. 그런데, 만약 임팩트 순간 페이스 각도에 변화가 있었다면, 트루-퍼트는 어느 한쪽 방향으로 회전하게 될 것입니다.

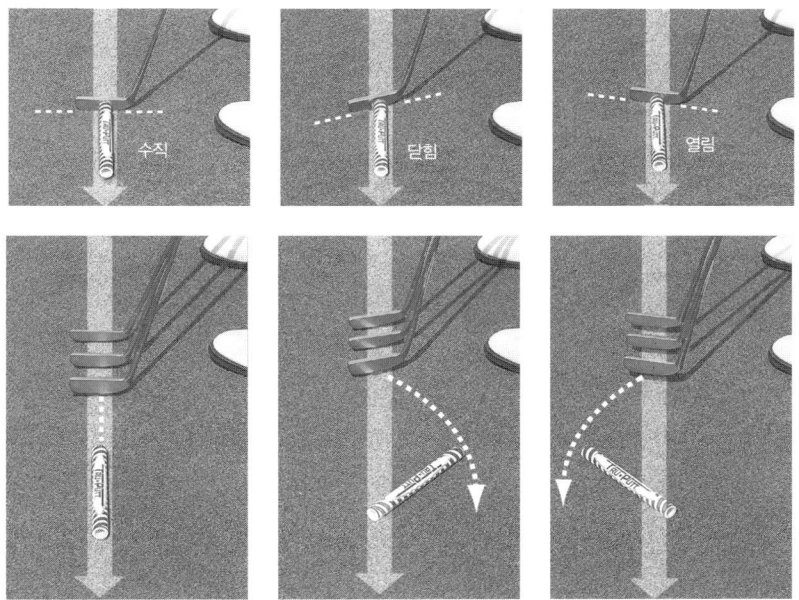

사진 11.4.1 임팩트 순간에 퍼터가 엇갈려 있으면 트루-퍼트가 시계 방향으로 회전한다(가운데). 반대로 페이스가 열려 있으면 시계 반대 방향으로 회전한다(우). 페이스가 수직으로 임팩트 되었다면 트루퍼트가 에임라인을 따라 곧게 미끄러지게 된다(좌).

   퍼터가 임팩트 순간 클로즈되어 있었다면, 트루-퍼트는 시계 방향으로 회전하게 되고, 닫혀있는 정도가 클수록 더 빠르게 회전합니다. 반대로 퍼터가 오픈되어 있었다면, 트루-퍼트는 시계 반대 방향으로 회전합니다. 일주일에 두 번 3분 내지 5분 정도 트루-퍼트를 이용해 연습하고, 트루-퍼트가 회전하지 않고 직선으로 나아갈 때까지 6인치, 12인치, 18인치 참고용 백스윙 스트로크 연습을 계속할 것을 권합니다. 그리고 항상 몇 차례의 긴 퍼팅(70피트 거리에 서 있는 것처럼 상상한다)과 몇 차례의 짧은 퍼팅(3피트)을 하는 것으로 연습을 끝마칩니다. 이때 트루-퍼트가 미끄러져 나갈 만한 충분한 공간을 확보해서 자신의 페이스 각도에 대한 정확한 피드백을 하는 것이 중요합니다. 이 방법은 퍼터의 페이스 각도를 정확하게 유지하는 연습에는 효과적이지만, 에임과 셋업 연습에는 아무런 도움이 안

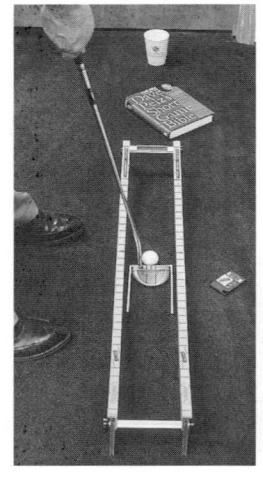

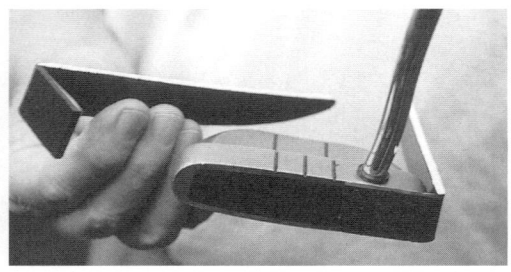

사진 11.4.2 퍼터레일을 페이스에 부착한 후 트랙을 이용해서 연습한다. 이 방법은 페이스 각도를 체크할 수 있는 훌륭한 피드백을 제공해 준다.

됩니다. 그러므로 퍼팅 트랙이나 엘크스 키(Elks Key)를 이용한 연습을 통해 자신의 스트로크 궤적, 눈과 어깨의 정렬 상태를 정기적으로 체크하기 바랍니다.

퍼터 레일(Putter Rails)을 이용한다

임팩트 순간 페이스 각도를 유지하기 위한 또 하나의 좋은 연습 방법은 퍼팅 트랙에 있는 퍼터 레일을 이용한 연습입니다(사진 11.4.2). 그러나, 레일을 부착하지 않은 상태에서 트랙 연습을 하는 것이 자신에게 편안하게 느껴지기 전까지는 이 방법으로 연습해서는 안됩니다. 먼저 트랙의 양옆을 충분히 벌려 놓고 시작해서 연습의 진전이 보이면 이 넓이를 좁혀가면서 연습합니다.

양면 테입을 이용해 퍼터 레일을 페이스에 부착합니다. 스트로크 궤적을 바로잡기 위해 앞에서 언급한 모든 지침들을(자신의 신체리듬에 따라 울리는 메트로놈, 퍼팅 트랙과 일직선으로 놓여진 타깃 캔, 어깨선 정렬을 체크하기 위한 엘크스 키(Elks Key), 그리고 발가락 끝과 공 사이의 거리를 표시하는 테입) 준수하면서, 매일 밤 50회씩 연습합니다. 퍼터 레일을 이용하면 라인을 따라 스트로크하기가 약간 쉽게 느껴질 것입니다. 눈을 감고 스트로크를 한 후 메트로놈 박자에 맞춰 피니쉬를 5초 동안 유지하면서 페이스의 움직임을 느낍니다. 이 연습의 목적은 퍼터 레일이 라인 양옆을 치지 않고 트랙을 따라 앞뒤로 스윙할 수 있게 하는 것입니다 (사진 11.4.3). 이것이 바로 완벽한 일직선 스트로크입니다.

퍼터 레일에 부딪히지 않고 스트로크하는 비율이 80%에 이르면, 트랙 공간을 더 좁혀서 다시 반복합니다. 이렇게 조금씩 트랙 공간을 좁혀가면서 연습합니다. 트랙과 레일 사이의 빈 공간이 1인치가 된 상황에서도 스트로크의 성공 비율이 80%가 넘으면, 이는 상당한 진전이라 할 수 있습니다. 이제 부담을 안고 실제 코스에서 스트로크를 해야 하는 경우에 직면하더라도 깨끗한 스트로크를 구사할 정도의 수준에 이르렀다고 자신해도 좋습니다.

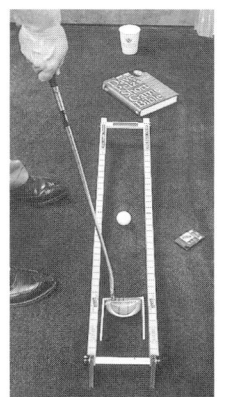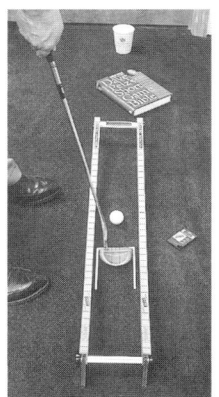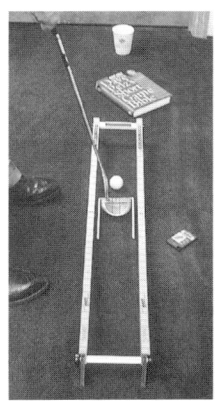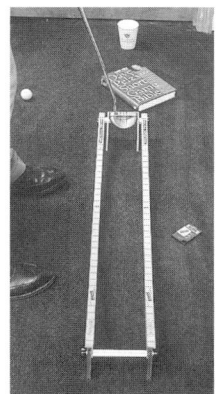

사진 11.4.3 눈을 감은 채 트랙 라인을 건드리지 않고 스윙할 수 있다면, 깨끗한 일직선 스트로크에 대한 감각을 느끼기 시작했다고 볼 수 있다.

트루스보드(Truthboard)을 이용한다

페이스가 클로즈되거나 오픈되는 현상을 제거하기 위한 마지막 단계는 트루스보드를 이용하는 방법입니다(사진 11.4.4). 트루스보드는 앨미늄으로 된 편평한 판으로 공이 곧게 굴러갈 수 있도록 고안된 것입니다. 앨미늄으로 된 이 판은 3피트 퍼팅을 연습하기 위한 완벽한 장소로 주로 이용됩니다. 공의 흐름에 영향을 미치는 발자국, 스파이크 자국, 잘못 설정된 피치마크(pitch mark). 등이 전혀 없기 때문에, 오로지 페이스 각도에 따라 공의 흐름이 달라집니다. 만약 페이스 각도가 임팩트에서 잘못 유지되면, 공이 라인을 벗어나 홀에서 멀어지게 될 것은 당연합니다. 트루스보드는 페이스가 임팩트에서 어떻게 유지되는가에 대한 즉각적이고도 정확한 피드백을 제공해 줍니다. 트루스보드의 홀을 최대한 열어 둔 다음 공과의 적절한 거리 유지를 위해 바닥에 발가락 선을 표시하는 테입을 붙입니다. 메트로놈을 자신의 자연스런 신체리듬 박자로 맞추어 놓습니다. 매번 퍼팅할 때마다 스트로크 미리보기와 간단한 퍼팅의식을 진행합니다.

페이스 각도가 수직이 되도록 주의하면서 스트로크를 합니다. 공이 홀의 뒷부분을 쳐서 딸깍 소리가 날 정도의 세기로 스트로크를 합니다. 실제 그린에서는 패인 부분이 있다는 것을 감안할 때, 이 정도의 스트로크 세기가 최적의 퍼팅 속도입니다. 메트로놈 박자에 맞춰 5초 동안 피니쉬합니다. 각각의 레벨에서 매일 15분씩 연습하되, 순서는 다음과 같습니다.

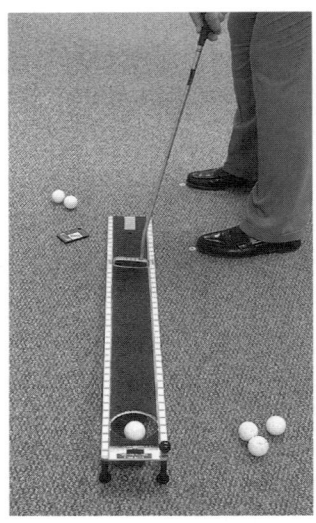

사진 11.4.4 트루스보드를 이용해서 연습하면 3피트 퍼팅에 대한 두려움을 제거하는 데 도움이 된다.

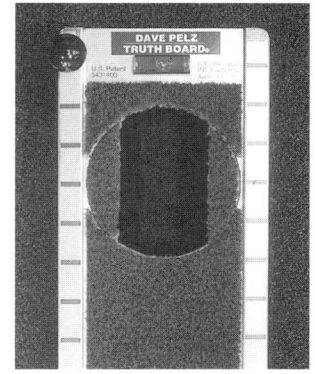

사진 11.4.5 스트로크 기량이 향상되는 정도에 따라 트루스보드의 홀 크기를 프로(좌)와 수퍼 프로(우) 수준으로 좁혀 나간다.

1단계 : 연습 때마다 연달아서 30회 퍼팅을 한다

2단계 : 30회 퍼팅은 눈을 감은 채로 실시하되, 딸깍하는 소리를 주의 깊게 듣는다. 30회 퍼팅이 모두 홀인이 될 때까지 2단계 연습을 계속한다.

3단계 : 30개가 모두 홀인에 성공하면, 다음 단계는 프로 수준의 홀 크기를 좁혀 놓고 눈을 감은 채 15회 실시한다(사진 11.4.5). 이때 홀의 직경은 3인치 조금 못 된다. 눈을 감은 채 연이어 30회 홀인시킬 수 있을 때까지 계속한다.

4단계 : 홀의 직경을 수퍼 프로 수준으로 좁혀서 눈을 반쯤 뜬 상태로 30회 연이어 성공시킬 수 있을 때까지 연습한다. 이 수준이 되면, 자신의 3피트 스트로크가 PGA 투어 수준이 되었다고 자신해도 좋다. 일단 4단계 수준에 오르면, 정기적으로 이 연습을 해주는 것만으로도 실력을 계속 유지해 나갈 수 있게 된다.

힘을 빼라

만약 앞장에서 이미 언급한 연습을 성실하게 해왔다면, 힘을 어떻게 조절해야 하는지 이미 잘 알고 있다고 볼 수 있습니다. 리듬과 메트로놈을 이용한 모든 연습이 파워 조절에 관한 내용과 관련이 있습니다. 왜냐하면, 일직선 시계추 퍼팅

동작에서는 리듬과 타이밍이 단순히 근육의 힘을 이용해 공을 치는 행위를 대신하기 때문입니다.

근육의 움직임을 자제하라

자연스러운 신체의 리듬에 따라 퍼팅을 한다는 것은 손, 손가락, 손목의 근육으로 퍼팅하지 않는다는 것을 의미합니다. 어쩌면 이해가 잘 안 될지도 모르겠습니다. '어떻게 아무 것도 하지 않는 것 같은 느낌을 가지란 말인가?' 하고 말입니다. 하지만 분명히 이렇게 할 수 있습니다. 할 수 있을 뿐 아니라 손목을 전혀 이용하지 않는 깨끗한 스트로크를 구사할 수 있습니다.

다음에 설명하는 많은 연습들이 이러한 완벽한 느낌을 맛볼 수 있도록 해줄 것입니다.

목을 움직이지 마라

스트로크를 하는 동안 목이 움직여서는 안됩니다. 특히 퍼터의 움직임 반대 방향으로 움직인다면, '머리 훈련'을 해야 할 필요가 있습니다.

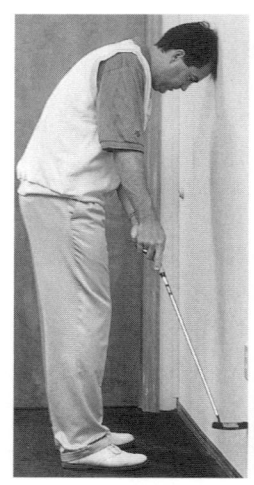 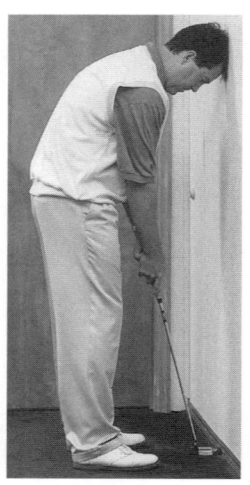 

사진 11.5.1 머리카락이 벽에 부벼지는 느낌이 오면 스트로크를 할 때 머리를 움직이는 습관이 있다고 생각하면 된다.

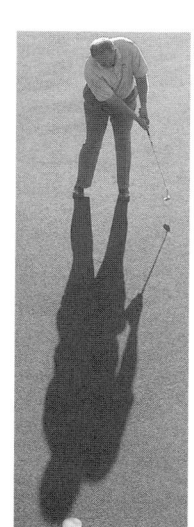

사진 11.5.2 스트로크를 할 때 머리를 움직이는지 알아보려면 그림자 테스트를 이용하는 것도 좋은 방법이다.

퍼터의 토우 부분이 벽 가장자리로부터 0.5인치 떨어진 위치에서 벽을 마주보고 섭니다. 그리고 머리를 벽에 가볍게 기댑니다. 간단한 퍼팅의식을 한 후 퍼팅 스트로크를 합니다. 실제로 공을 스트로크해도 되고 하지 않아도 됩니다. 스트로크를 하는 동안 머리를 움직이면, 자신의 머리카락이 벽에 부벼진다는 느낌이 올 것입니다(사진 11.5.1). 이 방법으로 몇 주 동안 수 분간씩 연습하게 되면, 스트로크하는 동안 머리를 움직이는 습관에서 벗어날 수 있습니다(머리가 벗겨진 사람은 얇은 모자를 쓰고 해도 됩니다).

옥외에서는 자신의 그림자를 보면서 머리 움직임을 체크할 수 있습니다. 움직이지 않는 대상을 찾아서, 자신의 그림자가 그 대상물 옆에 놓이도록 섭니다(사진 11.5.2). 이렇게 하면 스트로크를 하는 동안의 머리의 움직임을 지켜볼 수 있습니다.

몸을 움직이면 불필요한 힘을 주게 된다

스트로크를 하면서 몸을 비틀거나 기울이는 골퍼들이 상당수 있습니다. 스트로크를 하면서 몸을 움직이는 것은 좋지 않습니다. 왜냐하면 불필요한 힘을 주

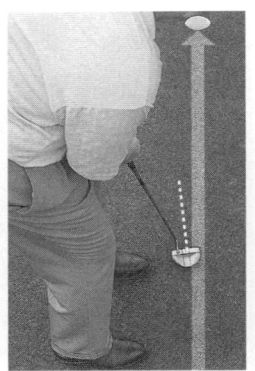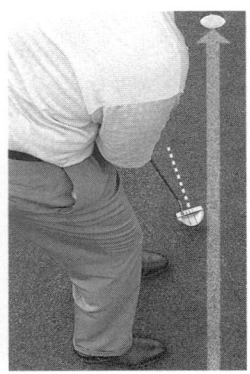

사진 11.5.3 어깨, 팔 혹은 손목을 움직이지 않는데도 불구하고 엉덩이가 움직이게 되면 퍼터도 따라서 돌아가게 된다.

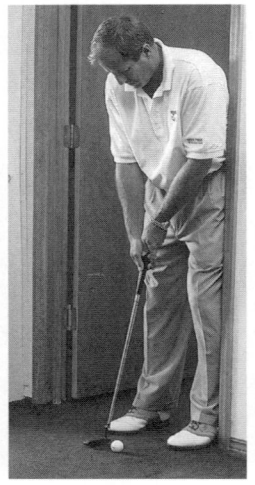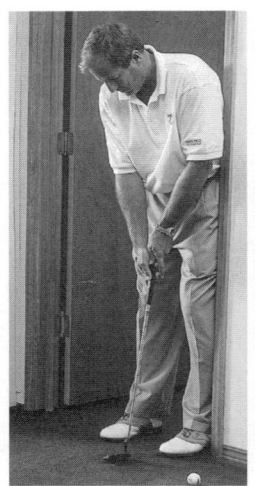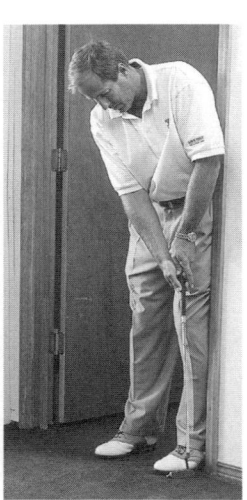

사진 11.5.4 하체를 움직이지 않고 퍼팅하는 습관을 익히기 위해서는 문설주에 몸을 붙이고 퍼팅하는 연습을 한다.

게 될 가능성이 있다는 것 외에도, 퍼터의 페이스 각도에 영향을 미칠 수 있기 때문입니다. 상체, 어깨, 팔, 손, 퍼터 모두가 골퍼의 하체에 실려 있는 상태이고, 따라서 엉덩이가 회전하면 그 위에 실려있는 모든 것들이 함께 움직일 수밖에 없게 됩니다. 사진 11.5.3은 팔과 퍼터를 가슴쪽에 고정시키고 척추를 축으로 하여 엉덩이를 회전하면 어떤 결과가 나오는지 보여주고 있습니다. 팔과 손이 가만히 있는데도 불구하고 퍼터가 돌아가는 것을 볼 수 있습니다.

누구보다도 자기자신이 먼저 몸의 움직임을 감지하기 때문에, 이를 보상하기 위해 손과 팔을 풀어주게 되고 공은 자연히 멀리까지 나아가지 못하게 됩니다. 결과적으로 공이 홀에 못 미치는 약한 퍼터가 나오게 됩니다. 만약 퍼팅할 때 엉덩이가 돌아가거나 옆으로 빼는 버릇이 있다면, 엉덩이를 문설주에 기대고 퍼팅하는 연습을 합니다(사진 11.5.4). 머리 움직임을 막는 연습과 마찬가지로 엉덩이를 움직이지 않는다는 느낌을 받게 되기까지는 그리 많은 시간이 필요치 않습니다.

손목이 꺾이지 않도록 하라

임팩트 순간에 손목의 각도를 바꾸게 되면 페이스가 돌아가게 되고 따라서 공은 의도하는 방향 좌측으로(오른손잡이 골퍼의 경우) 빠지게 됩니다. 이것은 손목 근육에 의해 공에 힘이 가해지기 때문입니다. 손목 근육의 힘으로 퍼팅하는 습관이 배면 부담스러운 퍼팅을 해야 하는 경우에 특히 심각한 결과를 가져오게 됩니다. 그럼에도 많은 골퍼들이 이런 식으로 거리를 조절하고 있는 것이 사실입니다.

사진 11.5.5 위브링이 손목을 약간 구부리는 퍼팅 자세를 취하고 있다. 손에 힘을 가하지 않는 한 그에게 있어 페이스 각도를 수직으로 유지하는 일이 별로 어려워 보이지 않는다.

사진 11.5.6 베른하르트 랑어는 왼손을 아래에 두는 그립법을 사용하여 세계에서 가장 훌륭한 골프 선수 중 한 명이 되었다.

　PGA 투어 선수인 위브링(D. A. Weibring)의 모습에서 보듯이(사진 12.5.5), 공의 방향에 전혀 영향을 주지 않고 아주 약하게 손목 관절을 이용하여 퍼팅할 수는 있습니다. 하지만 이런 '파워퍼팅'은 부담을 안은 상황에서는 거의 십중팔구 공이 타깃 좌측으로 빠지는 실수를 가져옵니다.

오른손잡이는 왼손을 아래에 두는 그립을 이용하라

　오른손잡이 골퍼가 오른손 손목에 원치 않는 힘이 들어가는 것을 막을 수 있는 가장 좋은 방법은 왼손을 아래에 두는 그립을 이용하는 것입니다(사진 11.5.6). 베른하르트 랑어(Bernhard Langer)가 선수생활 초기 이 그립을 사용한 이후, 그는 17차례 마스터스 토너먼트에 참가했고(두 번 우승), 1993년에 세계에서 가장 많은 우승 상금을 받은 선수가 되었으며, 9개의 유러피언 라이더 컵 팀에서 선수로 활약했습니다. 리드 핸드(오른손잡이 골퍼는 왼손이 리드 핸드입니다)를 그립을 잡고 있는 트레일링 핸드(trailing hand : 양손 중 힘이 더 센 손) 아래에 놓습니다. 이 자세는 스트로크를 하는 동안 트레일링 핸드에 힘이 들어가는 것을 막아 주며, 따라서 공의 방향에 영향을 주지 않습니다.

어깨를 수직으로 움직여라

퍼팅 스트로크를 하는 동안 어깨를 어떻게 움직여야 하는가에 대해 이야기해 보기로 하겠습니다. 어깨로 퍼팅을 해야 한다는 의미가 결코 아닙니다. 골퍼들에게 어깨를 움직이라고 말하면, 대개는 머리를 움직입니다. 앞에서 말했듯이 퍼터의 반대 방향으로 머리를 움직이는 경향이 두드러집니다.

시계추가 흔들리듯이 팔을 스윙하면 어깨는 자연히 움직일 수밖에 없습니다. 그리고, 이때 손이 어깨 아래에 수직으로 위치한다면 어깨는 당연히 수직으로 움직여야 합니다. 이 동작을 알기 위해서, 고무 밴드를 이용해 어깨선 위로 긴 막대를 단단히 고정시킨 다음 출입구에 섭니다(사진 11.5.7). 그리고 헤드가 벽과 평행을 이루도록 유의하면서 스윙합니다. 만약 어깨가 수평으로 회전하게 되면 막대가 문설주에 부딪히게 되는데, 이때 즉시 동작을 멈춥니다. 막대가 문설주를 건드리지 않도록 어깨를 수직으로 돌리는 것이 어떤 느낌인지 감을 잡은 후, 비로소 제대로 어깨 동작을 취할 수 있게 됩니다.

사진 11.5.7 어깨를 수직으로 움직이는 것이 어떤 것인지 감을 잡기 위해 막대가 문설주를 건드리지 않도록 유의하면서 앞뒤로 스윙한다.

Chapter 12

기술적인 감각개발

(필링 · 터치 · 그린 읽기)

터치감과 필링은 별개다

골프에서 말하는 터치감과 필링이 어떻게 다른지 설명해 달라는 요청을 자주 받습니다. 많은 골퍼들이 별다른 생각없이 이 둘을 비슷한 의미로 이해하고 있습니다(과거 내가 그랬던 것처럼). 하지만 지금은 이 두 용어의 의미를 구분해야 한다는 사실을 알고 있습니다. 터치감은 그린 위에서 무엇을 해야 하는지를 아는 것이고, 필링은 어떻게 해야 하는지 그 방법을 아는 것이라고 정의하고 싶습니다(아래 표 참조).

터치감	필링
현재 퍼팅에서 무엇이 요구되는지 인식하는 능력.	현재의 퍼팅이 요하는 것들을 어떻게 제공할 것인가 방법을 아는 능력.
● 퍼팅의 길이가 얼마나 되는가?	● 연습 스윙이 어떤 양상일까?
● 그린 표면의 스피드는 어떤가?	● 의도하는 스윙의 느낌이 어떠한가?
● 그린 상태가 어떠한가? 위로 경사를 이루고 있는가, 아니면 아래로 경사를 이루고 있는가? 편평한가 아니면 여러 가지가 혼재한 상태인가 판단한다.	● 의도하는 스윙이 실제로 공을 어느 정도 거리까지 굴러가게 할 것인가?
● 스윙의 폭을 어느 정도로 할 것인가?	● 스트로크 미리보기가 얼마나 완벽한가?

사진 12.1.1 터치감과 필링의 차이.

이런 관점에서, 자신의 터치감과 필링을 측정하고 어느 부분이 모두 미흡한지 여부를 파악하고 개선하는 일이 가능하다고 생각합니다. 먼저 터치감을 개선하기 위해서 어떻게 해야 하는지 설명하고, 그 다음 그린 읽는 능력을 포함한 필링을 기르는 방법에 대해 살펴보겠습니다.

날카로운 터치감을 만들어라

좋은 터치감을 가진다는 것은 좋은 퍼팅을 위해 필요한 것이 무엇인지 마음으로 알고 있다는 것을 의미합니다. 즉 현재 퍼팅이 요구하는 것이 무엇인지 아는 것–공을 얼마나 멀리, 얼마나 위로 혹은 얼마나 아래로 보낼 것인가–그리고 공이 홀을 향해 굴러갈 때 어떤 형태로 굴러갈 것인지 아는 능력입니다. 또한 어떤 형태의 스트로크를 구사해야 하는지 아는 것입니다. 터치감이 무엇인지 한 가지 예를 통해 살펴보겠습니다.

투어 프로들과 퍼팅 관련 작업을 할 때, 내가 말하는 터치감이 무슨 뜻인지 그들이 이해하고 있는지 여부를 알기 위해, 나는 종종 그들에게 나의 10피트 퍼팅을 평가해 달라고 부탁합니다.

그들이 나타내는 우선적인 반응은 스트로크의 길이가 충분하지 않다고 지적합니다. "그렇게 하는 것은 좋지 않아요. 그렇게 하면 절대로 공을 홀인시킬 수가 없어요." 대부분 이렇게들 말합니다.

그 다음 나는 지나치게 크게 스윙을 한 후 다시 묻습니다. "이건 어때요?" 그러면 그들은 "아뇨, 그건 너무 커요." 이렇게 대답합니다. 마침내 적당한 크기의 스윙을 보여주면(사진 12.2.1), 그들은 비로소 만족스럽다고 말합니다.

이렇게 그들이 평가를 내리는 것은 바로 자신들의 터치감에 근거한 것입니다. 자신들의 마음의 눈에 들어있는 지식이 스윙을 보는 것만으로도 첫 번째 스트로크는 충분하지 않았고, 두 번째는 지나치게 컸으며, 세 번째는 10피트 퍼팅에 적합하다고 그들에게 말하는 것입니다. 즉, 퍼팅의 길이가 어느 정도 될 것인지 뿐 아니라, 얼마나 많은 파워를 필요로 하는지, 어느 정도의 파워를 실어야 하는 지에 대해 인식한 것입니다. 만약 이 모든 것들에 대한 그들의 지식이 정확하다 면 그들은 좋은 터치감을 가지고 있다고 볼 수 있습니다. 하지만 그들이 현재의 퍼팅에서 무엇이 요구되는지 완벽하게 알고 있다는 사실만으로 곧 완벽한 스트 로크를 만들 수 있는 좋은 필링을 가지고 있다는 뜻은 아닙니다. 좋은 터치감을 가지고 있다는 것이 곧바로 좋은 필링으로 이어지는 것은 아니라는 말입니다.

사진 12.2.1 10피트 퍼팅 : 지나치게 짧은 스트로크(좌), 지나치게 긴 스트로크(중앙), 적절한 길이의 스트로크(우).

　퍼팅 길이가 어느 정도인지 아는 것, 어느 정도의 파워가 필요한지 아는 것, 의도하는 공의 움직임을 만들기 위해 어떤 스트로크가 요구되는지 아는 것, 이 모든 것이 바로 터치감입니다. 이제 터치감을 개발하는 연습을 시작하기로 하 겠습니다.

터치감을 익히려면 퍼팅길이를 파악하라

　좋은 터치감을 익히기 위해선 먼저 현재의 퍼팅 길이가 얼마나 되는지에 대해 파악할 줄 알아야 합니다. 과거에 프로 골퍼들은 실제로 거리를 재어 보는 것은 오히려 퍼팅에 부정적인 결과를 미칠 수 있다고 말했습니다. 거리를 재는 행위가 필링을 사라지게 할 수 있다는 것이 그 이유였습니다. 그러나 오늘날, PGA나 LPGA 투어 프로들은 하나같이 야드로 길이를 정확하게 산정하려고 노력합니다. 거리를 단순히 눈으로 '보고 어림잡는 것' 보다 정확하게 아는 것이 더 좋다는 것을 알았기 때문입니다.

퍼팅 거리를 눈으로 보고 어림잡는 것만으로도 정확하게 계산해 낼 수 있다고 생각하겠지만, 지속적으로 더욱 자주 홀인시키기를 원한다면 거리에 대한 보다 정확한 정보를 알아야 할 필요가 있습니다. 그리고, 때로 눈은 사실을 속이기도 하고 실제와는 다르게 볼 수도 있다는 점을 감안해야 합니다.

거리가 실제보다 더 길게 보이거나 반대로 실제보다 더 짧게 보이는 착시현상이 실제로 일어날 수 있습니다. 이런 현상이 일어나는 이유는 잔디에서 빛이 반사되는 정도, 잔디나 언덕의 형태, 그린의 주변상황, 공의 위치 등 여러 요인이 있을 수 있습니다 .

자신만의 거리 계산법을 익혀라

자신이 마주한 퍼팅의 거리를 정확하게 인식하고 더 나아가 정확한 스트로크를 하기 전 이러한 지식을 터치감으로 연결시키는 법을 배우는 일은 매우 중요합니다. 거리를 재는 단위가 무엇인가는 중요하지 않습니다. 피트로 인식하든, 야드 단위로 재든 혹은 발걸음 수로 재든 그런 것은 문제가 아닙니다. 어떤 거리 계산법이든 거리를 정확하게 알 수만 있다면 그것으로 족합니다.

나는 아주 일반적으로 통용되는 방법을 쓰고 있습니다. 평균 보폭에 기초한 피트 계산법을 이용하여 공에서 홀에 이르는 거리를 측정하는 방법입니다. 나는 '한 발자국 = 3피트' 로 계산하는 법을 사용하고 있습니다. 퍼팅 거리를 산정하기 위해, 공에서 홀까지 걸어가면서 발자국 수를 센 다음 곱하기 3을 해서 피트로 환산하고, 나머지 거리는 인치로 계산해서 더합니다.

이 방법을 아직 사용해 보지 않았다면 배워 보세요. 먼저 자신의 퍼터 길이를

사진 12.2.2 나는 '한 발자국 = 3피트' 계산법을 이용한다. 자신이 사용하는 퍼터 36인치되는 지점에 표시를 한 후, 이를 이용해서 연습용 그린 위 3피트 지점마다 공을 놓아둔다. 앞뒤로 왔다 갔다 하면서 3 피트 보폭의 발걸음을 연습한다.

재고, 퍼터 길이의 36인치 되는 지점에 표시를 합니다. 연습용 그린의 편평한 지점에서, 36인치가 표시되어 있는 퍼터를 이용하여 10야드 지점마다 공으로 표시를 합니다. 공이 놓여진 길을 따라 왔다 갔다 하면서 3피트 길이에 맞추려면 보폭을 어느 정도로 유지해야 하는지 가늠합니다(사진 12.2.2).

짐작은 금물, 정확하게 알아야 한다

발자국 수를 세는 방법으로 퍼팅 거리를 정확하게 알 수 있습니다. 만약 혹시라도 이런 정밀함이 터치감 개발에 그리 중요하지 않다고 생각한다면, 앞으로는 이 생각을 바꾸는 것이 좋습니다. 위로 경사를 이루는 지점에서 40피트인 거리에서 퍼팅해야 하는 경우, 공 뒤편에 서서 눈으로 거리를 어림잡으면서, '약 37 피트 정도 되겠군, 왜냐하면 그렇게 보이니까.' 이렇게 생각하고 싶습니까? 그게 아니라면 거리가 정확하게 40피트라는 것을 알고 싶으십니까? 약간의 거리 착오가 그리 중요해 보이지 않을지 모르겠지만, 3피트 착오는 홀을 중심으로 6

피트 원 밖으로 밀려나는 퍼팅을 하는 셈이 됩니다. 그리고, 그것은 톡 쳐서 넣는 세컨드 퍼팅과 다시 한 번 더 퍼팅을 시도해야 하는 후회막급한 4~6피트 퍼팅이라는 결과를 가져올 수도 있습니다.

거리에 대한 터치감을 개발하기 위해서 연습할 때와 실제 코스에서 퍼팅할 때 모두 동일한 보폭으로 재는 방법을 이용합니다. 거리를 파악하는 일은 터치감에 있어 더 이상 설명이 필요치 않을 만큼 중요한 사항입니다. 자신의 스트로크에 대해 정확하게 인식하고자 한다면, 먼저 공을 얼마나 멀리 굴러가도록 해야 하는지 정확한 거리를 알아야 할 것입니다.

그린 가장자리를 이용한 연습을 하라

연습용 그린의 먼 가장자리로 퍼팅하는 것은 자신이 모르는 코스에 대비하는 좋은 연습 방법이 됩니다. 골퍼로 하여금 그린의 스피드에 익숙하게 하고 자신의 스트로크 기법을 연습할 수 있도록 만들어주기 때문입니다. 공 세 개를 가지고 그린 한 쪽 가장자리까지 걸어갑니다. 공이 서로 부딪히지 않게 그러나 가능한 가까이 근접하도록 정확하게 맞은편 가장자리로 퍼팅을 합니다(사진 12.2.3).

사진 12.2.3 그린 한 쪽 가장자리에서 다른 쪽 가장자리로 공 세개를 스트로크한다. 이때 공이 서로 부딪히지 않게, 하지만 가능한 한 가까이 접근하도록 유의하면서 스트로크한다.

공 세 개를 가지고 그린 가장자리로 걸어가는 동안 잔디 결 방향으로 퍼팅을 해야 하는지 아니면 결 반대 방향으로 퍼팅을 해야 하는지 여부를 살피는 일도 잊어서는 안됩니다. 이 연습은 시간이 많이 걸리지 않으면서, 자신이 익숙하지 못한 그린에 대한 터치감을 조절할 수 있도록 도와줍니다.

드로백(Draw-Back)은 35피트 떨어진 지점에서 터치감을 개발하는데 좋은 게임이다

'드로백'은 35피트 이상 퍼팅에 대한 터치감을 개발하고 다듬는데 가장 좋은 일종의 게임입니다. 방법은 다음과 같습니다. 35피트 이상 떨어진 지점에서 공을 최대한 홀 가까이 보냄으로써, 첫 번째 퍼팅 거리가 34인치가 되도록 만듭니다. 이렇게 하면 3-퍼팅을 피할 수 있고, 두 번의 퍼팅으로 홀인시킬 수 있는 가능성이 그만큼 커집니다. 혼자 드로백 게임을 즐길 수도 있고, 혹은 퍼팅 실력이 좋은 다른 사람과 9홀 게임을 하는 것도 아주 좋은 방법입니다. 주의할 점은 35피트 미만의 거리에서는 드로백 게임을 해서는 안됩니다. 이렇게 하면, 무의식적으로 보다 짧은 거리에서 공을 치려는 경향을 나타내기 때문입니다.

세이프티-드로백(Safty-Drawback)은 35피트 미만 거리에서 터치감을 익히는 게임이다

'세이프티-드로백'은 35피트 미만의 거리에 대한 터치감을 익히기 위해 고안된 게임입니다. 이 게임의 목적은 35피트 미만의 거리에서 홀인시킬 수 있는 가능성을 최대한 높이는 데 있습니다. 필요한 스트로크에 대한 완벽한 스피드와 거리를 마음의 눈으로 인식할 수 있도록 연습합니다. 여러 다양한 홀에서 세이프티-드로백 연습을 하는 것이 좋으며, 만약 공에 적절한 스피드를 주지 못했다면 벌을 받고, 반대의 경우에는 상을 받는 식으로 진행합니다. 상벌의 기준은 스피드와 거리입니다. 홀로부터 거리가 34인치보다 길거나 짧은 정도에 따라 벌이

주어지기 때문에, 35피트 미만의 거리에서 공이 홀을 17인치 지날 정도의 스피
드와 거리에 대한 터치감을 보다 재미있게 익힐 수 있습니다. 규칙은 다음과 같
습니다.

① 15~35피트의 거리에서 홀을 향해 스트로크를 한다.
② '세이프티 구역(홀을 중심으로 반경 35인치의 반원)' 안에 공이 들어오면,
　그대로 홀에 밀어 넣는다.
③ 공이 세이프티 구역을 벗어났을 때는 퍼팅을 하기 전 먼저 공을 홀로부터
　34인치 뒤로 물린 다음 세컨드 샷을 한다.
④ 세컨드 샷 이후부터는 항상 퍼팅을 하기 전에 먼저 공을 홀로부터 직경 34
　인치 뒤로 물린 다음 샷을 한다.

더블–세이프티–드로백은 10~30피트 거리에서 터치감을 익히는 게임이다

이것은 거리가 10~30피트인 퍼팅에 대한 터치감을 익히기 위한 게임입니다.
또한 우리가 코스에서 항상 직면하는 6~10피트 퍼팅을 성공시킬 수 있는 가능
성을 보다 높이는데도 도움이 됩니다. 규칙은 세이프티–드로백과 동일합니다.
다만 세컨드 샷 이후부터 공을 홀에서 뒤로 물리는 거리가 68인치라는 점이 다
릅니다.

드로백 게임을 하면서 퍼팅 전 준비동작과 퍼팅의식이 얼마나 중요한지 깨달
을 수 있을 것입니다. 실제 코스에서 이들이 가지는 중요성은 더 말할 필요가 없
습니다.

칩퍼팅(Chiputting)은 자신의 퍼터를 이용해서 칩퍼트를 하면 된다

칩퍼트가 퍼팅보다 더 나은 선택이 될 수 있는지 여부를 결정하기 위해, 먼저
'칩퍼트 테스트'를 해 보아야 합니다. 칩퍼트는 퍼터로 하는 스트로크이긴 하지

사진 12.2.4 칩퍼팅은 자신이 사용하는 퍼터를 그대로 사용하되 칩핑 스탠스, 자세, 그립, 스윙을 이용하는 퍼팅이며, 공은 스탠스 중앙에 놓인다.

만 칩핑 그립, 스탠스, 자세(posture), 스윙, 팔로우스루를 이용합니다(사진 12.2.4).

몇 년 전에 나는 퍼팅 거리가 길수록 공이 왼쪽으로 짧게 갈 가능성이 있다는 사실을 보여주는 일련의 테스트를 한 적이 있습니다. 이는 다음과 같은 두 가지 이유에서 그렇습니다. ① 일반적인 퍼팅 자세에서 허리를 구부리면 스트로크의 힘을 약화시키는 결과를 가져옵니다. ② 허리를 구부린 자세는 거리감을 떨어뜨립니다(사진 12.2.5). 이 두 가지 사실은 아마추어들이 80피트, 90피트 또는 100피트 거리에서 공에 충분한 파워를 가하기가 어렵다는 것을 의미합니다(이 문제는 오랜 기간 퍼팅 연습을 하지 않을 때 더 심각해집니다).

따라서 결과적으로 홀에 못 미치는 퍼팅 실수를 할 바에는 퍼팅을 할 것이 아니라, 몸을 똑바로 세우고 칩퍼팅을 하는 편이 더 좋습니다. 칩퍼팅을 하는 방법은 간단합니다. 퍼터를 이용해서 칩퍼트를 하면 됩니다. 한 가지 문제는 어떤 스탠스로 칩퍼트를 할 것인가 하는 점인데, 이는 칩퍼트 테스트를 통해 곧 알 수 있습니다.

50~100피트 거리를 걸어가면서 10피트 지점마다 티로 표시를 합니다. 50피트 지점에서 세 번 퍼팅을 하고, 다시 세 번 칩퍼트를 합니다. 다음 퍼팅과 칩퍼트 중 어느 편이 평균적으로 공을 홀에 더 가까이 보내는지 결과를 봅니다. 60피트 지점에서 다시 똑같이 세 번 퍼팅, 세 번 칩퍼팅을 실시합니다. 다시 어느 쪽이 평균적으로 공이 핀에 더 가까이 갔는지 결과를 체크합니다. 그 다음 나머지 거리도 이와 똑같이 행합니다.

어떤 지점에서는 칩퍼팅이 퍼팅보다 더 좋은 결과를 가져온다는 사실을 발견할 수 있을 것입니다. 예를 들면, 70피트 이상의 거리에서 칩퍼팅이 더 나은 결과를 가져왔다든가 하는 식입니다. 이것이 그날 자신의 칩퍼트 거리에 해당됩니다. 며칠을 두고 동일한 테스트를 되풀이해 보면, 자신이 평균적으로 어느 정도의 거리에서 퍼팅보다 칩퍼팅으로 더 나은 결과를 얻어낼 수 있는지를 알 수 있게 됩니다. 이후 실제로 코스를 돌 때, 이때 산출된 거리보다 더 긴 거리에서 칩퍼트 기술을 구사하면 좋은 결과를 얻을 수 있습니다.

사진 12.2.5 칩퍼팅을 할 때는 퍼팅할 때처럼 몸을 구부리지 않고(우), 상체를 바로 세우는 자세(좌)를 취한다. 몸을 바로 세우는 자세는 거리를 조망하는데 도움이 된다.

만약, 평지에서 거리 70피트 지점이 칩퍼트로 퍼팅을 대신해야 할 지점이라면, 위로 경사를 이루고 있는 그린에서 퍼팅을 해야 하는 경우에는 55피트 거리가 칩퍼트 거리입니다. 또한 아래로 경사진 그린에서 퍼팅을 하는 경우에는 80~90피트가 칩퍼트로 바꾸어야 할 시점입니다.

포니-홀 드릴(Phoney-Hole Drill)은
퍼팅 그린이 붐빌 때 이용하는 방법이다

'포니-홀 드릴'은 터치감을 기르기에 가장 좋은 방법 중 하나이며, 특히 퍼팅 그린이 붐빌 때 아주 편리하게 이용할 수 있는 방법입니다. 포니-홀이란 고무로 만든 얇고 탄력성 있는 원 모양의 기구인데, 크기는 홀 크기보다 작습니다. 포니-홀을 그린 위에 놓으면 마치 진짜 홀처럼 보이는데, 공이 그 위로 부드럽게 지나갈 수 있을 정도로 두께가 아주 얇습니다. 그리고, 연습용 그린이 골퍼들로 붐벼서 이용할 수 있는 홀이 없을 때 아주 유용합니다. 포니-홀을 멀찌감치 놓아두면(사진 12.2.6), 이것이 곧바로 퍼팅 타깃이 되는 셈입니다. 공이 포니-홀을 지나 17인치 지점에 멈추는지를 체크하면서 공의 스피드를 조절하며 스트로

사진 12.2.6 '포니-홀'을 이용하면 공이 홀을 17인치 지날 정도의 스피드를 연습하는데 도움이 된다.

크합니다.

포니-홀 드릴을 연습하는 방법은 다음과 같습니다. 그린 가장자리 근처 한 지점에 티 표시를 하고, 자신이 연습하고자 하는 거리만큼 걸어 나옵니다. 해당 지점에 포니-홀을 놓아두고, 포니-홀을 중심으로 다시 반대 방향으로 똑같은 거리만큼 걸어옵니다. 마찬가지로 그 지점에 티 표시를 하면 연습할 준비가 갖춰진 것입니다.

포니-홀 드릴의 규칙은 앞서 필링을 키우기 위한 드릴의 규칙과 동일합니다. 한 가지 차이점은 포니-홀 드릴을 이용해 터치감을 익히는 연습을 할 때는 드릴 연습 때마다 퍼팅 거리를 달리 해야 한다는 점입니다.

포니-홀 드릴을 이용한 퍼팅은 실제로 코스에서 라운드를 시작하기 전 신속하게 워밍업을 하는 방법으로 이용해도 좋습니다. 라운드를 시작하기 전, 포니-홀을 이용해서 적어도 두 번, 세 차례 퍼팅을 합니다. 이때 스트로크 미리보기와 퍼팅의식도 빠뜨리지 말고 실시하며, 공이 포니-홀을 17인치 지난 지점에서 멈추는가를 관찰하면서 피니쉬합니다. 이렇게 연습하면, 머지않아 놀라울 정도로 거리에 대한 터치감이 좋아지고 있다는 사실을 발견하게 될 것입니다.

경사가 다른 지점에서 퍼팅을 할 때

그린 경사가 다른 지점으로 퍼팅하는 가장 좋은 방법은 편평한 그린 위 진짜 홀 앞 혹은 뒤로 가상의 홀이 있다고 생각하는 것입니다. 만약 경사가 오르막을 이루는 지점으로 퍼팅을 해야 한다면, 가상의 홀이 진짜 홀보다 더 멀리 있는 것처럼 생각합니다. 반대로 경사가 내리막을 이루는 지점으로 퍼팅을 한다면, 가상의 홀이 자신에게 더 가까이 있는 것처럼 생각합니다. 그러므로 경사의 변화가 정상적인 공의 움직임에 어느 정도의 영향을 미칠지 여부를 계산한 후, 가상의 홀을 주시해야 합니다.

그린 경사가 다른 두 지점에서 포니-홀을 이용해서 가상의 홀을 바라보는 훈련을 할 수 있습니다. 포니-홀을 진짜 홀의 앞쪽(혹은 뒤쪽)에 놓아 둔 다음, 마치 편평한 지점에서 포니-홀을 향해 공을 스트로크하는 것처럼 가상합니다. 포니-홀이 진짜 홀 앞 혹은 뒤쪽으로 어느 정도 거리를 두고 있어야 하는지 익히는데 단 몇 분이면 족합니다.

필링을 익혀라

좋은 터치감을 익힌 후, 자신의 터치감에 의해 필요하다고 인식되는 것을 실제 스트로크에 전달해 주기 위해서는 좋은 필링을 가지고 있어야 합니다.

터치감은 '무엇'을 해야 하는지 필요한 것을 아는 능력이고, 필링은 그것을 '어떻게' 해야 하는지 방법을 아는 능력이라고 앞에서 말한 바 있습니다. 따라서 필링을 키우기 위한 연습을 한다는 것은 무엇이 요구되는지(요구되는 스트로크의 크기) 이미 알고 있으며, 이제 이것을 얻는 방법을 찾으려고 노력한다는 뜻이 됩니다. 비록 이 가정이 코스에서 항상 그대로 적용되는 것은 아니지만, 그린에서 필링을 키우기 위한 연습을 할 때 언제나 자신의 터치감을 신뢰해야 합니다. 이는 필링훈련을 여러 차례 반복적으로 함으로써, 현재의 스트로크에서 필요한 파워와 거리를 파악한 후에 자연스럽게 적절한 스트로크로 나타나야 한다는 것을 뜻합니다. 다시 말해서, 터치감과 필링을 완전히 자기 것으로 소화해야 한다는 것입니다.

우선 자신의 마음의 눈에 맺힌 기억을 이용하여, 최적의 거리와 스피드를 만들어 내기 위해서는 스트로크가 어떠한 형태, 어떠한 느낌일 것인지를 마음 속에 형상화하는 훈련을 해야 합니다. 이 관계를 아는 것이 필링입니다. 이것을 할 수 있게 되면 스윙, 임팩트를 거쳐, 팔로우스루를 할 때 전해지는 좋은 느낌을 통해 자신이 멋지게 퍼팅을 했다는 사실을 인식할 수 있게 됩니다. 심지어는 공이 어디로 갔는지 보기도 전에 느낌으로 먼저 이 사실을 인식할 수 있습니다. 즉, 느낌이 좋으면, "아하! 내가 할 수 있는 가장 멋진 스트로크를 했군!" 하고 알게 된다는 말입니다.

그런데 반대로 고개를 들어보니 홀을 향해 굴러가는 공을 발견할 수 없을 때─공이 너무 빠른 스피드로 홀을 지나버린 경우─자신의 터치감이 틀렸다는 사실을 그제서야 알게 됩니다. 이것은 결코 원하던 결과가 아닐 것입니다. 필링연습을 할 때 동일한 홀에서 계속 반복해서 연습을 해야 하는 이유가 바로 여기에 있습니다(터치감을 통해 무엇이 요구되는지 정확하게 파악하고 있어야만 비로소 필링이 만들어질 수 있기 때문입니다).

한편 정반대의 경험을 하게 되는 경우도 있습니다. 퍼팅을 한 후 눈을 들어 확인하기도 전에 흡족한 퍼팅이 아니라는 것을 이미 아는 경우입니다. 마음의 눈이 공이 의도하는 방향으로 굴러가고 있지 않다는 사실을 벌써 알고 있는 것입니다. 그 이유는 아래 사항들 중 하나에 원인이 있습니다.

① 연습 스윙에서 필링을 확실히 익히지 않았으며, 스트로크 미리보기도 정확하게 이뤄지지 않았다.

② 퍼트를 잘못 읽었으며, 자신이 무의식적으로 이 사실을 알고 있다.

③ 거리와 파워에 대한 터치감이 좋지 않았으며, 자신이 무의식적으로 이 사실을 알고 있다.

④ 스트로크를 잘못했다.

앞의 세 가지 경우는 이 책에서 설명하고 있는 터치감, 필링, 그린 읽기를 제대로 따른다면 고칠 수 있는 경우입니다. 그러나, 만약 나쁜 스트로크 습관을 가지고 있다면, 자신이 무엇을 해야 할지, 그리고 어떻게 처리해야 할지 알고 있다 하더라도, 실제에서는 형편없는 스트로크로 퍼팅을 망쳐버리는 경우에 자주 직면하게 될 것입니다. 만약 스트로크를 제대로 통제할 수 없다면, 골프를 포기하고 대신 테니스를 치러 가는 편이 더 현명할 지도 모릅니다.

스트로크 미리보기를 하고 자신의 필링연습을 하라

스트로크 미리보기를 하는 동안 필링을 개발하고 다듬습니다. 스트로크 연습을 하면서 마음의 눈이 이미지에 맞지 않는 신체적인 감각과 스트로크를 느끼고 평가합니다. 즉, 마음의 눈을 통해 실제 스트로크를 정확하게 구사하는 데 필요한 모든 동작과 결과에 대한 미리보기를 하고, 제거해야 하는 부정적인 동작과 결과를 미리 느끼고 본다는 뜻입니다. 따라서 필링연습은 다음의 사항들을 포함합니다.

① 스트로크 미리보기와 자신만의 퍼팅의식을 진행한다.

② 스트로크를 한다.

③ 자신의 퍼팅 결과를 본다.

④ 실제 결과와 앞서 예상했던 내용을 비교 평가한다(사진 12.3.1).

필링을 키우는데 가장 좋은 연습 방법은 동일한 지점에서 공 세 개를 하나의 사이클로 해서 연이어 스트로크하는 방법입니다. 일정한 거리를 걸어간 후 그

사진 12.3.1 필링연습 : 실제 스트로크를 하기에 앞서 항상 자신이 최선이라고 믿는 완벽한 스트로크 미리보기를 해야 한다(우). 실제 결과와 예상을 비교함으로써 앞으로 직면하게 될 유사한 상황에 대한 필링을 가질 수 있게 된다.

사진 12.3.2 먼저 스트로크 미리보기 과정에서 거리에 대한 터치감을 얻은 다음, 완벽한 볼트랙을 잡기 위한 필링을 만들어낸다.

린을 읽습니다. 그 다음 5단계 스트로크 미리보기와 퍼팅의식을 진행합니다. 첫 번째 스트로크를 합니다. 만약 결과가 좋다면, 임팩트와 팔로우스루로 이어지는 느낌도 좋을 것입니다. 공도 당연히 적당한 스피드로 홀을 향해 굴러가고 있을 것입니다. 다음 단계는 방금 자신이 한 스트로크를 확실히 자신의 것으로 만들기 위해 계속 반복합니다. 퍼팅을 하기 전에 먼저 스트로크 미리보기, 미리보기를 통해 얻은 스트로크 연습하기, 공 앞으로 다가가 어드레스하기, 퍼팅의식, 이 모든 것들을 성실하게 진행한 다음 실제로 퍼팅을 해야 한다는 점을 반드시 기억하기 바랍니다.

만약 첫 번째 퍼팅 결과가 완벽하지 못하다면, 뒤로 물러나서 왜 그런 결과가 나왔는지 검토합니다. 그린을 잘못 읽었거나 잘못된 터치감이 원인이라면, 스트로크 미리보기부터 다시 시작합니다(사진 12.3.2). 필링연습을 하는 동안 먼저 자신이 무엇을 하려고 하는지 정확하게 알고 있어야 합니다. 무엇을 할 것인지 정확하게 파악한 후 제대로 할 수 있을 때까지 동일한 과정을 계속 반복하는 것이 배움의 지름길입니다.

가능한 한 많이 3-ball 사이클을 반복해서 되풀이합니다. 이렇게 여러 차례의 사이클을 거친 후에 필링이 상당 정도 향상되어 있어야 합니다. 각각의 사이클에서, 첫 번째 공을 스트로크하기에 앞서 먼저 완벽한 스트로크 미리보기 과정을 거쳐야 한다는 점을 잊어서는 안됩니다. 실제 어드레스 위치에서 4인치 뒤로 물러나서, 적어도 한 번은 스트로크 미리보기를 해야 합니다. 이런 과정을 통해 스트로크 연습이 그대로 실제 스트로크로 이어질 수 있습니다(셋업이 잘못되면, 비록 완벽하게 스트로크를 했다 하더라도 퍼팅 실패를 가져옵니다.)

20-피트 드릴(20-foot Drill)은 필링을 최고로 발휘할 수 있게 하는 연습이다

20-피트 드릴의 목적은 20-피트 거리에서 자동적으로 필링을 발휘하도록 훈련하고, 가능한 한 그 필링을 최고로 발휘할 수 있도록 하는데 있습니다. 20-피트 길이의 퍼팅 연습을 해야 하는 이유는 첫 퍼팅에서 자주 직면하는 거리이기 때문입니다. 홀을 중심으로 좌우 각각 20피트 떨어진 지점을 잡습니다. 적당한 스피드로 연이어 10개의 공이 의도한 지점에 들어갈 때까지 세 차례씩 반대 방향으로부터 반복해서 퍼팅합니다.

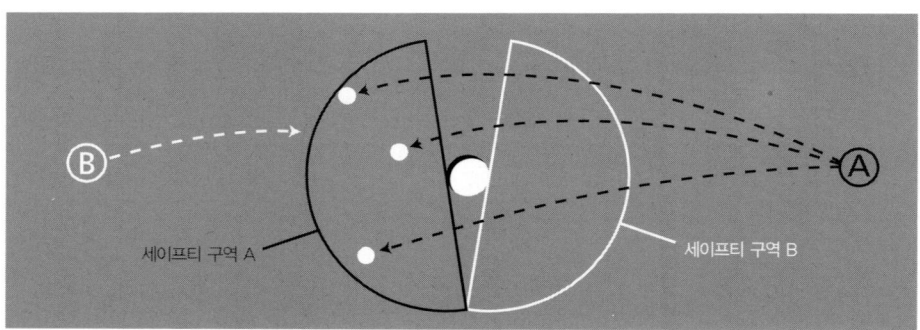

사진 12.3.3 세이프티 구역이란 홀 뒤편에 만든 반경 34인치의 반원을 말한다.

공이 홀의 뒤 가장자리를 지나 반경 34인치 되는 지점 내에서 멈추도록 해야 합니다(사진 12.3.3). 우리는 이 지점을 '세이프티 구역' 이라고 부릅니다.

이 드릴의 규칙은 다음과 같습니다.

① 홀에서 출발해 20피트 지점까지 걸어가서, 그 지점에 티로 표시를 한다.

② 홀을 중심으로 다시 반대 방향으로 20피트 걸어가서 마찬가지로 티 표시를 한다.

③ 세 차례 퍼팅을 실시한다(스트로크 전에 반드시 스트로크 미리보기를 한다). 이때 각각의 공이 세이프티 구역 내에서 멈췄는지를 주의해서 살핀다. 만약 한번이라도 세이프티 구역 내에 들어가지 않았다면 처음부터 다시 시작한다.

④ 세개의 공이 모두 세이프티 구역 테스트를 통과했다면, 이번에는 홀의 반대방향으로 위치를 옮겨서 다시 세 차례 퍼팅을 한다. 이번에도 공이 모두 세이프티 구역 내에 진입했다면, 위치를 바꾸어 다시 세 차례 시도한다. 만약 공이 하나라도 실패했다면 실패한 쪽 방향에서 처음부터 다시 시작해야 한다.

이 연습이 일단락 되기 위해서는 10개의 공이 연이어 세이프티 구역 내에 진입해야 하며, 마지막 10번째 공은 홀을 중심으로 9번째 공과 반대방향에서 스트로크한 것이어야 합니다.

이 연습 방법은 필링훈련을 하기에 아주 좋은데, 그 이유는 무엇이 요구되는지 자신이 정확하게 알고 있는 상황에서, 다시 말해 터치감이 확실한 상황에서 똑같은 퍼팅을 반복하여 실시하기 때문입니다. 그리고, 10개의 성공을 얼마 남겨두지 않은 상황이 되면 성공시켜야 한다는 심적 부담이 자연 커지게 되는데, 이것은 심적 부담을 안은 상태에서도 얼마나 자신의 필링에 집중할 수 있는가를 테스트할 수 있는 좋은 기회가 되기도 합니다.

사진 12.3.4 필링 드릴 : 스키 장갑을 끼고 퍼팅을 하면 근육을 통한 지각을 최소한 줄이고 마음의 눈을 통해 모든 것을 감지할 수 있는 필링을 키우는데 도움이 된다.

장갑을 끼고 눈을 감은 상태에서 연습을 하라

골퍼가 자신의 마음의 눈으로 필링을 볼 수 있는 능력을 기르는 방법으로 양쪽 손에 스키 장갑을 끼고 스트로크하는 방법이 있습니다(사진 12.3.4). 두껍게 속을 댄 장갑은 샤프트와 헤드로부터 전해지는 손 감각이 둔할 수밖에 없습니다. 따라서 오직 마음의 눈을 통해 스트로크의 크기를 결정해야 합니다.

처음 스키 장갑을 끼고 스트로크 연습을 하면, 실제로 필링의 대부분이 자신의 마음 속에 서 만들어진다는 사실에 조금은 놀랄 것입니다. 그리고 어쩌면 자신이 기대했던 것 이상으로 스트로크할 수도 있습니다. 손을 통해 느끼는 신체적인 감각은 퍼팅에 있어서 단지 '첨가물' 에 불과합니다. 또한 이렇게 장갑을 끼고 스트로크하는 연습을 통해 손과 손목에 힘을 실어서는 안되는 이유를 깨달을 수 있어야 합니다. 손과 손목에 힘을 주게 되면 근육을 통해 전해지는 아주 작지만 중요한 메시지를 제대로 읽어낼 수가 없습니다.

신체감각이 전하는 필링을 예민하게 포착하기 위한 방법은 눈을 감은 채 스트로크 연습을 하는 것입니다. 첫 스트로크 연습 때는 눈을 뜨고 홀을 바라보면서 늘 하던 대로 스트로크 미리보기를 시작합니다. 그 다음 눈을 감고 이 모든 시각

사진 12.3.5 투–하이 드릴 : 아래로 경사가 빠른 그린 위에서 브레이크
가 들어가는 9피트 퍼팅을 하고 있다.

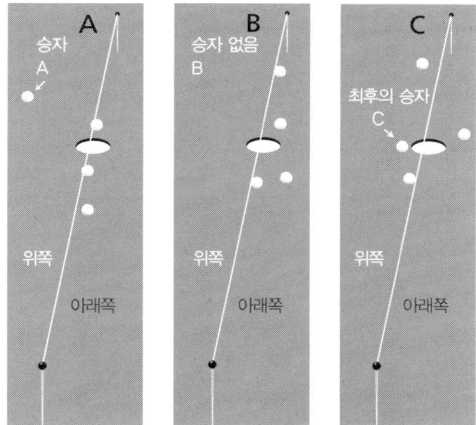

사진 12.3.6 투–하이 드릴 : 공이 가능한 한
홀 가까이 라인 위쪽 지점에 멈추도록 하는 것
이 이 게임의 기술이다.

적인 정보들을 자신의 머리 속에 입력시킵니다. 눈을 감고 스트로크 결과가 어
떠하리라고 자신이 예상한 것을 그대로 느껴봅니다. 스트로크 미리보기가 전해
주는 느낌에 만족할 때까지 몇 번 반복합니다. 그 다음 눈을 뜨고 퍼팅의식을 치
른 후 스트로크합니다. 눈을 감은 채로 스트로크 미리보기를 하는 것은 장갑을
끼고 하는 퍼팅과는 정반대의 경우로, 모든 것을 자신의 손에 의지하여 지각하

기 때문입니다. 이를 통해서, 손에 전혀 힘을 싣지 않고 하는 퍼팅이 가장 예민하게 감각을 느낄 수 있도록 해준다는 점과 스트로크에서 손으로 전해지는 느낌을 고스란히 감지할 수 있다는 사실을 확인할 수 있을 것입니다.

투-하이 드릴은 경사진 지점의 홀을 찾아 연습하라

'투-하이 드릴'은 공에 너무 많이 브레이크를 가할 경우에 전해지는 느낌과 경사가 높은 지점에서 스트로크를 할 때 어떤 점에 유의해야 하는지를 알기 위해 하는 연습입니다. 혼자 투-하이 드릴을 연습해도 되고, 다른 파트너와 함께 게임을 해도 재미있습니다. 방법은 다음과 같습니다. 현저하게 경사를 이루고 있는 지점에 위치한 홀을 찾습니다. 홀 한가운데를 지나는 선을 표시합니다(사진 12.3.5). 이 라인을 따라 스트로크를 해도 되고 라인 한 쪽 건너편에서 스트로크를 해도 됩니다. 한 가지 규칙은 홀로 들어가거나 혹은 라인 아래로 굴러가지 않고, 라인 위쪽 홀 가장 가까운 지점에 멈추는 공이 이긴다는 점입니다. 사진

사진 12.3.7 투-홀 드릴 : 에임라인이 서로 평행을 이루는 두 개의 홀을 찾는다. 한 쪽 홀로부터 2.5피트 떨어진 지점 두 에임라인 위에 공 두개를 놓는다.

사진 12.3.8 투-홀 드릴 : 자신의 신체리듬에 맞추어 두 개의 공을 스트로크한다.

13.3.6에 승자가 되는 몇 가지 경우가 나와 있습니다. 투-하이 드릴 게임에서는 홀인되는 공은 승자가 될 수 없습니다.

이 게임은 상당히 어렵습니다. 왜냐하면 경사진 그린 위에서 공이 홀 위쪽에 멈추어 서도록 하기란 결코 쉽지 않기 때문입니다. 동일한 홀에서 반복해서 스트로크 연습을 함으로써 경사진 그린에서 스트로크하는 경우에 대한 필링을 보다 확실히 익힐 수 있습니다. 공이 라인 위쪽 지점에 최대한 홀에 근접하여 멈추도록 하는 것이 이 게임의 포인트입니다.

투-홀 드릴(Two-Hole Drill)은 리듬감을 익히는 방법이다

'투-홀 드릴'은 리듬감을 익힐 수 있는 좋은 방법입니다. 투-홀 드릴이라고 부르는 이유는 자신의 자연스런 신체리듬에 맞춘 메트로놈 박자에 따라 두 홀 사이를 오가며 스트로크를 하기 때문입니다.

먼저 그린에서 혼자 이용할 수 있는 홀 두 개를 찾습니다. 두 홀의 에임라인이 서로 평행을 이룬다고 가상합니다. 한 쪽 홀로부터 2.5피트 떨어진 지점, 두 개의 에임라인 위에 공 두개를 나란히 놓습니다(사진 12.3.7). 메트로놈을 맞추어 놓고, 메트로놈의 박자에 맞춰 스트로크 미리보기와 퍼팅의식을 진행한 후 첫 번째 공을 가까이 있는 첫 번째 홀로 스트로크합니다(숏퍼트). 첫 번째 공을 스트로크한 직후 곧바로 두 번째 홀을 바라보면서 자신이 할 수 있는 최고의 스트로크 미리보기를 합니다. 그 다음 어드레스 자세를 취하고 퍼팅의식을 진행한 후 두 번째 공을 두 번째 홀로 스트로크합니다(사진 12.3.8). 다시 자신의 신체리듬에 따라 동일한 방식으로 스트로크를 반복합니다.

처음에는 스트로크를 성공시켰는가 여부는 중요하지 않습니다. 중요한 것은 숏퍼트를 할 때와 마찬가지로 롱퍼트를 할 때에도 편안한 느낌이었는가 하는 점입니다. 퍼팅의 길이가 길든 짧든 상관없이 자신의 리듬감을 일정하게 유지할 때, 스피드와 거리에 대한 최적의 필링을 유지할 수 있습니다. 동일한 리듬에 따라 양쪽 홀을 오가며 스트로크 연습을 함으로써 완벽한 스트로크를 익히게 되고, 이것은 코스에서 만나게 되는 모든 퍼팅에 대비한 좋은 연습이 됩니다.

숏퍼트 드릴(Short-Putt Drill)은 골프 묘미를 알게 하는 방법이다

5피트 미만의 거리는 퍼팅에서 가장 흔한 숏퍼트입니다. 골프를 하는 동안 항상 숏퍼트를 해야 하고, 퍼팅 게임의 43% 중 절반은 숏퍼팅 게임입니다. 만약 숏퍼트를 제대로 할 수 없다면 골프에서 얻어지는 재미가 반감될 수밖에 없고, 좋은 성적도 기대하기 힘듭니다.

숏퍼트에서 실패를 유발하는 주원인이 무엇일까요? 거리가 짧은 경우에도 퍼팅실수가 나는 경우가 심심찮게 있습니다. 숏퍼트에서 나는 실수는 주로 공이 너무 느리거나 혹은 지나치게 빠른 스피드로 굴러가는데 기인합니다.

이 사실을 단순히 기억하는 것만으로도 퍼팅 실수를 줄일 수 있습니다. 앞에서 '스피드가 라인보다 더 중요하다'고 했던 말을 기억하기 바랍니다. 퍼팅에서는 스피드가 매우 중요합니다. 만약 적절한 스피드를 공에 부여할 수 없다면, 아무리 조준이 정확해도 혹은 스트로크의 과학적인 기술이 아무리 체계적으로 잡혀있어도 퍼팅을 성공시킬 가능성이 아주 희박해집니다.

여기 속도감을 익힐 수 있는 좋은 5가지 숏퍼트 드릴을 소개하고자 합니다. 이 연습 방법은 공에 적절한 스피드를 가하는 것에 대한 필링을 익힐 수 있도록 도와줄 것입니다.

드릴 1 눈 감고 하기 : 이 드릴의 목적은 3피트 스트로크의 필링을 배우는 것입니다. 공이 홀 가장자리를 돌아나오는 립아웃(lip-out)을 유발하지 않도록 공에 지속적으로 최적의 힘을 부여할 수 있게 하는 연습입니다. 홀에서 3피트 떨어진 지점에 공 3개를 놓아두고 차례로 스트로크하여 홀인시킵니다. 그 다음 홀을 중심으로 90도 각도로 옮긴 지점에서 똑같이 반복합니다. 이렇게 홀 주변을 한 바퀴 돌면서 연달아 공 12개를 모두 홀인시킬 때까지 이 연습을 되풀이합니다. 만약 어느 한 공이라도 실수가 발생하면 공 12개를 연속 성공시킬 때까지 처음부터 다시 시작합니다.

다음 단계는 퍼팅을 했던 4지점 중 어느 한 곳을 선택합니다. 이번에는 눈을 감고 홀에서 3피트 떨어진 지점에서 공 3개를 연달아 홀인시킵니다. 이렇게 눈을 감고 스트로크하다가 실수를 하게 되면, 필링을 되찾기 위해 눈을 뜨고 공 3개를 연속 스트로크합니다. 다음 다시 눈을 감은 채 세 차례 스트로크를 되풀이합니다. 만약 다시 실수를 하게 되면, 다시 눈을 뜨고 스트로크하는 사이클을 반복합니다.

드릴 2 조금씩 길게 하기 : 홀에서 3피트 떨어진 지점에 공 4개를 놓습니다. 홀을 중심으로 90도씩 돌아가며 4개의 공을 연속 스트로크합니다. 90도씩 위치를 옮길 때마다 홀과의 거리를 1피트씩 멀어지게 잡습니다. 실수를 범하지 않고 홀에서 어느 정도 먼 지점까지 스트로크를 성공시킬 수 있는지 기록해 둡니다. 이렇게 하면 연습할 때마다 이전 기록을 능가하려고 노력하는 재미를 느낄 수 있습니다. 3피트 떨어진 지점에서 시작해서 1피트씩 점진적으로 홀 외곽으로 벗어나면서 스트로크를 할 때, 언제나 자신의 리듬, 스트로크 미리보기, 퍼팅의식을 실천해야 합니다. 또한 실수를 했을 경우에는 공이 홀에서 어느 정도 거리에서

사진 12.3.9 퓨어-푸시 드릴 : 어드레스 자세에서 백스윙을 하지 않고 곧바로 공을 에임라인을 따라 홀 쪽으로 밀어낸다.

멈춰 섰는지를 체크합니다. 이렇게 함으로써, 공이 홀에 못 미치는 짧은 퍼팅이 공이 홀을 립아웃하는 것만큼이나 잘못된 것이라는 점을 인식할 수 있게 됩니다. 이 연습의 목적은 공을 홀인시킬 수 있는 최적의 스피드에 대한 필링을 익히는데 있습니다.

 드릴 3 퓨어-푸시 드릴(Pure-Push Drill) : 이 스트로크는 공식적으로 인정된 스트로크는 아니지만 (백스윙이 없기 때문에 USGA에 규정되어 있지 않습니다), 연습으로서는 좋은 방법입니다. 퓨어-푸시 드릴은 페이스를 에임라인에 직각으로 유지할 수 있도록 도움을 줍니다. 이 방법은 스트로크에서 백스윙을 하지 않는다는 점만 빼면, 위에서 말한 눈감고 하는 스트로크 드릴과 동일합니다. 어드레스에서 곧바로 공을 홀로 밀어 넣는 방법입니다(사진 12.3.9). 눈을 뜨고 공 12개를 연달아 스트로크합니다. 그 다음 눈을 감고 공 3개를 연속해서 스트로크합니다. 페이스를 에임라인에 직각으로 유지하면서 이 드릴을 몇 번 반복하다보면, 퓨어-푸시 드릴과 숏퍼트 드릴의 느낌이 상당히 유사하다는 점을 알게 될 것입니다.

사진 12.3.10 홀 뒤 가장자리 치기 : 실수하는 것을 두려워하지 말고, 공이 홀 뒤 가장자리에 단단하게 부딪힐 수 있을 정도로 스트로크한다. 공이 홀을 건너뛰지 않도록 하면서 어느 정도까지 공을 튀어오르게 할 수 있는지 연습한다.

　　드릴 4　홀 뒤 가장자리 치기 : 골퍼들이 숏퍼트에서 범하는 가장 흔한 실수가 공이 확실하게 홀을 향해 굴러가도록 만들지 못하고 지나치게 약하게 스트로크하는 바람에 공이 중간에서 멈추고 마는 경우입니다. 숏퍼트는 골퍼가 볼 수 없는 그린의 상태, 예를 들면 발자국이나 움푹 패인 부분 등 그린의 상태가 부분적으로 만족스럽지 못한 경우에 특히 그 영향을 받기 쉬운 퍼팅입니다. 지나치게 약하게 스트로크하면, 공이 힘없이 느리게 굴러가다가 결국 움푹 패인 곳을 지나면서 그 패인 부분에 빠져 버리거나 궤도를 벗어나 버립니다. 만약 숏퍼트에 적절한 스피드를 가하여 제대로 굴러가도록 만드는데 어려움이 있다면, 다음 소개하는 간단한 드릴을 매주 한 번씩 15분간 꾸준히 연습할 필요가 있습니다.

　　홀을 중심으로 반경 3피트 원을 그립니다. 이 원을 4등분으로 나누어 각각의 사분면에서 3피트 퍼팅을 합니다. 이때 공이 홀에서 튀어 올라오지 않을 정도로 가능한 단단하게 파워를 가합니다. 공이 홀 가장자리를 돌다가 나오는 립아웃 현상이나, 혹은 공이 홀을 건너뛰어 지나가는 상황이 발생하지 않도록 주의하면서, 공이 홀의 뒤쪽 가장자리에 부딪혀 딸깍 소리를 내며 홀인될 수 있도록 스트로크합니다(사진 12.3.10). 이렇게 하려면 실수가 나는 것을 두려워하지 말고 당당하고 자신있게 스트로크하는 것이 중요합니다. 물론, 코스에서 이런 식으로 강하게 스트로크하라는 의미는 절대로 아닙니다. 하지만, 계속 숏퍼트를 지나치게 약하게 처리하는 문제를 안고 있다면 연습하는 도중 그 반대되는 경우를 경험함으로써 실제 코스에서는 어느 한쪽으로 치우침이 없이 적절한 상태를 유지할 수 있게 됩니다.

<u>드릴 5 홀을 17인치 지나가기</u> : 숏퍼트에서 홀을 17인치 지나갈 정도로 공에 스피드를 가하는 것이 말도 안 된다고 여겨질 것입니다. 하지만 공이 홀을 17인치 지나칠 정도의 스피드를 유지한 것이 퍼팅길이에 상관없이, 심지어는 아주 짧은 퍼트에서도 만족스런 결과를 가져온다는 사실을 알면 놀랄 것입니다. 홀은 퍼트가 어느 방향에서 오든 전혀 개의치 않습니다. 단지 공이 어느 정도의 스피드로 와서 홀인되느냐 이 사실만을 중요시 할 뿐입니다.

숏퍼트에서 스피드에 대한 완벽한 느낌을 익히고 유지하기 위해서는 가끔씩 다음 소개하는 드릴을 연습하면 효과가 있습니다(한 달에 한 번 10분 정도면 됩니다). 이 방법은 포니-홀과 동전 하나만 있으면 그린에서 혼자서도 연습할 수 있습니다. 동전을 포니-홀 뒤쪽 17인치 지점에 놓아둡니다. 공 3개를 각각 거리를 달리하며 홀 위를 지나서 굴러가도록 스트로크합니다. 공이 멈출 때까지 피니쉬를 유지하면서 공이 동전에 어느 정도 가까이 굴러가는지 지켜봅니다.

이 드릴은 아주 간단하게 연습할 수 있으며, 숏퍼트에 적당한 스피드를 가할 수만 있다면 숏퍼트을 두려워하거나 어려워 할 아무런 이유가 없다는 자신감을 심어주는 것이 이 드릴의 특징입니다.

래그 퍼트 드릴 (Lag Putt Drill)

3-퍼트는 골프에서 가장 신경을 거스르는 실수 중 하나입니다. 하지만 불행하게도 3-퍼트는 가장 일반적으로 저지르는 실수이기도 합니다. 3-퍼트를 피하는 방법은 간단합니다. 공을 홀을 중심으로 6피트 원 이내로 밀어 넣기만 하면 됩니다. 이 거리는 3피트 퍼팅보다도 거리가 더 짧기 때문에 처리하기에 별 어려움이

없을 것입니다.

"물론 그렇죠. 내가 홀 주변 3피트 이내로 공을 굴려 넣을 수만 있다면 말이죠. 그런데 그건 쉬운 일이 아니예요." 어쩌면 이렇게 말하는 사람도 있을 것입니다. 이 말에 동의하는 사람은 자신의 롱퍼트 스트로크 방법을 바꿔야 합니다. 사진 12.3.11은 내가 직경 6피트 홀 안에서 깃발을 손에 쥐고 있는 모습입니다. 만약 홀이 이 정도 크기라면 어느 그린에서건 공을 홀인시키는 일은 문제가 아닐 것입니다. 실제로 홀을 이 정도 크기로 생각하고 바라볼 수 있다면 그건 굉장한 일입니다.

3-퍼트를 피하는 방법은 6피트 크기의 홀에 퍼팅하는 것만큼이나 간단합니다. 이렇게 간단한 방법이 있는데 왜 아직도 3-퍼트에 시달리고 있는 걸까요? 그것은 하는 방법이 어려워서가 아니라 아직 적절한 방법으로 충분히 스트로크 연습을 하지 않았기 때문입니다. 근본적으로는 롱퍼트에 대한 필링을 아직 제대로 형성하고 있지 않기 때문입니다.

롱퍼트를 홀 가까이 가져가는데 대한 필링을 갖기 위해서는 '래그-퍼트 드릴' 연습이 효과적입니다. 이 방법을 반복 연습함으로써 거리 40피트, 50피트, 60피트 세 종류의 퍼트에 대한 필링을 확립할 수 있게 됩니다. 일단 이 세 가지 각기

사진 12.3.11 실제로 홀을 이 사진처럼 직경 6피트 크기로 바라볼 수 있다면 3-퍼트에 대한 두려움에서 영원히 벗어날 수 있을 것이다.

다른 거리에서 하는 퍼팅에 자신이 생기면, 길이가 더 긴 퍼팅에 대해서도 마찬가지로 자신감을 가질 수 있게 됩니다.

각각 40피트, 50피트, 60피트만큼 걸어가서 해당 지점에 티로 표시를 합니다. 먼저 40피트 지점에서 공 3개를 스트로크하고, 다음 50피트 거리에서 똑같이 스트로크합니다. 다시 60피트 지점에서도 마찬가지로 세 차례 스트로크합니다. 이 사이클을 두 번 더 실시합니다. 마지막으로 실제 홀을 중심으로 직경 6피트 크기의 가상의 원이 있다는 이미지를 가지고 50피트 퍼팅을 합니다. 공 3개가 모두 연속해서 직경 6피트 원 속에 들어간다는 이미지가 확실히 만들어질 때까지 이 연습을 계속합니다. 이를 반복해서 연습하면, 스트로크 연습이 점점 더 쉬워집니다. 그래서 이후 실제로 코스에서 공을 3피트 이내로 밀어 넣는 일이 그리 어렵지 않게 여겨지는 것은 당연합니다.

내기게임은 좋은 학습환경이다

적절한 피드백이 주어지는 상황에서, 다른 사람과 게임을 하면 비교적 짧은 시간 안에 기술을 익힐 수 있기 때문에 내기게임이 좋은 학습환경이 될 수 있습니다. 그러므로, 퍼팅 연습을 할 때는 언제나 주변의 훌륭한 골퍼들과 시합을 가지는 것이 좋습니다. 앞에서 설명한 여러 가지 드릴 모두가 재미있는 게임이 될 수 있습니다. 래그-퍼트 드릴을 예로 든다면, 홀에서 가장 가까운 공이 승자가 되는데, 이길 때마다 1점으로 계산하여 6점을 먼저 얻는 골퍼가 게임의 승자가 되는 것입니다.

그러나 흔히 하는 게임들, 예를 들면 '홀인원 게임' (이 게임은 골퍼로 하여금 공을 무조건 홀에 집어넣기만 하면 되는 것처럼 잘못 유도하기 쉽습니다)이나 거리가 35피트 미만인 지점에서 하는 '홀에 가장 가까이 보내기 게임' (35피트 미만의 거리에서는 골퍼의 관심이 오로지 '공이 홀에서 정지하여 홀 안으로 빠지도록' 만드는 일에만 쏠리게 되므로, 홀을 17인치 지나간다는 느낌으로 하는 스트로크에 대한 터치감과 필링을 갖기가 어렵게 만듭니다)은 좋지 않습니다. 자신의 약점을 보완할 수 있는 게임을 선택하고 이득보다는 해가 될 수도 있는 게임은 피하는 것이 좋습니다. 현명한 골퍼라면 공이 홀을 17인치 지나서 멈춰 설 정도의 최적의 스피드로 스트로크하며(35피트 미만의 거리인 경우), 롱퍼트을 처리할 때는 공이 홀로부터 가장 근접한 거리에 멈추도록 적절하게 스트로크한다는 사실을 기억하기 바랍니다.

그린을 읽는 눈을 키워라

상당수의 골퍼들이 그린을 제대로 읽고 공에 적절한 브레이크를 주려고 하지 않고 대신 셋업과 교묘한 스트로크 동작으로 이를 보상하려는 경향을 보입니다. 그린을 제대로 읽지 않고 대신 보상적인 심리에서 쓸데없는 동작을 취하는 경향 때문에, 충분히 피할 수 있었던 실수를 범하는 경우가 종종 있습니다. 만약 이전 의 잘못된 모든 습관을 버리고, 처음부터 다시 시작하는 심정으로 그린을 적절 하게 읽고, 아주 사소한 보상동작에도 의지하지 않는 깨끗한 스트로크를 구사할 수 있다면 훨씬 더 많은 퍼팅을 성공시킬 수 있을 것입니다.

골프학교에서 학생들을 지도하면서 나는 늘 이렇게 말하곤 합니다. "내가 테 스트해본 1천 5백명의 골퍼들 모두가 이 문제를 가지고 있었으며, 나도 역시 그 랬습니다."

자신도 이와 같은 문제를 안고 있는지 테스트해 볼 필요가 있습니다. 홀 위쪽 혹은 아래쪽으로 실수를 범하는 경향이 있는지 여부를 측정해 봄으로써 곧 알 수 있습니다.

측정결과를 인정하라

사진 12.4.1을 보면 홀 위쪽을 A구역이라 표시하고, 홀 아래쪽을 B구역이라고

표시해 놓았습니다. 나의 테스트 결과에 따르면, 공에 충분한 브레이크를 주지 않아서 공이 홀 아래쪽으로 휘어지는 퍼팅실수가 85%에 달했습니다. 이것은 공에 충분한 가격을 가하지 않기 때문에 발생하는 실수입니다. 자신에게도 해당되는 문제인지 확인하기 위해 5라운드에 걸친 공의 궤적 테스트를 해봅니다. 사진 12.4.2에 보듯이 자신의 결과를 기록합니다. 매 라운드가 끝날 때마다 A구역과 B구역의 결과를 기록하고, 마지막으로 전체 5라운드의 합계를 계산합니다. 만약 실수 발생 지점이 A와 B 양쪽으로 거의 균등하게 나누어져 있다면, 이것은 그린을 비교적 정확하게 읽고 있는 것으로 볼 수 있습니다. 그런데, 만약 실수 발생 지점이 어느 한쪽으로 치우쳐 있다면(약 60%이상), 지금부터 그린 읽는 연습을 할 필요가 있습니다.

실패를 분석하라

퍼팅 실패가 홀 위쪽에서 나는지 아니면 아래 지점에서 나는지를 테스트 한 후, A와 B 두 지점의 실수 발생율을 정확하게 파악했다면, 이제 그린을 읽지 않고 다른 보상동작으로 이를 만회하려는 이전의 습관을 벗어버릴 준비가 되었습니다.

자신에게 문제가 있다면 그 문제를 받아들이고 제거하겠다는 노력을 기울이는 것은 당연합니다. 만약 스스로 문제를 인정하지 않는다면, 이를 해결할 수 있는 기회조차 부인하는 것이 되며, 결과적으로 잘못된 습관을 벗어버림으로써 누리게 될 기쁨조차 거부하는 것이 됩니다.

그린 읽기의 두 가지 문제점

우선 이해를 돕기 위해 대부분의 골퍼들의 경우를 살펴보기로 합시다. 나의 테스트 데이터에 따르면 그린 읽기의 문제점으로는 세 가지 상황이 존재합니다.

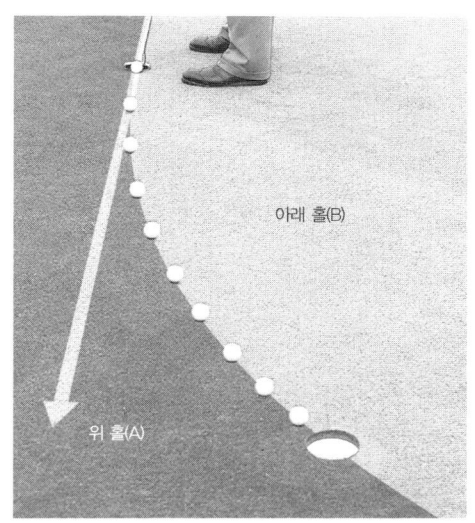

사진 12.4.1 주로 어느 지점으로
퍼팅 실수를 범하는지 테스트한다.
아래쪽 = A, 위쪽 = B.

사진 12.4.2 퍼팅 실패 발생 지점을 A 혹은 B로 기록카드에 적는다.

① 브레이크 포인트를 제대로 보지 못하고 있습니다(그린 위에서 어떻게 퍼팅

할 것인가를 두고 고심할 때 실제로 어느 정도 브레이크를 줄 것인가 하는

문제는 등한시하는 경향이 있습니다).

② 퍼팅의 대부분(80~95%)이 홀에 못 미치는 짧은 퍼팅(B–구역 퍼팅실수)으로 끝난다는 사실을 깨닫지 못하고 있습니다.

③ 만약 뭔가 다른 변화가 없다면 브레이크가 들어가는 스트로크를 결코 이해하지 못할 것입니다. 이는 홀 아래 지점으로 휘어지는 짧은 퍼팅에 대한 보상동작이 무의식적으로 나오기 때문입니다. 즉 공에 터무니없이 강한 타격을 가하여 이번에는 공이 오히려 너무 멀리 굴러가는 실수를 범하게 됩니다 (이는 모두 그린 읽기가 무엇인지에 대한 전체적인 이해가 없기 때문에 일어나는 상황입니다).

그린 읽기를 제대로 하지 못하는 것을 바로잡기란 그리 쉬운 일이 아닙니다. 위에서 언급한 세 가지 상황으로 인해 골퍼들이 무의식적으로 보상동작을 하게 되고, 이로 인해 잘못된 버릇이 더욱 굳어지는 악순환에 직면합니다. 여기서 우리가 알아야 할 중요한 사실이 있습니다. 그린 읽기는 한 가지 문제가 아니라 두 가지 문제라는 점입니다.

① 공에 어느 정도 브레이크를 주어야 하는지 모르고 있다.

② 그린을 제대로 읽지 못한 것에 대한 보상심리로 인해 무의식적으로 다른 불필요한 동작으로 이를 만회하려는 습관을 가지고 있다.

이 두 가지 문제가 대부분의 골퍼들로 하여금 퍼팅의 약 85%를 홀에 못 미치는 짧은 퍼팅을 하도록 만드는 주범입니다. 그런데, 아이러니하게도 골퍼 자신은 무의식적인 보상심리로 인해 공이 홀에 못 미치는 퍼팅 실패를 자주 범하게 되고, 그 비율이 생각이상으로 높다는 사실을 깨닫지 못하고 있다는 것입니다. 그 이유는 알지 못한 채, 그저 공을 굴리는 연습에 매달리거나 혹은 퍼팅 실패의 원인을 스트로크의 기술적인 에러탓으로 돌리고 있습니다. 일부 정확하게 원인을 인식한 골퍼들이 자신의 잘못된 습관을 발견하고 첫 번째 문제를 해결해 보려고 브레이크를 더 많이 거는 연습을 하지만, 오히려 실수가 더 자주 발생하게 되고 결국 어떻게 해야 할지 몰라서 혼란에 빠져 버립니다. 결과적으로 더 좋아지기는커녕 심지어 더 나빠지는 경우도 자주 있습니다. 혹은 두 번째 문제를 해결해 보려고 자신이 읽은 라인대로 정확하게 퍼팅을 하려고 시도해 보지만(보상동작을 억제하면서), 마찬가지로 이전보다 상황이 더 나빠지는 결과에 직면하게 됩니다. 노력을 하는데도 불구하고 부정적인 결과가 나올 때, 어떻게 해야 할지 방법을 찾지 못해 더욱 혼란스러울 것은 너무나 당연합니다. 그린 읽기 문제를 해결할 수 있는 유일한 방법은 동시에 두 가지 문제를 다 바로잡는 것입니다.

해결을 위한 제안

지금부터 그린을 읽는 방법 즉, 그린의 상태에 맞춰 공에 얼마나 적절한 브레이크를 가할 것인지를 알 수 있는 방법을 설명하고자 합니다. 그 다음, 아무런 무의식적 보상동작을 하지 않고 에임라인에 맞춰 스트로크하는 법을 완전히 자신의 것으로 만드는 방법에 대해서 살펴보기로 하겠습니다. 손이나 손목으로 어떻게 해보려는 스트로크, 즉 보상심리에서 나온 스트로크를 하지 않을 수 있다면, 이는 앞으로 하는 모든 퍼팅에 상상 이상의 좋은 결과를 가져올 수 있는 진전이라 할 만합니다. 틀림없이 이전보다 훨씬 더 쉽고 효과적으로 퍼팅 게임을 할 수 있게 될 것입니다.

그린 스피드와 경사를 읽어라

공에 어느 정도의 브레이크를 가할 것인가를 가늠하기 전에, 우선 그린의 경사를 읽고, 공을 어느 정도의 스피드로 굴러가게 할 것인지를 계산해야 합니다. 그린의 경사가 빠를수록 공에 가속도가 붙는다는 것은 두말할 필요가 없습니다.

그린이 가파를수록 공 자체가 가지는 스피드를 감안하여 공이 천천히 굴러가도록 만들어야 합니다. 그러므로, 그린의 경사와 스피드를 확실히 깨달을수록 공에 어느 정도 속도를 붙여야 할 것인지를 더 분명히 알 수 있게 됩니다.

먼저 그린 스피드에 관하여 이야기하겠습니다. 그린의 경사를 충분히 인지하고 한다면, 공의 속도 즉 얼마나 빠른 속도로 공이 굴러갈 것인가를 예상하기가 훨씬 쉬워집니다. 그린의 경사에 대한 인식이 없다면, 공에 어느 정도의 스피드를 붙일 것인가를 예상한다는 것은 어불성설입니다. 그린 스피드를 배울 수 있는 방법으로는 다음 세 가지가 있습니다. ① 그린 스피드를 정확하게 측정한다 ② 그린 스피드를 가늠한다 ③ 시간을 두고 다른 골퍼들의 결과를 세심히 관찰한다.

① 그린 스피드를 읽는 법을 배우는 가장 좋은 길은 그린을 돌기 전에 항상 코스 관리자에게 측정된 스피드를 물어보는 것입니다. 이렇게 사전에 미리 그린 스피드에 대해 물어보는 것을 하나의 습관으로 만듭니다. 매 라운드마다 당시의 그린 스피드를 미리 알고 플레이하다 보면 스피드가 다른 그린의 상황이 공의 진행에 어떤 영향을 미치는지를 비교할 수 있게 되고, 일정 기간이 흐른 후에 그린 스피드에 관한 한 전문가가 된 자신을 발견하게 될 것입니다.

② 다음으로 좋은 방법은 라운드를 시작하기 전에 연습용 그린에서 세 종류의 스트로크(앞에서 설명했던 6인치, 12인치, 18인치 백스윙 스트로크)를 연습하는 것입니다. 편평한 퍼팅그린에서 각각 세 차례씩 세 가지 스트로크를 연습하는 것을 습관화합니다. 그래서 어느 정도 시간이 흐르면, 그린의 상황을 예상할 수 있게 되고, 공이 그린 위를 어떻게 굴러갈 것인가에 대해 시각적으로 판단을 내릴 수 있게 됩니다. 이 방법은 위에서 말한 세 종류의 스트로크를 꾸준히 연습하는 것이 무엇보다 중요합니다.

③ 일반적으로 무엇을 배우는 과정에서 그 내용을 이해하는 가장 쉬운 방법은 다른 사람이 하는 것을 직접 눈으로 보는 것입니다. 다른 골퍼들이 퍼팅하는 것을 눈으로 봄으로써, 그들이 각기 다른 그린의 상태에 따라 공에 스피드를 부여하는 양상을 관찰하고 그것으로부터 어떤 정보와 경험을 얻는 것도 아주 좋은 방법입니다.

그린 경사도를 인식하라

경사도를 인식하는 법을 배우는 과정은 그린 스피드를 배우는 과정과 거의 동일합니다. 방법은 다음 3가지가 있습니다. ① 경사도를 측정한다 ② 참고할 만한 기준과 연관지어 경사를 인식한다 ③ 코스를 돌 때 항상 그린 경사에 대해 관심을 갖는다.

① 실제로 연습이 아닌 진짜 그린 위에서 경사를 정확하게 측정하기 위해 그린 읽기에 충분히 주의를 기울이는 골퍼는 거의 없습니다. 하지만 경사를 인식하는 법을 배우는데 있어 경사도를 직접 측정하는 것보다 더 나은 다른 방법은 없습니다. 퍼팅을 하기 전에 먼저 홀 근처의 그린 경사를 측정한 후, 공에 어느 정도의 스피드를 붙일 것인가 가늠하면서 고개를 돌려 눈앞의 경사를 다시 한 번 바라본 후 스트로크를 합니다. 그 나머지는 당신의 뇌가 알

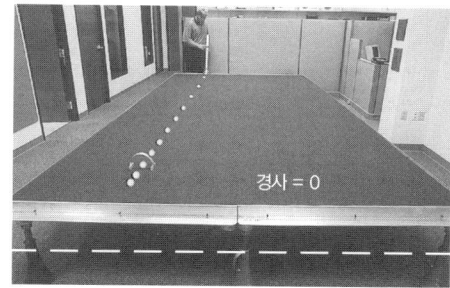

사진 12.4.3 경사─4인 그린(우)이 편평한 그린(경사─0, 좌)과 아주 확연하게 비교가 된다.

사진 12.4.4 그린 경사를 익히기 위해 정교하게 조성한 그린. 경사도가 서로 다른 그린을 눈으로 충분히 보고, 그린의 경사와 공의 진행이 어떤 관계가 있는지 연습을 통해 파악한다.

아서 대처할 것입니다. 코스에 오를 때마다 그린 경사를 측정하고 그것에 맞춰 퍼팅을 하다보면, 나중에는 직접 그린을 측정하지 않고 바라보는 것만으로도 간단하게 그린의 경사를 인지하는 수준에 오르게 됩니다.

② 다음으로 경사보는 법을 배울 수 있는 좋은 방법은 서로 비교하고 참고할 수 있는 몇 개의 경사진 그린에 직접 나가보는 것입니다. 여기에서는 경사도-4인 그린 표면이 공의 진행에 어떤 영향을 가져오는지 보여주고자 합니다(사진 12.4.3). 오른쪽에 있는 경사진 그린은 경사도-4에 맞춰진 것으로, 왼쪽에 있는 경사도-0(지극히 편평한 그린)인 그린과 비교해 볼 수 있습니다. 이들 그린이 눈으로 보기에 어떻게 다르게 보이는지를 충분히 바라보면서 시각적인 구별을 하는 것이 중요합니다. 단지 각기 다른 그린 경사를 충분히 보고 눈으로 익히는 것으로 충분합니다.

경사를 인식하기 위한 가장 좋은 방법은 정교하게 만들어진 퍼팅그린에서 연습하는 것입니다(사진 12.4.4). 실내 경사도가 다른 연습장에서 테스트를 마친 후, 옥외에 정교하게 만들어진 퍼팅그린에서 배운 것을 직접 실습합니다. 사진 12.4.4는 부분적으로 경사도를 달리하며 정교하게 만든 퍼팅그린입니다. 이렇게 그린을 만들자면 상당한 정도의 비용이 소요되는 것은 사실이지만, 경사가 다른 그린 표면을 눈으로 계속 관찰하고, 그 위에서 연습을 하는 것 이상 더 좋은 방법은 없습니다. 이들 경사가 다른 연습용 그린에서 공에 스피드를 붙이는 연습을 꾸준히 하면, 실제 코스에서도 그만큼 적응력이 높아지기 때문입니다.

③ 끝으로 그린 스피드를 읽는 법을 배운지 얼마 되지 않았다면, 실제 그린 위에서 다른 골퍼들이 공에 속도를 부여하는 모습을 눈으로 관찰합니다. 각기 경사가 다른 그린 상황에 어떻게 대응하는지 직접 눈으로 보고 배우는 것은 전문가적인 방법은 아니지만, 그린의 경사에 대해 관심을 가지고 꾸준히 그린 읽는 법을 익혀나가는데 어느 정도 도움이 될 것입니다.

브레이크 포인트

이론적으로 말하자면, 시각적으로 공이 굴러가는 상황을 가상할 수 있다면 전체 내용의 1/3을 이미 배웠다고 볼 수 있습니다. 15피트 거리의 두 트랙을 예로 들어보겠습니다(사진 12.4.5). 이 둘은 동일한 퍼팅을 서로 반대방향에서 바라본 모양입니다. 오른쪽에 있는 밖으로 향하는 트랙은 골퍼의 위치에서 공이 홀을 향해 굴러가는 모양을 바라본 것입니다. 왼쪽에 있는 트랙은 안으로 향하는 시점으로, 홀 뒤편에 서서 공의 진행을 바라 본 장면입니다.

눈으로 보기에 어느 쪽이 시각적으로 공의 브레이크를 가늠하기에 좋지 않다

사진 12.4.5 공이 다가오는 방향에서 공이 브레이크를 받는 양상을 더 뚜렷하게 볼 수 있다(좌). 하지만 골퍼는 언제나 공이 멀어져 가는 모습을 지켜보는 방향에 위치할 수밖에 없다(우).

는 생각이 듭니까? 물론, 공의 뒤쪽에서 바라보는 골퍼의 시점입니다. 왜냐하면, 공이 브레이크 되면서 굴러가는 상황이 눈에 뚜렷하게 잡히지 않기 때문입니다.

공이 홀을 향해 커브를 그리며 굴러 갈 때, 언제나 공의 궤적에 시선의 초점을 맞추고 그 양상을 마음에 새겨두려고 노력해야 합니다. 즉 공이 어느 지점에서 커브를 가장 크게 그리는지 시각적 이미지를 만들어야 한다는 말입니다. 이것이 '브레이크 시각 이미지' 입니다.

공이 어떤 궤적을 따라 홀에 다다를 것인가를 예상하는 것이 그린 읽기 기술이다

일단 그린 스피드와 경사에 대해 확실하게 인식하고, 공이 커브를 그리며 굴러가는 양상을 시각적으로 그려 볼 수 있게 되었다면, 공에 어느 정도 속도를 붙여야 하는가를 예상할 수 있는 능력이 이미 싹트기 시작했다고 말할 수 있습니다. 공이 어떤 궤적을 따라 홀에 다다를 것인가를 예상하는 것이 그린 읽기 기술의 핵심입니다. 물론, 이전에 플레이했던 비슷한 그린 상황을 알고 기억하는 것만으로도 그린 읽기 능력을 키워갈 수 있습니다. 특히 그 상황이 어떤 면에서 어느 정도 유사한가를 비교할 수 있도록 도와줄 참고할 만한 지식이 있다면 더욱 그렇습니다.

새 안경이나 콘택트렌즈를 하게 되면, 빛이 눈에 만드는 초점이 달라지게 되고, 따라서 뇌가 그 빛을 이해하고 해석하는 방법도 달라집니다. 퍼팅에 있어서도 마찬가지입니다. 만약 그린에서 눈으로 본 것을 더 잘 이해하고 해석할 수 있다면, 퍼팅에서 공이 어떠한 양상으로 홀을 향해 굴러가게 될 것인지를 시각적으로 예상하기가 훨씬 쉬워질 것입니다.

예를 들면, 오른쪽으로 경사져 있다고 막연하게 생각하는 것이 아니라, 경사도-2인 그린으로 오른쪽으로 6인치 브레이크되는 공이 될 것이라고 구체적으로 예상할 수 있게 됩니다. 그래서 그린 경사가 급하다는 식으로 대충 보지 않고, 지난 주에 플레이했던 그린과 똑같은 경사도−10인 그린이라고 구체적으로 바라보게 됩니다. 이렇듯 그린을 더 구체적으로 보다 정확하게 이해할 수 있게 됩니다.

이렇게 하는 것이 복잡하고 혼란스럽다고 생각해서는 안됩니다. 실제로 그리 어렵지 않습니다. 그린 읽기는 물리학이 아닙니다. 누구나 할 수 있습니다. 어쩌면 이미 퍼팅할 때마다 이 모든 것들을 해왔는지도 모르겠습니다. 다만, 그것들을 잘못 해석하고 있으며, 자신이 의식하지 못하는 사이에 잘못된 이해를 바로잡으려고 노력하는 과정에 있을지도 모릅니다. 그린을 더 잘 읽을 수 있게 되면, 보상심리의 작용에서 나온 무의식적인 불필요한 동작도 사라지게 됩니다. 물론 퍼팅 실력이 더 좋아지리라는 것은 당연합니다. 그린을 '보고', 공에 어느 정도의 커브를 주어야 할 것인가를 제대로 파악하지 못하고 있다는 사실을 자신이 인식하고 있는 것 자체가 이미 그린 읽기의 시작입니다.

그리고 이에 수반되는 단계로서, 만약 불필요한 보상동작을 하지 않고 퍼팅하는 법을 배우게 된다면, 머지않아 멋지게 퍼팅을 하고 있는 자신을 발견하게 될 것입니다.

인−스트로크하려는 보상심리에서 벗어나라

퍼팅을 할 때 시선이 아래로 쏠리게 되면, 공이 어느 라인을 따라 스타트하는지를 제대로 볼 수 없게 됩니다. 이런 습관이 있는 골퍼들은 대개 공의 출발 방향을 보지 않고 있다가, 공이 의도했던 라인을 따라 스타트해서 문제없이 잘 굴러가고 있겠거니 짐작하면서 뒤늦게 고개를 돌려 바라봅니다. 그런데, 인−스트로크하려는 보상심리와 공을 아래로 당기려는 중력의 작용으로 인해 이러한 짐작은 번번이 빗나가고 맙니다. 셋업과 스트로크에서 이런 원치 않는 보상동작들을 제거하고자 한다면, 이런 것들을 배제하는 연습을 해야 합니다.

그렇다면, 어떻게 '보상동작이 끼여 들지 않는' 연습 상황을 만들 수 있을까요? 그것은 간단합니다. 앞장에서 퍼팅 트랙과 퍼터 레일을 이용해서 실내에서 연습하는 방법에 대해 이미 설명한 바 있습니다. 에임라인을 따라 공을 스트로크하는 법을 배우고, 보상동작을 하는지 여부를 체크하는데 이 장치들이 많은 도움이 된다는 점을 충분히 이야기했습니다. 이들 장치를 이용하여 실내에서 성실하게 연습을 한 다음, 옥외 퍼팅그린에서 동일한 시도를 합니다. 지면에서 약간 높이 잡은 엘리베이티드 에임라인(Elevated Aimline)을 따라 공이 진행되도록 스트로크하고, 어떠한 보상동작도 끼여 들지 않게 하는 것이 우리가 해야 할 과제입니다. 연습하는 방법이 사진 12.4.6에 잘 나타나 있습니다.

① 공을 읽을 줄 알아야 합니다. 사진에서는 오른쪽에서 왼쪽으로 6인치 커브가 들어가는 경우를 예로 보여주고 있습니다(사진 12.4.6에서 가장 좌측 사진은 내가 5단계 그린 읽기를 하는 과정입니다).

② 퍼팅 연습을 할 지점을 표시해 둡니다. 동일한 지점에서 반복해서 이 연습을 해야 하기 때문입니다.

사진 12.4.6 공이 커브를 그리며 진행되도록 스트로크하기(breaking putt) : ① 공이 커브를 그리는 양상이 어떠해야 하는지 눈으로 읽는다 ② 퍼팅 지점을 표시한다 ③ 엘리베이티드 에임라인 막대를 고정시킨다 ④ 엘리베이티드 에임라인이 정확히 공 한가운데를 지나도록 연결한다 ⑤ 첫 번째 공 전방 17인치 지점에 위치하고 있는 두 번째 공으로부터 0.25인치 떨어진 지점에 블로킹 판을 설치한다.

③ 홀의 오른쪽으로 6인치 떨어진 지점에 막대기를 고정시키고 여기에 엘리베이티드 에임라인의 한쪽 끝을 연결합니다.

④ 엘리베이티드 에임라인이 공의 한가운데를 지나도록(공으로부터 위로 9인치 떨어져서) 연결합니다. 백스윙을 할 수 있도록 공 뒤로 충분한 공간을 확보합니다.

⑤ 엘리베이티드 에임라인 바로 아래쪽, 퍼팅해야 할 공의 17인치 앞쪽에 또 다른 공 하나를 놓습니다. 두 번째 공에서 0.25인치 떨어진 지점 에임라인 쪽으로 블로킹 판을 하나 설치합니다. 다음 두 번째 공을 치우면 이제 준비가 다 된 것입니다.

엘리베이티드 에임라인 막대기는 탄력성 있는 줄로 연결되어 있으며(엘리베이티드 에임라인을 말함), 이 줄은 공의 에임라인에서 9인치 떨어진 지점을 지나가도록 설치되어 있습니다. 무의식적인 동작으로 인해 공이 에임라인 위쪽 방향으로 벗어나는 것을 막기 위해, 블로킹 판(책, 빈캔, 그 외 아무 것이나 괜찮음)은 공의 스타팅 라인(에임라인). 바로 위쪽에 위치해야 합니다.

사진 12.4.7 의도한 라인보다 위쪽으로 공을 보내려는 이전의 인-스트로크 습관으로 인해 처음에는 공이 번번이 블로킹 판에 가 부딪히게 된다(좌). 마침내 공이 블로킹 판에 부딪히지 않게 되면, 이번에는 충분한 커브 공간을 확보하지 못한 공이 계속 홀 아래쪽으로 빠지게 된다(우).

셋업 자세를 취한 다음 스트로크합니다. 처음 몇 개의 공은 사진 12.4.7에서 보는 것처럼 블로킹 판에 부딪힐 것입니다. 과거의 습관으로 인해 자신도 모르게 처음에는 공을 블로킹 판 방향(사진 왼쪽)으로 스트로크하기 때문입니다. 하지만 반복해서 연습하면 마침내 블로킹 판을 치지 않고 공이 굴러갈 수 있도록 스트로크할 수 있게 됩니다(사진 오른쪽). 만약 이 때 공에 최적의 스피드를 부여했다면(컵을 17인치 지나치는 정도의 속도), 대부분의 경우 공이 홀의 아래쪽을 지나며 굴러가게 됩니다. 이렇게 공이 홀 아래 지점으로 진행되는 이유는 너무 아래쪽으로 공의 스타팅 라인을 잡았고, 여기에 블로킹 판으로 인해 위쪽으로 공을 보내려는 보상동작이 차단되자 공이 충분히 커브를 그릴 수 있는 여지가 없어졌기 때문에 일어나는 현상입니다.

자신도 이 경우에 해당된다면, 엘리베이티드 에임라인을 좀 더 높게 설치하고, 블로킹 판도 위치가 바뀐 새 에임라인에 맞춰서 다시 자리를 옮겨 놓습니다. 이렇게 한 다음 다시 퍼팅을 시도합니다. 그리고 에임라인을 따라 최적의 스피드로 공이 굴러가도록 스트로크할 수 있을 때까지 에임라인과 블로킹 판의 위치를 재설정하는 작업을 반복합니다.

이 과정은 우리가 일반적으로 하는 퍼팅 연습보다 좀 어렵습니다. 하지만, 이 과정은 공이 의도한 라인을 따라 적절한 속도를 가지고 굴러가도록 스트로크하는 법을 배울 수 있는 가장 좋은 방법입니다. 적어도 6개월 동안 엘리베이티드 에임라인과 블로킹 판을 이용한 퍼팅 연습을 꾸준히 해나가기를 권합니다. 왜냐하면 정신을 오로지 적절한 방향과 스피드를 만드는데 집중하는 것, 이것이 좋은 퍼팅의 전부라고 해도 과언이 아니기 때문입니다.

이 연습을 일정기간 하다 보면 적절한 라인과 속도를 따라 공이 굴러가다가 마침내 홀 안으로 빠지게 하는 가장 좋은 방법은 아무런 보상동작이 개입되지 않는, 깨끗한 일직선 스트로크라는 사실을 자신도 모르는 사이에 깨닫게 됩니다.

보다 정확한 그린 읽기, 보다 높은 성공률의 퍼팅

연습을 꾸준히 하는 동안 그린을 보다 정확하게 볼 수 있는 눈을 개발해 가는 자기자신을 발견할 수 있을 것입니다. 보상동작이 배제된 깨끗한 일직선 스트로크를 배우면서 동시에 그린을 이전보다 훨씬 더 정확하게 읽을 수 있게 되기 때문입니다.

이 두 가지를 다 잘 할 수 있게 되면 자연히 성공률 높은 퍼팅을 할 수 있게 됩니다. 보상동작이 배제된 깨끗한 일직선 스트로크를 제대로 배우지 못한 채, 몇 년을 두고 단순히 스트로크 연습에만 매달리다가, 막상 코스에 나가면 그 모든 연습이 아무 효과도 없었다는 것을 발견하게 되는 것과는 정반대의 결과입니다. 그럼에도 불구하고 많은 골퍼들이 그린을 제대로 파악하지 못한다는 사실이 문제의 원인이라는 점을 여전히 깨닫지 못하고 있습니다.

퍼팅을 함에 있어 방향과 스피드가 얼마나 중요한지 인식하고, 단단한 임팩트, 임팩트 순간 페이스 각도 유지, 보다 나은 터치감, 이 모든 것들을 실제 퍼팅 스트로크에서 발휘할 수 있게 되면, 타격을 받은 공은 자연히 정확하게 홀을 향해 안정되게 굴러가게 됩니다.

이 상황이 바로 이 책의 처음 도입부에서부터 수도 없이 말한 깨끗한 일직선 스트로크를 구사하는 상황입니다.

그린을 보다 정확하게 읽고, 공의 방향과 스피드, 다시 말해서 브레이크 정도를 올바르게 가늠하고, 동시에 더 이상 보상동작이 없는 퍼팅 스트로크 역학을 개발하는 것이 성공하는 스트로크의 핵심입니다.

5단계 그린 읽기

그린 읽기 능력을 개발할 수 있는 또 다른 한 가지 방법이 있습니다. 이 방법은 꾸준히 반복해서 연습하면 할수록 간단하고 쉬워져서 나중에는 습관처럼 익숙해질 수 있는 방법입니다. 그린 읽기가 습관화되면 이후에는 크게 신경을 쓰지 않아도 자연스럽게 그린을 읽을 수 있게 됩니다. 몇 년 동안 이 문제를 연구한 끝에, 실제로 골프 코스에서 실행할 수 있는 가장 쉬운 그린 읽기 방법을 발견했습니다. 바로 그린 읽기에 관한 5단계 과정이 그것입니다. 나는 이 과정을 하나도 빠뜨리지 않고 성실하게 배울 것을 권하고 싶습니다(사진 12.4.8).

① 홀을 중심으로 6피트 이내 범위에서 하향 경사를 이루는 부분이 어디인지 살핀다.

② 공에서 홀로 이어지는 라인을 연장시킨 지점 홀 뒤편에 서서 1단계에서 본 하향 경사 부분을 자신의 마음의 눈에 새겨 둔다.

③ 이번에는 반대로 볼─홀 라인의 연장선 부분 공 뒤편으로 나와서 자신이 하향 경사를 이루는 부분을 정확하게 보았는지 다시 한 번 확인한다.

④ 옆으로 위치를 바꾸면서 홀을 향해 굴러가는 공의 완벽한 궤적을 시각적으로 그려본다. 공이 어떻게 커브를 그리며 진행될 것인가를 시각적으로 가상하는 것이다.

⑤ 공이 홀로부터 어느 정도 떨어진 거리에서 커브를 그리게 될지 시각적으로 그려본다. 그리고 다시 옆으로 위치를 옮겨서 공이 커브를 그리며 진행되기 시작하는 지점(break-point)에 맞추어 선다. 그리고 공이 '최적의 17인치 스피드'로 커브를 그리며 나아가는 궤적을 마음의 눈에 새긴다.

이렇게 해서 퍼팅을 위한 에임라인이 완성됩니다. 이제 샷을 하기 전 스트로크 미리보기를 시작할 준비를 하면 됩니다.

각 단계별로 내용을 좀 더 자세히 살펴보기로 하겠습니다.

우선 1단계에서, 항상 6피트 이상의 거리를 유지해야 합니다. 왜냐하면, 나중에 공이 지나갈 지점에 자신의 발자국을 남겨서는 안되기 때문입니다. 홀을 중심으로 경사가 아래로 흐르는 지점을 찾습니다. 그린이 눈에 띄게 경사를 이루고 있을 때는 이 지점을 찾기가 쉽지만, 거의 편평하다시피 경사가 미약한 그린에서는 다소 어렵습니다. 이런 경우에는 홀에 물을 부어서 물이 흘러가는 방향을 이용합니다(사진 12.4.9). 물은 언제나 아래쪽으로 흐른다는 사실을 이용하면 쉽게 찾을 수 있습니다.

사진 12.4.8 퍼팅을 할 때마다 5단계로 순서에 따라 움직이면서 그린을 읽는 것을 습관화해야 한다.

사진 12.4.9 연습용 그린에서 이렇게 홀에 물을 부어 봄으로써 그린의 경사면 상태를 확인한다. 경사면 상태를 확인한 후 눈으로 직접 관찰함으로써 나중에 실제로 라운드를 도는 경우에 훨씬 익숙하게 그린을 읽을 수 있게 된다.

2단계에서, 공과 홀을 잇는 일직선을 연장한 지점 홀 뒤편에 가서 섭니다. 그리고 공이 똑바로 일직선으로 홀을 향해 진행되는 경우 어떤 상황이 발생할 것인가를 그려봅니다. 공이 일직선으로 굴러가게 되면 결과적으로 홀을 비켜 지나가게 될 것이라는 사실을 마음의 눈으로 봅니다. 이것을 마음의 눈에 확실히 담고, 1단계에서 확인한 내리막 경사를 이루는 방향을 다시 한 번 인지합니다. 2단계 과정을 끝마치는데 4초 이상 걸리면 안됩니다.

3단계에서, 볼—홀 라인 아래쪽으로 걸어서(절대로 위쪽으로 걸어오면 안됩니다. 위쪽은 공이 지나갈지도 모를 지점에 발자국을 남기는 것이 됩니다). 볼—홀 라인 연장선상으로 공 뒤편 지점에 멈추어 섭니다. 공이 일직선으로 홀을 향해 굴러가는 경우를 시각적으로 그려보고, 이런 경우 공이 홀 아래로 비켜가게 될 것이라는 사실을 마음의 눈에 다시 한 번 확인시킵니다. 3단계 과정은 25~30초의 시간이 소요됩니다. 이제 공에 어느 정도의 브레이크를 주어야 할 것인가를 결정해야 합니다.

4단계에서, 위치를 경사면 약간 아래쪽으로 움직일 때(홀로부터의 거리는 동일하게 유지하면서). 몸의 위치와 눈의 위치가 조금씩 달라짐에 따라서 새로이 그려지는 공의 궤적을 가상합니다. 이렇게 위치를 바꿀 때 주의해야 할 점은 항상 볼—홀 라인 아래쪽으로 움직여야 한다는 점입니다. 이렇게 해야만 공의 스타팅 라인(에임라인)을 바라볼 수 있습니다. 스스로 판단하기에 가장 정확하다고 여겨지는 공의 궤적을 보았다면, 그 궤적을 따라 공이 그리게 될 커브를 시각적으로 그려보고, 어느 정도 커브를 그릴지 브레이크의 크기를 가늠합니다.

5단계에서, 공이 커브를 그리기 시작하는 지점의 거리를 눈으로 측정할 수 있을 정도의 거리를 유지하면서 몸을 움직입니다. 눈으로 측정한 실제 거리를 3배 확대해서 바라보면, 공이 커브를 그리기 시작하는 브레이크—포인트와 완벽한 에임라인이 선명하게 눈에 들어옵니다. 다시 아래쪽으로 내려가 자신의 마음의 눈에 담은 공의 궤적이 홀인으로 연결될 수 있을 것인지를 다시 한 번 확인합니

다. 자신이 발견한 브레이크-포인트가 틀림없다는 확신이 들면 스트로크 미리
보기를 실시합니다. 만약 만족스럽지 못하다고 여겨지면, 새로운 브레이크 지
점을 발견할 때까지 위치를 바꾸면서 관찰합니다. 이제 공을 스트로크할 준비
가 다 되었습니다.

이렇게 그린 읽기를 끝내면(대략 45~60초 정도 소요됩니다), 퍼팅을 하기 전
스트로크 미리보기, 퍼팅의식, 그리고 스트로크할 모든 준비가 갖추어진 것입니
다. 이 드릴을 연습하는 동안 퍼팅의 50% 이상이 홀 위쪽으로 빠지는 퍼팅 실패
가 발생하기 시작할 것입니다. 하지만 몇 달 동안 계속 연습하다 보면 이 문제는
자연히 해결됩니다. 퍼팅의 85%가 홀 아래쪽으로 빠지는 실수가 생기는 현상은
심한 경우 몇 년 동안 지속되기도 합니다. 그렇지만 끈기 있게 꾸준히 연습해 나
가기를 바랍니다. 앞으로의 몇 보 전진을 위한 일 보 후퇴는 기쁘게 감수할 줄 알
아야 할 테니까요.

긍정적인 태도를 가져라

긍정적인 사고는 삶에 있어서나 골프에 있어서나 필요한 멋진 태도입니다. 긍
정적인 사고가 자기자신을 훌륭한 골퍼로 만들어주지는 못하겠지만, 궁극적으
로 훌륭한 골퍼가 될 수 있도록 도움을 줄 것입니다. 잘못된 태도는 포기하는 것
과 다를 바 없습니다.

만약 스트로크 자세가 좋지 않고 공을 어떻게 조준하는지 방법을 확실히 알지
못한다면, 아무리 긍정적인 사고를 가졌다 할지라도 공을 홀인시킬 수 없습니다.
하지만 긍정적인 태도는 어떤 상황에 놓이더라도 최선의 스트로크를 할 수 있는
마음의 평정을 유지하는데 아주 중요한 힘이 됩니다. 또한 자기자신의 기량을 끌
어올리기 위해 기꺼이 시간과 노력을 기울일 수 있는 원동력이 되기도 합니다.

8피트 거리에서 연속 6차례 스트로크 실수를 범했다면, 실망과 좌절감을 느끼
게 되는 것은 너무나 당연합니다. 실망한다고 해서 그러한 태도를 비난할 수는

없습니다. 아마도 대부분의 골퍼들은 스스로에게 이렇게 말할 것입니다. "스트로크를 바꿔야 되겠어. 이건 먹혀들지 않아. 8피트 퍼팅을 연달아 계속 놓치다니 최악이군."

그러나 사실은 그것이 최악이 아닐 수도 있습니다. 더 최악의 경우를 당할 수도 있다는 뜻입니다. 최악의 날이 이 하루로 끝나는 것이 아니라 이후 줄곧 이런 난감한 경우를 겪을 수도 있습니다. 만약 자신의 스트로크에 대해 무엇이 바르고 무엇이 잘못되었는지 알려고 하지 않고, 또한 하나의 스트로크를 고수하기보다는 계속 바꾸기만 한다면, 결국 자신을 형편없는 퍼팅으로 몰아가고 있는 것이나 마찬가지입니다. 단지 몇 차례의 퍼팅을 잘못했다고 해서 나머지 모든 것을 포기해서는 안됩니다. 인내심을 가지고 자신을 가져야 합니다. 행운의 여신은 결코 자신감을 잃은 사람 편에 서지 않습니다.

쉬운 퍼팅을 성공시키지 못하는 때에도 자신의 능력에 대해 자신감을 가져야 합니다. 새롭게 스트로크 기술을 배우고 연습하는 과정에서는 특히 퍼팅 실패가 연달아 발생하게 됩니다. 이 시기를 잘 참고 견뎌야 합니다. 곧 향상된 퍼팅 기량

사진 12.4.10 로렌 로버츠는 언제나 결코 변함없는 한결같은 스트로크를 구사한다. 임팩트 후에도 그의 퍼터 페이스가 여전히 스퀘어를 유지하고 있음을 눈여겨보기 바란다.

이 효과를 발휘하기 시작하고, 스트로크에 대한 터치감과 그린 읽기, 깨끗한 일직선 스트로크 그리고 자신감이 모두 제몫을 하기 시작할 테니까 말입니다. 확실히 눈에 띄게 좋아진 스코어를 유지할 수 있게 되겠지만, 이 모든 것들은 꾸준한 연습을 통해 모든 것을 자기 것으로 만들 때에만 가능합니다.

훌륭한 골퍼는 몇 차례의 퍼팅을 놓쳤다고 해서 그 게임을 포기하거나 혹은 매번 스트로크를 바꾸거나 하지 않습니다. 그들은 모두 완벽하게 자신의 것으로 만든 하나의 스트로크를 가지고 있고, 자신들의 골프 생애 동안 줄곧 그것을 고수하며 갈고 닦습니다. PGA 투어 프로인 로렌 로버츠가 그 가장 좋은 예가 될 것입니다(사진 12.4.10). 만약 그가 퍼팅하는 장면을 눈여겨 본적이 있다면, 한결같은 그의 스트로크 자세를 볼 수 있을 것입니다. 그것이 그의 스트로크이고, 그가 플레이를 하는 한 계속될 훌륭한 스트로크입니다.

자신감을 가져라

성공은 성공을 낳습니다. 퍼팅에서 진정한 자신감을 기르기 위해서는 좋은 스트로크의 감을 배우고, 그 한 가지 스트로크를 수없이 반복 연습하며, 실제 골프 코스에서 그 스트로크로 퍼팅을 성공시킨 경험을 쌓아가야 합니다. 적어도 수개월에 걸쳐 수백 번의 퍼팅을 성공시킨 후에만이 이후에 대면할 어떤 퍼팅에 대해서도 잘 해낼 수 있다는 믿음과 자신감을 가질 수 있게 됩니다.

그렇다면, 이렇게 되기 위해서는 어떻게 해야 할까요? 훌륭한 퍼팅 스트로크를 만들어야 합니다. 그리고 좋은 필링, 좋은 터치감, 정확한 그린 읽기 능력뿐만 아니라 퍼팅 게임에 대한 이해가 더해져야 합니다. 공이 커브를 그리는 지점이 어디인지를 읽을 줄 알아야 하고, 셋업해서 에임라인을 따라 조작적인 보상동작 없는 깨끗한 스트로크를 할 줄 알아야 합니다. 이 모든 것들을 조화롭게 해낼 수 있을 때, 진정으로 훌륭한 플레이어가 될 수 있습니다.

Chapter 13

자신만의 문제 직시하기

퍼팅의 문제는 누구나 가지고 있다

이 장에서는 내가 여러 해 동안 경험한, 사소하지만 특별한 몇 가지 문제점들을 말하고자 합니다. 골프를 가르치는 지도자로서 보고 관찰하고 경험한 것들이라고 말할 수 있을 것입니다. 이 문제들이 퍼팅을 함에 있어 아주 중요한 사항들이라고 말할 수는 없겠지만, 모든 골퍼들이 부딪히는 성가신 문제들이자 어떻게 해결해야 할지 방법을 찾지 못하는 그런 문제들입니다. 누가 만약 골프의 비법을 말해 보라고 한다면, 나는 인생과 마찬가지로 골프에서도 자신의 문제점을

사진 13.1.1 PGA 투어 프로들조차도 퍼팅에 있어 한두 가지의 문제를 안고 있다.

어떻게 처리하느냐 하는 점이 그 비법이라고 말할 것입니다.

문제를 안고 있지 않는 골퍼는 한 사람도 없습니다. 가장 훌륭한 골퍼, 가장 재능이 넘치는 골퍼라 할지라도 퍼팅에 있어 한 가지의 문제라도 가지고 있는 것이 사실입니다. 예를 들어, 탐 퍼저(Tom Purtzer)와 할 서튼(Hall Sutton) 두 사람은 내가 보아온 가장 훌륭한 골퍼들 속에 속하는 선수들입니다(사진 13.1.1). 타고난 골퍼라는 칭찬을 받는 선수들임에도 불구하고, 몸의 유동선이 왼쪽으로 들려 있고, 두 사람 모두 이로 인해 퍼팅을 하는데 어려움을 안고 있습니다. 크레그 스태들러(Craig Stadler)도 아주 훌륭한 골퍼입니다. 그러나 때로 스트로크를 하는 동안 상체를 너무 많이 움직여서 공을 제대로 바라보지 못하는 문제를 갖고 있습니다(사진 13.1.2). 10~20피트 거리의 퍼팅을 어려워하는 골퍼들이 있는가 하면, 또 어떤 골퍼들은 숏퍼트에 영 자신 없어 합니다. 혹은 왼쪽에서 오른쪽으로 커브를 그리는 퍼팅에 어려움을 안고 있는 골퍼들도 있습니다. 그런데, 재미있는 것은 훌륭한 골퍼들 중에서 공을 홀 가까이 보내는데 문제가 있는 골퍼는 거의 없다는 사실입니다. 앞장에서 말했듯이 공을 홀 가까이 보내는 것은

사진 13.1.2 크레그 스태들러는 스트로크를 할 때 가끔 머리를 움직이고 손목을 지나치게 꺾는 경향이 있다. 그의 퍼팅도 이로 인해 잘 풀리지 않는 상황에 처하곤 한다.

전혀 어려운 일이 아니기 때문입니다.

탐 왓슨, 그렉 노먼, 데이빗 듀발, 타이거 우즈 등의 유명한 골퍼들은 아마도 잭 니콜러스 이후에 가장 훌륭한 선수들일 것입니다. 그러나 당대 가장 훌륭한 골퍼인 이들도 퍼팅게임에 있어 개선해야 할 여지를 안고 있습니다. 왓슨은 숏 퍼트를 어려워하고, 노먼은 가끔 퍼팅에서 지나치게 심사숙고한 나머지 자신의 템포를 상실하는 경향이 있습니다. 듀발은 때로 너무 서두르는 경향이 있어 홀 오른쪽으로 밀치듯 치고 타이거 우즈는 계속 공에 브레이크를 덜 고려하고 강하게 스트로크하는 바람에 공을 립아웃시켜버리고 마는 문제를 안고 있습니다. 프로들을 자세히 관찰해 보면 그들이 퍼팅 연습에 상당히 많은 노력을 기울인다는 사실을 쉽게 발견할 수 있습니다.

하지만 이들은 퍼팅의 전과정을 연습하기보다는 자신들이 특히 실수를 범하기 쉬운 부분을 신중히 선택해서 집중적으로 연습합니다. 그 다음 전체 퍼팅게임에 도움을 줄 수 있는 방법으로 개발하고, 향상된 기술이 어떠한 기타 다른 문제를 유발하지 않도록 주의하면서 전체 게임에 적용시킵니다.

이렇게 말하는 이유는 골퍼라면 누구나 퍼팅 문제를 한 두 가지쯤 안고 있지만 연습과 노력을 통해 이들 문제를 해결할 수 있다는 점을 말하고 싶어서입니다. 인내를 가지고 노력하면 앞으로 얼마든지 실력을 향상시킬 수 있습니다. 현재 퍼팅 수준이 미흡하다면 더 나은 단계로 발전할 수 있게 되고, 평균정도의 실력이라면 멋지게 퍼팅하는 법을 배우게 되고, 수준급 골퍼라면 앞으로도 지속적으로 우수한 퍼팅 기량을 유지할 수 있게 됩니다. 사진 13.1.3에 나오는 할 서튼을 주목하기 바랍니다. 임팩트 순간 그의 왼쪽 손목의 움직임이 아주 많이 바뀌었다는 것을 발견할 수 있을 것입니다. 임팩트에서 손목이 꺾이는 현상으로 인해 한동안 그는 몹시 좌절했고 형편없는 퍼팅을 선보였습니다. 그러나 그는 이를 바로잡기 위해 많은 노력을 했고, 마침내 1999년 라이더 컵에서 미국팀을 승리로 이끈 플레이어 중의 한 명이 되었습니다. 그리고 이후 그는 신기의 퍼팅 실력

사진 13.1.3   할 서튼은 여러 해 동안 형편없는 퍼팅으로 인해 좌절을 맛보아야 했지만, 이제는 완전히 상황이 반전되어 최근 몇 년간 놀라울 정도의 퍼팅 실력을 선보이고 있다.

을 보이고 있습니다.

그러므로 자신이 가진 문제가 퍼팅 게임에 있어 아주 중요한 기본기에 속하는 것이든 아니면 사소하지만 성가신 세부적 내용에 속하는 것이든, 그 문제를 반드시 해결할 수 있다는 믿음을 가져야 합니다. 그리고 당신이라면 꼭 해낼 수 있다고 나는 확신합니다.

지나치게 잦은 3-퍼팅도 해결할 수 있다

앞장에서 3-퍼팅이 가져오는 부정적인 영향과 이것을 줄일 수 있는 방법을 언급했었습니다. 그때 설명했던 내용을 다시 한 번 반복하겠습니다. 3-퍼팅을 자주 한다면, 첫 퍼팅을 성공시키는 방법을 배우기보다는 차라리 3-퍼팅을 피하는 연습을 하는 것이 스트로크 횟수를 줄일 수 있는 더 나은 길입니다.

60피트 거리의 퍼팅에서, 홀 가까이 공을 가져가는 두 가지 패턴을 살펴보기로 하겠습니다(사진 13.2.1). 왼쪽에 있는 패턴은 20~25 핸디캡을 가진 골퍼들

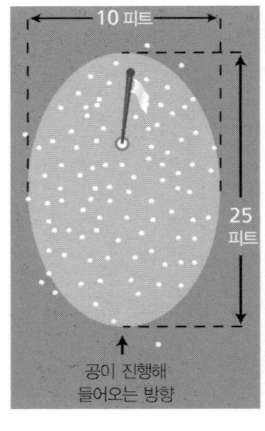

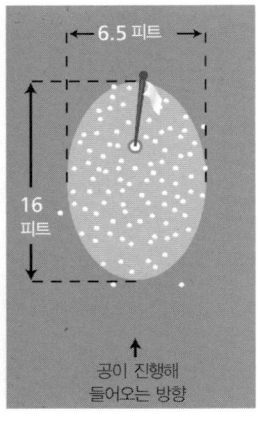

사진 13.2.1 래그-퍼트 드릴을 연습하면 3-퍼트 유발 빈도를 현저하게 줄일 수 있다.

에게서 나타나는 전형적인 패턴입니다. 반면에 오른쪽에 있는 패턴은 5~10 핸디캡을 가진 골퍼들의 전형적인 래그-퍼트(홀에 근접시키는) 패턴입니다. 핸디캡이 낮은 골퍼들의 패턴 크기가 핸디캡이 높은 골퍼들에 비해 약 절반 정도 밖에 안 되는 것을 볼 수 있습니다. 이것은 핸디캡이 낮은 선수들의 3-퍼팅 빈도가 그만큼 적다는 것을 의미합니다.

이것은 얼마나 큰 차이일까요? 왼쪽 경우에 해당하는 골퍼의 라운드 평균 샷 횟수는 약 3~5회가 될 것입니다. 만약 래그-퍼트 패턴 크기를 20% 정도 줄일 수 있다면, 퍼팅을 성공시킬 가능성이 4배로 증가합니다. 또한 30% 정도 줄일 수 있다면, 퍼팅을 성공시킬 가능성은 9배나 늘어납니다.

자신에게도 3-퍼팅의 문제가 있는지 살펴보기 바랍니다. 매 라운드마다 평균 한 번 이상 3-퍼팅을 유발한다면, 이것은 문제가 있다고 할 수 있습니다. 그러므로 자신의 3-퍼팅 횟수를 스코어 카드에 기록합니다. 10라운드에 걸쳐 전체 3-퍼팅 횟수를 기록하고, 10으로 나누면 자신의 1라운드 평균 3-퍼팅 횟수를 알 수 있습니다. 이렇게 산출된 숫자를 4라운드마다 1차례 3-퍼팅을 하는 경우와 비교해 봅니다. 이 숫자는 투어 프로들의 3-퍼팅 평균치입니다.

내가 지금까지 함께 일해 온 PGA 투어 프로들은 세계에서 가장 어려운 코스

와 그린에서 거의 매주 72홀을 플레이하면서도 일년 내내 겨우 5~10회 정도의
3-퍼팅만을 유발합니다. 어떻게 그들은 이렇듯 놀라운 퍼팅 수준에 이를 수 있
었을까요? 열심히 연습하고, 꾸준히 스윗스팟에 정확하게 스트로크하고, 자신들
의 퍼팅 기량을 끊임없이 갈고 닦는 것이 그 방법입니다. 만약 그들이 할 수 있다
면, 당신도 할 수 있습니다.

　앞에서 설명한 래그-퍼트 드릴이 3-퍼팅 문제를 해결하는데 도움이 됩니다.
충분한 시간을 두고 이 드릴을 연습하면, 확신컨대 적어도 3-퍼팅 유발을 최대
한 줄일 수 있고 운이 좋다면 완전히 해결할 수도 있습니다.

그린 외곽 지점에서 퍼팅하기

　그린 외곽 지점에서 퍼팅하는 것은 보고 따라할 만한 룰이 따로 없기 때문에 많
은 골퍼들에게 고민거리가 되고 있습니다. 하지 말아야 할 이유가 없다면 퍼팅하
라는 것이 나의 기본적인 생각입니다. 이것은 그린 가장자리로부터 얼마나 멀리
떨어졌는가 혹은 핀에 이르는 거리가 얼마나 되는가 하는 거리의 문제가 아닙니
다. 오히려 라이는 좋은가 혹은 공이 부드럽게 굴러갈 것인가 하는 것이 문제입
니다. 예를 들어, 마스터스 대회 개최장소인 어거스타 내셔널이나 U.S. 오픈 파
인허스트 No.2 코스에서 플레이를 한다면, 어프로치할 때나 그린 가장자리 지점
에서나 공이 부드럽게 잘 굴러가리라는 것을 염려하지 않아도 됩니다. 이들 코스
들은 최고의 그린 관리원들을 보유하고 있고, 그들의 손길에 의해 그린은 항상
최고의 상태를 유지하고 있기 때문입니다. 그래서 그린 어디에서나 마음놓고 퍼
팅할 수 있고 또 좋은 결과를 기대할 수 있습니다.

　대부분의 코스의 경우를 보면, 그린 가장자리로부터 3피트 정도 떨어진 지점
까지는 대체로 퍼팅하기에 별 문제가 없습니다. 3피트를 넘어서면서부터가 문
제입니다. 만약 라이가 좋고, 공과 그린 사이의 페어웨이가 평탄하다면, 칩퍼트

기술이 효과적입니다. 그러나 도중에 가파른 둔덕이 있을 때는 가능하다면 퍼팅을 권하고 싶습니다. 임팩트와 바운스 앵글을 고려해야 하는 둔덕에서는 칩퍼트가 피칭을 하기가 훨씬 더 어렵습니다.

그런데, 라이가 나쁠 때는 퍼팅을 하지 않는 것이 좋습니다. 만약 공이 키가 비교적 큰 잔디 속에 있거나, 잔디 잎이 퍼터 페이스와 공의 임팩트 지점에 끼여 들 수 있는 위치에 있다면, 퍼터를 사용해서는 안됩니다(사진 13.3.1). 또한 공이 움푹 패인 곳, 잔디가 없는 곳, 혹은 기타 오목한 곳에 자리하고 있는 경우에도 퍼터를 사용하지 않는 것이 좋습니다. 공 주변이나 공을 보내고자 하는 지점의 잔디가 너무 많이 자라 있으면, 잔디 위로 공을 피칭할지 여부를 고려해 볼 수는 있

사진 13.3.1 공 뒤편에 잔디가 무성한 위치에서는 퍼터보다는 샌드 웨지나 롭 웨지를 이용하는 것이 좋다.

사진 13.3.2 공 뒤편에 잔디가 무성한 경우 웨지를 이용해서 공의 가운데를 스트로크하는 방법이 효과적이다(좌). 퍼터로 스윙하는 것은 좋지 않다(우).

겠지만 퍼팅을 해서는 안됩니다.

공 뒤쪽에 잔디가 무성하게 있으면 헤드 부분이 쐐기모양인 골프채 벨리드 웨지를 이용하는 것이 현명한 방법입니다. 웨지의 헤드가 무겁고 아래쪽에 무게가 실려있기 때문에, 퍼팅 스트로크를 이용해서 페이스의 리딩에지로 공의 중앙을 스트로크한다면, 공에 적절한 스피드를 붙일 수 있습니다. 일반 퍼터를 이용해서 스트로크를 하는 경우 퍼터가 잔디 사이를 거쳐 공에 이르게 되고, 공과 페이스 사이에 잔디 잎이 끼게 되면 공의 진행에 심각한 영향을 미칠 수도 있습니다(사진 13.3.2). 이와 달리 웨지는 공을 스트로크하기 위해 잔디 사이를 거쳐 지나갈 필요가 없기 때문에 이런 염려를 하지 않아도 됩니다.

만약 키가 큰 잔디 속에 공이 묻혀 있는 형상이라면, 비록 그것이 그린 가장자리와 거리가 가깝다 하더라도, 결코 퍼터를 사용해서는 안됩니다. 이보다는 5-드, 3 혹은 5-아이언이 더 효과적입니다.

경사면 위에서 퍼팅하기

홀을 중심으로 상향 경사를 이루는 지점 혹은 반대로 하향 경사를 이루고 있는 지점에 공을 멈춰 세우는데 문제가 있습니까? 많은 골퍼들이 경사면 위에서 하는 퍼팅을 어려워하는 것이 사실이며, 그 이유는 경사면에서는 퍼팅거리가 어느 정도 인지를 가늠하기가 쉽지 않기 때문입니다. 경사진 면에서는 공이 어느 지점에 위치해 있느냐에 따라 퍼팅거리가 다르게 보이는 착시 현상이 일어나기 때문입니다.

사진 13.4.1은 경사 방향이 다른 세 지점에서 10피트 퍼팅을 하는 장면을 보여주고 있습니다. 공에서 홀에 이르는 거리가 모두 동일한데도 불구하고, 골퍼가 어느 지점에서 어드레스 자세를 취하느냐에 따라 홀까지의 거리가 다르게 보입니다. 이런 차이는 골퍼의 눈과 홀과의 거리가 다르기 때문에 일어나는 현상입니다. 재미있는 것은 공을 상향 경사로 스트로크해야 하는 경우 더 많은 파워가

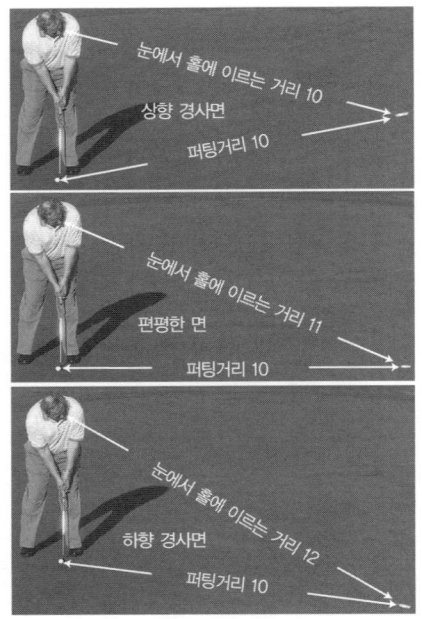

사진 13.4.1 상향 경사면 위로 퍼팅을 하기 위해서는 일반적인 경우보다 더 많은 파워를 필요로 함에도 불구하고, 골퍼의 눈으로 보는 퍼팅거리가 실제 거리보다 더 짧게 보인다(위). 반대로 하향 경사면으로 하는 퍼팅은 보다 조심스럽게 파워를 줄여야 함에도 불구하고, 퍼팅거리가 실제보다 길어 보인다(아래). 이것은 눈에서 홀에 이르는 거리가 다르기 때문에 일어나는 현상이다.

공에 전해져야 하는데도 불구하고, 퍼팅거리가 실제보다 더 짧게 보인다는 점입니다. 반대로, 경사면 아래로 공을 보내야 하는 경우, 보다 조심스럽게 파워를 줄여서 스트로크해야 함에도 거리가 더 길어 보입니다.

앞에서 이미 공으로부터 몇 발자국 거리를 두고 바라봄으로써 터치감을 향상시킬 수 있는 방법에 대해 말한 바 있습니다. 경사면에서 퍼팅을 하거나, 또는 공에서 홀로 이어지는 그린 표면이 눈에 띄게 굴곡을 이루고 있을 경우 좋은 터치감을 발휘할 수 있는지 여부가 더욱 중요해집니다. 경사면 위를 걸으면서 퍼팅거리를 가늠할 때 주의해야 할 점은 자신의 평균 보폭을 유지해야 한다는 것입니다. 왜냐하면 경사면 아래로 걸을 때와 경사면 위로 걸어 올 때 보폭이 달라질 수 있기 때문입니다.

공이 홀에서 몇 발자국 떨어져 있는가를 세고, 이것을 기초로 퍼팅거리를 정확히 계산합니다. 퍼팅거리를 인식한 후에는 온정신을 퍼팅에만 집중합니다. 어느 지점에서 공이 커브를 그릴 것인지, 터치와 필링, 그리고 완벽한 스트로크 미리 보기를 하는데 신경을 집중해야 합니다.

일상적인 실수를 조심하라

다양한 상황에 직면해서 대부분의 골퍼들이 하기 쉬운 사소한 실수를 잘 피하는 것만으로도 퍼팅에 도움이 됩니다. 예를 들면, 경사면 위로 공을 스트로크 할 때, 가장 일반적으로 하는 실수가 공이 홀에 이르지 못하는 퍼팅 실수입니다. 이것을 미리 인식하고, 공이 충분히 홀에 닿는 장면을 스트로크 미리보기를 함으로서 짧은 퍼팅을 예방할 수 있습니다. 경사면 위로 공을 스트로크할 때 공이 홀을 충분히 지나갈 정도로 파워가 전달되어야 한다는 사실을 깨닫고 있는 것 자체가 문제를 예방할 수 있는 능력입니다.

경사면 아래로 공을 굴리는 것이 공을 위로 스트로크하는 것보다 거리를 조정하기가 훨씬 더 까다롭다는 것을 이미 경험으로 알고 있을 것입니다. 경사면 아래로 공을 굴리는 경우 일어나는 가장 일반적인 실수는 공을 홀보다 더 멀리 보내버리는 것입니다. 이 점을 인식하고 스트로크 미리보기의 초점을 공을 홀 쪽으로 부드럽게 흐르듯이 보내는 데에 두어야 합니다.

만약 경사가 빠른 그린 위에서 플레이를 한다면, 몇 가지 래그 드릴을 연습할 필요가 있습니다. 자신의 퍼팅 실력을 비난하거나, 혹은 자신이 천성적으로 자질이 부족하다고 한탄하기보다는 이들 문제를 해결하기 위해 연습을 해야 합니다. 투어 프로들은 경사가 빠른 그린에서 경기할 때를 대비해 그들의 남는 시간을 래그 퍼팅 연습에 보낸다는 사실을 기억하기 바랍니다.

심한 내리막 경사에서 퍼팅하기

하향 경사면으로 퍼팅하는데 문제를 가진 골퍼들이 상당수 있습니다. 아무리

사진 13.5.1 퍼터의 토우 부분으로 스트로크하면 공에 전달되는 파워를 최소한도로 줄일 수 있기는 하지만 공이 라인을 벗어나 진행할 가능성이 크다(좌). 샤프트 길이를 짧게 그립하여 스윗 스팟에 가격하면 공에 전달되는 파워를 최소한도로 줄일 수 있을 뿐 아니라 공이 의도한 라인을 따라 굴러가는데도 문제가 없다(우).

애를 써도 공이 여전히 홀을 지나쳐 굴러가는 모습을 지켜보는 심정은 정말 난감하다는 말로 표현할 수밖에 없을 것입니다. 이런 경우 스피드를 줄일 수 있는 두 가지 방법이 있습니다. 이 방법은 경사가 상당히 큰 경우 스피드를 줄이는데 더욱 효과를 발휘합니다.

임팩트를 부드럽게 하기 위해 일반적으로 이용되는 방법은 퍼터의 토우로 공을 스트라이크하는 것입니다. 이 테크닉은 공에 두 가지 영향을 가져옵니다. 첫째는 공의 진행을 평균 속도보다 느리게 만듭니다. 이는 우리가 의도하던 결과입니다. 둘째는 우리가 원하지 않는 결과로서, 페이스가 임팩트 순간에 오픈되기 때문에 공이 약간 라인을 벗어나서 진행될 수 있다는 것입니다(사진 13.5.1). 그래서 퍼터의 토우 부분으로 공을 스트로크하면 공의 진행 속도를 늦출 수 있다는 좋은 점이 있긴 하지만, 두 번째 경우를 염려해서 일반적으로는 좀처럼 이 방법을 이용하지 않습니다.

파워를 줄이기 위한 보다 좋은 방법은 샤프트 아래로 그립하는 것입니다. 샤프트가 짧으면 짧을수록 공에 전달되는 파워가 줄어듭니다. 이렇게 스트로크하면 공의 스피드를 줄일 수 있을 뿐만 아니라 공이 의도한 라인을 따라 진행하는데도 문제를 가져오지 않습니다. 따라서 만약 그린을 정확하게 읽었다면(기타 다른 문제가 없는 한) 공이 홀 안으로 부드럽게 굴러들어 가는 모습을 지켜볼 수 있을 것입니다.

아무리 부드럽게 스트로크한다 해도 공이 홀을 지나쳐 굴러가 버릴 것 같다는 두려움이 있을 때 이 다운그립 테크닉을 사용하면 효과적입니다. 이 테크닉을 어떻게 사용할 것인가에 대한 좋은 예가 두 차례 U.S. 오픈 챔피언을 차지한 리 젠슨(Lee Janzen)(사진 13.5.2)의 스트로크 모습에 잘 나타나 있습니다. 왼쪽 사진에서 리가 일반적인 길이로 퍼터를 그립하고 있습니다. 이것은 스윙연습과 스트로크 미리보기를 할 때 하는 그립입니다. 마지막 어드레스 자세를 취하면서, 자신의 퍼팅의식과 퍼팅할 준비가 다 갖추어졌을 때(우측에 보이는 모습), 그는 퍼터 아래 부분을 잡습니다(그가 부드러운 임팩트를 원하는 만큼 그립은 더 아래로 내려가게 됩니다). 이 그립은 그에게 최고의 스트로크를 가져다 주었을 뿐

사진 13.5.2 하향 경사면으로 퍼팅을 해야 하는 경우 스트로크 미리보기를 마친 후 퍼터의 샤프트 아래 부분을 그립한다.

아니라, 까다로운 퍼팅에서 약간의 파워라도 공에 전달되는 것을 방지하는 부수적인 이득을 가져다 주었습니다.

　　토우-스트라이크나 다운그립이 스피드를 어느 정도나 줄여줄 수 있을까요? 유일한 방법은 자신이 직접 실제 경사면과 그린 위에서 연습을 해보는 것입니다. 다시 말해서, 일반적으로 만나게 되는 지극히 완만한 그린에서는 이 테크닉을 이용하지 않는다는 뜻입니다. 이들 테크닉은 눈에 띄게 경사를 이루고 있는 그린 위에서 효과를 나타내는 방법이라는 점을 명심하기 바랍니다.

'편법'을 이용하여 퍼팅하기

　　경사면 위에 놓인 8피트 미만의 숏퍼트인 경우 약간의 '편법'을 쓰는 것도 괜찮다고 생각합니다. 편법의 의미는 물리학 원리를 이용해서 어려움 한가지를 덜어주자는 뜻으로 한 말입니다. 커브가 들어가는 숏퍼트에서 퍼터를 하다가 뜻하지 않게 실수를 범하는 경우가 가끔 있습니다. 이때 똑같은 실수라 하더라도 퍼

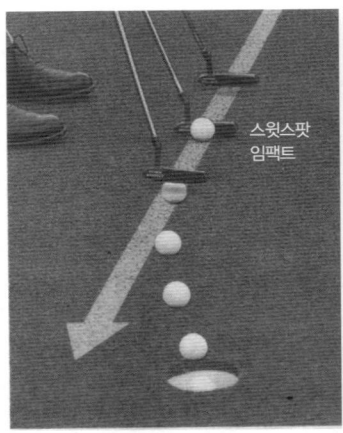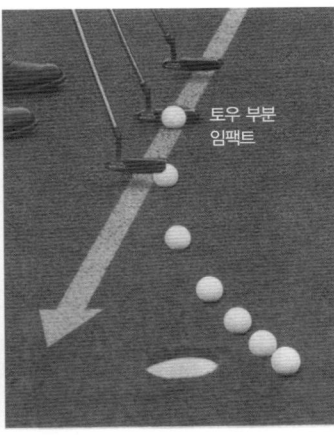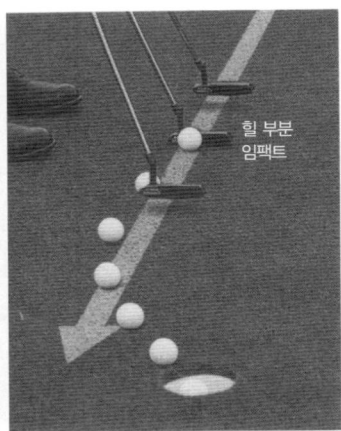

사진 13.6.1 퍼팅에서 일어날 수 있는 세 가지 임팩트 결과 : ① 스윗스팟 임팩트 ② 토우 부분 임팩트 ③ 힐 부분 임팩트. 이것은 왼손잡이 골퍼가 우측에서 좌측으로 커브를 그리는 스트로크를 할 때 흔히 나타나는 양상이다.

터의 어느 부분에 맞았는가에 따라 다른 결과가 나타난다는 점을 알 필요가 있습니다.

퍼터의 힐 부분에 맞는 실수인 경우 공의 진행에는 별 영향을 미치지 않습니다. 하지만, 토우 부분에서 실수가 생기는 경우는 공이 홀을 벗어나 버리는 결과를 낳습니다.

왼손잡이 골퍼가 우측에서 좌측으로 커브를 그리는 퍼팅을 하는 경우 어떤 일이 일어나는지 예를 들어보겠습니다. 그 상황이 사진 13.6.1의 세 가지 보기에 잘 나타나 있습니다.

1. 스윗스팟에 정확하게 스트로크를 받은 공이 컵의 가운데를 향해 완벽하게 굴러갑니다(좌).
2. 가운데에 있는 사진처럼 퍼터의 토우 부분으로 공을 스트로크하는 실수를 범한 경우, 공이 컵에 들어갈 여지가 아예 없어집니다. 에임라인으로부터 약간 아래로 빠지면서(퍼터 페이스가 임팩트 순간 열려 있었기 때문), 의도했던 것보다 더 크게 커브를 그리게 됩니다(충분한 힘이 전달되지 않았기 때문). 이 경우 공이 항상 홀 아래로 비껴 나갈 수밖에 없어집니다.
3. 오른쪽 사진에서 보듯이 퍼터의 힐부분에 임팩트하는 실수가 생긴 경우, 공이 의도했던 에임라인보다 더 위쪽으로 빠지면서 움직입니다. 이것은 공이 굴러갈 수 있는 최적의 스피드를 부여하지 않았기 때문에 빚어진 결과이지만, 공이 의도했던 것보다 더 좌측으로 커브를 그리면서 어쨌든 홀을 향해 굴러갑니다.

사진 13.6.2에서 보듯이 왼손잡이 골퍼가 좌측에서 우측으로 스트로크를 하는 경우, 스트로크 실패가 위의 상황과는 반대의 결과를 가져옵니다.

1. 퍼터의 토우 부분으로 스트로크하는 실수를 범한 경우, 그 결과가 위의 상

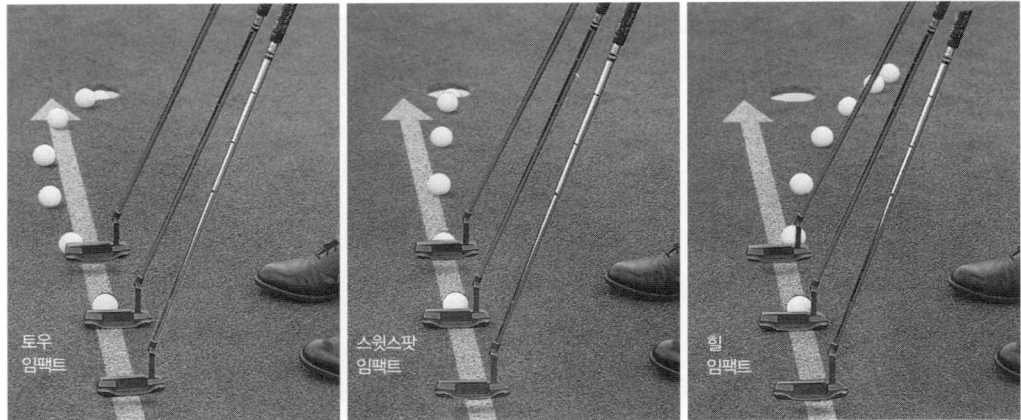

사진 13.6.2 좌측에서 우측으로 커브를 그리는 퍼팅에서는 임팩트가 어느 부분에서(토우, 스윗스팟, 힐) 일어나는가에 따라 정반대의 결과가 나타난다.

황과는 정반대임을 알 수 있습니다. 의도했던 것보다 스피드가 느려지면서 공이 너무 많이 커브를 그리며 진행되긴 하지만, 그래도 여전히 홀을 향해 나아간다는 것을 볼 수 있습니다(좌).

2. 스윗스팟에 스트로크된 경우(이것은 가장 정확하게 스트로크된 경우이다), 가운데 사진에서 보듯이 완벽하게 홀을 향해 굴러갑니다.

3. 퍼터의 힐 부분에 임팩트된 경우 공이 아예 홀을 향해 굴러갈 기미조차 없습니다(퍼터 페이스가 임팩트 순간에 닫혀 있었고, 공이 충분한 파워를 전달받지 못했기 때문에 오른쪽으로 너무 많이 커브를 그리며 진행하게 됩니다). 이 경우 공이 오른쪽으로 빠지면서 홀 아래쪽으로 비껴가게 됩니다.

지금 내가 하고자 하는 말의 의미를 잘 이해할 수 있기를 바랍니다. 퍼팅을 하다보면, 어떤 때는 정확하게 임팩트하고, 어떤 때는 퍼터의 힐 부분으로 스트로크하고, 또 어떤 때는 토우 부분으로 스트로크하는 실수를 범하기도 합니다. 내

가 권하고 싶은 방법은 퍼트의 스윗스팟 위쪽으로(토우 방향으로) 1/8인치 지점
에 어드레스하라는 것입니다. 만약 이렇게 하면, 우측에서 좌측으로 가는 방향
에서 실수가 생기든 혹은 반대로 좌측에서 우측으로 임팩트 실수가 나든 공이
홀로 굴러가는 데는 문제가 없기 때문입니다. 힐 부분으로 어드레스하는 꾀를
내고자 한다면, 공쪽으로 조금 가까이 다가가고, 토우 부분으로 어드레스하는
꾀를 내고자 한다면 공으로부터 약간 떨어져서 어드레스하면 됩니다. 여기서 말
하는 '약간' 이라는 의미는 1/8인치를 뜻합니다(이보다 지나치면 안되는데, 왜냐
하면 이 거리보다 더 움직일 경우 공이 스윗스팟에서 너무 멀리 떨어진 지점에
서 임팩트가 일어나기 때문입니다). 사진 13.6.3은 약간의 꾀를 내고자 하는 경
우 어드레스 자세에서 페이스의 어느 부위를 공에 갖다 대야 하는지를 잘 보여
주고 있습니다.

　기억해야 할 것은 위에서 설명한 내용은 왼손잡이를 위주로 한 것입니다. 그
러므로 오른손잡이인 경우에는 내용을 반대로, 즉 힐과 토우를 바꾸어서 이해
하면 됩니다.

사진 13.6.3 스윗스팟의 약간 위쪽 지점이
공에 어드레스되도록 함으로써 어느 방향으
로 스트로크를 하든 실수가 날 가능성이 거
의 없어지게 된다.

퍼팅거리가 10피트를 넘는 경우에는 지금 설명한 방법을 이용해서는 안됩니다. 왜냐하면, 이 거리에서 스트로크에 실수가 생기면 공에 전달되는 힘을 지나치게 감소시키게 되고 짧은 샷이 될 가능성이 크기 때문입니다. 롱퍼트를 하는 경우에는 할 수 있는 한 정확하게 퍼팅을 하는 것이 좋습니다. 이렇게 해야 공이 홀에 들어갈 최소한의 가능성이라도 바라볼 수 있습니다.

퍼팅감을 완전히 잃었을 때

이런 경우를 한 번 가정해 봅시다. 5피트 이내의 거리에서 연속해 6개의 퍼팅을 놓쳤습니다. 그 중에서 4개는 4피트 거리의 퍼팅이었습니다. 그 정도의 거리라면 보통 때 같으면 문제없이 잘 해냈었습니다. 게다가 느낌도 좋았고 스트로크도 잘 해냈다고 생각했습니다. 그런데 예상과 달리 결과가 너무나 좋지 않았습니다. 그런데 그 다음날도 이런 일이 또 일어났습니다. 이후 몇 주일 동안 이런 현상이 계속되었습니다. 평상시에는 별 문제가 없이 잘 해냈었는데 마치 갑자기 모든 것을 까맣게 잃어버린 듯이 번번이 퍼팅을 망치고 맙니다. 도대체 어떻게 된 일일까요?(사진 13.7.1)

최근에 새로운 그립을 하기 시작했거나 혹은 새로운 퍼터를 사용하기 시작했다면, 비록 아주 미묘한 정도의 변화라 하더라도 자신이 이전에 익숙하게 해 왔던 모든 것들을 엉키게 만들 가능성이 큽니다. 새로운 그립이 보기에 좋고 느낌도 좋습니다. 새 퍼터도 문제가 없어 보입니다. 하지만 자신의 손과 퍼터 페이스 간에 모종의 관계를 형성하게 되는데, 늘 스트로크를 연습하고 그것을 자기 것으로 확실히 소화한 것일수록 이러한 유대 관계는 더욱 깊어집니다. 그래서, 임팩트 순간 완벽한 자세를 유지하고 공의 균형이 잘 맞았다고 하더라도, 그립의 사소한 차이가 6피트 거리의 일직선 퍼팅조차도 놓치고 마는 결과를 가져올 수도 있습니다. 그래서 평소에 잘 해내던 숏퍼트를 놓치는 실수를 계속 범하는 현

사진 13.7.1 왜 자꾸 이런 일이 벌어지는 건가? 이게 어찌된 일인가?

상이 갑자기 나타나기 시작했다면, 새 그립을 하거나 새 퍼터를 사용하고 있지
는 않은지 체크해 볼 필요가 있습니다. 만약 그렇다면 이제부터 새 그립, 새 퍼터
와 새로운 관계를 만들어 가기 시작해야 합니다.

자신이 선호하는 브레이크를 찾아라

만약 자신이 10~20피트의 거리에서 특히 선호하는 브레이크 방향(우에서 좌
혹은 좌에서 우)이 있다면(대부분의 골퍼들이 이러하다) 거기에는 이유가 있습
니다. 그것은 아마도 공을 조준하는 능력이 어느 한 방향으로 치우쳐 있기 때문
입니다(만약 숏퍼트에서 선호하는 브레이크 방향이 있다면, 이는 바로 이런 편
향되어 있는 조준때문이며, 이 경우 계속 퍼터의 힐 부분이나 토우 부분에서 임
팩트가 일어납니다. 만약 후자에 해당된다면 임팩트 패턴을 바르게 유지하는 법
을 배워야 합니다).

만약 자신이 의도했던 것보다 오른쪽으로 치우쳐서 조준하는 경향이 있다면,
오른쪽에서 왼쪽으로 커브를 그리는 퍼팅을 할 때 공이 브레이크되는 정도가 효

과적으로 커지는 상황이 발생합니다. 대부분의 골퍼들이 공이 커브를 그리며 진행하기 시작하는 지점을 제대로 파악하지 못하고 있다는 점을 감안하면, 이것은 비록 의도적으로 만든 브레이크는 아니라 할지라도 실제로 긍정적인 결과를 가져올 수 있습니다.

그러나, 그 반대의 경우 즉 공이 오른쪽에서 왼쪽으로 커브를 그리는 퍼팅을 하는 경우라면 어떤 일이 일어날지 가정해 봅시다. 브레이크를 제대로 만들지 못하고 조준마저 한 쪽으로 치우치게 되면 그 결과가 어떠할지 너무나 뻔합니다. 경우에 따라서는 아주 좋지 않은 결과를 가져올 수도 있습니다.

따라서 만약 공이 오른쪽에서 왼쪽으로 브레이크를 그리는 경우를 더 좋아한다면(커브 방향이 왼쪽에서 오른쪽인 경우는 좋아하지 않는다면) 자신의 조준이 오른쪽으로 치우치는 경향이 있다는 사실을 알아야 합니다. 이 경우 퍼팅을 할 때마다 공이 의도했던 것보다 약간 더 오른쪽으로 치우쳐서 진행되는 상황이 빈발할 것입니다. 그리고 만약 왼쪽에서 오른쪽으로 브레이크되는 경우를 선호한다면, 공이 자신이 의도했던 것보다 약간 좌측으로 비켜서 굴러가는 경우를 자주 목격하게 될 것입니다.

1998년 여름동안 리 젠슨(Lee Janzen)과 함께 했던 경험이 그 좋은 예가 될 것입니다. 리는 몇 년 전부터 나의 골프학교에서 지도를 받아왔습니다. 모두 알다시피 그는 세계적인 훌륭한 골퍼들 중의 한 명입니다. 1998년 U.S. 오픈이 개최되기 몇 주전 그가 나의 학교를 찾았습니다. 한 가지 문제가 있었는데 퍼팅거리가 길든 짧든 왼쪽에서 오른쪽으로 커브를 그리는 공을 처리하는데 어려움이 있었던 것입니다. 그는 최근 투어에서 자신에게 일어난 일을 얘기해 주었습니다. 하루는 62타를 쳤고 그 다음날은 72타를 쳤습니다. 동일한 라운드를 돌았는데, 그가 62타를 쳤을 때는 모든 퍼팅이 오른쪽에서 왼쪽으로 굽는 경우였습니다. 그 다음 날 72타를 친 경우는 모든 퍼팅이 왼쪽에서 오른쪽으로 브레이크되는 경우였다고 말했습니다. 자신이 왼쪽에서 오른쪽으로 커브되는 공에 약하다

사진 13.8.1 리 젠슨이 엘리베이티드 에임라인을 이용해서 조준 연습을 하고 있다.

는 사실을 알고 있었기 때문에, 그는 의도적으로 공이 오른쪽에서 왼쪽으로 브레이크를 그리게 어프로치 샷을 하려고 애쓰게 되었다고 말했습니다.

리가 가진 문제는 약간 오른쪽으로 치우친 조준을 한다는 것이었습니다. 그는 엘리베이티드 에임라인을 이용해 그 한 주 동안 열심히 연습했고, 그러한 경향을 말끔히 씻어버릴 수 있었습니다(사진 13.8.1). 그 다음주 샌프란시스코에 있는 올림픽 클럽에서 열린 U.S. 오픈에서 그는 완벽한 퍼팅을 선보이며 우승을 차지했습니다. 어느 한쪽으로 조준이 치우치는 문제는 그의 퍼팅에 있어 아주 사소한 결점이었지만 매우 큰 결과를 가져올 수도 있는 문제였던 것입니다.

페이싱 퍼트(facing Putt)

커브를 그리는 퍼팅에 문제를 가져오고, 어느 한쪽 브레이크 방향을 선호하도록 만드는 상황이 한 가지 더 있습니다.

몇 년 전에 PGA 투어 프로 탐 시크만(Tom Sieckmann) 지금 우리가 '페이싱' 퍼트라고 부르는 재미있는 문제를 보여주었습니다. 오른쪽에서 왼쪽으로 크게 커브를 그리는 퍼팅에서, 탐이 어드레스 자세를 취한 채 고개를 들어 에임라인을 보았습니다. 그는 오른손잡이 골퍼입니다. 크게 커브가 들어가는 공이었고 홀이 그의 약간 뒤쪽에 있었기 때문에, 퍼팅의식을 행하는 마지막 순간 또는 에임라인을 바라보는 동안에 홀에 시선을 보내거나 하지 않았습니다(이는 좋은 태도입니다).

그런데 왼쪽에서 오른쪽으로 커브를 그리는 퍼팅에서는 상황이 아주 달랐습니다. 탐이 어드레스 자세를 취했을 때, 홀이 우측에서 자신을 향하고 있는 것처럼 느껴졌고 홀 쪽으로 자꾸 시선이 가는 것을 바로잡을 수가 없었습니다. 퍼팅의식을 하는 동안 에임라인에 정신을 집중하고 그 선을 따라 공을 굴리기 위한 준비를 해야 한다는 사실을 알고 있었음에도 불구하고, 시선이 홀이 있는 우측으로 쏠리는 것을 어쩔 수가 없었습니다.

왼쪽에서 오른쪽으로 커브를 그리는 퍼팅에 어려움이 있는 오른손잡이 골퍼라면 위의 상황이 바로 자신의 문제가 될 수 있을 것입니다. 만약 홀 쪽으로 향하는 시선을 막을 수 없다면, 자신도 모르게 무의식적으로 공을 시선이 가는 방향으로 보내려고 하게 됩니다. 왜냐하면 지금까지 시선이 향하는 곳으로 퍼팅을 하도록 훈련을 받아왔기 때문입니다. 제대로 된 경우라면 에임라인 위에 머물러 있어야 할 시선이 홀 쪽으로 흘끔거리게 되면, 무의식적으로 그 방향으로 공을 굴리는 실수를 범하게 되는 것은 어쩌면 당연합니다.

문제가 무엇인지 인식하고 있다면, 그것을 바로잡기가 훨씬 쉬워집니다. 만약 어떤 이유로 인해 정신을 집중해서 에임라인을 따라 적절한 스피드로 퍼팅하는데 혼란이 온다면, 반드시 그 원인을 찾아서 해결해야 합니다. 실내에서는 에임라인을 따라 스트로크하는데 정신을 집중하는 연습을 하고, 옥외에서는 엘리베이티드 에임라인에 정신을 집중하는 연습을 하는 것이 이런 혼란을 막는 방법입니다. 일단 에임라인을 따라 퍼팅하는 습관을 형성하게 되면, '페이싱 퍼트' 문제가 더 이상 당신을 괴롭히지 않을 것입니다.

숏퍼트를 앞에 두고 엉거주춤하지 마라

지금까지 항상 어떤 원인으로 인해 숏퍼트에서 실수를 해왔고 앞으로도 이 상황은 별로 달라지지 않을 것입니다. 6피트 이내 거리의 퍼팅에서, 그린 위를 굴러가던 공이 갑자기 발자국 속에 빠져 버리고 마는 경우가 있습니다. 공에서 홀에 이르는 거리가 아주 가까운 경우 공에 스피드를 더하면 안된다는 것을 우리는 너무나 잘 알고 있습니다. 그래서 공이 최대한 천천히 굴러가도록 만들려고 애를 쓰게 됩니다. 그런데, 아주 느리게 진행되던 공이 도중에 움푹 패인 자국 속으로 힘없이 빠져버립니다. 바로 이런 이유로 숏퍼트를 놓치는 경우가 상당히 많습니다.

이것은 아마추어 골퍼들에게만 해당되는 경우가 아닙니다. 덕 샌더스(1970 브리티시 오픈), 스캇 호치(1989 마스터), 에드 스니드(1979 마스터) 같은 뛰어난 프로들도 거리가 아주 짧은 퍼팅에서 실수를 범하고 그만 챔피언쉽을 놓치고 마

사진 13.9.1 경사가 빠른 그린 위에서 숏퍼트를 할 때는 옅은 발자국, 약간의 바람, 조금 패인 자국조차도 실수를 유발하게 된다.

는 큰 대가를 치러야만 했습니다(사진 13.9.1).

실수는 늘 일어나게 마련입니다. 숏퍼트를 놓친다고 해서 그것이 곧 숏퍼팅에 문제가 있다고 받아들일 필요는 없습니다. 더군다나 숏퍼트에 자신감을 잃을 필요는 더더욱 없습니다.

하지만 만약 숏퍼트를 앞에 두고 엉거주춤하다가 계속 실수를 한다면, 이것이 바로 문제입니다. 퍼팅을 아직 하기도 전에 그 퍼팅을 놓칠 것이라는 예감에 사로잡혀 있다면, 그리고 정말로 놓쳤다면, 확실히 당신은 '입스(yips)' 문제를 안고 있습니다.

일부 뛰어난 프로들도 스트로크를 하는 순간 손목이 꺾이는 입스 현상으로 인해 어려움을 겪습니다. 벤 호건, 샘 스니드, 베스 대니얼같은 선수들도 이 문제를 안고 있었습니다(사진 13.9.2). 탐 왓슨과 잭 니콜러스도 몇 년 동안 입스 현상으로 힘들어하는 모습을 지켜본 바 있습니다.

사진 13.9.2 이들 세 위대한 선수들도 입스 문제를 안고 있었다. 벤 호건은 이 문제로 인해 플레이를 중단해야만 했고, 샘 스니드는 테크닉을 바꿈으로써 문제를 극복했다. 베스 대니얼은 스트로크 방법을 수정하고 새 스트로크가 습관으로 완전히 익숙해질 때까지 꾸준히 연습함으로써 입스 문제를 해결했다.

어떤 사람들은 입스 현상이 나이 때문에 생기는 현상이라고 생각합니다. 베른하르트 랑어(Bernhard Langer)의 경우 세계에서 가장 훌륭한 선수들 대열에 오르기 전인 19살 때 벌써 이러한 문제를 안고 있었습니다. 내 생각에는 세 가지 개인적인 특성, 즉 지능, 주의력, 연습량에 관련이 있는 것으로 보이며, 여기에 퍼팅 스트로크의 숙달정도가 원인 속에 포함된다고 할 수 있겠습니다. 스트로크에 문제가 없다면 입스 현상이 생길 리가 없습니다.

입스 현상은 결코 부끄러워 할 문제가 아닙니다. 방금 말한 기본적인 특성 − 지력, 주의력, 많은 연습량 − 을 나는 위대함의 전제조건이라고 생각합니다. 인간은 누구나 어떤 일을 잘 해낼 때도 있고 또 때로 제대로 못하는 경우도 있습니다. 그런데, 좋지 않은 상황을 빨리 벗어나기 위해서는 무엇을 왜 하고 있는지 그리고 어떤 일이 잘 안될 때는 어떻게 그것을 바로 잡을 것인가를 파악할 정도의 지력, 총명함을 지니고 있어야 할 것입니다.

쟈니 밀러(Johnny Miller)는 내가 본 가장 뛰어난 골퍼 중의 한 명이었지만, 퍼팅에서 입스 현상으로 인해 더욱 경쟁력 있는 골퍼가 될 수 없었습니다. 아놀드 파머는 그의 마지막 골프 경력 15년 동안 때로 입스 문제로 골치를 앓았습니다. 이들 두 골퍼는 더 이상 부족한 것이 없는 뛰어난 재능을 지닌 선수들입니다. 그들은 총명하고 신중했으며 열심히 노력하고 연습했습니다. 그럼에도 그들은 홀 바로 앞에서의 이 실수를 쫓아 버리지 못했습니다. 그들이 이 문제를 벗어날 수 없었던 것은 노력을 하지 않았기 때문이 아니라 어떻게 그것을 벗어날 수 있는지 방법을 몰랐기 때문이었습니다. 이 문제를 해결하는 열쇠는 많은 다른 문제들과 마찬가지로 먼저 자신이 문제를 이해하고 그 다음 어떻게 고칠 것인지 방법을 배우는데 있습니다.

골퍼들이 입스 문제를 해결하는 과정을 자주 지켜 보아왔습니다. 물론 그것은 시간, 노력, 연습이 필요한 일이기는 하지만 정복될 수 있는 문제임에 틀림없습니다. 베스 대니얼(Beth Daniel)의 예를 들어보겠습니다. 그녀는 심각한 입스 문제(2피트 거리의 숏퍼트를 연속 10번이나 놓쳤습니다)를 해결하기 위해 내게 온 바로 그 다음해 9개의 토너먼트에서 우승을 차지했습니다.

아래 내용은 이 문제를 정복할 수 있는 방법입니다.

1. 스트로크 방법이나 자세를 수정하는 동안에는 홀에서 연습하지 않는다. 공이 홀에 들어가는지 여부에 상관 없이 스트로크를 판단해야 하기 때문이다. 즉, 연습의 초점을 스트로크 동작에만 맞추어야 한다.

2. 자신의 스트로크를 검토해서 약점을 찾아낸다. 시간을 두고 퍼팅 실수를 유발했거나 입스 문제를 유발했던 스트로크의 결점을 찾아낸다.

3. 스트로크 과학적 기법을 교정할 수 있도록 피드백을 갖춘 상태에서 연습한다.

4. 연습방법을 체계적으로 계획하고, 적어도 6개월 동안 이 계획에 따라 연습을 한다.

5. 새로운 스트로크에 익숙해지기 위해서 2만 번 스트로크를 한다. 스트로크 미리보기와 퍼팅의식을 꾸준히 함으로써, 새 스트로크를 믿고 신뢰할 수 있도록 만들어야 한다.

사진 13.9.3 베스 대니얼과 데이빗 러브 3세. 이들은 언제나 최고의 플레이를 해왔다.

6. 코스로 나가서 결과에 대한 부담을 안은 상황에서 스트로크를 연습한다. 예를 들어 내기 게임이나 스스로 만든 규칙(3피트 퍼팅을 연속 10개 성공시키기 전에는 자리를 뜨지 않겠다는 스스로의 약속)에 따라 연습한다.

7. 코스에서 자신이 스트로크를 테스트해 보고 언제나 자신감을 가져야 한다. 입스 문제를 해결하는데 필요한 시간과 연습량은 골퍼들마다 다르다. 대체로 9개월에서 1년 정도 소요된다.

8. 퍼팅 스트로크를 다시 연습하기에 앞서, 먼저 자신이 이전에 사용했던 것과는 다른 그립과 퍼터(예를 들어 왼손이 아래로 가는 그립, 롱퍼트)를 이용한다. 스트로크를 다시 만드는 동안 줄곧 코스에서 새 그립이나 새로운 퍼팅 기법을 이용해야 한다. 이 새로운 형태의 스트로크 방법이 곧바로 자신의 스트로크가 되는 것은 아니다. 실제 코스에서 새로 만든 스트로크가 신뢰할 수 있다는 확신이 들 때 비로소 자기 것이 되는 것이다.

9. 이 모든 것을 마친 후에는 계속 퍼팅을 하면서 게임을 즐긴다. 입스 문제를 해결한 후에도 좋은 피드백을 갖추고 꾸준히 연습해야 한다.

Chapter 14

전체 내용 요약

퍼팅이란 무엇인가

퍼팅에 있어 가장 중요한 개념은 퍼팅은 골프 경기의 일부분이라는 사실입니다. 골프가 가진 아름다움, 경쟁의 스릴, 어느 날 문득 맛보게 될 최고의 스코어를 위해 노력하는 과정에서 만나게 될 많은 기쁨, 이 모든 것을 누리는 게임이 바로 골프입니다.

그렇습니다. 골프는 게임입니다. 게임 중에서도 시간을 들이고 즐기기에 가장 좋은 게임, 아주 특별한 게임입니다. 많은 사람들이 말하듯, 골프는 노력, 아픔, 시도, 승리, 패배, 재미와 환희, 이러한 것들이 모두 들어있는 인생의 축소판입니다. 골프는 우리가 몸을 움직일 수 있는 한 평생동안 즐길 수 있는 스포츠입니다.

퍼팅은 골프를 구성하고 있는 6가지 게임중 하나일 뿐입니다(사진 14.1.1). 그러나,

사진 14.1.1 골프의 6가지 게임(좌)이 한데 모여서(중앙) 바람처럼 날아가서 공처럼 굴러가는 스포츠를 창출한다(우).

이것은 골프에서 가장 빈번하게 하는 샷(거의 절반)이기도 합니다. 골퍼가 퍼팅하는 과정을 통해서 그의 스윙, 스탠스, 자세, 그립, 지식, 태도를 각각 테스트해 볼 수 있습니다. 퍼팅을 제대로 하지 못하는 골퍼는 결코 좋은 결과를 기대할 수가 없습니다.

퍼팅의 개념들

퍼팅을 어떻게 하는지 개념을 잘 이해하면 할수록 실제로 하기에도 더욱 쉬워집니다.

퍼팅이란 :

1. 표면이 편평한 스틱으로 둥근 공을 스트로크해서 둥근 홀에 굴러 들어가게 하는 기술을 테스트하는 게임입니다. 골퍼의 퍼팅 기량은 골퍼 자신의 게임의 룰에 대한 이해정도와 15개의 독립적인 기술을 지속적으로 향상시키느냐 여부에 달려있습니다.

2. 과학으로서의 퍼팅 스트로크는 수치로 계산하고 수량화할 수 있는 7개의 부분으로 이루어져 있습니다(사진 14.1.2).

3. 기술로서의 퍼팅 스트로크는 마음의 눈으로 볼 수 있는 8개의 부분으로 구

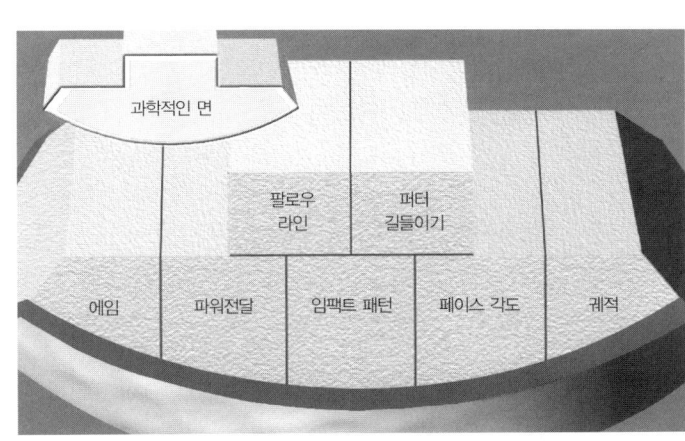

사진 14.1.2 퍼팅을 구성하는 15개 블럭 중에서 7개 블럭은 과학적인 성격의 것이다.

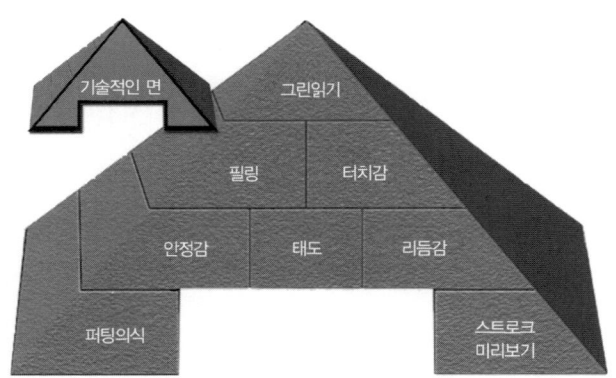

사진 14.1.3 퍼팅을 구성하는 15개 블럭 중에서 8개 블럭은 골퍼의 마음의 눈 안에 존재하는 기술적인 성격을 지니고 있다.

성되어 있습니다(사진 14.1.3). 이 기술들은 마음에 의해 조정되고, 몸에 습관처럼 배어있는 행위로서, 수치로 산정할 수도 수량화할 수도 없습니다. 흔히 신이 주신 신비한 재능으로 여겨지는 부분이기도 합니다.

4. 퍼팅은 신체적인 기술과 정신적인 기술의 결합이며, 향상될 수도 있고 반대로 퇴보할 수도 있습니다(결과는 노력과 피드백에 달려 있습니다).

5. 퍼팅은 배우고 나면 쉽지만 배우는 과정이 어렵습니다.

6. 순전히 행운으로만 되는 것은 아니지만, 상당한 행운이 따라 주어야만 되는 것이 또한 퍼팅입니다.

7. 퍼팅은 물리학의 원리, 그린, 자연, 여기에 더하여 퍼터와 공이 어떻게 임팩트되는가 등의 상황에 의해 결과가 달라집니다.

퍼팅게임을 하기 전에 법칙을 알자

새로 산 가전제품의 비닐을 뜯어보기 전에 그 가전기기를 어떻게 사용하는지 제품설명서를 먼저 읽어보는 사람이 몇 명이나 될까요? 예를 들어 당신은 새 TV를 열기 전에 그것을 어떻게 작동하는지 먼저 읽어봅니까? 우리들 대부분은 그

렇지 않습니다. 마찬가지로 우리중 대부분은 퍼팅게임의 룰을 알지 못한 채, 퍼
팅게임을 합니다. 법칙을 알면 도움이 되는데도 말입니다.

퍼팅은 과학이다

퍼팅은 당신의 마음에 의해 통제 · 조절되는 단순한 기계적인 움직임입니다(대
부분의 골퍼에게 있어 그것은 결코 쉬운 일이 아니지만). 그러나 퍼팅의 모든 것
을 이해하기 위해 반드시 천재가 되어야 할 필요는 없습니다.

퍼팅의 신체동작은 물리학적 연습입니다. 시계추가 흔들리는 것과 같은 스윙
동작에 의해 스트로크를 받은 공이 편평하지 않은 지면을 굴러가서 그린에 있는
홀 안으로 들어갈 때도 있고 때로 홀을 비켜가기도 하는 것이 퍼팅입니다. 퍼팅
은 결코 로켓과학이 아닙니다. 그러나 그것은 단순한 과학이며 단순한 과학적인
원리에 지배받습니다(마찰, 중력, 퍼터 페이스, 일자형 스트로크 궤적).

퍼팅 스트로크의 과학적 기법을 실행에 옮기기 위해서

1. 단순할수록 좋습니다. 세밀하고 정확하게 실행에 옮기는 법을 배우기 위해
   서는 단순하면 단순할수록 좋습니다.
   a. 시계추 모양의 스트로크 동작이 기계적으로 리드미컬하게 퍼팅을 하기
   가장 단순하고 쉬운 동작입니다.
   b. 시계추형 스윙 동작이라 하더라도 수직으로 움직이지 않는 시계추형 스
   윙은 페이스가 한쪽으로 돌아가고 몸 주변을 회전하듯 돌아가는 퍼터
   궤적을 만듭니다.
   c. 수직 시계추형 스윙동작이 깨끗한 일자형 스트로크를 가능하게 해주며,
   임팩트 순간에 페이스가 라인과 스퀘어를 이룰 수 있도록 도와줍니다.
2. 깨끗한 일자형 스트로크는 퍼팅을 하기에 자연스럽고 가장 단순한 동작이
   라는 점을 사진을 통해 알 수 있습니다(사진 14.2.2).

펠츠의 퍼팅게임의 룰

1. 바람이 공의 진행에 영향을 미칠 수는 있지만 걱정할 필요는 없다.

2. 커브를 그리는 숏퍼트에서는 약간의 꾀(편법을 쓰는 것)를 내서 어드레스하는 것이 현명한 방법이다.

3. 어떻게 퍼팅할 것인가 보다는 어디에서 퍼팅하는가가 더 중요하다. 즉 퍼팅 방법보다는 퍼팅하는 장소를 보다 더 주의 깊게 살펴야 한다.

4. 공에 정확하게 스트로크되었다고 해서 모든 공이 홀인되는 것은 아니다.

5. 대부분의 퍼팅에서는 좋든 나쁘든 약간이 운이 작용한다.

6. 퍼팅에서 운이 아니라 순수한 노력으로만 이루어지는 부분이 있다.

7. 단순할수록 좋다.

8. 스크린 도어 스트로크보다는 깨끗한 일직선 스트로크를 하기에 더 편하다.

9. 하향 경사면 위에서의 스트로크가 상향 스트로크 보다 더 힘들다.

10. 일직선으로 똑바로 굴러가는 하향 스트로크가 일직선으로 똑바로 굴러가는 상향 스트로크보다 하기에 더 용이하다.

11. 스피드가 라인보다 4배 더 중요하다.

12. 페이스 각도가 퍼터의 궤적보다 더 중요하다.

13. 스트로크할 때 손동작이 전혀 없다는 것은 손의 터치감과 필링이 그만큼 좋다는 의미이다.

14. 누구나 자신의 자연스러운 신체리듬에 맞추어 퍼팅해야 한다.

15. 태도가 학습 능력에 영향을 미친다.

16. 홀의 아래쪽보다는 위쪽부분에서 립인되는 공이 더 많다.

17. 라인은 직관에 의해 인식하고, 스피드는 학습에 의해 습득된다.

18. 공이 홀컵을 17인치 지날 정도의 스피드가 최적의 스피드이다.

19. 3-퍼팅은 시간, 스코어, 기쁨 모두를 앗아가 버린다.

20. 공이 커브를 그리기 시작하는 지점을 마음의 눈으로 볼 수 있어야 한다.

사진 14.2.1 펠츠의 퍼팅게임의 룰.

21. 임팩트 패턴의 크기가 작을수록 더 낮은 스코어를 유지할 수 있다.

22. 올바른 준비동작과 퍼팅의식은 필수이다.

23. 조준이 퍼팅의 가장 기본이다.

24. 조준이 잘못될수록 퍼팅결과도 나빠진다.

25. 연습이 완벽을 만든다.

26. 아드레날린이 근육의 움직임에 영향받는 스트로크를 낳는다.

27. 시계추는 길이에 상관없이 동일한 리듬에 따라 앞뒤로 움직인다.

28. 울퉁불퉁한 그린 표면은 지나치게 느리게 진행되는 공의 적이다.

29. 마음의 눈으로 공의 브레이크 라인을 시각적으로 그려볼 수 있어야 한다.

30. 임팩트 순간에 퍼터가 돌아가면 절대로 정확한 퍼팅을 할 수가 없다.

31. 의도한 라인을 따라 적절한 스피드로 공이 진행되도록 만드는 것 이상으로 중요한 것은 없다.

32. 퍼팅을 잘 하면 골프의 재미가 배가 된다.

33. 롱퍼트에는 롱스트로크, 숏퍼트에는 숏스트로크가 좋다.

34. 처음 시도에서 편안하고 자연스럽다는 느낌이 오는 동작이나 자세는 대개 잘못된 것일 가능성이 크다.

35. 스트로크를 눈으로 보고 마음으로 느끼지 못한다면 아직 퍼팅할 준비가 덜된 것이다.

36. 할 수 있다는 믿음이 없으면 결코 해낼 수 없다.

37. 임팩트 순간에 퍼터가 돌아가면 상대방에게 승리할 기회를 주는 결과를 가져다 줄 수도 있다.

38. 터치감은 무엇을 해야 하는지 인식하는 능력이고, 필링은 어떻게 해야 하는지 방법을 아는 능력이다.

39. 오버스핀에 관해서는 잊어버리는 것이 좋다.

40. 스피드 조절은 좋은 퍼팅의 기본이다.

a. 공이 라인을 따라 진행되도록 만들기 위해서는 일자형 퍼터 궤적이 곡선을 이루는 궤적보다 더 효과적입니다.

b. 공이 라인을 따라 움직이도록 하기 위해서는 페이스 각도가 스퀘어를 이루는 것이 회전하는 것보다 더 효과적입니다.

c. 스크린 도어 스트로크도 자연스런 스윙동작이지만 페이스가 라인과 스퀘어를 이루지도 않고 라인 위에 놓이지도 않는다는 문제가 있습니다.

① 곡선 궤적의 스트로크는 견실한 임팩트를 할 수 없습니다.

② 페이스 각도가 돌아가면 공이 일직선으로 진행하는 것을 어렵게 만듭니다.

③ 페이스가 돌아가면 임팩트 타이밍을 놓치기 쉽습니다(빠르든지 아니면 늦어집니다).

3. 임팩트 시에 페이스가 돌아가면 퍼팅에 불리합니다. 단순함, 반복성, 신뢰성, 일직선, 스퀘어 등 이 모든 퍼팅의 간단한 원리가 구현되기 어렵습니다.

4. 몸의 유동선이 평행한 셋업 자세가 에임라인을 따라 일직선으로 퍼팅하

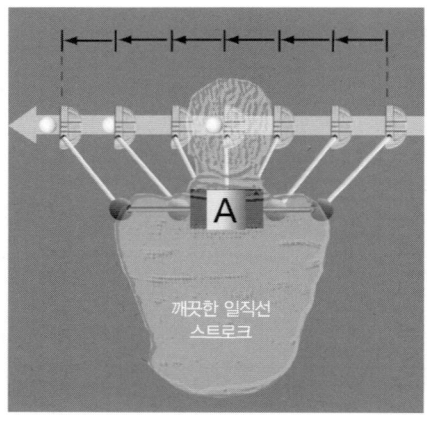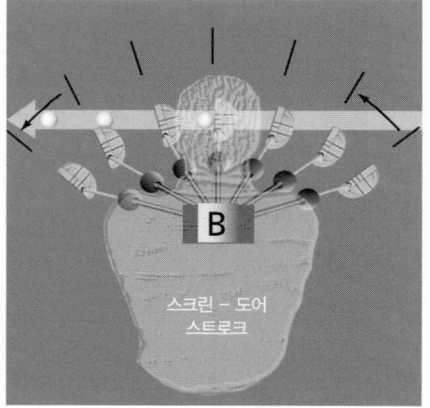

사진 14.2.2 깨끗한 일직선 스트로크는(좌) 스크린-도어 스트로크만큼(우) 자연스러우면서도 쉽고 간단하며 안정된 느낌을 준다.

사진 14.2.3 몸의 유동선이 에임라인과 평행을 이루게 되면 퍼터
는 자연스럽게 일직선 스트로크 궤적을 그리게 된다.

는 일이 지극히 용이하고 자연스럽게 느껴지도록 해줍니다(사진 14.2.3).

5. 시계추형 신체동작은 숏퍼트에서는 숏스윙을 롱퍼트에서는 롱퍼팅을 요
   구합니다. 힘으로 공을 치는 것이 아니라 시계추형 스윙에 의해 공을 밀어
   내듯 스트로크합니다. 이를 통해 손과 손목에 힘이 들어가는 현상을 막을
   수 있습니다.

6. 몸과 퍼터가 트라이앵글을 이루어 시계추형 스윙동작을 만들어 냅니다.

7. 약간 짧은 백스윙과 약간 긴 팔로우스루는 임팩트 시에 시계추형 스트로크
   가 보다 안정적으로 유지되도록 해줍니다.

과학적인 관점에서 퍼팅을 바라보게 되면 배우면 배울수록 퍼팅이 더욱 단순
해지는 이점이 있습니다.

퍼팅기술을 익히자

퍼팅의 정신적인 측면은 단순한 과정들의 조합입니다(골퍼들에게는 복잡하게 여겨지겠지만). 그러므로 한 번에 한 가지씩 배우게 되면 누구나 간단하고 쉽게 이해하고 배울 수 있습니다.

퍼팅의 기술적인 면에 대한 이해가 진행되는 곳은 골퍼의 마음의 눈입니다. 이 말은 퍼팅을 준비하기 위해 정신적으로 퍼팅을 통제 · 조절해야 한다는 뜻입니다.

1. 무엇이 요구되는지를 이해합니다.

    a. 게임의 법칙

    b. 순서에 따라 진행되는 시스템 혹은 절차

        ① 그린 읽기 과정

        ② 스트로크 미리보기 과정

        ③ 리듬과 타이밍을 만들기 위한 퍼팅의식

2. 그린의 스피드와 경사도, 바람 그리고 플레이에 영향을 미칠 기타 요인들을 파악해야 합니다.

3. 마음의 눈으로 과거의 경험과 현재의 요인들을 비교합니다(경사도, 바람, 그린스피드, 기타 다른 요인들).

4. 공의 브레이크를 측정하고 시각적으로 그려봅니다. 이것은 간단하면서도 중요한 준비과정입니다.

5. 시각적으로 공의 브레이크 이미지를 만들고, 마음의 눈 속에 최적의 스피드로 공이 홀 안으로 들어갈 수 있는 에임라인을 그립니다(사진 14.2.4).

6. 신뢰할 수 있는 스트로크 미리보기를 만들기 위해 필링과 기억(마음의 눈과 근육의 자각)을 이용합니다.

7. 마지막 어드레스 자세를 취하고 퍼팅 전 5초가 채 안 되는 시간동안 정신을 오로지 퍼팅의식에 집중합니다.

사진 14.2.4 공의 브레이크 라인을 가시화한 후, 공이 가장 크게 커브를 그리게 될 지점과 에임라인을 마음 속으로 그린다. 그 다음 공이 에임라인을 따라 스타팅할 것이라는 점을 마음의 눈에 인식시킨 다음, 마지막으로 볼 트랙을 만들기 위한 스트로크 미리보기를 한다.

8. 스트로크 미리보기를 하면서 스트로크의 크기와 리듬을 반복합니다.

9. 자신의 자연스러운 신체 리듬을 유지함으로써 모든 동작이 습관적으로 진행되도록 만듭니다.

10. 필링이 좋았는가, 터치감은 어떠했는가, 그린 읽기가 제대로 되었는가, 스트로크가 제대로 이루어졌는가 등 퍼팅의 결과를 분석합니다.

11. 현재의 실수로부터 배움으로써 미래에 대비합니다.

적절한 훈련을 함으로써 한 눈에 그린 표면의 경사와 스피드를 읽는 법을 배울 수 있습니다. 중력의 작용은 문제가 되지 않습니다. 문제는 퍼팅하는 공 하나 하나가 '최적의' 궤적, 스피드, 에임라인, 그리고 브레이크를 가지도록 해야 한다는 점입니다. 그린의 경사와 공의 스피드가 서로 조화롭게 작용하도록 만들 수 있는 기술을 배워야 합니다. 적당한 훈련과 피드백을 할 수만 있다면, 당신도 투어 프로들이 하는 것처럼 할 수 있습니다.

확신하건대, 퍼팅의 기술을 잘 배우면 배울수록 공의 브레이크 지점과 궤적을 더욱 정확하게 볼 수 있게 되고, 더욱 향상된 퍼팅을 할 수 있게 됩니다.

퍼팅을 향상시키기 위한 15가지 기술

아래 제시하는 15가지 기술은 모두 퍼팅에 관련된 것으로, 이 중 어느 하나라도 제대로 되어 있지 않으면 나머지 모든 것이 따라서 무너지게 됩니다. 퍼팅에서는 한 가지 실수가 그 퍼팅 자체를 놓치는 결과를 가져온다는 사실을 골퍼라면 누구나 다 알고 있습니다. 대부분의 골퍼들의 경우, 몇 가지 스트로크와 테크닉으로 퍼팅을 하면서 계속 보상동작을 하는 경향이 있습니다. 셋업과 스트로크에서 나타나는 보상동작들이 결국은 깨끗한 일직선 스트로크를 어렵게 만든다는 점을 기억하기 바랍니다.

이 책에서 제시한 정보들을 충분히 활용해서 자신의 퍼팅에서 나타나는 몇 가지 잘못된 습관들을 고칠 수 있다면, 당신은 이전 어느 때보다도 단순하고 깨끗한 퍼팅을 멋지게 구사할 수 있을 것입니다. 자신의 퍼팅에서 각각의 퍼팅 블럭들이 어떻게 나타나는지 점검하고 필요하다면 새로이 바꾸고 다듬어 나가야 합니다. 퍼팅의 각 블럭들을 변화시키고 다듬어 가는 과정에서 다른 5가지 '게임'에 어떠한 부정적인 영향을 미쳐도 안됩니다(한 가지 게임에서 형성된 습관이 다른 게임에 영향을 가져올 수도 있습니다). 퍼팅이 전체 골프에 부드럽게 적응되도록 하면서 변화를 시도해야 합니다.

1. 조준이 제대로 되어야 합니다. 조준은 퍼팅의 가장 기초입니다. 만약 조준을 정확하게 하지 못하면, 결코 깨끗한 일직선 스트로크를 배울 수가 없습니다. 조준이 제대로 되지 않으면 보상심리로 인한 좋지 못한 동작이 나타납니다.

2. 파워는 손과 손목의 근육에서 나오는 것이 아닙니다. 이들 근육의 파워를 이용해 공을 스트로크한다면 아드레날린 효과로부터 자유로울 수가 없습

니다(긴장, 흥분, 초조와 같은 심리변화에 영향을 받게 됩니다). 특히 부담
스러운 퍼팅을 해야 하는 경우에는 결과를 더욱 장담하기 어렵습니다(사진
14.2.5).

3. 궤적이 에임라인과 완벽하게 일직선을 이루어야 합니다. 에임라인과 일직
선을 이루지 않은 자세에서 나온 동작으로는 결코 정확한 시계추형 스트로
크를 지속적으로 안정되게 구사할 수 없습니다.

4. 임팩트 순간에 페이스 각도가 에임라인과 직각을 이루어야 합니다. 깨끗한
일직선 스트로크를 하면서 페이스를 직각으로 유지할 수 있다는 것은 이제
당신이 모든 퍼팅 동작 중에서 가장 좋은 동작을 구사할 수 있게 되었음을
뜻합니다.

5. 퍼터의 스윗스팟에서 임팩트가 일어나야 합니다.

6. 어깨, 팔, 목, 눈 등 신체의 유동선이 에임라인과 평행을 유지하는 것이 무
엇보다 중요합니다. 이렇게 자세를 유지하면 헤드와 공이 자연스럽게 에임
라인을 따라 흐르듯이 움직이게 됩니다(사진 14.2.6).

사진 14.2.5 퍼팅의 귀재로 알
려진 PGA 투어 선수 조지 아처의
완벽한 시계형 스트로크. 손동작
이 완전히 배제된 깨끗한 시계추
형 스트로크를 보여주고 있다.

7. 자신의 자세와 스트로크에 퍼터를 길들여야 합니다. 퍼터가 자신에게 완벽하게 길들여졌다고 해서 공이 반드시 홀인되는 것은 아니지만, 제대로 길들지 않은 퍼트는 좋은 스트로크에 방해가 됩니다.

8. 퍼팅을 하기에 앞서 먼저 스트로크 미리보기를 함으로써 퍼팅에 대한 사전준비를 해야 합니다. 만약 공을 홀인시키는 스트로크 미리보기를 할 수 없다면(혹은 홀과의 거리가 35피트 이상인 지점에서 공을 홀에 최대한 가까이 붙이는 스트로크 미리보기를 할 수 없다면) 아직 퍼팅 할 준비가 되어 있지 않은 것입니다.

9. 퍼팅의식은 자신의 자연스런 신체리듬을 완벽하게 느낄 수 있도록 해줍니다. 완벽한 스트로크 미리보기를 마친 후, 곧바로 퍼팅의식을 시작하고, 8초 이내에 임팩트를 합니다.

10. 터치감은 공에 어느 정도의 파워를 전달할 것인가 하는 문제와 관련이 있습니다. 연습에서든 혹은 실제 코스에서든 퍼팅거리를 정확하게 측정할 줄 알아야 합니다. 공 뒤편으로 몇 걸음 떨어져 서서 눈을 가늘게 뜨고 퍼팅거리를 측정합니다. 이를 통해 적당한 스트로크의 크기를 시각적으로 느낄

사진 14.2.6 몸의 유동선을 에임라인과 일직선으로 평행하게 유지하고 있는 스티브 엘킹턴의 모습.

수 있어야 합니다.

11. 필링은 스트로크 미리보기를 완벽하게 할 수 있기 위해, 마음의 눈 역할을 합니다. 즉 스트로크 미리보기 후에 '아하, 저것이면 완벽해' 하고 느끼는 것, 그것이 바로 필링입니다.

12. 그린 읽기는 실제 상황에 기초합니다. 일단 공의 브레이크를 충분히 잘 읽을 수 있게 되면, 어떠한 보상동작을 취하지 않고도 깨끗한 일직선 스트로크를 해낼 수 있게 됩니다. 깨끗한 일직선 스트로크를 배우게 되면 이것이 지금까지 해왔던 다른 어떤 스트로크보다도 간단하고 쉽다는 사실을 알면 믿어지지 않을 것입니다(사진 14.2.7).

13. 안정성은 스트로크를 하는데 있어 일종의 습관과도 같은 것입니다. 이것은 아마도 다른 여러 부분들 중에서 바로잡기에 가장 쉬운 부분일 것입니

사진 14.2.7 일단 그린을 읽을 수 있게 되면, 공이 적절한 스피드로 에임라인을 따라 스타트할 수 있는 정도의 실력만 되어도 좋은 퍼팅을 구사할 수 있게 된다.

다. 스트로크 자세에서 팔로우스루를 백스윙보다 약간 더 길게 유지하기만 하면 됩니다. 몇 차례의 연습이면 충분히 할 수 있는 동작입니다.

14. 리듬이란 자신의 자연스런 신체리듬을 말합니다. 스트로크의 길이에 상관없이 항상 자신의 자연스러운 리듬에 따라 스트로크를 해야 합니다. 숏퍼트는 짧은 리듬에 따라, 롱퍼트는 긴 리듬에 따라 스윙합니다.

15. 긍정적이고 적극적이며 단호한 태도를 가져야 합니다. 할 수 없는 퍼팅이란 없습니다. 이러한 적극적인 사고가 공을 홀인시켜주지는 못하겠지만, 해야 할 필요가 있는 것을 할 수 있도록, 훌륭한 골퍼가 될 수 있도록 만들어 줄 수는 있습니다.

퍼팅의 최적 학습환경을 만들자

만약 더 나은 퍼팅을 하고 싶다면 다음 내용을 준수하기 바랍니다.

1. 게임의 법칙을 배워야 합니다.

2. 자신의 퍼팅게임에서 변화시켜야 하는 것은 무엇인지 또 변하지 말아야 할 것은 무엇인지 파악해야 합니다.

3. 자신이 필요로 하는 기술을 어떻게 개발할 것인지 방법을 알아야 합니다.

4. 새롭고 보다 나은 방법으로 변화를 시도해야 합니다.

5. 새로운 것을 배운 다음에는 그것을 내재화해야 합니다. 그것을 하나의 습관으로 정착시키기 위해서 약 2만 번 연습해야 합니다.

이 책에서 '배워야 한다' 혹은 '알아야 한다' 라는 말을 자주 사용했다는 것을 발견했을 것입니다. 배움은 개선을 위한 가장 빠른 방법입니다. 많은 골퍼들이 자신의 퍼팅을 바꾸고 향상시키고자 노력하지만, 성공적인 변화를 위해 어떻게 배우고, 무엇을 변화시켜야 하는지를 제대로 인식하지 못하고 있습니다.

배우는 것은 어려운 일이 아닙니다. 조준하는 법을 배우는 방법은 일단 골퍼가 적절한 피드백을 받을 수만 있다면 그 외 모든 것은 완전히 직관에 의해 이루어집니다. 깨끗한 일직선 스트로크하는 방법을 배우는 일도 어렵지 않습니다. 임팩트 순간에 페이스가 돌아가지 않도록 하면 됩니다. 공이 얼마나 커브를 그리며 진행될 것인가를 아는 일도 어렵지 않습니다. 많은 사람들이 알지 못하고 있는 사실이 하나 있다면 그것은 배움은 많은 생각을 요하는 것이 아니라는 점입니다. 만약 바른 정보(피드백)를 가지고 있다면 배움은 자연스럽고 당연하게 일어나는 결과입니다. 그것은 거의 자동으로 일어나는 – 무의식에 의해 저절로 진행되는 – 과정입니다.

무의식은 인간으로 하여금 무엇을 배우고 향상시킬 수 있도록 도와주는 강력한 힘이 됩니다. 만약 이 힘을 제대로 이용하지 못한다면 향상을 기대하기 어렵습니다. 새로이 학습한 기술이 무의식적 습관으로 굳어지면 스트레스, 긴장, 두려움과 같은 심적 부담의 영향을 받지 않고 평상시처럼 지속적이고 안정적으로 유지될 수 있습니다.

실내학습

퍼팅 스트로크를 배우는 가장 좋은 학습방법은 실내에서 즉각적이고 정확한 피드백을 활용하여 배우는 것입니다. 공을 홀에 넣어야 한다는 부담이 없는 상태에서 연습을 함으로써, 피드백을 통해서 자신이 배우고 있는 내용과 어떻게 진행되고 있는지 과정을 파악하는데 온 신경을 집중시킬 수가 있으며, 따라서 더 빠르고 효과적으로 배울 수 있기 때문입니다(사진 14.3.1).

이것은 드라이빙 레인지(Driving Range)가 상대적으로 좋은 학습환경이 되어주는 풀스윙 연습과는 상당히 다릅니다. 대부분의 골퍼들이 퍼팅그린에서 '연습'을 할 때 퍼팅실수가 생기면, 왜 그런 일이 발생했는지 이해를 못하는 경우가 많습니다. 이유는 옥외에서는 적절하고 신뢰할 만한 피드백이 없기 때문에 다량

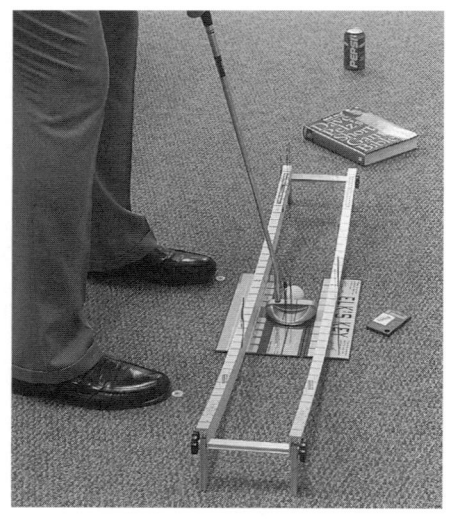

사진 14.3.1 즉각적이고 정확하며 신뢰할 만
한 피드백 장치를 활용한 연습을 통해 학습과
향상이 보다 쉽고 본능적으로 이루어진다.

의 연습을 한다해도 학습에 별로 도움이 되지 않는다는 사실을 모르고 있는 것
입니다.

실외학습

터치감, 필링, 그린 읽기는 실외 퍼팅그린에서 배우는 것이 좋습니다. 누차 말
하지만, 피드백은 아주 도움이 되는 학습장치입니다. 피드백을 통해 자신의 연
습과정에서 얻어진 좋은 결과들을 습관화해야 합니다.

펠츠골프학교 학생들이 경사진 그린 위에서 공이 어떻게 진행될 것인지 예측하
는 방법을 배우는 과정을 지켜보면 아주 재미있고 유익한 면을 발견하게 됩니다.
경사도 테스트와 측정을 많이 하면 할수록 우리의 마음의 눈을 통해 그 다음에 무
슨 일이 일어날 것인가를 예측하기가 더욱 쉬워진다는 것입니다. 다시 말해서 그
린 스피드를 많이 측정할수록 경사가 얼마나 급한지 공이 경사면에서 어떻게 커브
를 그릴 것인지를 더 잘 측정해 낼 수가 있게 됩니다(사진 14.3.2).

이런 학습환경 속에서 보내는 시간은 그린 읽기 기술을 향상시킬 뿐만 아니라

사진 14.3.2 여러 차례 테스트를 거친 후, 이 공이 75~80인치 정도 커브를 그릴 것이라는 예상을 할 수 있었고, 우리의 예상은 실제로 적중했습니다. 공은 우리의 예상대로 정확하게 커브를 그리며 홀인되었다.

약간의 시간, 피드백, 참고할 만한 정보들만 주어진다면, 모든 골퍼들이 보다 정확하게 그린을 읽는 방법을 배울 수 있다는 확신을 나에게 주었습니다. 학습환경이 바로 열쇠입니다. 일단 퍼팅을 어떻게 하는지 그 방법에 대해 배웠다면, 자신의 연습환경이 가져다 준 '학습'은 퍼팅을 향상시킬 수 있는 중요한 열쇠가 됩니다.

연습이 지속성을 만든다

퍼팅 연습을 많이 하면 할수록 과연 퍼팅을 더 잘 할 수 있게 될까요? 절대 그렇지 않습니다! 잘못된 퍼팅 연습은 많이 하면 할수록 퍼팅 실력이 지속적으로 나빠지는 결과를 가져올 뿐입니다.

나의 퍼팅 연습 규칙이 아래에 나와 있습니다. 만약 이것들을 믿지 못하겠다면, 향상을 기대하며 하는 많은 노력 속에서 적지 않은 어려움에 직면하게 될 것입니다. 완벽한 연습만이 당신을 완벽한 퍼팅으로 이끌 수 있습니다.

조준, 셋업, 스트로크 기술을 배워야 하고, 이것들을 배운 다음에는 피드백을 하면서 그린과 홀에서 다듬어 나가야 합니다. 퍼팅은 나이에 상관없이 누구나 더 잘 할 수 있는 방법을 배울 수 있다는 것은 다행한 일일 것입니다. 자신의 동작을 조정하고 그 동작이 옳은지 그른지를 말해 줄 수 있는 피드백 장치를 이용해야 합니다. 피드백 장치를 이용하는 목적은 바로 연습에서 어떤 동작을 바르게 해냈을 때, 그와 똑같은 느낌을 골프코스에서도 그대로 재현할 수 있게 하는 데 있습니다.

나의 퍼팅 연습 규칙

1. 연습이 완벽을 만들지는 못한다.
2. 연습은 지속성을 만든다.
3. 잘못된 연습은 형편없는 퍼팅을 지속적으로 습관화하는 결과를 가져온다.
4. 완벽한 연습이 향상을 가져온다.
5. 꾸준하고 완벽한 연습이 좋은 결과를 가져온다.
6. 장기간에 걸친 꾸준한 연습이 훌륭한 골퍼가 되는 길이다.

자신의 연습과정을 주목하라

퍼팅 기술이 향상되고 있는지 여부와 함께 퍼팅게임에서 우리가 주목해야 하는 몇 가지 사실이 있습니다.

1. 연습을 하는 과정에서 좋아지고 있다는 사실을 수치상으로 나타나는 기록을 통해 확인할 수 있다면, 이에 고무 받아서 연습에 더욱 성실할 수 있게 됩니다(그리고 며칠 동안 연습이 마음먹은 대로 잘 되지 않는다 해도 이로 인해 의기소침해 하지 않게 됩니다).
2. 수치상으로 나타난 결과를 통해 조기에 문제점을 발견할 수 있게 되고, 실제로 그것이 나쁜 습관으로 자리잡는 것을 막을 수 있습니다.

3. 코스에서 잘못 스트로크된 공이 홀 위쪽으로 비켜가는지 아니면 홀 아래로 빠지는지 여부를 체크합니다. 홀 아래로 빠지는 비율이 어느 정도인지 알 필요가 있기 때문입니다(이 경우라면 그린 읽기를 제대로 하게 되면 자연스럽게 해결됩니다).

4. 자신의 퍼팅 결과를 투어 프로들과 비교해 보기 위해, 거리를 각각 달리하며 퍼팅하고, 그때마다 다르게 나타나는 수치상의 비율을 기록해 둡니다. (퍼팅거리 대 홀인된 비율) 그 다음 자신의 기록을 프로들과 비교해 봅니다.

5. 자신이 3-퍼팅을 한 경우들을 면밀히 체크합니다(3-퍼팅이 가장 많이 일어난 거리를 포함해서).

실제로 향상되고 있다는 사실을 눈으로 확인하게 되면 점점 더 퍼팅을 잘 하도록 고무받게 되는 것은 당연합니다. 퍼팅하는 횟수가 줄어들수록 스코어가 낮아지고, 이는 기쁨이 배가된다는 것을 의미합니다.

젊음은 좋다, 나이 들었다는 것은 더 좋다

젊은 골퍼들이 퍼팅을 잘 하는 것을 보는 것은 참 흐뭇한 일입니다. 그리고 나는 항상 부모들에게 아이들을 골프학교에 보내라고 말하곤 합니다. 왜냐하면, 어릴 때 필요한 것을 잘 배워두면 평생 훌륭한 골퍼로 남아 있을 수 있기 때문입니다(사진 14.5.1).

여기 자녀들을 위한 학습방법이 있습니다. 이 방법들은 어린 자녀가 성인이 되어서도 훌륭한 골퍼가 될 수 있도록 도와줄 것입니다.

1. 아이들은 보다 빠르고 분명하게 배웁니다. 따라서 그들에게 무엇을 가르칠 때는 항상 올바른 것을 가르쳐야 한다는 사실을 명심하기 바랍니다.

2. 재미를 빼앗지 말아야 합니다(이것은 어린이 뿐 아니라 초보자들에게 모두

사진 14.5.1 어렸을 때 퍼팅의 기초를 잘 다져두면 나이가 들수록 퍼팅을 더 잘 하게 된다는 사실은 흥미로운 일이다.

해당되는 말입니다).

3. 간단명료하게 가르쳐야 합니다. 게임을 통해서 학습할 수 있도록 해주면 그들은 직관력을 발휘하여 쉽게 기본원칙들을 파악하게 됩니다.

4. 어린이들의 기술 수준에 맞게 스코어 내기 시합을 하면 좋습니다.

5. 어린 시절의 습관이 평생을 간다는 말을 기억해야 합니다. 그들이 시작할 때부터 좋은 습관을 들일 수 있도록 유념해야 합니다. 아이들의 퍼터는 긴 것보다는 짧은 것이 좋으며, 성장함에 따라서 바꿔주면 됩니다.

6. 그린에서 아이들을 가르쳐야 합니다. 우선 아이들이 편안하게 퍼팅을 하도록 해주고 차츰 퍼팅하는 방법을 지도해 나가는 것이 좋습니다. 불행하게도 대부분의 골프 지도가 이와 정반대입니다. 아이들에게 공이 홀로 굴러 들어가는 모습을 바라보는 만족감을 주는 것이 중요합니다. 이러한 만족은 그들이 골프를 배우고 장차 훌륭한 골퍼가 되는데 긍정적인 영향을 미치게 될 것입니다.

나이든 골퍼가 퍼팅을 잘 해내는 모습을 보면 마음이 더욱 흐뭇합니다(사진 14.5.2). 나이든 골퍼를 위한 몇 가지 조언을 읽어주기 바랍니다.

1. 퍼팅을 잘 할 수 있다는 생각을 결코 포기해서는 안됩니다.

   a. 2만 번의 스트로크가 잘못된 습관에서 벗어날 수 있도록 해줄 것입니다.

   b. 발가락과 다리로 퍼터를 쥐어야 하는 윌리엄 로크웰(William Rockwel)
   은 시합에서 몇 번이나 투어 프로들을 이겼습니다. 만약 그가 할 수 있다

사진 14.5.2 나이가 들었다고 해서 퍼팅을 못할 이유가 없다. 왼쪽에서 오른쪽으로 밥 머피, 밥 챨스, 조지 아처, 데이브 스탁튼, 이들은 모두 50세가 훨씬 넘었으며 지구상의 어느 누구와의 퍼팅대결에서도 물러날 사람들이 아니다.

사진 14.5.3 퍼팅을 배우는데 있어 태도가 매우 중요하다. 로크웰이 1997년 세계 퍼팅 챔피언쉽에 출전하여 젖은 발가락으로 퍼터를 잡고 비가 내리는 가운데 한쪽발로 서 있는 모습이다. 이 모습을 보고도 자신이 도저히 해결할 수 없는 퍼팅의 문제가 있다고 말하겠는가?

사진 14.5.4 렌 마티스(좌)와 라파엘 알라콘이 U.S. 오픈 선수권자, 세계적인 골프스타, 여성, 어린이들이 모두 참가한 세계 퍼팅 챔피언쉽에서 우승을 차지하는 순간의 모습이다(상금 25만 달러). 어쩌면 다음 세계 퍼팅 챔피언쉽의 승자가 당신일 수도 있다(이 책을 읽고 약간의 연습을 한다면).

면 당신도 할 수 있습니다(사진 14.5.3).

c. 95세의 에드 에롭스(Ed Alofs)는 U.S. 오픈 우승자들이 참가한 세계 퍼팅 챔피언쉽 결승전에서 우수한 성적을 냈습니다. 당신은 3-퍼팅조차도 고칠 수 없다고 생각하고 있지는 않습니까?

d. 대부분의 골퍼들이 거의 도움이 안되는 방법으로 퍼팅 연습을 하고 있습니다. 그러나 지금이라도 정말로 향상을 가져올 수 있는 프로그램으로 연습하기에 아직 늦지 않았습니다. 이 책이 성공적으로 시작할 수 있는 첫걸음이 되어 줄 것입니다.

2. 매년 개최되는 데이브 펠츠 세계 퍼팅 챔피언쉽이 곧 다가옵니다. 우리는 72홀에 걸쳐 최고의 퍼터를 선정하는 과학적인 방법을 개발해왔습니다. 당신도 자신이 속한 클럽에서 개최하는 챔피언쉽에서 자신의 실력을 점검해볼 기회를 가지기 바랍니다. 참가하지 않는다면 승자가 될 기회조차 없지 않겠습니까? (사진 14.5.4)

전체적으로 이해하자

내가 퍼팅에 대한 모든 것을 이해하고 있지는 못하다는 점을 인정합니다. 하지만 나는 이 책을 통해서 내가 가진 최고의 정보들을 당신에게 주고 싶습니다. 골퍼, 그린, 공, 이들이 서로 어떻게 반응하는가를 끊임없이 테스트하면서 우리는 많은 정보를 얻게 되었습니다. 이러한 정보들을 가르쳐 주는 것이 나의 임무라고 생각합니다.

이 책 전체에 걸쳐서, 퍼팅에 있어 중요하다고 생각하는 부분들을 설명하고 인식시키기 위해 노력해 왔습니다. 여기 한 가지를 더 첨가하자면, 퍼팅을 잘 하면 할수록 게임이 더욱 재미있어진다는 사실입니다. 퍼팅 스트로크를 배우고 그린을 더 잘 읽을 수 있게 되며, 정신을 집중하는 법을 배우게 되었을 때, 이전 어느 때보다도 좋은 성적을 거둘 수 있게 되리라는 점은 분명한 사실입니다.

물리학적인 관점에서 볼 때 퍼팅 동작은 결코 어려운 동작이 아닙니다. 이는 과학적인 연구결과가 입증하고 있습니다. 사실 이것은 골프에서 가장 간단한 동작입니다. 어쨌든 드라이버로 공을 칠 수 있기만 하다면, 앞으로 훌륭한 퍼터가 될 수 있는 자질을 충분히 가지고 있다고 말할 수 있습니다. 그런데 퍼팅을 하는 방법을 배우기가 어렵습니다. 훌륭한 퍼팅은 여러 가지 바른 것들과 여러 가지 '틀리지는 않은 것'들을 포함하고 있습니다. 그래서 복잡하게 보이기는 하지만, 실제로는 결코 어려운 것이 아닙니다.

퍼팅할 준비가 되었을 때 퍼팅하자

인생에서와 마찬가지로 골프에서도 자신이 도달하고자 하는 기대치에 따라 실제로 자신의 모습도 달라집니다. 대부분의 골퍼들은 대개 한 번 정도 레슨을 받고 클럽으로 스윙하는 법을 배우면 당장 게임이 쉬워지리라 기대합니다. 샷을 배우고 한 번이라도 제대로 샷을 할 수 있게 된 후에는 곧바로 앞으로 언제든지

사진 14.6.1 엘킹턴은 위대한 선수이다. 하지만 그는 여전히 퍼팅 게임을 하면서 더 나아지려는 노력을 끊임없이 하고 있다.

완벽하게 샷을 할 수 있어야 한다고 여기고 있는 것 같습니다. 유감스럽게도 그것은 골프가 아닙니다.

스티브 엘킹턴(사진 14.6.1)은 내가 함께 해온 최고의 플레이어 중 한 사람입니다. 그는 퍼팅을 포함해서 모든 샷을 어떻게 해야 하는지 알고 있습니다. 그러나 그는 아직도 퍼팅 스트로크 연습을 하고 있고, 일주일에 6일, 하루 4~6시간 정도 모든 종류의 샷을 연습합니다. 여기에 더하여 거의 매일 18홀을 돕니다.

연습에 거의 시간을 할애하지도 않으면서 그가 하듯이 잘 해낼 수 있기를 기대하고 있는 것은 아닙니까? 절대로 그런 일은 일어나지 않을 것입니다. 학생들에게 늘 해 주는 말이 있습니다. 게임의 본질을 아는 것이 향상을 가져올 수 있는 최선의 길이라는 말입니다. 이 말의 의미는 자신의 게임과 자신에게 있을 발전에 대한 실제적인 기대를 가지라는 뜻입니다. 누구나 스티브 엘킹턴(Steve Elkington)만큼 퍼팅을 잘 할 수 있습니다. 하지만 그렇게 되기 위해서는 기꺼이 이를 위한 충분한 대가를 지불할 준비가 되어 있어야 한다는 것을 기억해야 합니다.

일단 퍼팅을 어떻게 하는지 방법을 알았다면, 필링과 터치감을 익히기 위해 연습하고, 그린 읽는 법을 배우고, 충분한 연습을 통해 스트로크를 자신의 것으로 만들어야 합니다. 위대한 골퍼들의 퍼팅은 거의 습관에 가깝습니다. 퍼팅을 잘 하는 골퍼들은 누구도 머리로 생각하면서 퍼팅 스트로크를 하지 않습니다.

세부적인 것에 관심을 갖자

골프에서 가장 간단한 스윙인 퍼팅조차도 15개의 기술적인 블럭을 가지고 있습니다. 퍼팅을 하는 것 자체는 복잡한 것이 아니지만, 성공적인 퍼팅이 되기 위해서는 여러 가지 요인들이 그 안에 포함되어 있습니다. 그러므로, 지속적으로 성공적인 퍼팅을 할 수 있기 위해서는 이러한 여러 요인들을 충분히 이해해야 합니다.

퍼팅 동작은 누구나 할 수 있을 정도로 간단한 동작입니다. 그리고 퍼팅을 어떻게 하는지 방법조차 알지 못하는데도 놀라울 정도로 퍼팅을 잘 해내는 사람들이 있습니다. 그러나, 퍼팅은 상당히 미묘하며 대부분의 골퍼들을 미묘하게 긴장시키는 게임입니다. 사진 14.6.2의 네 명의 U.S. 오픈 챔피언들은 모두 '타고

사진 14.6.2 퍼팅을 멋지게 성공시킴으로써 7차례 U.S. 오픈에서 승리한 4명의 챔피언들. 하지만 그들의 능력이 천부적으로 주어진 것이 결코 아니다. 운이 좋아서 승리한 것은 더더욱 아니다. 페인 스튜어트, 리 젠슨, 탐 카이트, 앤디 노스 이들 위대한 골퍼들은 열심히 노력했고 그들이 승리한데는 충분한 이유가 있었다.

난' 퍼터로 찬사를 받는 선수들입니다. 그들 누구나 퍼팅을 너무나 잘 하지만, 나는 그들이 퍼팅을 잘 하기 위해 얼마나 노력하고 연습하는지, 그것은 결코 타고난 것이 아니라 노력을 통한 성취라는 점을 잘 알고 있습니다.

퍼팅을 보다 잘 이해하고 단순화하여 퍼팅 스트로크를 하나의 습관적인 동작으로 만들 수 있다면, 필요할 때에 효과적으로 정신을 집중할 수 있게 됩니다. 예를 들어, 공과 홀 사이의 거리가 얼마나 되는지 가늠할 때, 주의를 기울여 '시선을 모으는 것'이 한 번 흘깃 바라보는 것보다 더 효과적입니다. 초점을 가진 한 차례의 시선은 거리에 대한 필링과 터치감을 맡들기 위한 중요한 요소입니다.

그러나 가끔 한 번 흘깃 바라보는 것이 자세히 보는 것보다 더 효과적일 때가 있습니다. 스트로크를 하기 직전 완벽한 리듬을 만들기 위해 퍼팅 의식을 진행하는 동안에는, 생각하거나 두뇌 활동을 하기보다는 빠르게 스치듯 힐끔 바라보는 것이 더 도움이 됩니다. 그 차이를 파악하는 것이 바로 퍼팅기술의 향상을 가져오리라는 것은 더 말할 필요가 없을 것입니다.

정신력과 게임관리 능력을 강화해야 합니다. 자신의 약점을 보완할 수 있는 연습을 체계적으로 해 나가는 동안 퍼팅게임의 15개 블럭을 항상 염두에 두어야 합니다. 자신의 의식이 스트로크 미리보기를 하느라 여념이 없을 때, 무의식은 퍼팅을 느끼고 조절할 수 있도록 훈련이 되어야 합니다. 자신이 무엇을 하려고 하는지, 어떻게 언제 그것을 할 것인지 마음의 눈에 분명한 그림을 갖고 있어야 합니다. 스트로크하고자 하는 양상을 보고 느낄 수 있게 되었다면 8초 이내에 행동으로 옮깁니다.

연습은 현명하게 하자

마지막으로 몇 가지를 짚어보기로 하겠습니다. 열심히 연습하는 것만이 전부가 아닙니다. 물론 부지런한 연습이 좋은 퍼팅을 위한 기본이지만, 그것으로 충분한 것은 아닙니다. 현명하게 열심히 연습하는 것, 올바른 방법으로 연습하는 것만이 퍼팅의 목표를 달성시켜 줄 수 있습니다.

만약 내가 이 책에서 제시한 모든 퍼팅의 개념들을 이해하고 받아들일 수 있다면 퍼팅에 관한 모든 기술을 제대로 파악하는 것이 될 뿐만 아니라, 향상을 기대하며 기울인 모든 노력이 결실을 맺을 수 있는 길이 됩니다. 숲과 나무 둘 다를 볼 줄 알아야 합니다. 공이 가장 크게 커브를 그리는 지점을 시각적으로 느끼고, 보상동작이 들어가지 않은 깨끗한 일직선 스트로크를 하는 것이 바로 그 지름길입니다.

아마도 대부분의 골퍼들에 비해 내가 퍼팅에 대해 더 많이 생각하고 연구했다고 말할 수 있을 것입니다. 하지만 퍼팅을 하는 동안에 퍼팅에 대해 생각한 적은 한 번도 없습니다. 오로지 공의 궤적, 스피드, 스트로크의 크기와 감각만을 생각합니다. 만약 이런 실제적인 문제들에 정신을 집중할 수 있을 정도로 게임을 이해하게 되면 퍼팅게임이 단순해지게 됩니다.

이렇게 말하면 어떻게 받아들여질지 모르겠지만, 나의 〈숏게임 바이블〉을 읽어 볼 것을 권하고 싶습니다. 이 책은 피치, 칩, 벙커샷하는 법 등을 담고 있으며 퍼팅에도 많은 도움이 될 것입니. 〈숏게임 바이블〉을 읽으면 퍼팅을 얼마나 잘하느냐 보다는 어디에서 퍼팅하느냐, 퍼팅하는 장소가 더 중요하다는 사실을 알게 될 것입니다.

개인적인 경험에서 볼 때, 투어 프로들이 퍼팅 기술을 향상시키기 위해 몇 년 동안이나 시간을 투자하는 반면에 아마추어들은 오히려 그렇지 못합니다. 이제 앞으로의 골프를 위해서 지금이 시작해야 할 때입니다. 당신은 퍼팅을 더 잘할 수 있고 더 좋은 기록을 낼 수 있습니다. 선택은 당신의 몫입니다.

1. 퍼팅게임의 룰을 배워라.
2. 자신의 약점이 무엇인지 알기 위해 퍼팅게임을 충분히 이해하라.
3. 피드백을 활용하여 현명하게 연습하라.

사진 14.6.3 볼-홀 라인, 에임라인, 볼 트랙, 브레이크가 멋진 공의 진
행을 만들어 낸다.

4. 공이 적절한 스피드로 의도한 라인을 따라 진행되도록 해야 한다(사진
   14.6.3).

위의 간단한 원칙들을 실행에 옮길 수 있다면 당신도 훌륭한 퍼팅을 할 수 있
을 것입니다. 이 책을 마지막까지 읽은 사람이라면 분명 퍼팅게임을 향상시키기
를 몹시도 바라는 사람일 것입니다. 실제로 퍼팅게임을 하면서 기술이 향상되는
기쁨을 누릴 수 있기를 바랍니다.

나의 친구 페인 스튜어트에게

【 가 】

궤적(Path) : 퍼터가 움직이는 길.

그린 읽기 : 공이 어떤 궤적을 따라 홀에 다다를 것인가를 예상하는 것.

그립(Grip) : 클럽에서 양손으로 쥘 수 있는 부분을 말하며, 쥐는 것 자체를 일컫는 말이기도 하다.

【 다 】

다운힐 라이(Downhill Lie) : 내리막길에 공이 있는 상태를 말한다.

닷스팟(Dot Spot) : 공 표면이 오톨도톨하게 패인 부분에서 가장 편평하게 만져지는 곳.

더블 세이프티 드로백 : 거리가 10~30피트인 퍼팅에 대한 터치감을 익히기 위한 게임. 규칙은 세이프티 드로백과 동일하다.

드로백(Draw Back) : 35피트 이상 퍼팅에 대한 터치감을 개발하고 다듬는데 좋은 일종의 게임.

【 라 】

라이(Lie) : 낙하한 볼의 위치와 상태를 말한다.

래그퍼팅 : 공을 홀인시키는데 목적이 있는 것이 아니라 공이 홀 가까이 원하는 지점에 가서 멈추어 서도록 하는데 목적을 둔 연습 방법이다.

로프트(Loft) : 클럽의 페이스 각도이다.

립 아웃(Lip out) : 공이 홀의 가장자리를 맴돌다 다시 튀어나오는 현상.

【 바 】

바디퍼팅 : 팔, 손목, 양손을 몸에 밀착시켜 퍼터가 골퍼의 몸을 축으로 하여 움직이는 퍼팅 방법. 손

목의 꺾임과 팔목이 돌아가는 문제를 해소하는데 도움이 된다.

백 스윙(Back swing) : 몸을 오른쪽으로 틀면서 클럽을 내려 볼을 때리기 전까지의 동작.

백 스핀(Back spin) : 볼이 날아가는 방향과 역으로 회전하는 것을 말한다.

볼 트랙(Ball track) : 공이 지나가는 자리를 말한다.

볼—홀 라인(Ball—hole line) : 공에서 홀에 이르는 직선을 의미한다.

브레이크 : 에임라인을 따라 스타트한 공이 홀을 향해 커브를 그리는 지점과 홀과의 거리를 말한다.

블럭 스트로크 : 페이스를 타깃 좌측에 조준한 채 공을 홀을 향해 안에서 밖으로 밀어내는 방법.

【 사 】

샤프트(Shaft) : 클럽의 자루 부분으로 현재는 거의가 스틸 샤프트이다.

세이프티 구역 : 홀 뒤편에 만든 반경 34인치의 반원을 말한다.

세이프티 드로백(Safty Drawback) : 35피트 미만의 거리에 대한 터치감을 익히기 위해 고안된 게임.

숏게임(Short game) : 그린 위나 그린 가까운 곳에서 하는 플레이로 어프로치와 같은 뜻이다.

스윗스팟(Sweet spot) : 클럽 페이스의 한 부분을 말한다.

스퀘어(Square) : '평행' 이란 뜻이다.

스크린 도어 : 퍼터가 백스윙에서는 오픈되고 팔로우스루에서는 클로즈되는 모양을 일컫는다.

스탠스(Stance) : 플레이어가 볼을 칠 때 발의 위치를 정하여 서는 것을 말한다.

퍼 팅 용 어 해 설

스트로크(Stroke) : 볼을 올바르게 쳐서 움직일 의사를 갖고 행하는 클럽의 전진 방향으로서의 타격 동작을 말한다.

스프링클러(Sprinkler) : 그린에 물을 뿌리기 위한 장치.

스핀(Spinning) : 볼의 회전을 말한다.

시계추형 스트로크 : 팔과 손을 이용하되 두 부분의 힘이 거의 개입되지 않은 채 리듬에 의해 퍼터를 스윙하는 방법이다.

【 아 】

아이언(Iron) : 클럽 헤드가 금속으로 된 클럽.

어드레스(Address) : 플레이어가 볼을 치기 전에 자세를 취하는 것을 말한다.

업힐 라이(Uphill Lie) : 오르막길을 말한다.

에임(Aim) : 공의 스타트 방향을 의미한다.

에지(Edge) : 그린의 에지라고 하면 그린과 페어웨이의 경계이고 아이언의 에지라고 하면 아이언의 가장자리를 말한다.

엘리베이티드 에임라인 : 실제 에임라인에서 9인치 위쪽으로 지나가도록 설치된 탄력성 있는 줄.

오버 스핀(Over spin) : 볼이 목표 방향으로 회전하는 것으로 볼이 더 잘 나간다.

임팩트 포인트(Impact Point) : 공과 페이스가 만나는 한가운데 지점을 말한다. 모든 퍼팅에는 임팩트 포인트가 존재하며 이것이 모여 임팩트 패턴을 형성하게 된다.

임팩트(Impact) : 클럽헤드로 볼을 치는 순간을 말한다.

입스(Yips) 현상 : 손목이 꺾이면서 힘이 빠지는 현상으로 퍼팅 실패의 원인이 된다.

【 자·차·카 】

칩샷(Chip Shot) : 그린 주변에서 컵 인을 노리는 어프로치를 말한다.

칩퍼팅(Chip Putting) : 퍼터로 하는 스트로크로 칩핑 그립, 스탠스, 자세, 스윙, 팔로우스루를 이용한다.

컷 스트로크 : 페이스를 밖에서 안으로 가져가며 공을 스트로크하는 방법.

【 타 】

타깃라인(Target line) : 목표한 지점과 볼을 연결한 선을 말한다.

투 하이 드릴 : 공이 가능한한 홀 가까이 라인 위쪽 지점에 멈추도록 하는 게임의 기술이다.

투 홀 드릴 : 리듬감을 익힐 수 있는 좋은 방법. 메트로놈의 박자에 따라 두 홀 사이를 오가며 스트로크하는 기술이다.

트루 브레이크 : 홀 가장자리에서 퍼팅 거리만큼 연장된 에임라인 위의 한 지점에 이르는 거리.

트루 퍼트(Tru Putt) : 페이스 각도를 유지하는데 문제가 있는지 여부를 알 수 있는 기구.

트루롤러 : 파워를 일관되게 유지하며 스트로크하게 고안된 기구.

티잉 : 티잉 그라운드(Teeing Ground)의 약칭으로서 각 홀의 제 1타를 치는 장소이다.

【 파 】

파워 스트로크 : 손, 손목 근육의 힘을 이용하여 스

트로크하는 것을 의미한다. 불안, 흥분 등 심적부담이 심한 상태에서는 좋은 퍼팅을 하기 어려운 단점이 있다.

팔로우스루(Follow through) : 임팩트에서 피니쉬까지 두 팔을 앞으로 뻗어 주는 동작을 말한다.

팝 스트로크 : 백 스트로크의 길이가 짧고 임팩트 후에 팔로우스루를 하지 않는 것이 특징이다. 이 방법으로 스트로크를 하면 공이 톡 튀어나가듯이 앞으로 나가게 된다.

패러럴 팜 그립(Parallel-palm grip) : 가장 일반적인 그립 방법으로 '손바닥이 마주보도록' 잡는 그립이다.

패스파인더(Pathfinder) : 스트로크 궤적에 대한 정확한 피드백을 제시하는 기구.

퍼터(Putter) : 그린에서 퍼팅할 때 쓰는 클럽.

퍼팅 의식 : 백스윙과 팔로우스루의 리듬을 만드는 '예비과정' 을 말한다.

퍼팅 준비동작 : 모든 정보를 종합하여 스트로크 하기에 편안한 상황을 만드는 것.

퍼팅 클립 : 공이 스윗스팟에 정확하게 스트로크 했는지 혹은 그 지점을 벗어났는지 여부에 관한 피드백을 제공해주는 장치.

퍼팅 트라이앵글 : 스트로크를 하는 동안 팔꿈치와 손목의 각도가 바뀌지 않고 손목이 돌아가지 않고 손이 어깨 바로 아래에 수직으로 위치하는 모습.

퍼팅 트랙(Putting Track) : 휴대가 간편하고 설치가 용이한 스트로크 연습용 장치. 많은 투어 프로들이 밤에 이것을 이용해 연습을 한다.

퍼팅(Putting) : 그린 위의 볼을 굴리는 것을 말한다.

퍼팅그린(Putting Green): 홀 주위에 아주 짧게 깎은 잔디로 된 지역. 그린이라고도 한다.

페이스 각도(Face Angle) : 페이스와 에임라인이 만들어내는 각도.

푸쉬 스트로크 : 오른쪽 손과 팔이 왼쪽 뒤에 놓이고 임팩트 순간에 오른쪽 손과 팔을 라인을 따라 피스톤처럼 밀어내는 방법이다.

퓨어 푸쉬 드릴 : 어드레스 자세에서 백스윙을 하지 않고 곧바로 공을 에임라인을 따라 홀쪽으로 밀어내는 기술이다.

플랫 코스(Flat Course) : 평탄한 코스.

피니쉬(Finish) : 볼을 치고 났을 때의 자세.

필링 드릴 : 스키장갑을 끼고 스트로크 연습을 하는 것.

[하]

해저드(Hazard) : 코스 내에 있는 못. 시냇물, 벙커 등의 장해 지역을 말한다.

핸디캡(Handicap) : 실력이 다른 플레이어들이 동등한 조건에서 경기를 할 수 있도록 배려하는 허용 타수.

혼합형 스트로크 : 파워 스트로크와 순수한 시계추 스트로크를 혼합한 형태의 스트로크로 대개 손목을 활용하는 방법이다.

홀(Hole) : 그린에 만들어진 볼을 넣는 구멍. 직경 4.24인치 깊이 4인치가 되지 않으면 안된다.

훅 스트로크 : 임팩트에서 페이스를 약간 클로즈시켜 안에서 밖으로 가져가는 형태로 스트로크하는 방법이다.

훅 스핀(Hook spin) : 볼이 왼쪽으로 회전하는 것을 말한다.